南京大学经济学院教授文选

安同良 著

安同良自选集

创新与产业发展

南京大学出版社

目　录

第三篇　创新与经济发展

第四篇　创新发展的案例

第一篇

世界科技创新、产业发展趋势与创新经济学的文献

第一章　科技创新与产业发展的趋势

习近平总书记指出："实施创新驱动发展战略,首先要看清世界科技发展大势。科学技术是世界性的、时代性的,发展科学技术必须具有全球视野、把握时代脉搏。当今世界,科学技术发展确实很快,可以说是突飞猛进、一日千里。"根据这个重要指示,我们在创新、创业时,必须了解世界科技发展的最新突破与产业发展新趋势。

第一节　创新发展的知识经济时代背景

从经济发展的要素推动来说,人类社会先后经过了资源经济、劳动经济和资本经济阶段,现在正在进入知识经济时代。经济增长日益依赖知识。我国提出创新发展的时代背景就是当今世界进入知识经济时代。创新发展实际上是依靠创新的知识推动发展,知识创新及其应用正在成为财富创造的中心。

一、知识和知识经济

知识是凝聚在个人、群体或物品中的以信息为基础的能力或物化的能力。其有两方面含义:一是把知识看作更具概括和表述性的信息,而信息是相互关联的事实,即数据、文本、声音和图像。二是把知识按照潜在的可观察的行为来定义,它是个人或群体的一种能力,去从事或者指导、引导其他人去从事一个能够产生对物质对象的可预见的改变过程。

知识可以这样被分类:当知识为文字、数学定理或能够通过已知的计算机程序所传达时,知识就是可编码的;当知识只存在于特定的个人的思想中,或者是组织已建立起来的日常工作中,并且不能进行常规的传达或再生产时,知识就是内隐的。一个企业或个人的知识可按其重要性从低至高排列:① 认识性知识(know-what),② 高级技能即诀窍(know-how),③ 系统理解能力(know-why),④ 有目标的创造力(care-why),⑤ 综合能力和经过训练得到的直觉能力(perceive-how-and-why)。这些知识显然主要存在于企业人员的头脑里。但前三个层次的知识有可能储存于组织或个人的软件、系统、数据库或操作技术之中。①

1996 年,国际经济合作与发展组织(OECD)在一份题为"以知识为基础的经济"的报告中,对"知识经济"的概念首次给予较明确的界定:知识经济是建立在知识和信息的生产、分配和使用之上的经济。该组织认为,知识经济是和农业经济、工业经济相对应的一个概念,用以指当今世界上一种新型的、富有生命力的经济,是人类社会进入计算机信息时代出现的一种经济形态。

二、知识经济的特征

知识经济作为一种全新的经济形态或模式,与传统经济相比较,具有以下几个方面的主要特征:②

1. 知识经济是一种信息化经济

知识经济是微电子技术、信息技术充分发展的产物,是信息社会的经济形态。这一特征具体表现在五个方面:① 信息技术在全社会广泛渗透和使用,信息技术对于政治、经济、社会、文化、道德等的影响是全方位的;② 信息产业成为国民经济的主要经济部门;③ 信息和知识成为重要的资源和财富,国家与国家、地区与地区、企业与企业之间的差距,主要表现在对信息与知识的生产、传播、使用能力上的差异;④ 拥有先进的信息网络,信息流动时间加快;⑤ 全社会生产自动化程度大大提高,自动化技术将在社会管理、经济管理、企业生产管理等方面全面普及。

知识经济中信息技术的充分应用,信息处理的价格降低,尤其是通讯和计算机技术的"数字趋同"以及国际网络化的进程加快,使信息、知识的创新、储存、学习和使用方式产生了第二次革命,从而使信息的商品化、知识的商品化能力大大提高。信息、知识应用于制造业、服务业的速度大大加快,进而引起全球经济增长方式发生根本性

---

① 詹姆士·奎恩:《创新爆炸》,中译本,吉林人民出版社,1999 年版,第 2 页。
② 王明友:《知识经济与技术创新》,经济管理出版社,1999 年版,第 10 - 13 页。

变革。经济的发展与信息技术的发展日益密不可分,社会再生产的每一个环节,都伴随着信息流,伴随着信息的获取、加工、传输、储存以及使用,从而导致整个社会经济的信息化和数字化。

2. 知识经济是一种网络化经济

正是由于知识经济以信息技术的充分发展为基础,而互联网的崛起,电脑的广泛普及标志着人类在跨入信息时代的同时,正在从两个方面接受信息化的根本改造:一方面,信息化建立了企业与市场之间的桥梁。企业可以快速、准确地了解市场动态和顾客需求,传统的大规模市场和推销可能被灵活高效的信息服务所取代;另一方面,信息技术由过去的大型主机统一处理信息和发布指令,发展到个人电脑成为信息形成、处理、发展和传输的主要角色,提高了人与人之间交换信息及协调合作的水平,使众多电脑组成的网络得以在商业活动中完成最佳媒体的作用。

世界经济正经历着一场深刻的"革命",这场革命极大地改变了世界经济的面貌,塑造着一种"新世界经济",即"网络经济"。25 年前全世界仅有 5 万台电脑,现在已增加到数亿台。1960 年一条横跨大西洋的电缆仅能容纳 138 对电话同时通话,现在一条光纤电缆同时容纳 150 万对电话同时通话。现在全世界上网的人数达 17.1 亿。① 2017 年中国互联网络信息中心(CNNIC)发布的《第 40 次中国互联网络发展状况统计报告》显示,截至 2017 年 6 月,中国网民规模达 7.51 亿,半年共计新增网民 1992 万人,网民人数居世界第一。互联网普及率为 54.3%,较 2016 年底提升 1.1 个百分点。其中,中国手机网民规模达 7.24 亿,较 2016 年底增加 2830 万人。网民中使用手机上网的比例由 2016 年底的 95.1%提升至 96.3%,手机上网比例持续提升。

如今网络贸易已不是天方夜谭,而是世界上许多大公司的实际业务。企业通过互联网可以非常方便地与世界上几乎所有大公司进行信息交换,可以很方便地将公司通过网络介绍给所有入网用户,以宣传公司及产品。根据联合国贸易和发展会议的统计,全球电子商务交易总额在 1994 年达到 12 亿美元,2000 年增加到 3000 亿美元,2006 年竟然达到了 12.8 万亿美元,占全球商品销售的 18%,2011 年全球电子商

---

① 美国国家商务部:《新兴的数字经济》,中译本,中国友谊出版公司,1999 年版,第 12 页。

务交易达到 40.6 万亿美元,绝大部分的国际贸易额以网络贸易形式实现。2016 年中国电子商务交易额 26.1 万亿元,同比增长 19.8%,交易额约占全球电子商务零售市场的 39.2%,连续多年成为全球规模最大的网络零售市场。而截至 2016 年 3 月 31 日,根据阿里巴巴集团在中国零售交易市场的交易总额(GMV),阿里巴巴集团已经正式成为全球最大的零售体,这意味着全球最大零售体从线下迁移到线上。独立第三方机构 PWC(普华永道)对相关数据执行了协定程序。

3. 知识经济是一种智能化经济

知识经济亦可称为智力经济,它是一种以智力资源的占有、配置、生产、分配、使用为最重要因素的经济。在工业经济发展中,大量资本、设备等有形资产的投入起决定性作用,而在知识经济中,智力、知识、信息等无形资产的投入起决定性作用。应用知识提供智能、添加创意成了知识经济活动的核心问题。智能即智力的凝聚,表现于特定人才和技术之上的创造能力和拓展能力,其主要形态是特定知识及其开发和运用。在开发、增益并扩散各层次智力的过程中,软件是关键因素。这类软件包括数据库、分析和建模软件、服务处理软件(如日常会计事务)、操作软件(控制物理机械和过程)、系统软件(多个过程和操作之间的关联)和网络软件(间歇性地连接多个地址和系统),各种形式的软件都能够以新的方式使人的能力得以延伸,如:① 以前所未有的速度和准确度获取知识;② 能够分析人类无法独立解决的复杂问题;③ 在恶劣条件下以人类无法达到的精确度控制各种物理过程;④ 在无人参与的情况下远距离监测物理和智力过程;⑤ 寻求更广泛信息源,集中更多人的智慧以创造性地解决舍此则无法解决的问题;⑥ 较其他途径更广泛、高效、有效的方式扩散知识。①

软件的发展正从根本上改变着创新的每一个环节,从基础研究到市场需求分析,到所有产品和服务的设计,到模型和样机建立,到试生产和大规模生产,到分销、促销和售后服务。它使发明家能够按新的方式在一起工作:在虚拟实验室、虚拟工作里相互远距离合作,进行高度集成的全球化试验和生产,以期同时达到最大的智力进步、最高的质量、最大的灵活性和最低的成本。软件系统现在已经成为任何一家企业的

---

① 詹姆士·奎恩:《创新爆炸》,中译本,吉林人民出版社,1999 年版,第 3 页。

组织、文化和创新价值的创造体系中不可分割的一个组成部分了。软件是智力的一种形式,而且通常是一个企业所拥有的最宝贵的智力资产,然而大多数企业都不知道如何珍视它。

智力是一种资本。智力资源的多寡,智能开发和利用程度的高低决定着企业面向未来的竞争优势。正是智力资源对于经济发展的特殊重要性,现在世界各国对于智能的开发越来越看重。一方面强调对知识和人才的管理,对发挥组织内外相关专家学者的智囊作用给予高度重视,甚至连企业都被看成是"学习型组织",要求员工不断地获取新知识和自觉成才;另一方面,在企业或组织中推崇人本管理,创造一种使员工精神愉快、关系和谐的组织文化和工作环境,既强调对员工的物质鼓励,又重视对员工的精神激励,从而使员工愿意为组织工作,并最大限度地发挥出自己的智力。

4. 知识经济是一种创新经济

创新是知识经济的灵魂。创新是经济增长的发动机。在工业经济时代,每一次创新,如石油资源超越煤炭资源,石油化工超越煤炭化工,内燃机技术超越蒸汽机技术,等等,都极大地促进了经济的发展。但是,这些技术创新所经历的时间相对比较漫长,范围相对比较有限。而知识经济时代的技术创新速度大大加快,范围将涵盖全社会,创新成为经济增长的最重要的动力。中国科学院提供的一份研究报告指出:知识经济正在逐渐成为国际经济的主导,在这个过程中,世界科技的发展将更加迅猛,技术革命向产业革命的转换周期将更短。据科学家的研究,技术进步对发达国家经济增长的贡献率,在 20 世纪初只占 5% 左右,40~50 年代上升到 40% 左右,70~80 年代达到 60% 左右,90 年代已高达 80% 左右。这就说明,在技术和产品的生命周期日益缩短的知识经济时代,"不创新,就灭亡",唯有全面创新,包括知识创新与技术创新,并形成一种持续创新机制,使技术与经济、教育、文化有机结合,综合协调,一体化发展,才能赢得和保持竞争优势。

5. 知识经济是一种可持续发展经济

传统的工业经济创造了日益丰富的物质财富,促进了人类文明的发达和繁荣。但是,传统工业是确立在自然资源取之不尽、环境容量用之不竭的基础上,甚至以向自然掠夺为目的。工业经济对自然资源的这种过度依赖和消耗,严重污染了自然资源,破坏了自然界的生态平衡,从而损害了人类赖以生存的地球,危及人类的长期发展。知识经济产生在多种自然资源近乎耗竭、环境危机日益加剧的时代,将科学与技术融为一体,反映了人类对自然界与人类社会的科学、全面的认识。因此,知识经济发展的指导思想是科学、合理、综合、高效地利用现有资源,同时开发尚未利用的自然资源来取代已近耗竭的稀缺自然资源。知识经济以先进的科学技术手段,使人们能够更有效地使用能源,用清洁可再生能源代替矿物燃料,研究开发效率更高的材料,实行封闭的工业生态循环,把污染控制在第一发生现场。

　　6. 知识经济是一种非线性经济——正反馈机制下的产业发展路径①

　　知识经济具有报酬递增的正反馈效应。传统的依靠物质要素投入的经济具有报酬递减的特点。其主要原因是物质要素的有效性。而知识经济则不同,对新知识的使用没有这种限制,用得越多,越有效益。具体地说,在一个经济中,那些以资源为生产基础的行业(农业、大宗产品的生产行业和矿业)仍然属于报酬递减行业,这些行业仍然是传统经济理论统治的天下。相反,那些以知识为生产基础的行业,却属于报酬递增的世界。像计算机、药品、导弹、飞机、软件、光导纤维和通信器材这样的产品,设计和生产十分复杂,要求大量的初始投资以用于研究、开发和投产,但商业生产一旦开始,产品就会相当便宜。比如,一种新型飞机引擎,一般要花 20 亿美元到 30 亿美元进行设计、开发、检测和投产,而后每个产品的成本就只有 5000 万美元到 1 亿美元。生产的产品越多,成本就越便宜,收益就越大。

　　知识经济所具有的正反馈效应表现在,谁最先创新成功,谁就居领先地位,即强者更强。如果一种产品或一个国家在竞争性市场上因某种"机会"或"机遇"而领先,它就会一直领先,并扩大这种领先程度。可预测性以及市场分享就不再能实现。盒式录像机(VCR)的历史是正反馈的一个绝佳例子。VCR 的市场是由 VHS 和 Beta 这两种制式不同但价格相同的录像机的相互竞争开创的。每种制式的市场份额扩大都能体现报酬递增:使用 VHS 式录像机的人越多,商家就越愿意储备 VHS 制式的录像带,就使得拥有 VHS 制式的录像机的意义更大,因而就会吸引更多的人购买

---

　　① 参阅 W·布莱恩·阿瑟:《经济中的正反馈》,载《经济社会体制比较》1998 年第 6 期。

(Beta 制录像机的情况也完全相同)。在这种情况下,一种制式录像机市场份额的小小增加就会提高其竞争力,使其更为领先。

三、新经济

1. "新经济"的起源与含义

20 世纪 90 年代美国率先提出"新经济"这一概念。1991 年至 2000 年美国经历了历史上和平时期的最长经济扩张,主要表现在:(1) 持续性的经济增长。国民生产总值在 1993 年后年均增长率达 4%,在 2000 年时国民生产总值首次突破 10 万亿,是二战以后持续时间最长的一次增长。(2) 创下超低失业率,并且通货膨胀率无明显上升。美国失业率从 1992 年的 7.5% 下降到 2000 年的最低值 3.9%。与此同时,通货膨胀也被控制在相对较低的水平上,90 年代后期的消费物价指数一直维持在 3% 左右。(3) 股票市场超常繁荣。从 1983 年至 1995 年,道琼斯指数从 1000 点上升到 4000 点。而从 1995 年到 1999 年,仅用了 4 年时间,道琼斯指数急剧上升突破了万点大关。资产净值股价明显高于历史平均值,同时无形资产占公司价值的比重显著提高。

面对美国经济持续性繁荣,美国各界开始出现诸如"新经济""新模式""新范例"等一系列词汇。一部分观点认为美国经济进入长期繁荣,经济周期已经消除、通货膨胀已经死亡,股市将继续繁荣;另一部分观点认为"新经济"只存在于部分美国人中,这通常是由繁荣或狂热所引起,造成了美国人对经济的过分乐观[1]。美国《商业周刊》1997 年指出"新经济"存在的基础是经济全球化和信息技术革命,这两大趋势正在冲击旧的经济秩序,推动了新经济的高增长、低通胀以及股市回报率的上升等经济绩效[2]。罗伯特·阿特金森在《美国新经济》一书中指出新经济是一种基于知识和思想的经济,在其中创造就业机会和提高生活水平的关键在于服务和制造业产品中蕴含了多少创新思想和技术因素,这种经济社会中,基本要素是风险、不确定性和持续

---

① 刘树成与李实,对美国"新经济"的考察与研究[J]. 经济研究,2000(08):3-11.

② Shepard, S. B., The new economy: What it really means, in Business Week. 1997. p. 38-40.

的变化①。

中国在 2016 年政府工作报告中首次提出"新经济"。报告指出我国须培育壮大新动能,加快发展新经济。推动新技术、新产业、新业态加快成长,以体制机制创新促进分享经济发展,建设共享平台,做大高技术产业、现代服务业等新兴产业集群,打造动力强劲的新引擎。运用信息网络等现代技术,推动生产、管理和营销模式变革,重塑产业链、供应链、价值链,改造提升传统动能,使之焕发新的生机与活力。

总的来说,"新经济"的含义有狭义和广义之分。狭义的"新经济"专指 20 世纪 90 年代美国出现的经济增长,主要体现在低通货膨胀率和低失业率并存条件下的经济快速增长;从广义上来说,"新经济"是社会经济发展到一个新阶段的根本变化。李罗力(2001)指出从本质内涵来说,只要是经济活动,它就是人类进行物质资料的创造活动和物质资料的生产过程。因此,新经济是人类创造物质财富的一种经济活动,它仍然包括物质资料的生产、分配、交换、消费全部的生产过程②。需要注意的是,"新经济"不同于知识经济。"知识经济"的概念是先于"新经济"出现的。国际经济合作与发展组织(OECD)对知识经济的界定是建立在知识和信息的生产、分配和使用上的经济。"新经济"则是依托于知识经济发展起来的一种经济范式。我们认为,新经济指在经济全球化背景下,以知识经济为基础,由一系列新的技术革命引起的新的经济范式。

2."新经济"的主要特征

"新经济"主要呈现出以下三个特征。

第一,要素支撑知识化,知识产权保护日益重要。知识对经济增长的作用不断加强,生产者和消费者更依赖于知识的积累和应用。一方面,创新是经济发展的关键,只有在关键技术方面取得重大突破,才能掌握发展的主动权;另一方面,在网络环境下,创新更易被复制,传输渠道也更为多样,知识产权侵权行为会增多。2017 年,中国最高人民法院发布的《知识产权侵权司法大数据专题报告》指出 2016 年的知识产

---

① 罗伯特·D·阿特金森,拉诺夫·H·科尔特,《美国新经济》,焦瑞进、刘新利译,人民出版社,2000 年版,第 15 页。

② 李罗力,"新经济"价值论初探[J].经济研究,2001(01):76-80.

权侵权案件数量同比上升 41.34%。在知识产权侵权案件中,著作权侵权案件数量、商标权侵权案件数量和专利权侵权案件数量占比分别为 50.20%、34.17% 和 15.63%;在案件地域分布方面,广东、北京和浙江审结的案件数量最多。

第二,万物互联。物联网将万事万物连接到一个全球性的网络中,让数以百万计的人们聚集在协同共享体系中,生产并分享他们所制作的东西。物联网是新经济的基础设施,为资源的大规模重组提供了通信媒介。物联网是由通信互联网、能源互联网和物流互联网协同组成的有机整体,它持续不断地通过调度能源、生产并分销商品或服务以及回收废物的方式寻找提高效率和生产率的新手段。三个互联网缺一不可,没有通信就无法组织经济活动,没有能源就无法生成信息或传送电力,没有物流就无法在价值链上推动经济活动。这三个操作系统共同构建了新经济组织的生理机能①。

第三,协同共享、边际成本逐渐趋于零。在协同共享中,参与者往往既是消费者又是生产者,以接近于零的边际成本制作和共享音乐、视频、知识、汽车、房屋等资源,里夫金认为整个社会可称之为零边际成本社会。协同共享主要通过分离所有权与使用权,采用以租代售、以租代买等方式让渡产品或服务的部分使用权,实现资源利用效率的最大化。在中国,以"陆金所"为代表的 P2P 网贷平台,拓展了中小微企业融资空间,拓宽了居民投资渠道;以"摩拜单车""滴滴出行"为代表的出行共享平台,为人们生活出行带来更多便利;以"知乎"、微信公众号为代表的知识服务平台,提供了服务技能交易、知识变现和知识分享的新渠道;以"蚂蚁短租""途家网"为代表的房屋分享平台,大幅提高了空置房使用率,开创了中国的房屋分享时代。

3."新经济"对创新、创业的影响

"新经济"带来的边际成本逐渐趋于零的趋势是否会阻碍创新?经济学家担忧当所有事物都接近免费之后,发明和创新者的先期投入可能无法得到回报,因此他们将丧失研发新商品和服务的动机。而事实上,情况正好相反,由于大多数商品和服务都

---

① 杰里米·里夫金,《零边际成本社会:一个物联网、合作共赢的新经济时代》,赛迪研究院专家组译,中信出版社,2014 年版,第 14 页。

接近免费,数百万消费者在社会共有下协同工作,创建新的 IT 和软件公司、娱乐形式、学习工具、媒体产物、绿色能源和 3D 打印等,这些发展的结果是更多的创新技术出现。协同共享带来的创新民主化正孕育着一种新的创新激励机制,它更多的是基于提高人类社会福利的期望,而不是那么重视物质回报①。此外,通过万物互联的创业网络体系,建设一批小微企业创业创新基地,促进创业与创新、产业与就业、线上与线下相结合,降低了全社会创业门槛与成本。

"新经济"对新产业、高技术制造业、新产品和新服务产生重要促进作用。一是战略性新兴产业快速成长,如节能环保产业、新一代信息技术、生物产业、高端装备制造业等产业增加值的增长。二是高技术制造业快速成长,2016 年中国高技术制造业增加值增长 10.8%,占规模以上工业增加值的比重为 12.4%。三是新产品迅速成长,如 2016 年我国新能源汽车产量同比增长 51.7%、智能电视产量同比增长 11.1%。四是新兴服务行业快速成长。2013—2016 年,互联网分享平台所属的规模以上数据处理和存储服务业企业营业收入年均增长 38.4%。可见,新经济对传统经济增速的下滑产生重要的对冲作用,可以预期,新经济对未来中国经济发展也必将发挥更加重要的推动作用②。

第二节　德国"工业 4.0"

迄今为止,人类历史上已经经历了三次工业革命。18 世纪中期开始,由蒸汽动力推动的机械设备改变了手工作坊的产品生产方式,第一次工业革命的发生也标志着"工业 1.0"的诞生。19 世纪中后期随着分工明确和电力驱动机械设备的应用,商品开始被批量地在流水线模式下生产,进入"工业 2.0"时代。20 世纪 70 年代开始一直延续到现在,全球开始第三次工业革命即"工业 3.0",电子信息技术成为这次工业革命的核心,机械自动化程度大幅度提升,不仅节省了大量体力劳动,也开始代替部

---

① 杰里米·里夫金,《零边际成本社会:一个物联网、合作共赢的新经济时代》,赛迪研究院专家组译,中信出版社,2014 年版,第 21 页。

② 许宪春,新经济的作用及其给政府统计工作带来的挑战[J].经济纵横,2016(9):1-5.

分脑力劳动。自"工业 3.0"以来,传统工业技术一直占据着制造业的主导地位,德国工业在 200 年的演进发展历史中长期居于强国之列,但近些年面对人类技术的进步和发展模式弊端等问题,传统制造业的转型升级势在必行。为了支持德国工业领域新一代革命性技术的研发与创新,德国政府在 2013 年 4 月举办的汉诺威工业博览会上正式推出《保障德国制造业的未来:关于实施工业 4.0 战略的建议》,进而于 2013 年 12 月 19 日由德国电气电子和信息技术协会细化为"工业 4.0"标准化路线图。目前,"工业 4.0"已经上升为德国国家战略,同时也引起了全世界的关注。

一、制造业转型升级国际背景

德国"工业 4.0"的提出,有深刻的国际制造业竞争的背景。挑战主要来源于两个方面:一是传统老牌发达国家的竞争压力。二是新兴市场国家的冲击和挑战。

美国奥巴马政府向制造业的强势回归。美国先后提出了"再工业化战略"和"先进制造伙伴战略"等,以复兴和确保美国在先进制造业领域的领导权。美国先后于 2009 年、2010 年公布《重振美国制造业框架》和《制造业促进法案》,随后于 2011 年和 2012 年相继启动了《先进制造业伙伴计划》和《先进制造业国家战略计划》,确定了美国先进制造业发展的三大支柱和先进制造技术领域,系统性地明确了美国制造业复兴的具体措施。[1]

作为传统制造业强国的日本同样也提出了多项旨在发展本国制造业的举措。同样从 2009 年开始至 2012 年日本政府提出了五轮经济振兴的对策,强化日本工业竞争力是这些振兴计划的主要内容[2]。安倍政府于 2013 年提出了"日本再兴战略",将产业再兴战略作为今后三大重点战略之一。

欧盟虽然深陷欧债危机,但早在 2010 年就提出了"欧洲 2020 战略",其三大发展重点中的"智能增长"就涵盖了"再工业化"的主要内容。其成员层面,英、法、西等国相继制定了相应的"再工业化"战略。如 2011 年英国发表的《强劲、可持续和平衡增

---

[1]　柴忠东、刘厚俊:《剖析美国回归制造业的新动向》,载《福建论坛(人文社会科学版)》2015 年第 7 期。

[2]　资料主要来源于日本内阁府(具体见:http://www.cao.go.jp/)。

长之路》报告中提出了 6 大优先发展行业,法国于 2012 年新成立了 Ministere du Redressement Productif(生产振兴部)来重振法国工业,而西班牙则以"再工业化援助计划"的方式出资 4.6 亿欧元来推进本国的再工业化项目。

从 20 世纪中后期开始,以德国为首的发达国家将部分制造业转移到具有成本优势的发展中国家,此种转移给发展中国家带来了溢出效应,促进了新兴市场国家产业升级和经济增长。其中中印是典型的代表,印度依仗计算机和软件业等高端制造业成为"世界办公室";中国更是成为"世界工厂",于 2010 年超过美国成为世界第一制造大国。而这些国家蓬勃发展不仅造成了以德国为首的发达国家产业空洞化现象发生,同时使得发达国家贸易优势日渐丧失,对发达国家的制造业造成了较大的冲击和竞争压力。面对上述挑战,"德国制造"的光环正在退去。

一是制造业在德国的整个国民经济中日益式微。2008 年金融危机和欧债危机发生后,2009 年制造业占比大幅滑坡,此后这种大幅度下滑虽有缓解但制造业颓势凸显。究其近些年德国制造业的日益式微的原因,劳动力成本上升是首要因素。2002 年欧元正式流通后,德国由于劳动力成本增速低于欧元区使得德国在欧元区鹤立鸡群保持较好的竞争力,但随着欧债危机的爆发以及其他因素的共同作用,德国劳动力成本从 2011 年后开始超越欧元区平均增速,劳动成本的不断上涨对德国制造业构成了消极的影响。

二是德国创新能力提升出现瓶颈。创新是引领发展的第一动力,"德国制造"是全球创新引领者的代名词。全球竞争力报告显示德国竞争力虽然从 2009 年全球的第 7 位上升到 2014 年的第 5 位,但其创新指标表现并不出色,国家创新能力指标从 2009 年的全球第 2 位下降到全球第 4 位,其中虽然政府对先进技术的采购(第 45 位上升到第 16 位)和科学家和工程师的有效性(从第 35 位上升到第 18 位)有了大幅的改善,但研发机构的质量、企业在 R&D 方面的支出都出现了不同程度的下降。[①] 世界产权组织一份有关专利申请的报告也指出,德国 2013 年的专利申请量下降了

———————————

① 具体数据见"The Global Competitiveness Report 2009—2010","The Global Competitiveness Report 2014—2015",World Economic Forum,Geneva,2009,2014.

4.5%，而其他国家不论是美国、日本还是中国的专利申请量都有不同速度的上升，而中国则在申请量方面超越德国位列全球第 3。[①] 所以德国在创新方面出现提升的瓶颈期，亟须在这一问题方面有所突破。

综上所述，德国正是在这种背景下，敏锐地觉察出未来制造业的发展方向，为了通过互联网媒介推动德国工业的新发展，实现第四次工业革命，保持本国制造业持续高的竞争力水平，从而提出了"工业 4.0"的构想。

二、德国"工业 4.0"的主要内容

德国"工业 4.0"，概括来说以智能制造为主导，促使各种生产设备和生产系统智能化、网络化，并实现彼此之间基于互联网的无缝连接，通过借助信息通信技术和制造技术的融合——信息物理系统，实现制造业全部环节的智能化。

德国"工业 4.0"的核心是"智能＋网络化"，其目标：第一，促进制造业和新一代互联网技术融合。通过建立智能工厂，实现智能制造的目的。所以它不单是采用新型制造技术和先进制造设备，而且是要将迅速发展的物联网（Internet of Things）和务联网（Internet of Service）引入制造工厂，从而彻底改变工业生产的组织方式和人机关系。其中德国《国家创新战略 2020》（High-Tech Strategy 2020 Action Plan）中 ICT 领域的重点项目，新一代互联网技术向工业渗透，是正确理解德国"工业 4.0"计划的重要甚至是唯一的切入点。第二，智能化，这是德国"工业 4.0"的"灵魂"。推动工业从自动化升级为智能化。首先制造业将变得更为灵活、智能和个性化，实现自主运行和优化。其次制造业从自动化向智能化演进的过程，也是工艺流程复杂化的过程，企业驾驭复杂度的能力也必须配套地进行升级。"工业 4.0"能促进包括生产技术、生产组织方式的演进，同时还是使得企业管理复杂工艺的能力提升。

德国"工业 4.0"具体的实施路径，主要采用两大战略：一是"领先的供应商战略"。关注生产领域，要求德国的装备制造商必须将先进的技术、完善的解决方案与传统的生产技术相结合，生产出具备"智能"与乐于"交流"的生产设备，为德国的制造

---

① 具体数据见"Cooperation Treaty Yearly Review：The International Paten System"，WIPO，Geneva，2014.

业增添活力，实现"德国制造"质的飞跃。该战略注重吸引中小企业的参与，希望它们不仅成为"智能生产"的使用者，也能化身为"智能生产"设备的供应者。二是"领先的市场战略"。强调整个德国国内制造业市场的有效整合，而构建遍布德国不同地区、涉及所有行业、涵盖各类大、中、小企业的高速互联网络是实现这一战略的关键。通过这一网络，德国的各类企业就能实现快速的信息共享、最终达成有效的分工合作。在此基础上，生产工艺可以重新定义与进一步细化，从而实现更为专业化的生产，提高德国制造业的生产效率。除了生产以外，商业企业也能与生产单位无缝衔接，进一步拉近德国制造企业与国内市场以及世界市场之间的距离。

三、德国"工业 4.0"在创新发展层面的意义

德国"工业 4.0"的意义在以制造业的智能化引领智能社会，从而实现德国"工业 4.0"的扩展。在"工业 4.0"阶段，除土地、劳动、资本和企业家才能等传统生产要素外，数据成为一种重要的新型生产要素。智能工厂出产可实时生成数据的"智能产品"，形成大数据系统。大数据经实时分析和数据归并后形成"智能数据"，再将"智能数据"进行可视化和交互式处理，实时向智能工厂反馈产品和工艺优化的方案，从而形成"智能工厂—智能产品—智能数据"的闭环，驱动生产系统智能化。而这一切的实现，不仅依赖于可靠的"云设施"，更为重要的是数据这一新型生产要素的生成和利用。其中通过智能工厂和智能产品构成嵌入式制造系统，借助物联网和务联网，将智能交通、智能物流、智能建筑、智能产品和智能电网等相互连接。所以德国"工业 4.0"计划的最终目标是以制造业的智能化引领国民经济体系的智能化发展。

德国的"工业 4.0"向人们展现出全新的工业蓝图：在万物互联的网络化世界，原有传统企业和行业的边界模式、产业链实时分工重组，物联网和务联网渗透到生产技术的各个环节，新价值的创造过程发生巨大改变，各种新型工厂和产品层出不穷，高灵敏度的智能化生产和个性化产品定制成为现实。德国"工业 4.0"的推出，对各国的创新发展均具有深远的影响。

德国"工业 4.0"适应新一代互联网技术迅速发展的需要，是"产学研"及社会组织通力合作的典范。一是德国国家工程院和联邦教育研究部积极参与，体现了国家战略意图和相应的政策支持。二是德国工业和 ICT 产业（包括软件和硬件）是"工业

4.0"计划的积极倡导者和实践者,为"工业 4.0"计划的推进提供了资源保障和试验场。三是德国重点技术型大学和著名的弗朗霍夫研究所为"工业 4.0"计划提供解决方案支持。四是德国主要的行业协会也深度参与到该计划当中,发挥组织协调和信息交流的作用。正是这种产学研协同,夯实了技术创新基础。通过技术创新来促进德国"提升产品质量的渐进性创新"模式的形成,推动了制造技术精益求精,重新奠定了德国装备制造业的全球领先优势。同时德国在嵌入式系统和企业管理方面积累了丰富经验,制造技术和 ICT 技术的优势构成了实施"工业 4.0"计划的产业基础。

　　"工业 4.0"是德国针对再工业化的顶层设计,为未来德国工业发展描绘了细致的发展蓝图。首先德国政府制定了明确的创新战略与创新路线。2010 年德国政府推出《高科技战略 2020》,旨在加强科技与产业间的协作能力,同时为基础和应用研究制定框架,而"工业 4.0"正是《高科技战略 2020》中十大未来项目之一。其次为推进"工业 4.0"计划的落实,德国三大工业协会——德国信息技术、电信和新媒体协会、德国机械设备制造业联合会(VDMA)以及德国电气和电子工业联合会(ZVEI)共同建立了"第四次工业革命平台"办事处进行必要的组织与协调,还开设了网站(http://www.plattform-i40.de)作为信息发布与公众交流的平台。① 再次从中央政府到地方政府均制定创新激励政策,助推技术创新。中央政府着力扶持中小企业创新,降低企业创新风险。联邦政府通过中小企业创新核心项目(ZIM)为中小企业研发提供直接资金补贴。地方政府同样不断地创新鼓励研发的政策工具。地方政府层面的资金主要用于促进大学、研究机构和企业的联合创新。

　　德国工业 4.0 计划是面对新工业革命来临,在产业升级和转型方面的主动求变之道。该战略的诸多经验和实践,都为各国制造业的新发展和转型,以及为国家创新发展提供了有益的启发和思路。

---

① 　11 参见"Organisation & Gremien" http://www.platform-i40.de/platform/organisation.

第三节　大数据与人工智能

一、大数据

1. 大数据诞生的背景

习总书记在论述当代重大科技进步时特别举了大数据的例子,他说:"研究表明,工业时期数据量大约每十年翻一番,现在数据量每两年就翻一番。浩瀚的数据海洋就如同工业社会的石油资源,蕴含着巨大的生产力和商机,谁掌握了大数据技术,谁就掌握了发展的资源和主动权。"

人与自然的各种活动可以产生大量的数据,而数据是进行决策的依据。在传统时代,由于存储成本较高,数据无法得到有效的捕捉和存储。即使部分小数据能够通过抽样保存下来,也无法通过网络及时连接起来,数据躺在一个个孤岛上,其价值很难得到最有效的利用。在大数据时代,这两个方面都发生了变化。一方面,软硬件技术的进步降低了数据捕捉和存储的成本。例如,美国一家公司 SpaceKnow,存储了 2亿张跨越 14 年中国各工业基地的卫星的照片,用来分析中国 PMI 指数的走势。另一方面,互联网技术的进步将各种不同种类的数据连接起来。例如,美国加州大学伯克利分校和德意志电信合作开发了一款 App,利用智能手机内置的陀螺仪感知地震。开发者可以实时在线收集大量震动数据,通过在线大数据为人们提供地震预警服务。随着各种大体量的数据逐渐连接到了一起,数据利用的方式产生了根本性的变化,其经济价值也越来越大。

传统小数据时代中,非常有限的数据主要用于解释过去发生了什么,对未来的预测能力较弱。例如,传统电视节目收视率的调查一般用来证明该节目在过去是否取得了成功,很难做到提前预测。而大数据的核心就是预测,将海量数据应用到各种复杂的预测模型中,通过高速计算来预测各种事情发生的可能性。在越来越多的领域,大数据的预测能力已得到业界的认可。例如,Google 公司通过对搜索关键词进行分析,比政府检测部门提早两周预测到禽流感分布,及时地提供了预警服务。而该公司提前一个月对电影票房预测的准确率高达 94％。当然,大数据并不一定能准确预测所有的事物,对于完全随机的事物(如双色球彩票等)而言,大数据的预测能力和随机抛硬币并没有什么本质的区别。

　　大数据时代的到来,得到了很多国家的响应,它们纷纷将大数据政策上升为国家战略。2012 年 3 月,美国发布《大数据研究与发展倡议》,启动"大数据研究与开发计划"。2013 年 6 月,日本公布了"创建最尖端 IT 国家宣言",以促进大数据的广泛应用。2013 年 8 月,澳大利亚出台了大数据相关政策,推出了大数据分析的实践指南。此外,英国、法国、韩国等也纷纷启动了大数据中心战略。我国于 2015 年也相继出台了《关于运用大数据加强对市场主体服务和监管的若干意见》和《促进大数据发展行动纲要》,对大数据产业的发展进行了系统部署。

　　2. 大数据的特点

　　(1) 数据量大。大数据虽然体量大,但并不意味着已经包含了全部的数据。"大"仅意味着在现有技术条件下捕捉到尽可能多的数据,与之前的随机抽样相比,更加接近全部数据,预测的能力也相应提升。随着技术的进步,大数据的体量越来越接近全部样本,处理速度和预测能力也不断提升。与传统小数据相比,大数据之所以预测能力强,除了数据规模大之外,还依赖于其他三个主要特征。

　　(2) 客观性强。首先,大数据一般通过计算机程序自动完成捕捉和存储,不会受到人为主观情绪的影响。其次,在微观数据到宏观数据汇总的过程中不再需要人工介入,不存在人为粉饰数据的可能性。最后,由于样本比较接近全体样本,可以有效避免小样本抽样时存在的主观选择问题。

　　(3) 全面描述。大数据种类繁多,相对于以往便于存储的以文本为主的结构化数据,非结构化数据越来越多,包括网络日志、音频、图片、视频等。虽然这些非文本类型的数据拉低了数据整体的价值密度,但是它们不仅能够更加全面地描述事物,而且可以对传统结构化的数据做到交叉验证,提高数据质量。例如,对于用户所在地,可以用 IP 地址,身份证户籍地址,手机地理位置等多个信息进行交叉确认,较容易识别出虚假信息,在授信等很多场景下具有较高的价值。

　　(4) 实时分析。在线数据的分析能够实时完成,也是大数据区别于传统小数据的重要特征。当大量数据实时联网时,分散在不同地理位置的数据突破了空间上的限制,依托强大的分析能力,进行 7×24 小时的实时计算分析,及时对各种事物进行预测和预警。

3. 大数据预测的理论基础

大数据预测的理论基础来自计算机学科的机器学习和经济学科的计量经济学。机器学习是计算机利用已有的数据进行训练,得出某种模型,并利用此模型预测未来的一种方法。机器学习就是把人类思考归纳经验的过程转化为计算机对数据处理得出模型的过程。计算机学习得出的模型能解决很多灵活复杂的问题。除了传统的结构化的文本数据,机器学习还非常擅长处理图片、音频、视频等非结构化的数据。机器学习主要的方法有回归、神经网络、SVM、聚类、降维等。然而,机器学习的处理过程不是基于因果的逻辑,而是通过归纳思想得出的相关性结论。因此,机器学习只关注数据本身,它存在两个方面的问题:其一,可能出现过度拟合问题,即机器学习模型对训练的数据能够完美拟合,但是在进行实际预测时又可能不太准确。其二,大数据并非全部样本,而是在现有条件下获取到了尽可能多的样本,可能存在"幸存者偏差"现象,而机器学习模型无法识别出这种情况。例如,百度公司通过百度 App 用户的活动轨迹,通过机器学习得出结论"光顾低端足疗店用户的身体是最健康的",其分析样本虽然数量巨大,但是漏掉了更多非百度 App 用户的情况。

与机器学习只关注数据本身不同,计量经济学更加关注数据背后的理论,即事物之间的因果逻辑。因此,计量经济学模型都是经济学家根据理论设定而非机器自动设定的。一方面,建立计量经济学模型需要借助大数据背后所涉及各种科学的理论来建立模型,然后通过大数据来验证模型的正确性,最后将建立好的模型用于预测。另外一方面,计量经济学可以发现大数据背后隐藏的各学科理论,从而加速科学的探索活动,促进社会科技的进步。与机器学习相比,计量经济学对数据规范性要求更高,目前它只能处理结构化的数据。而图像、视频、音频等数据必须要转换为结构化数据后才可以进行计量分析。因此,机器学习和计量经济学需要相互结合,相互渗透,通过发挥各自的长处,来提高大数据预测的准确率。

4. 大数据的产业链与应用

大数据产业链供给侧的参与者主要包括基础设施提供商、数据提供商、分析技术提供商和业务应用提供商等四类。前两类在大数据时代初期有着重要的地位,而后两类则是大数据发展中后期的重点。

(1) 基础设施提供商是大数据产业软件设施的提供者,处于大数据产业链最上游的位置。主要有两类商家,一类是高性能数据存储软件(如提供分布式数据存储软件服务)。这类市场除了一些新兴的公司之外(如 Cloudera 等),还有一些互联网巨头公司,他们牵头打造开源软件,通过开源协议向用户免费提供使用(如 Hadoop 等)。另一类是提供云基础架构服务的大数据提供商,一般由一些互联网巨头公司参与,如美国的亚马逊和中国的阿里云。通过云计算提供大数据基础设施的好处在于,用低廉的月租成本替代高额的固定投资,并且能够更快速地部署应用,实现全球覆盖。

(2) 数据提供商则是手中握有海量数据的参与者,它处于大数据产业链中最核心的位置。主要有两类商家,一类是利用自身先进的软硬件平台整合各类公开和私有大数据并不断更新,通过设计友好的调取界面,将大数据租赁出去。这类商家通常由传统的数据库服务商发展而来,在金融领域比较常见,如国内的通联数据,万德数据等。另一类则是搜索、社交、零售、金融或电信巨头通过本身的业务发展而来的,在互联网行业比较常见。他们通过业务接触到海量用户,通过和用户在业务互动的过程中记录海量用户的偏好、点击、交易等各种信息。可以对社会的供给、需求、生产、交换等经济活动提供强有力的预测。如阿里巴巴的采购指数和供货指数能对社会各类商品的供给和需求进行较为精确的预测。此外,政府手中有交通、医疗、教育等公共资源相关的大数据,也可以通过开放和市场化的原则成为这个环节的参与者。

(3) 分析技术提供商主要集中在分析工具领域,处于大数据产业较下游的位置。这类企业一般将大数据科学研究产业化,将研究人员设计的最新算法,最新的可视化方案进行应用。该领域也存在两类商家。一类公司由传统的统计软件提供商转型而来,如 Matlab,SAS 等,其定位是为企业提供更好用的大数据分析工具,为一些有大数据研究能力的企业提供服务。另一类则是通过提供搜索技术和内容管理技术来帮助企业分析处理视频、图像等难以处理的非结构化大数据。如国外的 Splunk 和国内的 TRS 等,为政府和企业用户提供服务。

（4）业务应用提供商在行业应用、广告优化、市场营销和金融行业较为活跃，是大数据产业链中最有活力的领域。如美国广告服务商 DoubleClick 利用其专有的动态广告报告与目标定位技术，可让企业通过他们的云平台管理各自广告投放的统计报告。而 Google 公司也通过 AdSense 大数据平台做到企业广告的精准的投放，将广告投放到真正有兴趣的客户手中，避免了广播式投放的低效率。此外，Lenddo 等公司收集人们在社交媒体上的表现，为银行等金融机构提供个人的信用评级报告。总体来说，这类业务处于大数据产业链的最下游，能让最广大的中小企业和非 IT 企业也享受到大数据时代的红利，具有较大的发展空间。

二、人工智能——对大数据进行深度学习

1. 人工智能与深度学习

人工智能始于 1956 年在美国达特茅斯（Dartmouth）大学召开的学术会议。当时大家对人工智能的名称并没有达成共识，有些学者使用"复杂信息处理"这个名称。20 世纪 60 年代，计算机算法得到了非常大的突破，科学家造出了能证明应用题的（1964）和简单人机对话（1966）的机器人。人工智能进入了第一次浪潮，政府和企业对人工智能的投资大幅增加。但当人们逐渐发现，上述算法存在较大的缺陷，机器人只能从事非常简单，应用范围很窄的任务。而且，随着任务复杂程度的增加，计算量呈现几何级数的增长，在当时成了不可能完成的任务。人工智能进入了寒冬，各种投资规模急剧减少。到了 80 年代，科学家在算法上又取得了重大突破，又兴起一拨人工智能的投资热潮，各大科技公司纷纷推出语音识别、语音翻译计划，日本甚至提出了发展第五代计算机。但是，到了 90 年代，这些计划仍然没有能够取得显著进展，市场又逐渐失去了耐心，到了 2000 年左右，人工智能的第二次浪潮随着互联网的泡沫一起破灭了。

目前进行的人工智能的第三次高潮与前两次有着本质的不同。首先，互联网、物联网的发展使得可获取的数据量呈现指数级别的增长。一方面，大数据本身蕴含了大量有价值的信息，通过高性能计算机能够将这些信息快速、实时地挖掘出来，对于一些应用场景非常有效。例如，在金融市场的智能机器人，通过大数据可以挖掘出一些人们所忽略或遗漏的信息。利用这些信息交易能够占据先机，获得可观的利润。

另外一方面,数据量足够大,已经接近某些事物结果的所有可能集合,通过对数据的有效整理,能够迅速识别出各种情形,以及这种情形下的最优决策。例如,现在中英文机器翻译领域,如果收集了世界上绝大部分的中英文对照的句子及其对应的应用场景,在机器进行智能翻译时,可以映射到某一特定的场景,再借助智能算法,其准确率会有很大的提高。

其次,最近几年所流行的深度学习算法与之前的两次智能算法革命相比,有着本质的不同。以往的大部分智能算法往往需要人工标注数据。而深度学习算法则来自机器学习中的神经网络方法,它改变了解决问题的方式。它更像人脑的工作方式,具有从大量无标注样本集中学习数据集本质特征的能力。同时,深度学习能够与大数据契合得更好,深度学习将要学习的东西看成一大堆数据,它的预测效果随着数据量的增长而增长,不像传统的算法存在性能瓶颈。除了会下棋,基于深度学习的人工智能已经有了一些能够落地的应用场景。

2. 人工智能的主要应用

(1) 自动驾驶。自动驾驶最早应用在航空领域。早在 1914 年,为飞机制造导航的制造商 Sperry 就设计出人类历史上第一套自动驾驶系统。自动驾驶大致由感知外界环境的传感系统,进行决策的决策系统以及执行决策的控制系统构成。由于飞机在空中几乎没有什么障碍物,其感知的数据较为简单,主要是航向和高度的数据。这决定了其决策系统也较为简单,只需要进行起飞,降落,转向几类简单的决策,而控制系统负责将这些简单的决策执行即可。

汽车的自动驾驶则不同,地面的路况错综复杂,不仅会面临各种固定和活动的障碍物,而且路况极易受到雨雪雾等复杂天气的影响。在一些路面实现自动驾驶,首先需要雷达、卫星定位、摄像头、激光测距仪等精密传感器采集数据,决策系统对车速、通行时间等进行精确的计算。同时,决策系统还需要高性能的计算机系统来运行深度学习算法,通过事先采集好的精确路况数据,以保证遇到紧急情况时瞬间做出转向、加速或减速等决策。而且,其控制系统也必须做到即时响应,执行这些决策,并将执行过程中各种数据反馈给决策系统。当然,决策系统的核心——"深度学习"体系的智能程度必须依赖前期积累的大量数据。数据积累得越多,自动驾驶的效果就越好。目前谷歌、特斯拉、优步以及百度等科技公司纷纷布局自动驾驶技术，自动驾驶汽车已经到了爆发的前夜。

（2）机器翻译。人类语言并不总是遵循固定的规则，充满了各种特殊情况。如何让机器理解人们的语言，进而实现不同语言之间的翻译，是人工智能最难的领域之一。大数据给机器翻译带来了极大的机遇，互联网上的双语语言资源数据量激增，使得海量翻译知识的自动获取和实时更新成为可能。深度学习已经完全改写了我们的机器翻译方法。那些对语言翻译一无所知的深度学习研究人员建立的解决方案，能够打败世界上最好的语言专家建造的语言翻译系统。

与此同时，语音识别和图像识别也正在借助深度学习，将传统的识别技术远远甩开。类似谷歌，百度，腾讯等拥有大量语音和图像资料的公司，在这个领域中具有无比巨大的优势。中国的百度等公司，2015—2016 年开发中文语音识别系统的识别准确度已经超过了人类97％的水平。目前，通过语音到文字，经过机器翻译其他语言后，再转化为其他语言的语音这种复杂的应用，已经逐渐落地。科大讯飞甚至已经生产出这种翻译机，它可以实时翻译中英日韩法西六国语言。小到出国旅游、大到国际商务谈判的需求，这种即时翻译机都能发挥重要的价值。

3. 人工智能背景下工作机会的转移

人工智能会替代人的岗位吗？人类将何去何从，这是一个很有意思而且非常现实的话题。历史上每次生产率大变革时，都会产生类似这种工作岗位的替代效应。例如，当汽车替代马车的时候，大量的马车车夫失业，但是产生了更多的汽车司机岗位。因此，一些乐观学者认为，无须对当前的这种替代过多地操心。从长期看，即使一些工作被淘汰，但会有更多的工作被创造出来以满足新时代的需求。人工智能将允许人们空余出大量的时间和精力，去从事更有创造性的工作。

然而，以著名物理学家霍金为代表的悲观学派认为，人工智能将让中产阶级大面积失业。他们认为，人工智能的发展和以往技术的变革是不同的，它将导致全社会对人类劳动的总需求减少。随着人工智能的发展，除了一些体力劳动，还有一些所谓的"好工作"将会过时：很多律师助理、记者、翻译将被机器人和智能软件取代。随着人工智能技术的进一步发展，普通劳动的工作都将蒸发，使工薪家庭受到进一步挤压。

同时,人们的家庭还要经受生活成本上涨的冲击,尤其是教育成本和医疗保健成本的上涨。美国学者 Acemoglu & Restrepo (2017)的研究也似乎支持了这个观点,他们利用美国 1990—2007 年的数据发现,使用机器人的地区工资和就业均出现显著的下降。平均而言,每个机器人带来 6 个就业岗位的流失,即使考虑机器人本身带来的 3 个新就业岗位,每个机器人仍然带来了 3 个岗位的流失。重复性体力工作、蓝领、组装及相关工作受到的冲击最大。人工智能背景下,这种不对等的工作机会的转移对政府的公共政策和各行业竞争格局带来了深远的影响。

第四节　区块链

一、区块链与记账法的变革

1. 复式记账与多式记账

经济活动中产生的各种交易,需要进行记账。传统的记账方法中,主要有单式记账法与复式记账法。单式记账法对发生的每一笔经济业务只记录在一个账户中,单方面地进行登记。如果经济活动涉及多个账户,则不同账户之间难以建立严密的对应关系,不利于账户的核实与审计。而复式记账是针对这个缺陷,从单式记账法发展起来的一种相对完善的记账方法,是当前财务记账的主要方法。其主要特点是:对每项经济业务都以相等的金额在两个或两个以上的相互联系的账户中进行记录。各账户之间客观上存在对应关系,对账户记录的结果可以进行试算平衡。

复式记账在单式记账的基础上增加了校对机制,使得复式记账具有一定防篡改能力。但是这种能力仍然是有限的。首先,复式记账的防篡改能力是通过事后审计能够发现假账的威慑来实现的。实际过程中,审计不是实时完成的,账本被篡改到被发现一般需要一段时间。其次,复式记账的校对机制只是增加了账务篡改的成本,这种成本的增加是有限的,如果有足够的利益,短期内篡改账目而不被发现仍然是有可能的。最后,复式记账不能够从根本上阻止篡改行为的发生,当多个独立记账人或者审计人合谋时,账目的篡改仍然有可能发生。

区块链的多式记账机制可以从根本上杜绝账本的篡改。首先,区块链记账的审计是在记账时同步完成的。区块链账本按照记账的时间顺序首尾相接，形成链条。链条每一个新的环节产生时，都会对历史所有的链条校对后生成校对码，并将校对码也同时放入新的环节中。一旦记账完成，对历史链条上的任何环节进行篡改几乎是不可能的。因为，历史账本被篡改任何一个字节，新链条的校验码就会出现不一致，从而记新账时会发现账本造假。其次，区块链的账本是公开的，由多个不同的主体通过同步机制完成记账，即多式记账。多式记账的账本在网上有多处备份，要想篡改账本需要至少要买通其中一半的记账主体，造假的成本大幅提高，成了一个几乎不可能完成的任务。

2. 共享账本与共识机制

区块链账本的公开是一个重大创新，摆脱原本单一的记账中心和单一的账本，形成了多个共享账本。单一账本即使采用了复式记账法，仍然无法从根本上避免账本丢失或被篡改。区块链上多个共享账本不仅都可以完成记账职能，还能够随时提供查账的服务。不同的共享账本可能处于不同的物理位置、不同的网络环境、不同的管理人。正是由于多个共享账本的差异化的存在，即使某一部分账本暂时无法提供查账或记账服务，也不影响整个区块链体系的正常运作。由于不同的账本存放环境存在差异，它们需要一套机制来保持不同账本间的数据同步，对真假账本鉴别，并且协调记账的顺序。这种机制称为"共识机制"，一般由事先约定好的软件算法完成。例如，某个账本在同步的过程中，发现来自其他两个不同的账本数据出现矛盾，它必须进行鉴别。鉴别真伪的过程基于"少数服从多数"的原则，将多数保持一致的账本认为是真的，并选择真账本进行同步，丢弃假账本。

3. 区块链账本的智能合约

除了实现记账公开、防篡改、瞬间审计等优点外，区块链的账本还能够实现以往账本不可能实现的事情——智能合约。智能合约就是一段计算机执行程序，可满足准确自动执行。例如，在记录某笔钱入账的同时，加一笔备注某天这笔钱要自动还信用卡。看起来非常类似"支付宝"上的自动还信用卡的功能。但是区块链的智能合约有着显著的优势。首先，智能合约是建立在账本不可篡改的基础上的，智能合约签订的双方会充分地信任对方。合约一旦签署，不仅产生法律效力，还具有强制执行力：

满足实现约定的条件时,由计算机算法强制执行,整个过程可追踪。杜绝了抵赖,反悔等恶意违约行为。而且除了还款合约,理论上所有的数字资产交易都可以在记账的同时将智能合约写入账本中,大幅降低了市场的交易费用。

二、区块链的主要应用场景

1. 各类交易的确认与清算

交易要通过记账才有可能做到可追溯。而记账需要解决小账本同步,账本的保管,以及账本的防篡改等问题。而区块链作为一个独立的大账本,分散在不同地点的记账人电脑中,通过多个记账人的"集体共识"机制来防篡改。因此,它是一个非常理想的各类交易记账系统。区块链技术以几乎实时的方式自动建立信任,实现价值转移,完成点对点的交易、清算与结算,将显著降低价值转移的成本,由此大幅提升清算、结算流程效率,缩短清算与结算时间。通过区块链的智能合约,交易的透明度大大提高,交易双方的各种顾虑大幅减少,可有效促进市场交易行为的发生,减少市场的摩擦,降低交易成本,提高市场交易的效率。对于一些跨地区,跨系统,跨行业的交易,区块链可以扮演更重要的角色。

2. 物联网经济体

区块链可以从两个角度解决物联网的规模化和资源分配的问题。第一,它不需要传统的昂贵的中央服务器就可以让数百亿计的设备共享于一个相同网络。设备之间能够保持共识,无须与中心进行验证。这样,安全性大大提高,即使一个或多个节点发生故障或者被黑客攻击,整体网络体系的数据依然是可靠、安全的。第二,在这个网络中,通过不可伪造的记账方式协调物联网资源的分配,将物联网打造成一个符合激励机制的虚拟经济体,克服免费使用无法激励隶属不同主体的设备分享资源的尴尬。每个设备利用区块链相互连接与交互,管理自己的行为,参与各种物联网闲置资源的竞价。每一个设备都可以充当独立的经济代理,不仅对自己掌握的数据资源进行最优化定价,以很低的交易成本向其他设备竞价出售数据等各种资源,同时也可能参与其他物联网设备资源的竞价。将物联网上的各种资源分配到最需要的地方,激活物联网的协同价值,创造新的商业模式。

区块链智能合约的自动化和可编程特性使其可附带一些智能的交易行为,成为虚拟世界中的软件代理机器人，有助于促进人工智能在物联网中的应用。例如，Filament 公司实现了基于区块链的智能电网应用：在电线杆上安装 TAPS，TAPS 在10 英里之内可点到点通信。供电故障时，会按顺序通知 10 英里内的其他电线杆，并通过最近的回程网络上报公司总部。通过智能合约，电网会自动核算成本，寻找最优化的线路，以最小化的成本防止大面积停电。

3. 商品溯源与反洗钱

区块链所具有的数据不可篡改的特质可以很好地支持各类商品的溯源与防伪。例如，钻石等高价值商品的证书系统充斥着各种欺诈，伪造证书推动钻石诈骗销售的案例更是层出不穷。而位于伦敦的一家名为 Everledger 的公司已经将 160 多万颗钻石放了区块链上。数字记录上的条目包括每颗钻石的诸多属性，包括颜色、克拉和通过激光刻在钻石上的证书号。该技术使得购买者能够使用智能手机来追溯钻石的来源，防止买到假货。

由于区块链中的信息不仅不能被修改，而且历史记录无法消除。因此，任何类型的商品都可以通过区块链更好地进行追踪。除了钻石，一些名贵的红酒、奢侈品甚至农作物，畜牧的生产信息等都被一些创新公司纳入到了区块链进行管理。例如，京东商城于 2017 年 6 月起，联合农业部、国家质检总局、工信部、中国质量认证中心等部门，运用区块链技术搭建"京东区块链防伪追溯平台"，将更多的产品接入到区块链，让消费者更方便地查询到商品的溯源信息。

由于交易信息不可更改地被记录在区块中，采用区块链的交易能够追踪资金的走向。如果结合洗钱犯罪方面的大数据信息，则可以计算、识别、追踪出各种可能的洗钱交易。监管机构也可以通过这些信息，来确认银行和金融机构是否遵守了反洗钱规定。

第五节　生命编辑

习近平总书记在论述当代重大科技进步时举了人造生命这个重大科学进展。他说："这几年，这个领域的研究发展很快。2010 年第一个人造细菌细胞诞生，打破了生命和非生命的界限，为在实验室研究生命起源开辟了新途径。有的科学家认为，未来五至十年人造生命将创造出新的生命繁衍方式。这些不仅对人类认识生命本质具有重要意义，而且在医药、能源、材料、农业、环境等方面展现出巨大潜力和应用前景，也将给生命伦理带来全新挑战。[①]"

1953 年，沃森和克里克发现了 DNA 双螺旋的结构，由此，人类开始了在分子水平上进行生物学研究。随着转基因技术的日益发展，人类持续的改造植物、动物甚至人类自身的遗传物质。至 21 世纪初，人类全基因组测序的完成，标志着生命科学研究进入了一个以揭示基因功能为目的的后基因组时代，而在这一时代，基因组编辑技术毫无疑问成了重要的研究工具和手段。虽然传统 DNA 同源重组技术可以定向改造基因，但它依旧存在耗时、耗力、成功率低等问题。而且，因其必须基于同源 DNA，使得原有技术的通用性受到严重的制约。所以，一直以来，分子生物学家苦苦寻觅一种能够通用于动植物以及人类的高效、便捷的遗传物质改造工具。2014 年，CRISPR/Cas9 研究的突破性进展，终于为科学家找到了一把打开"生命编辑"之门的钥匙。

一、生命编辑——CRISPR/Cas9 概述

CRISPR/Cas 系统，全名为"成簇规律性间隔短回文重复序列/及其关联蛋白系统"(clustered regularly interspaced short palindromic repeats/CRISPR-associated proteins)[②]，而 CRISPR/Cas9 是目前已发现三种不同类型 CRISPR/Cas 系统的第二型。经过分子生物学家的多年研究发现，CRISPR/Cas9 最原始的功能就是充当细菌的免疫系统，以防止病毒的入侵。这一重大发现震惊了科学界：生物学家原本以为只有像人类这样的高等生物才有免疫系统，但 CRISPR/Cas9 的发现证明了单细胞甚至几十微米大小的细菌竟然也有免疫系统，而且具备自我进化、迅速适应和对抗新病毒入侵的能力。这一系列功能的实现，与其结构密切相关。CRISPR 是细菌基因组中的一段重复序列，其特征与病毒基因序列高度相似。一旦病毒入侵，CRISPR 序列就

---

① 中共中央文献研究室，2016 年：《习近平关于科技创新论述摘编》，中共文献出版社。
② 琚存祥等：《基因组编辑技术与模式动物》，载《生命科学》第 27 卷第 1 期。

让细菌迅速识别病毒特征。而后,细菌中的 Cas9 蛋白能够在 CRISPR 的指引下精确定位基因组,随后剪切破坏病毒 DNA 的重复片段。最终,遗传信息被破坏的病毒自然丧失了复制能力,也就更谈不上感染细菌了。换言之,CRISPR/Cas9 正是超轻量级基因组定位系统(CRISPR)和基因剪刀(Cas9)的组合。这个结果清晰地指向了一种全新的基因组编辑技术:人们只需要设计一段几十个碱基的 CRISPR,然后加上天然存在的 Cas9 蛋白,就可以随心所欲地定位和修改任何一段基因组[①],不管其来源于细菌、植物、动物还是人类(具体流程如图 1.1 所示)。同时,这一工具特别简便易造。对实验室而言,设计制造自己的 CRISPR/Cas9 只需几天时间,造价也仅几十美元。而之前的技术(锌指核酸酶和类转录活化因子效应物核酸酶技术)则必须花费数万美元,耗费数月甚至数年的准备时间。

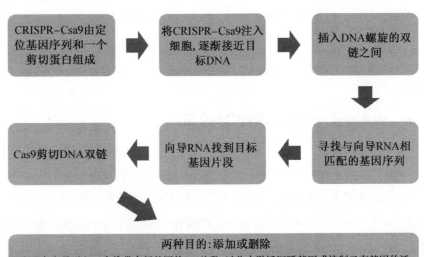

图 1.1　CRISPR/Cas9 的"生命编辑"过程[②]

①　参见王立铭《人类改造生命的"魔剪":CRISPR 发现之旅》,http://zhuanlan.zhihu.com/p/20547746,2015 年。

②　参见周佩琼编译《生命编辑》,载《新发现》第 126 期。

　　尽管现在的生物学家将 CRISPR/Cas9 视为革命性的"生命编辑"工具,但其发现过程颇为曲折。早在 1987 年,日本研究人员注意到许多细菌的基因组携带着一些相同且重复的 DNA 短序列,但并不清楚它们的作用。研究人员只好谨慎地在论文中描述了一下这些短序列的碱基组成,就将其束之高阁了。而这一搁置,就过了近二十年。在此期间,世界各地的科学家陆续在不同细菌中发现了类似的序列,但是始终不清楚这种序列到底意味着什么。现在我们可以清楚地知道,这些短序列就是CRISPR。直到 21 世纪初,随着大规模基因组测序技术的成熟和生物信息学的兴起,人们逐渐积累了大量细菌物种的完整的、从头到尾的基因组 DNA 序列信息。2000年,西班牙科学家借助计算机基因组比对技术,发现二十多种细菌和古细菌(一种相比细菌更加原始的单细胞生物)里,都带有结构组成相当类似的 CRISPR 序列。随着深入研究,他们又在不同的物种里发现了 88 段 CRISPR 序列。这引起了研究人员的高度关注。因为对于任何有机生命来说,小心翼翼地保存、复制和传递遗传物质信息都是件很困难、也很浪费资源的事情。在自然选择的作用下,很难想象会有这么多不同的物种不约而同地保留这么长一串一点功能也没有的 DNA 序列。因此,一个直觉的猜测就是,CRISPR 序列应该是有生物学功能的,而且很可能是对细菌来说至关重要的功能。

　　很快在 2007 年,在杜邦公司旗下的丹尼斯克食品配料公司工作的科学家,在嗜热链球菌中,严格证明了 CRISPR 序列对于细菌免疫系统的功能:在这种细菌中人工添加一段 CRISPR 序列,就可以帮助细菌抵挡某种对应病毒的入侵。与疫苗的机制相似,通过将病毒的基因组序列整合到自己的 CRISPR 序列中,下次同样的病毒入侵,细菌就可以正确识别和对抗它们了。但要清楚其中全部的机制,需要生物学不同领域的科学家共同努力。2009 年,任教于美国加州大学伯克利分校(University of California, Berkeley)的结构生物学家詹妮弗·杜德纳(Jennifer Doudna)利用 X 射线衍射的方法,在单个原子的尺度上了解了 CRISPR RNA 究竟如何实现病毒基因组的精确定位。但她并没有将研究目标进一步聚焦于 Cas9 蛋白这把基因剪刀。直至2011 年,杜德纳在与法国分子生物学家埃马纽埃尔·卡彭蒂耶(Emmanuelle Charpentier)的交谈中,了解到 Cas9 蛋白似乎有独立完成利用 CRISPR 序列定位并切割病毒基因组的能力。但卡彭蒂耶并没有能力研究。两人一拍即合，带领各自团队联合开始研究 CRISPR/Cas9 系统。终于在 2014 年，她们完美揭示了其工作原理，并借此获得了 2014 年的生命科学突破奖(Breakthrough Prize in Life Sciences)，每人获得 300 万美元奖金。相比于巨大的科学价值和市场前景，这些奖金或许微不足道。有分析人士认为，几年之内以 CRISPR 为基础的基因组编辑市场会达到每年数十亿美元的市场规模。而更乐观的估计则认为，这是一个年销售额接近 500 亿美元的庞大市场。2014 年 4 月 15 日，美国专利与商标局(USPTO/US Patent and Trademark Office)授予了与 CRISPR/Cas9 技术相关的第一个专利，这项专利涵盖了 CRISPR/Cas9 技术在所有真核生物——包括各种动物、农作物和人类自身——中的应用。自此，正式开始了 CRISPR/Cas9 技术的商业化之路。

二、生命编辑与产业的创新机会

虽然生命编辑——CRISPR/Cas9 的大规模商业化面临着技术和伦理等方面的挑战，但基于其强大的成本优势和无可比拟的通用性，我们依然可以预见 CRISPR/Cas9 技术将从以下几个方面为人类展开一个宏大的图景。

1. 优化基因

基于 CRISPR/Cas9 强大的功能，研究人员可以大批量、低成本地定向修改人类遗传物质中那些决定我们体格和智力的基因片段。自人类诞生起就憧憬的"青春永驻"将不再是幻想。虽然目前大部分人拥有的基因可以运行，但美国遗传学家乔治·丘奇(George Church)认为，这些基因并不一定是"性能最佳"。这一理论为人类基因组的优化奠定了基础。丘奇本人带领的几个团队研究了一些百岁老人的遗传特征，发现 6 种罕见的基因组片段。它们能提高对心血管疾病(PCSK9 基因)、癌症(GHR 等基因)、糖尿病(SLC30A8 基因)、阿兹海默症(APP 基因)或病毒的抵抗力。借助 CRISPR/Cas9 这一工具，人类利用上述基因片段替换原有 DNA 信息，从而优化人体抵抗力。同时，CRISPR/Cas9 的纠错功能使其可以被应用于其他类基因的修改工作，如改变体味、降低疼痛敏感度、提高骨密度以及使肌肉更发达。

但许多专家也指出，虽然 CRISPR/Cas9 技术已趋于成熟，但实际上修饰基因带来的挑战往往超越工具层面。除了遗传病领域集中获得深入研究的基因外，目前几乎无法将某种基因与特定体征明确建立联系。以改良了 1GF1 基因的牲畜为例,它们先长出了发达的肌肉,但随后不知为何又退化了。这一例证就表明,对比遗传系统的精密与庞杂,我们的认识水平是如此的粗略与稚嫩。

2. 治疗所有疾病

遗传病、癌症、艾滋病……在 CRISPR/Cas9 发现的短短两年间,全球范围数十个实验室的研究结果表明,这一全新工具极有可能为人类带来彻底治愈这些疾病的终极方案。医生们希望利用 CRISPR/Cas9 技术实现 DNA 的"修复手术"。

早在三十年前,基因治疗的概念就被广泛讨论,但如何实施则需要等到新技术来解决。如今,加州大学(University of California)的简悦威(Yuet Wai Kan)团队尝试利用 CRISPR/Cas9 技术增强免疫系统中 T 淋巴细胞对艾滋病的抵抗力。他们首先筛选出人体内能够抵御 HIV 病毒的变异淋巴细胞基因组,而后利用 CRISPR/Cas9 改造其他淋巴细胞,最后将其转化为干细胞并注入患者体内重建免疫系统(如图 1.2 所示)。目前,简悦威团队已完成了第二步,最后的步骤还有待继续探索。

图 1.2　利用 CRISPR/Cas9 治疗艾滋病的过程

3. 消灭有害物种

物种入侵、寄生虫病、害虫抗药性增加等等这些有望通过 CRISPR/Cas9 技术解决。改编自 CRISPR/Cas9 系统的基因驱动(Gene Drive)技术能够令经人类改造的新基因在自然种群中迅速扩散,无论这一基因对该物种有害还是有益。哈佛大学欧文·爱德华兹(Owen Edwards)领衔的研究团队计划利用 CRISPR/Cas9 来降低物种的变异能力。如消除海蟾蜍产生毒素抵御捕食者的能力,或者摧毁含有"雌性"染色体精子的基因,从而导致只有雄性诞生。但这一方法有可能导致其他物种被误伤。所以此项应用需要将打击目标的精准度提高。

4. 改写所有后代的遗传文本

2015 年 4 月,中山大学研究团队利用 CRISPR/Cas9 技术,进行了世界首次人类胚胎基因修复实验,旋即产生了巨大轰动。基于这一技术,研究人员成功修复了人类胚胎中导致 β 型地中海贫血的基因。而此前,人类胚胎的修复操作一直是实验室 DNA 修正技术的短板:原有技术侵入性太强,更有可能毁坏胚胎,而不是修正其基因。所以目前胚胎修复的方法是基于筛选健康胚胎(基因筛选),然后植入母亲子宫。但 CRISPR/Cas9 技术则跨出了一大步:不仅仅是选择胚胎,而且是随心所欲地重写其遗传信息(如图 1.3 所示)。甚至,经这种方法修复的胚胎,修复后的性状还可以遗传给下一代。相信在不远的将来,依托 CRISPR/Cas9 技术,身患遗传病的家长经胚胎修复就可以生下一个健康的婴儿。

图 1.3　利用 CRISPR/Cas9 修改人类胚胎的过程

但随着治疗对象的范围变广,科学家和医学家行动的道德和法律边界也在模糊。如果研究人员可以为父母消除子孙后代患病的风险,那么可否敲除自闭症、耳聋相关的基因？ 进一步,是否可以敲除父母不希望子女出现的基因呢？ 自此仿佛踏入了纳粹"优生学"的领地。不仅如此,胚胎修复是否存在缺陷还未被时间充分证明。一旦贸然推进可能会给人类带来极大风险。

5. 发明新型宠物

现代宠物的诞生是人类对物种改造的极好例证。传统世代杂交的方法定向筛选性状耗时较长。和其他领域一样,CRISPR/Cas9 技术可以使宠物遗传改良更为便捷。南京大学与广州生物医药研究院的联合团队利用这一技术成功消除了两只比格犬的肌肉生长抑制素(MSTN)基因。新型比格犬比传统品种肌肉量增加一倍,更适合被训练成警犬。华大基因(BGI)的研究人员也曾开发过新型迷你宠物猪。在近期,CRISPR/Cas9 培育的新兴宠物就将投放市场。

6. 不使用外来DNA制造转基因生物

转基因农作物已经在全球大规模种植,但以前的技术较多地使用非本物种的外来基因,定向改造本物种性状。例如转Bt基因棉花就利用来自苏云金芽孢杆菌的Bt基因改造棉花性状,使其能够抗虫。但因此类转基因农作物较大的食品安全风险和伦理风险,大多数国家都严格审查其商业化种植资格。而CRISPR/Cas9技术可以通过局部变异修正已存在的一个或多个基因,或者使它们失去活性,从而在不引入外来基因的前提下改造农作物性状。2014年,中科院的研究人员通过使抑制小麦自然防御功能的基因失活,从而使普通小麦能够抵御白粉病。这种新方法因为不引入外源遗传物质,可以大大减少审批的阻力。美国农业部已经不把这类新兴农作物视为转基因生物了。而欧盟也预计在近期修改法规,此类生物的推广将不再需要烦琐的医学测试。

7. 拯救濒危和已消失的物种

随着西伯利亚冰冻猛犸象尸体的发现,人们再一次憧憬着再现其身姿的情景。通过提取保存的DNA,活着的近亲动物遗传物质可以与其融合,进而让消失的物种复活。CRISPR/Cas9技术为这一设想的实现提供了强大的工具。2015年,哈佛大学的研究团队基于此技术将14个猛犸象基因(涉及耳朵大小、被毛等特征)加入亚洲象的杂交细胞中。猛犸象的基因一旦表达成功,不仅可以重现这一物种,还可以使亚洲象更能适应寒冷的气候。届时,这个混合物种就能入住新的领地。

（原文载于:洪银兴、安同良、孙宁华.《创新经济学》,南京大学出版社,2017年;作者:安同良、周耿、魏婕、舒欣、杨乐坤,并做了修改）

第二章　创新发展理论的演进

　　创新逐渐被认为是非常重要的社会和经济现象,也是近年来国内外使用频率最高的概念。企业认为未来取决于自身的创新能力,因此,它们关心自己的创新能力,特别是与它们竞争者相关的。政治家也关心创新,因为它对经济增长、福利和就业具有重要影响。然而,由于假定创新具有正面影响而需要创新的想法是不够的,需要的是关于如何影响创新和实现创新效果最大化的系统而可靠的知识。本章在对马克思、熊彼特和波特创新理论梳理的基础之上,将梳理创新思想在中国的发展并探讨创新理论在西方的现代进展。

第一节　马克思关于创新和技术进步理论

　　弗里曼在解释创新概念时,明确指出创新思想可追溯到马克思在《资本论》中所提出的自然科学在技术进步中的作用。根据马克思的概括,社会生产力的发展来源于三个方面:"来源于发挥着作用的劳动的社会性质,来源于社会内部的分工,来源于智力劳动特别是自然科学的发展。"[①]

　　经济增长实际上就是马克思讲的扩大再生产。在他看来,扩大再生产区分为两种类型:外延的扩大再生产和内含的扩大再生产。两者的区别是:"如果生产场所扩大了,就是外延上的扩大;如果生产资料效率提高了,就是在内涵上的扩大。"[②]马克思在另一处所做的区分是:"在外延方面表现为在旧工厂之外添设新工厂……从内涵

---

　　① 马克思:《资本论》第3卷,人民出版社2004年版(以下所引此书均为此版本),第97页。
　　② 马克思:《资本论》第2卷,第192页。

方面表现为扩充原有的生产规模。"①显然内涵的扩大再生产就是内涵型增长方式，外延的扩大再生产就是外延型增长。外延增长主要是扩大生产资料规模，而内涵增长就是提高生产资料效率。

转变增长方式的基本途径是推动科技进步。马克思把"科学的发展水平和它在工艺上的应用的程度"明确为劳动生产力的重要决定因素。② 如果劳动生产力是随着科学和技术的不断进步而不断发展的，其效应，一方面"旧的机器、工具、器具等等就为效率更高的、从功效来说更便宜的机器、工具和器具等等所代替……，旧的资本也会以生产效率更高的形式再生产出来。"另一方面，化学的每一个进步不仅增加有用物质的数量和已知物质的用途，从而随着资本的增长扩大投资领域。③ 科技在生产中的运用，可以带来劳动生产率的提高和生产成本的下降等，从而提高利润率，增加资本积累量；而且由于生产要素效率提高，使包括生产资料和消费资料在内的产品的社会生产成本下降，从而使这些产品的价格得以下降，同量的资本积累额可以购买更多的生产要素，使资本积累的实际效果提高。这就是马克思说的："科学和技术使执行职能的资本具有一种不以它的一定量为转移的扩张能力。同时，这种扩张能力对原资本中已进入更新阶段的那一部分也发生反作用。"④

由于相对剩余价值是建立在提高社会劳动生产力基础上的，相对剩余价值生产"必须变革劳动过程的技术条件和社会条件，从而变革生产方式本身，以提高劳动生产力，通过提高劳动生产力来降低劳动力的价值，从而缩短再生产劳动力所必要的工作日部分"⑤。因此，由绝对剩余价值生产转向相对剩余价值生产。这种转变本身反映了经济增长方式的转变。

根据马克思关于相对剩余价值的分析，提高社会劳动生产力，从而实现增长方式的转变的关键是推动创新。创新即科学和技术在生产中应用。马克思分析了相对剩

---

① 马克思：《资本论》第2卷，第356页。
② 马克思：《资本论》第1卷，第53页。
③ 马克思：《资本论》第1卷，第664页。
④ 马克思：《资本论》第1卷，第699页。
⑤ 马克思：《资本论》第1卷，第350页。

余价值的生产,从而提高社会劳动生产力的方式很多,现在看来其中最为突出的就是创新方式。当代著名经济学家弗里曼(C. Freeman)在介绍熊彼特的创新理论时特别肯定了马克思的贡献:"马克思(1848年)恐怕领先于其他任何一位经济学家把技术创新看作为经济发展与竞争的推动力。"[1]马克思是在论述机器大生产时提出创新思想的。马克思说:"劳动资料取得机器的物质存在形式,要求以自然力来代替人力,以自觉应用自然科学来代替从经验中得出的成规。"[2]自然科学理论是知识形态上的生产力,当它运用于生产过程时,就变成了直接的生产力。这种转化首先是通过生产工具和工艺过程的变革来实现的。

在马克思看来,现代工业的基础是革命的,创新是以科技革命为基础的。就如马克思所说的:"现代工业从来不把某一生产过程的现存形式看成和当作最后的形式。因此,现代工业的技术基础是革命的。"[3]机器体系本身是科学的结晶,科学、巨大的自然力等都体现在机器体系中。马克思当时将发达的机器分解为三个组成部分:发动机,传动装置,工具机。马克思根据科学技术对机器体系的作用及对生产的影响说明了创新进程。第一次产业革命产生的蒸汽机是发动机的革命,使人手被机器所代替。"一旦人不再用工具作用于劳动对象,而是作为动力作用于工具机,人的肌肉承当动力的现象就成为偶然的了,人就可以被风、水、蒸汽等代替了。"[4]大工业的特征是用机器生产机器,"用机器制造机器的最重要的生产条件,是要有能充分供给力量同时又完全受人控制的发动机。"[5]当时马克思已经发现机器生产发展到一定阶段出现"通过传动机由一个中央自动机推动的工作机的有组织的体系"[6]。这是机器生产的最发达的形态。后来的第二次产业革命是电力代替了蒸汽,发动机变为电动机,同时伴有传动装置的革命,电力和交通传输将现代技术扩展到更为广阔的领域。20世纪后期产生的科技革命发生在电子、信息技术领域。其直接效应是在许多生产场合

---

① 伊特韦尔约:《新帕尔格雷夫经济学大辞典》,经济科学出版社,1996年版,第925页。
② 马克思:《资本论》第1卷,第423页。
③ 马克思:《资本论》第1卷,第560页。
④ 马克思:《资本论》第1卷,第412页。
⑤ 马克思:《资本论》第1卷,第422页。
⑥ 马克思:《资本论》第1卷,第419页。

电脑代替"人脑",互联网则将各类信息传输到世界各个角落。这些可以说是在经济发展不同阶段所出现的重大创新成果。

一个部门的创新带动全社会其他部门的创新。这就是马克思说的,"一个工业部门生产方式的变革,会引起其他部门生产方式的变革。这首先涉及因社会分工而孤立起来以致各自生产独立的商品、但又作为一个总过程的各阶段而紧密联系在一起的那些工业部门。"①例如,纺纱部门采用了新技术,从其前向联系看,就会要求织布、印染等行业也进行力学和化学革命。同样从其后向联系看,又会引起棉花生产采用新技术以扩大生产规模。不仅如此,工农业生产方式的革命,尤其使"交通运输手段的革命成为必要。""大工业是逐渐地靠内河轮船、铁路、远洋轮船和电报的体系而适应了大工业的生产方式。"②这样,一个部门的创新引起其他部门创新时,全社会的生产力水平就上了一个新的台阶。特别是现时代由于信息产业部门的创新,引起了其他制造业部门采用信息技术的创新,产生了互联网,同时又创新了现代服务业部门。

根据马克思的分析,推动创新有以下几方面的要求。

首先是从制度上保证首先采用先进技术的企业获得创新收益。马克思所指出的创新制度除了市场竞争内在化为企业创新压力的机制外,特别重要的是创新收益的制度安排。马克思是从个别价值和社会价值的差额来说明这个问题的。影响商品价值变化的就只能是社会劳动生产力。个别资本依靠技术进步,提高了劳动生产力,相应地其个别商品的价值下降,但社会劳动生产力没有变化,商品价值量也没有变化,由此形成个别价值低于社会价值的差额。这个差额就是超额剩余价值(有的地方翻译为额外剩余价值),为首先采用先进技术的资本所有。这就是马克思所说的:"生产力特别高的劳动起了自乘的劳动的作用,或者说,在同样时间内,它所创造的价值比同种社会平均劳动要多。……采用改良的生产方式的资本家比同行业的其余资本家,可以在一个工作日中占有更大的部分作为剩余劳动。"③超额剩余价值从产生到消失不是转瞬即逝的。这取决于一种新技术产生到全社会广泛采用的时间,由于信

---

① 马克思:《资本论》第 1 卷,第 421、354 页。
② 马克思:《资本论》第 1 卷,第 441 页。
③ 马克思:《资本论》第 1 卷,第 354 页。

息不完全,再加上首先采用新技术者的保密,首先采用新技术的生产者可能会维持相当一段时间的超额剩余价值。也可能因为仿冒和侵权使首先采用新技术者得不到超额剩余价值。社会也就需要做一种制度安排(如专利制度)即有效保护首先采用新技术者。

其次是建立创新成果向全社会扩散的机制。这可以从超额剩余价值转变为相对剩余价值的机理来说明。"价值由劳动时间决定的规律,既会使采用新方法的资本家感觉到,他必须低于商品的社会价值来出售自己的商品,又会作为竞争的强制规律,迫使他的竞争者也采用新的生产方式。"①其最终结果是,新的生产方式普遍采用,全社会的劳动生产力普遍提高,一般剩余价值率提高,超额剩余价值消失,相对剩余价值就产生了。每个资本都能获得一般的相对剩余价值。如果单个资本还要获取新的超额剩余价值,单个资本必须展开新一轮的竞争。当然新技术在全社会的迅速推广是在知识产权得到有效保护的前提下进行的。

第三是科技创新需要有投入。在马克思看来,制度创新,如"由协作和分工产生的生产力,不费资本分文。它是社会劳动的自然力。"可是,"正像人呼吸需要肺一样,人要在生产上消费自然力,就需要一种人的手的创造物。要利用水的动力,就要有水车,要利用蒸气的压力,就要有蒸汽机。利用自然力是如此,利用科学也是如此。电流作用范围内的磁针偏离规律,或电流绕铁通过而使铁磁化的规律一经发现,就不费分文了。但要在电报等方面利用这些规律,就需要有极昂贵的和复杂的设备。"②根据劳动过程要素的分析,无论是投入劳动还是投入劳动资料和劳动对象,都不只是数量问题,都有个质量问题,而且都有不同的生产力,如劳动生产力,各种自然条件的生产力,各种生产工具的生产力。由于所有这些要素都是由资本黏合和并入的,或者说是用资本购买的,不仅这些要素是属于资本的,就是其生产力也是属于资本的。这就是马克思在说明劳动生产力的发展对资本积累的作用时所说的:"劳动的这种自然能力表现为合并劳动的资本所固有的自我保存的能力,正像劳动的社会生产力表现为

---

① 马克思:《资本论》第 1 卷,第 354 - 355 页。
② 马克思:《资本论》第 1 卷,第 444 页。

资本的属性,资本家对剩余劳动的不断占有表现为资本的不断自行增值一样。劳动的一切力量都显现为资本的力量。"①自然生产力也是这样,"同历史地发展起来的社会劳动生产力一样,受自然制约的劳动生产力也表现为合并劳动的资本的生产力。"②在马克思那个时代是这样,现今时代更是如此,科学发现需要足够的投入,科学发现转化为新技术新产品不只是需要极其昂贵的设备,更是风险投资。

最后是改善自然条件的科技进步会越来越重要。各种不费分文的自然力,也可以作为要素,以或大或小的效能并入生产过程。"它们发挥效能的程度,取决于各种方法和科学进步。"③就土地来说,土地肥力首先是指自然肥力,"撇开气候等要素不说,自然肥力的差别是由表层土壤的化学结构的差别,也就是由表层土壤所含植物养分的差别形成的。"不过,"在自然肥力相同的各块土地上,同样的自然肥力能被利用到什么程度,一方面取决于农业化学的发展,一方面取决于农业机械的发展。这就是说,肥力虽然是土地的客观属性,但从经济学方面说,总是同农业化学和农业机械的现有发展水平有关,因而也随着这种发展水平的变化而变化。"④就自然资源的科技进步来说,有两个层次的问题,也是利用自然资源的科技进步。就是马克思说的,自然条件作为自然界限对剩余劳动发生影响,确定开始为别人劳动的起点。"产业越进步,这一自然界限就越退缩。"⑤问题是"在一定时期你提高土地肥力的任何进步,同时也是破坏土地肥力持久源泉的进步"⑥。"在农业中(采矿业中也一样),问题不仅涉及劳动的社会生产率,而且也涉及由劳动的自然条件决定的劳动的自然生产率。可能有这种情况:在农业中,社会生产力的增长仅仅补偿或甚至补偿不了自然力的减低——这种补偿总是只能起暂时的作用"⑦,因此需要有第二层次的科技进步,即保护和改善自然资源的科技进步。例如马克思当时就提出了依靠科技进步建设循环经

① 马克思:《资本论》第1卷,第666页。
② 马克思:《资本论》第1卷,第563页。
③ 马克思:《资本论》第2卷,第394页。
④ 马克思:《资本论》第3卷,第733页。
⑤ 马克思:《资本论》第1卷,第562页。
⑥ 马克思:《资本论》第1卷,第580页。
⑦ 马克思:《资本论》第3卷,第867页。

济问题："化学的每一个进步不仅增加有用物质的数量和已知物质的用途,从而随着资本的增长扩大投资领域。同时,它还教人们把生产过程和消费过程中的废料投回到再生产过程的循环中去,从而无须预先支出资本,就能创造新的资本材料。"①

第二节　熊彼特的创新理论

一、熊彼特创新理论的内容和特征

创新(innovation)概念最早是由熊彼特在 20 世纪 20—30 年代提出来的。创新思想可追溯到马克思在《资本论》中所提出的自然科学在技术进步中的作用。熊彼特创新理论涉及以下五个方面。

1. 基本假设

从熊彼特早期的作品中,可以总结出其创新理论的以下基本假设:(1) 不确定性嵌入到所有的创新计划中,经济主体(个人或组织)是"有局限性"的(Simon,1979);(2) 先行者要比其他人行动得更快,才可以获得潜在的经济利润。熊彼特认为靠支配着经济学的完全信息而做出"最优"选择的假设是行不通的,因此企业家需要有独特超前的视野和领导能力;(3) 在所有社会层次中存在"阻碍新方法流行"的威胁和摧毁新事物的"惯性",使企业家不得不为创新的成功而付出代价;(4) 知识是公司范围内的扩散现象,并以一种"惯例"的形式存在。这与新增长理论把知识当作"公共品",可免费使用的假设不同。熊彼特的上述基本假设,既区别于新增长理论的创新,也与主流经济学中效率优先、一般均衡等假设有异,可谓独树一帜(Schumpeter,1934;Cowan et al., 2000)。

2. 创新和企业家

古典经济学认为创新是经济系统以外的因素,对经济产生重大影响却又不属于经济的一部分。熊彼特在 1912 年引入创新(innovation),并与发明(invention)做出区分,这在当时是一件很不简单的事(Rogers, 1995)。熊彼特为了阐释创新,提出了

---

① 　马克思:《资本论》第 1 卷,第 664 页。

五种创新模式:(1) 采用一种新的产品;(2) 采用一种新的生产方法;(3) 开辟一个新的市场;(4) 掠取或控制原材料或半制成品的一种新的供应来源;(5) 实现任何一种工业的新的组织①。他在《经济周期》一书中把创新定义为"在经济生活的范围内以不一样的方式做事"②。后来,弗里曼把创新的内涵概括为新发明、新产品、新工艺、新方法或新制度第一次运用到经济中去的尝试。在此基础上,熊彼特把新组合的实现称为"企业",把职能是实现新组合的人们称为"企业家"。企业家是创新活动的倡导者和实行者。经营者只有在从事创新活动时才能成为企业家。"每一个人只有当他实际上'实现新组合'时才是一个企业家;一旦当他建立起他的企业以后,也就是当他安定下来经营这个企业,就像其他的人经营他们的企业一样的时候,他就失去了这种资格。这自然是一条规则"。③ 熊彼特指出,创新就像一个创造性的破坏过程,也就是说一个技术创新使前一个创新变得过时了。新进入厂商的威胁使原有厂商不能原地不动,不能坐享其成,竞争的压力使它们必须不断地进行研究开发。因此创新企业有了连续创新的动力,市场就具有了连续的暂时性垄断的特征。

3. 利润、扩散、竞争和经济周期

熊彼特认为,利润作为"成功创新的额外奖励",不存在于静态的循环流中(Schumpeter, 1934)。因而在古典经济学的静态均衡中不可能存在利润空间,只有熊彼特的创新及创造性破坏才是目前对利润唯一令人信服的解释(Drucker, 1983)。在现实经济中,若有企业家引入创新并打开利润之门,同行业者发现了更高水平的利润便会尝试复制创新,因此前者的利润只能短暂存在。模仿与竞争引起价格下降,熊彼特称为"竞价下跌"(Competing Down),最终导致整个经济受益并带来所有利益的累积④。鉴于创新者和模仿者之间的相互作用影响经济增长,熊彼特进一步假设这一过程并非是线性的,而是非均匀地分布在时间轴上。当创新完全被吸收和扩散,经济才能重新恢复均衡(Carayannis, 2010)。熊彼特认为市场经济本身具有繁荣和萧

---

① 熊彼特:《经济发展理论》,商务印书馆 1990 年版(以下所引此书均为此版本),第 68 页。
② 熊彼特:《经济发展理论》,第 84 页。
③ 熊彼特:《经济发展理论》,第 87 页。
④ 熊彼特:《经济发展理论》,第 105 - 108 页。

条的周期性特征,资本主义经济周期的四个阶段分别是繁荣、衰退、萧条和复苏,生产技术和方法的创造在其中有着至高的作用。熊彼特首次提出了经济周期的长、中、短三周期论,并认为周期的交织并存解释了创新的正确性,而且个别企业家的行为是具备宏观经济学基础的。经济周期理论表示资本主义的发展离不开竞争的创新,再一次挑战了新古典主义的完全竞争理论,企业家创新的"模仿性稳定"是熊彼特创新理论博大、深刻的体现。

4. 资本主义社会的发展规律

熊彼特在《资本主义、社会主义与民主》中运用"创新理论",推断出资本主义终将走向灭亡,社会主义才是未来的必然趋势,从而形成了熊彼特式的"自动与和平过渡"的理论。熊彼特认为,资本主义制度并不是通过资本家来获取他的全部的前进动力的,而是通过领头的创新家获得的,他认为资本主义的衰败和崩溃并不是因为工人阶级的崛起,而是由于环境发生了变化:个性的作用下降,官僚管理的作用加强,创新活动本身变成了制度化的例行公事,企业家的创新职能日渐衰老,利润将趋于零。熊彼特结合社会学和经济学分析,主要回答解释了两个命题,(1)资本主义能活下去吗?熊彼特认为它不能活下去。(2)社会主义行得通吗?熊彼特回答"当然行得通"。资本主义体系有一种固定的自我毁灭的趋势。此书完成了熊彼特的内生技术进步理论:人类社会的演进根植于过去的经验、传统和习惯模式之中,通过企业家对有效技术的选择,带动人类的新价值体系和理念的形成,进而推动社会的向前发展,这种技术的创新过程内生于人类的演化发展过程之中。老年熊彼特推崇垄断的大公司创新,认为创新已经官僚化,比较容易开展,大公司拥有足够的活动资金和市场地位来使得创新活动获得利润,强调大托拉斯的常规创新,一方面是空前的经济增长和生产率的提高,另一方面便是保护创新投资所需要的垄断行为,对完美的自由竞争理论构成了挑战。

5. 两种创新模式

熊彼特给出了两大主要的创新活动模型。Nelson, Winter(1982)等学者将第一个模型称为"熊彼特 MarkⅠ",在《经济发展理论》中,熊彼特考察了 19 世纪末期以众多小企业为典型的欧洲工业结构,这种创新活动的特征是低技术含量的产业以及新企业的创新活动①,其中企业作为创新的关键角色直接引发了关于创新内生性问题的研究。第二个模型(熊彼特 Mark Ⅱ)在《资本主义、社会主义与民主》中提出,受到 20 世纪前期美国工业的启发,熊彼特强调了作为引入创新引擎的大型企业的驱动作用,讨论了技术创新的工业研发实验室和大公司重要角色的相关性,这种创新活动的特征是已成立的大型企业以及他们对新进创新者造成的壁垒(Franco Malerba & Luigi Orsenigo, 1995)。因此,Mark Ⅰ 的技术创新来源于创业者,而 Mark Ⅱ驱动创新则是利用大量资本去投资研发活动的大公司。就后者而言,熊彼特认为具有垄断权力的大型企业注重资源分配与导致新技术产生的竞争力间的匹配,并由此提出了静态和动态效率二分法的问题:认为由垄断权力导致的静态无效率将由动态效率补偿,而动态效率来自新的先进技术引进带来的高效率。

二、熊彼特创新理论的影响力

　　熊彼特的著作是创新经济学的核心,创新性地向我们阐述了创新的定义,创新、发明和扩散之间的区别,在空间和时间方面以"创新风暴"的概念对创新集聚的理解,以及企业作为适当的组织推动创新引入速度的关键角色等。熊彼特凭借"创造性毁灭"的创新理论在国际学术界树立了崇高的地位,他对资本主义经济发展的结构因素、创新特征、经济周期、经济学说史等都有巨大贡献,对包括经济学、管理学、社会学、政治学等社会科学产生了非常深远的影响,并且,随着社会发展,这种影响正在不断扩大。曾有两位学者在 2004 年对熊彼特创新思想的发展和影响进行了全面的回顾和总结(Becker, Knudsen, 2004),从经济学、社会学和组织学三个视角,选取总共13 个各自领域的顶级期刊,发现对熊彼特文献的引用率在 1994 年至 1998 年达到高潮,这五年期间共有 159 篇文章涉及熊彼特思想,1958 年之前的研究基本属于经济学领域,20 世纪 80 年代初社会学和管理学的研究急剧增加,并在 20 世纪 90 年代中期形成高潮。

　　作为一位博学且富有远见的思想家,熊彼特完整创造和解释了创新理论,"创造

---

　　①　Franco Malerba, Luigi Orsenigo. "Schumpeterian patterns of innovation", Cambrige Journal of Economics, 1995(19), pp. 47.

性毁灭""企业家精神"等创新理论至今拥有强大的生命力和影响力。他的创新理论体系主要依次经历三部巨著形成,分别是《经济发展理论》(首次提出并系统论证了创新理论)、《经济周期》(系统应用、验证并丰富了创新理论)、《资本主义、社会主义与民主》(发展且普及化了创新理论,引入制度创新问题,总结了资本主义历史演进中的创新进程)。后续的学者在熊彼特的基础上,对创新理论进行了继承和拓展,其中较杰出的研究包括 Chris Freeman 的国家创新体系学说,Richard Nelson 和 Sedney Winter 的演化经济学,Eric von Hippel 的用户引领创新主张,James Utterback 的创新动力学,David Teece 的创新获利思想,Clayton Christensen 的破坏性创新观以及 Henry Chesbrough 的开放式创新理论。

三、熊彼特创新理论的不足

　　熊彼特对创新的分析是具有时代烙印的,对创新内涵的界定是宽泛的,并未局限于技术创新,但技术创新是其创新思想的核心。而随着世界经济的发展,创新作为一种最重要的实践活动也在不断地发生变化。创新的形式已经不再局限于技术创新,也包括了商业模式创新、战略创新、设计创新等非技术创新;其次,熊彼特重视企业家,认为创新是生产要素的新组合,而具备实现这种新组合职能的人称为"企业家",这个界定符合当时的时代发展背景,但已不适应目前的创新实践。创新实践发展至今,发生了诸多本质性的新变化,创新者不再仅仅局限于企业家,还包括用户、普通民众和具有创新素质的创新者等;再者,熊彼特在他的创新组织理论中,虽然用大量的篇幅清晰地论述了竞争与企业内部创新间的重要关系,并使得研究进入壁垒、利润水平、市场结构与引入新技术的动机之间的关系问题成为可能,但他并没有对这两类创新模型发生的环境进行具体对比,也没有从单个企业的发展过程和管理内容进行考虑。其创新理论在组织上采用的是较为封闭的组织形式,通过研究投入或创业的形式来进行创新活动。而现今创新实践中,创新的组织不再是封闭的,而是逐渐趋向于开放性、异质性、二元性的创新生态系统,这是未来创新比较合适的组织形态。

　　因此,结合中国特色社会主义国情,在过去凯恩斯主义无法解决的经济难题上,中国可以适当运用熊彼特主义制定宏观经济政策,并集聚我国人民群众的广大智慧,在技术层面、管理层面、战略层面等进行开放协作,通过创新实现中国经济的顺利转型和可持续发展。

第三节　波特的创新理论

继马克思、熊彼特的创新理论后,哈佛大学教授迈克尔·波特从竞争的角度丰富了创新的内涵。波特教授先后发表了三本最具代表性的著作,即《竞争战略》(1980)、《竞争优势》(1985)、《国家竞争优势》(1990),他在这三本著作中分别探讨了产业、企业、国家三个不同的层面上的竞争问题。自此之后,竞争战略及竞争优势理论在全球范围内广泛传播并对世界各国的理论研究者和政策制定者产生了重要影响。本节将从微观企业竞争优势,中观产业集群以及宏观国家竞争优势三个层面来梳理波特的创新理论。

迈克尔·波特聚焦于研究竞争力,尤其关注国家竞争优势。他认为,竞争力是以产业作为度量单位的。"国家的影响力通常是针对特定产业或产业环节,而不是个别企业"[1]。因此他特别重视产业创新对国家竞争力的作用。"国家的竞争力在于其产业创新与升级的能力"[2]。"不同国家有不同的竞争力形态,没有哪个国家能在所有或大多数产业中独领风骚。因此,各国都能在特定的产业成功,因为本国环境对于这些产业最有前瞻性、活力与挑战性。"波特特别指出了政府在推动创新中的作用。"当竞争的基础转为创造和知识积累时,国家的作用就变得日益重要,创造与保持竞争优势也变成本土化的过程。"[3]

一、企业竞争优势

在企业层面上,波特教授认为"创新一词应该做最广义的解释,它不仅是新技术,而且也是新方法或新态度。它可以只是一个新的产品设计、一个新的流程、一套新的营销战略、新的组织或教育训练。"[4]成功的企业所采用的战略虽然各有差异但是归

---

① 迈克尔·波特《国家竞争优势》上,台湾天下远见出版公司,1996年版,第16页。
② 迈克尔·波特:《竞争论》,中信出版社,2003年版,第160页。
③ 迈克尔·波特:《竞争论》,中信出版社,2003年版,第160页。
④ 迈克尔·波特:《国家竞争优势》,华夏出版社,2002年版,第567页。

纳起来这些能保持竞争优势的企业都与其创新能力密不可分,波特教授给出了企业在面临国内乃至国际竞争时获得优势的五条原则。

1. 竞争优势来自最根本的创新、改善和改变

企业能够胜过它的竞争对手,是因为能察觉新的竞争状况,或在传统的竞争方式中添加更新且更好的材料。[①] 索尼首次采用晶体管生产收音机;波音开创飞机系列的观念,也是美国第一家发展全球基地的公司;雅马哈将钢琴从传统的手工制造转变为自动化生产。这些公司都是在各自行业中的全球盟主,每一个都具有这种创新的洞察力和执行力。波特指出企业创新时最先遇到的困难是如何选择正确的发展位置。为了创新,企业应首先考虑本国的优势,发掘机会,掌握国家环境中的最佳条件以了解创新的可能性并追求创新的实现。

创新不仅可以使企业在国内市场上获得优势,也能应对全球市场需求。在国际竞争中,企业能战胜其竞争对手,通常是因为它的外国竞争对手对新的需求反应太慢或无法有效回应。像日本厂商能够在许多领域中获得竞争优势,是因为他们重视被外国竞争对手视为次级或低利润的小型、简单产品。经由创新生产的新方法或新技术,当竞争对手面临现有资产设备过时,考虑到原先投资的损失而失去先机时,这些新技术或方法就成了领先企业的优势。

2. 竞争优势与整个价值体系密不可分

价值体系是包含供应商价值链、企业价值链、渠道价值链、买方价值链的更广泛的一连串活动。[②] 竞争优势通常是要靠企业察觉到一些新的状态与管理价值体系的方法途径。例如厂商可以重新定义它与供应商之间的关系、组织结构,改善营销渠道的策略,以及重新整合与买方之间的活动。意大利成衣业中的班尼顿就有独特的价值体系,它的产品来自一大批具有网络关系但各自独立经营的成衣厂,再利用先进的电脑网络和经销商渠道改变原来的经营形态,这套体系协助班尼顿重新设计、重新组合各项活动以降低库存、保证发货速度、并配合最新流行趋势。例如,它打破业界传

---

① 迈克尔·波特:《国家竞争优势》,华夏出版社,2002年版,第567页。
② 迈克尔·波特:《竞争优势》,华夏出版社,1997年版,第33页。

统,先将外套制造出来再根据当下消费者的偏好来印染;它将经销商的市场细分,每家店面的客户群都有不同定位。

3. 维持竞争优势需要不断创新

企业一旦获得优势,维持的方法只能是不断创新。因为对企业而言,无法效仿的竞争优势并不多,一旦获得优势的企业停止改善经营或采取防御型的竞争战略时,更有活力的竞争对手早晚会找出破解这种优势的方法并且以更好的方式替代。然而"持续创新的本质是与大多数企业的组织规范相冲突的。"[1]已获得优势的企业通常不喜欢改变,传统做法成为作业流程和管理控制的机制之一。当一个组织趋于成熟时,它更偏好于获取稳定和安全感。

要改变这种状态需要很大的力量推动,而这种力量往往由组织外部产生。因此,企业必须强迫自己暴露在外界的压力中,以刺激自身回应压力的能力。"创新,通常是由企业、产业、社会结构等圈外人担任媒介才随之而现的"[2],因为圈外人往往能察觉到组织所忽略或不同于传统的智慧,既不执着于过去的经验也不担心改变会颠覆产业或社会规范。

4. 创造更持久的竞争优势

企业的竞争优势可以从价值链中任一环节中产生,然而每一种优势的持久力不一样。如果优势是从最简单的生产成本因素中而来,因为生产流程中的专属技术有限也易被模仿,竞争优势的持续力必然比较低。反之,如果竞争优势是来自于高级生产要素,如独特技术、品牌形象、日积月累的营销渠道等,这类优势的持久力较高。波特指出在 20 世纪末期,韩国的电子厂商尚未发展出竞争优势的持久性是因为它们的竞争力是建立在低廉的人工成本、日本的技术以及来自日本、美国的零件组合上。相反,美国大型电脑公司的竞争优势来自大量投资研究发展、经验积累所形成的独特软件开发技术以及绝对忠诚的客户。企业要具有持续的竞争优势,波特给出了几点建议,一是需要有高级人力资源和内化的技术能力,二是要企业比竞争对手抢先行动以

---

① 迈克尔·波特:《国家竞争优势》,华夏出版社,2002 年版,第 569 页。
② 迈克尔·波特:《国家竞争优势》,华夏出版社,2002 年版,第 570 页。

扩大并提升在资源上的条件,三是要在初级条件仍有优势的情况下就主动割舍,四是要敢于面对尖锐的组织变革,最后要求企业的领导人能创造一个利于优势发展和扩大的环境并使员工自然而然地期待这种环境。

5. 制定全球化的战略

制定全球化的战略是为了将本国优势和自身国际化战略相结合,来获取其他国家的竞争优势,增强本国的优势并降低本国存在的不利条件。德国化工业者发展海外加工和全球营销网络从而巩固其领导地位,瑞士药厂、日本消费型电子厂商也是如此。全球化的战略包含三个重要因素。首先是其销售市场是全球市场而非本国市场,"现代的企业竞争,绝对需要建立一个全球的品牌知名度与国际营销渠道"。[①] 其次海外的生产重点在于利用当地优势或是打开当地市场。最后也是最重要的是这套战略必须能协调、整合全球性活动以达到规模经济、积累经验、扩大品牌知名度、吸引外国客户等效果。

6. 信息技术与企业竞争方式

企业获得竞争优势有赖于不断地创新,而科学技术的进步也在改变着企业的竞争模式。波特认为技术变革是竞争的主要驱动力之一,在产业结构变化以及新兴产业创造方面发挥重大作用。对于企业层面而言,"它发挥着巨型均衡器的作用:侵蚀那些其领地防御坚固的企业的竞争优势,同时将其他企业推向竞争前沿。"[②]迈克尔·波特和维克多·米拉(1985)较早地总结了信息技术革命是如何改变了企业竞争的方式。[③] 首先,信息技术影响了企业价值链。图 2.1 展示了信息技术对价值链九个环节的影响,最开始企业主要应用信息技术制作账表和储存记录,即价值链中的采购活动。到后来已经扩张到整个价值链中的所有价值活动,如基本活动中的内部后勤采用自动化仓储,生产经营采用弹性制造,外部后勤采用自动订货流程;辅助活动中的采购采用网络采购零件,人力资源管理采用自动化人事日程。其次,信息技术可

① 迈克尔·波特:《国家竞争优势》,华夏出版社,2002 年版,第 572 页。

② 迈克尔·波特:《竞争优势》,华夏出版社,1997 年版,第 170 页。

③ Porter M E, Millar V E. "How information gives you competitive advantage". *Harvard Business Review*, 1985, 63(4): 149 - 160.

以改变决定产业结构的五种作用力,即同行业内现有竞争者的竞争能力、潜在竞争者进入的能力、替代品的替代能力、供应商的讨价还价能力、购买者的讨价还价能力,通过这种改变从而增强或减弱这个产业的吸引力。例如,在那些将所购零件予以组装的产业,自动化的物料报价单及行情资料可使采购者更容易评估物料来源与价值从而增加采购者的力量;信息技术提高了那些需要在复杂软件上进行大量投资的产业的进入壁垒;弹性化的电脑辅助设计和制造系统,能够以更快、更容易、更低廉的方式提高产品的功能,对许多产业发生替代性的威胁。最后信息技术开拓了产品与业务范围,一方面信息技术使现在产品中拥有越来越多的信息要素,通过新产品的衍生需求而孕育新的业务,另一方面信息革命让新的业务在技术上变得可行,甚至可以在老行业中创造出新行业。

辅助活动	企业基础建设	规划模型					边际利润
	人力资源管理	自动化人事日程					
	技术开发	电脑辅助设计、电子化的市场调查					
	采购	网络采购零件					
		自动化仓储	弹性制造	自动订货流程	电话营销、业务员远程联系	远程服务设备、电脑化安排维修车辆日程和分类	
		内部后勤	生产经营	外部后勤	市场营销	服务	
				基本活动			

图 2.1　信息技术对企业价值链的影响

资料来源:作者根据迈克尔·波特和维克多·米拉(1985)文章整理所得

二、产业集群与创新

波特教授认为竞争力是以产业作为度量单位的。"国家的影响力通常是针对特定产业或产业环节,而不是个别企业。"[①]因此,他特别重视产业创新对国家竞争力的

---

① 迈克尔·波特:《国家竞争优势》,华夏出版社,2002 年版,第 10 页。

作用，"国家的竞争力在于其产业创新与升级的能力"。① 而产业的创新与升级的能力与产业集群密不可分。波特 1998 年发表的《集群与新竞争经济学》系统地阐述了新竞争经济学中的产业集群理论，并指出产业集群能提高创新的速率与能力进而促进竞争优势的形成。②

首先，波特给出了产业集群的定义，他认为产业集群是一群在地理上互相靠近的、在技术上和人才上互相支持并具有国际竞争力的相关产业和支持产业所形成的群体。这种地理上的相对集中加剧了同业之间的竞争，缩短了相互之间沟通的渠道，能够快速地相互学习，不断地进行创新和观念交流，并不断扩大着其专业人才队伍和专业研究力量，形成了产业群内部的一种自加强机制。硅谷和好莱坞就是产业集群中最好的例子。集群包括三个层次的企业或机构：一是垂直角度的零件、设备、服务等特殊原料品的供应商、分包商等；二是水平角度的拥有相似技术、劳动力市场或企业战略的竞争者或合作者；三是提供知识与技能、制度供给的准公共服务部门，如大学、国家实验室、制定标准的机构以及贸易组织等。波特强调，一个具有国际竞争力的优势产业群体中的企业最好全部由国内企业组成，而不是某一环节从国外采购，特别是由本地企业组成上下游配套齐全的产业发展链条，这样所形成的国际竞争优势才是稳定的、可靠的。

其次，波特指出产业集群通过三种方式影响竞争。一是产业集群能提高该区域成员企业或产业的生产率。具体表现为：集群增强了对专业化投入品的需求和供给；集群的空间临近性、供给技术联系和人际关系使市场、技术和其他专业化知识在集群内更好地传播和积累，在集群内往往能获得更多专业化的信息；集群可以促进产品互补和联合营销，并能使更多的投入品成为公共品；同时集群会给面临相同大环境的竞争者带来强大的激励效应。其中，波特强调了集群往往能提高一个地区在一定领域的声誉，因此买者通常会被吸引将其作为供应基地。例如，意大利在时尚与设计方面的良好声誉使这一区域内的皮革制造商、鞋靴制造商、服装设计及配饰方面的企业得

① 迈克尔·波特：《竞争论》，中信出版社，2003 年版，第 160 页。
② Porter M. E. Clusters and the new economics of competition[J]. Harvard Business Review, 1998, 76(6)：77 - 90.

益良多。

第二是产业集群能指明创新方向和提高创新能力,通过加快创新的步伐为未来生产力的增长奠定坚实的基础,并因此提升了竞争力。产业集群能够提高集群内企业的持续创新能力,并使之成为创新中心。挑剔的客户往往是集群中的一部分,因此,相比于孤立的企业,在集群内的企业对于市场需求会有更好的洞察力。集群不仅使创新的机会更为可视化,同时近距离的观察模仿使新知识、新技术、新产品和新的管理方式得到迅速扩散,增强了企业快速反应的能力和灵活性。集群还有利于判定创新需求,降低参与者在获取信息上的花费,更能灵活地将创新机会转化为运营和战略优势,从而导致未来生产率的增长。

第三是产业集群能促进新企业的建立,从而又扩大和加强集群本身。集群提供了更丰富的资产、技术、投入和员工配置,从而能够降低新企业进入或退出的门槛,一旦在产业集群中的优势形成,利润可以在前向、后向之间水平地流动,其流动的结果往往是适者生存。集群内的个体也更容易发觉其他企业在产品和服务上的缺陷从而改进制造出新的商机。同时,当地的金融机构和投资者因为对集群熟悉,会对集群内的企业要求比较低的资产风险溢价。波特通过观察发现,国家或区域内成群的企业在同样业务中会做得更好,如德国的化学工业、瑞士的制药业、美国及后来日本的半导体业等。波特还实证研究了美国 1995 年至 2005 年中,区域集群对新企业建立有促进作用,他指出集群内部的溢出和临近集群的外部溢出都可以促进新企业的诞生。①

波特认为,产业集群与竞争的关系表现在三个方面:其一,产业集群内的企业通过在群内的生产力对群外企业施加影响;其二,集群内的企业通过采取低成本进行技术创新为将来的发展奠定了基础;其三,集群的环境有利于新企业的产生和集群规模及影响的扩大。因此,产业集群能够提高企业的竞争力。波特认为企业间的合作竞争促进了创新和发展,产业集群被看成是充满合作竞争的灵魂。产业集群是一个动

---

① Delgado, M., Porter, M. E., & Stern, S. (2014). Clusters, convergence, and economic performance. Research Policy, 43(10): 1785-1799.

态的过程，一个有竞争力的企业的成长会催发相关产业的产生，从而形成前后向产业互相增强的生产系统。而竞争则推动着系统中互相竞争的企业创新和改进工艺，并引导新的交易、研发、服务的产生。最后，波特指出产业集群生命周期包括三个阶段，诞生、发展和衰亡等基本发展过程，并分析了集群解体的原因。他指出，集群产生后就处于动态演化之中，可能因为外部威胁（如技术间断、消费者需求变化等）以及内部僵化（由于过度合并、卡特尔、群体思维抑制创新等）而失去竞争力。集群的规模，可以从单一城市、一个州、一个国家，甚至到一些邻国联结成网络，集群所具有的不同形式，要视其纵深程度和复杂性而定。波特还认为集群通常发生在特定的地理区域，地理接近可以使生产率和创新利益提高，交易费用降低。一个国家在国际上具有竞争优势的产业，其企业在地理上呈现集中的趋势，通常聚集在某些城市或某些地区。这种由独立的、非正式联系的企业及相关机构形成的产业集群代表着一种能在效率、效益及柔韧性方面创造竞争优势的空间组织形式，它所产生的持续竞争优势源于特定区域的知识、联系及激励，是远距离的竞争对手所不能达到的。

三、国家竞争优势

波特在 1990 年《国家竞争优势》中首次提出国家竞争优势这一概念，是指一个国家使其公司或产业在一定的领域创新和保持竞争优势的能力。他认为，竞争力是以产业作为度量单位的，而竞争力的核心是创新能力，"国家的竞争力在于其产业创新与升级的能力"[1]。不同国家有不同的竞争力形态，没有哪个国家能在所有或大多数产业中独领风骚。因此，各国都能在特定的产业成功，因为本国环境对于这些产业最有前瞻性、活力与挑战性。为了有效地解析一国能获得竞争优势的原因，波特建立了一个简洁实用、高度概括的"钻石模型"。"钻石模型"有机地融合了"五力分析"和"价值链"框架中的重要思想，最主要的不同是"钻石模型"是从国家层面上对竞争力进行的探讨。

如图 2.2 所示，"钻石模型"由四个相互关联的主要因素和两个辅助因素构成。四个主要因素分别是生产要素，需求条件，相关产业与支持性产业，企业战略、企业结

---

[1] 迈克尔·波特：《竞争论》，中信出版社，2003 年版，第 160 页。

构和同业竞争;两个辅助因素是机会和政府。围绕这个框架,波特通过考察不同国家、不同产业的经验,得出了非常独特、有启发的结论和观点。下面,我们择要做些陈述。

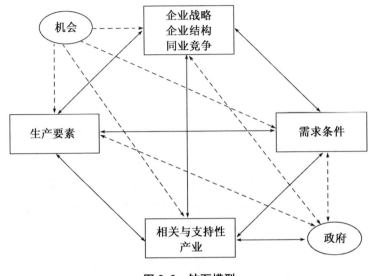

图 2.2　钻石模型

资料来源:根据《国家竞争优势》书中资料整理①

1. 生产要素

生产要素包括人力资源、物质资源、知识资源、资本资源和基础设施。这些要素可分成初级要素和高级要素、专门要素和一般要素。初级要素是被动继承的,它们的产生需要较少的或不那么复杂的私人投资和社会投资,如自然资源、气候、简单劳动力。高级生产要素是创造出来的生产要素,其创造的途径则是政府、企业和个人在创造高级生产要素方面进行持续的投资。而竞争优势更为强调的是高级生产要素,如高科技、高等人力资本。波特指出美国在计算机和计算机软件乃至在医疗电子和金融服务等方面的成功,得益于美国在该领域独特的技术人才和科学家。日本在家电、汽车等产业的竞争优势则得益于其大批的工程师。

---

① 迈克尔·波特:《国家竞争优势》,华夏出版社,2002 年版,第 119 页。

专业化要素比一般要素更重要。一般要素是一些适用范围广泛的要素,如公路系统、受过大学教育的雇员等。专业要素则是指专门领域的专业人才、特殊的基础设施、特定领域的专门知识等,比如化学药物研究所等。专门要素比一般要素更能为国家提供持久的竞争优势,因为一般要素提供的仅是基本类型的竞争优势,它们的供给易得并且更容易被取代、被绕开或失去作用。而专门要素不但需要更专一的、更具风险性的投资才能得到,而且往往还需要有广大的一般要素作为其基础,它在更复杂或更具专有性质的生产中必不可缺。

2. 需求条件

国内需求对竞争优势最重要的影响是通过国内买主的结构和买主的性质实现的。不同的国内需求使公司对买方需求产生不同的看法和理解,并做出不同的反应。在国内需求给当地公司及早提供需求信号或给当地公司施加压力要它们比国外竞争者更快创新,提供更先进的产品的产业或产业部门、国家最可能获得竞争优势。国内市场的分隔的需求结构、挑剔老练的买主和前瞻性的买方需求对国家竞争优势有十分重要的影响。

国内需求的重要性是外国的需求取代不了的,因为产品的开发、试验和批准的人员基本上都在国内。因此公司对国内需求的压力比对国外需求的压力感觉更强烈。公司经理们的自尊心、荣誉感也更容易迫使他们满足国内需求。因此来自国内市场的需求信息常在公司的决策中占支配地位。一件产品的根本设计几乎总是反映国内市场的需求。

3. 相关产业与支持性产业

一个国家的产业要想获得持久的竞争优势,就必须在国内具有在国际上有竞争力的供应商产业和相关产业。支持性产业可以通过与下游产业合作、促进下游产业创新等途径创造竞争优势。世界第一流的供应商往往帮助公司看到利用新技术的新方法、新机会,让公司最快地得到新信息、新见解以及供应商的新创产品。有竞争力的供应商还充当把信息和创新从一个公司传递到另一个公司的渠道,从而使整个行业的创新速度加快。日本的机床生产商是世界第一流的,它们的成功靠的是日本国内第一流的数控系统、马达和其他部件的供应商;瑞典的轴承、切割工具等钢制品在世界领先,靠的是本国特殊钢的优势。

相关产业是指因共用某些技术、共享同样的营销渠道或服务而联系在一起的产业或具有互补性的产业。一个国家如果有许多相互联系的有竞争力的产业,该国便很容易产生新的有竞争力的产业。因此有竞争力的几种相关产业往往同时在一国产生。比如美国的电子检测设备和病人监测器;丹麦的奶制品、酿制品和工业酶;韩国的录像机和录像带等。

4. 企业战略、企业结构和同业竞争

企业战略、企业结构包含着企业建立、组织和管理的环境的性质。不同国家的企业在目标、战略和组织方式上都大不相同。国家优势来自对它们的选择和搭配。由于各个国家环境不同,企业需要采用的战略、结构也就不同。一种适合国家环境、产业环境的战略及管理方式能提高国家竞争优势。例如,意大利的产业在舞厅照明、家具、鞋、羊毛织品和打包机这些方面具有竞争优势。虽然这些行业的规模经济不十分明显,但可以通过松散的附属公司之间的合作克服,因此意大利成功的公司的组织形式是以中、小企业为主,采取的战略是集中突破战略,避开标准化产品,集中力量生产有独特风格或按顾客要求定做的小批量产品。这种组织形式和战略使意大利企业在开发新产品、适应市场变化等方面特别具有灵活性。

激烈的同业竞争能够给企业提供足够的压力来增加对高级生产要素和研发活动的投资,从而有利于推进企业的创新活动,获得竞争优势。激烈的同业竞争可以促进竞争升级。国内的竞争是在各公司都处于同等条件下进行的,比如相同的要素成本、消费者的偏好、当地供应商的条件、进口成本等。因此同在一国的公司竞争就不能只靠大家都能得到的优势,而必须寻找更高级、更能持久的竞争优势源泉,如专有技术、规模经济、国际销售网络等,这使产业的竞争优势向高层次发展。同业竞争还可以迫使企业走向海外。在存在规模经济的情况下,激烈的国内竞争往往迫使国内公司向海外发展来获取更高的效率和更高的利润。

钻石模型的两个辅助因素是机遇和政府。机遇包括重要的新发明、重大技术变化、投入成本的剧变、外汇汇率的重要变化、突然出现的世界或地区需求、战争等。机遇的重要性在于它可能打断事物的发展进程,使原来处于领先地位的公司的竞争优

势无效,落后国家的公司如果能顺应局势的变化,利用新机会便可获得竞争优势。在国际上成功的产业大多从机遇中得到好处,如微电子时代的到来使美国和德国失去了在众多的以机电为基础的产业的支配地位,为日本公司的崛起提供了机会;西方国家对来自香港和日本的服装进口施加限制,使新加坡的服装业发展起来。政府对竞争优势的作用主要在于对四个决定要素的影响。波特特别指出了政府在推动创新中的作用,"当竞争的基础转为创造和知识积累时,国家的作用就变得日益重要,创造与保持竞争优势也变成本土化的过程。"①

钻石模型的四种基本因素是国家竞争优势的决定因素,它们的变化直接导致着国家竞争地位的改变;两个辅助变量作用于这四种因素从而对国家的竞争优势产生重要影响。波特的竞争优势理论是这几种因素相互影响、自我强化的有机整体,最后共同影响了一国竞争力的实力、结构与持久性。

第四节　创新理论的现代进展

一、创新思想在中国的演进

纵观人类发展历史,创新始终是推动一个国家、一个民族向前发展的重要力量,也是推动整个人类社会向前发展的重要力量。回顾中国改革开放 30 年以来,从邓小平的"科学技术是第一生产力",到江泽民的"科教兴国战略"、胡锦涛的"建设创新型国家",再到习近平的"创新、协调、绿色、开放、共享"新发展理论,创新发展一直处于中国国家发展战略的重要位置。

1. 科学技术是第一生产力

1975 年,邓小平在听取胡耀邦汇报中国科学院的工作时,首次明确提出"科学技术叫生产力,科技人员就是劳动者"。1988 年,邓小平根据当代中国科技发展的新特点,提出了"科学技术是第一生产力",为中国科技发展奠定了重要的理论基础。

除了科技创新,邓小平在理论、实践、制度、政策等方面也提出了系统性的创新思

① 迈克尔·波特:《竞争论》,中信出版社,2003 年版,第 160 页。

想,为中国的现代化发展奠定了重要基础①。

理论创新方面,邓小平把马克思主义同中国社会主义建设实际相结合,创立了具有中国特色的社会主义理论体系。邓小平指出,"社会主义的本质是解放生产力,发展生产力,消灭剥削,消除两极分化,最终达到共同富裕",这个论断成功地回答了"什么是社会主义、怎样建设社会主义"的基本问题,实现了马克思主义在中国的第二次飞跃。邓小平还结合新的社会主义实践,赋予实事求是以时代特征,使解放思想、实事求是成为新时期全面改革开放的思想基础。

实践创新方面,十一届三中全会后邓小平在农村推广的生产责任制开始了中国广大农村的改革,经济特区的设立开启了中国全方位的对外开放。经济特区的设立实际是创新集聚的空间形式。在改革开放、建设中国特色社会主义的伟大实践中,邓小平领导中国人民开辟出了一条中国式的社会主义建设道路。

制度创新方面,针对党和国家领导制度中存在的主要弊端,邓小平从四个方面提出了领导制度的改革和创新,一是解决党和国家领导制度中权力过分集中的体制和家长制作风,二是建立离退休制度,三是设立中央顾问委员会作为新老交替的过渡机构,四是实现干部队伍的革命化、年轻化、知识化和专业化。邓小平在经济制度方面,创新性地提出了社会主义市场经济体制。他强调,建立有中国特色的社会主义市场经济体制,要以公有制为主体、多种所有制共同发展,要把公有制维护社会公正、促进共同富裕的目标同市场经济优化资源配置、提高经济效率的功能结合起来。

政策创新方面,邓小平从中国国情出发,在中国共产党第十三次全国代表大会上确立了"一个中心、两个基本点"的基本路线。"以经济建设为中心,坚持四项基本原则,坚持改革开放"这一总政策路线,为中国的现代化建设指明了方向和目标,使中国在中国特色社会主义的道路上迈进了一大步。

2. 科教兴国战略

1992 年,江泽民在中共十四大的报告中首次提到了"创新"问题。在中共中央、国务院召开的 1995 年全国科学技术大会上,江泽民代表中共中央、国务院正式提出

① 陈福明:《邓小平:"四大改革创新"的光辉典范》,《中华魂》2008 年第 12 期,第 39 - 41 页。

实施"科教兴国"战略,全面落实科学技术是第一生产力的思想,支持教育为本,把科技和教育摆在经济、社会发展的重要位置,增强国家的科技实力及向现实生产力转化的能力。江泽民提出,创新是民族进步的灵魂,是国家兴旺发达的不竭动力,一个没有创新能力的民族,难以屹立于世界先进民族之林。

在中共十五大上,江泽民再次提出把科教兴国战略和可持续发展战略作为跨世纪的国家发展战略。他明确指出,要充分估量未来科学技术特别是高技术发展对综合国力、社会经济结构和人民生活的巨大影响,把加速科技进步放在经济社会发展的关键地位,使经济建设真正转到依靠科技进步和提高劳动者素质的轨道上来。

3. 建设创新型国家

"提高自主创新能力,建设创新型国家,是国家发展战略的核心,是提高综合国力的关键"。在2004年全国科学技术大会上,胡锦涛提出,我们必须把经济发展真正转到依靠科技进步和提高劳动者素质的轨道上来,坚定不移地依靠科技进步和创新来实现全面、协调、可持续发展。在2006年全国科学技术大会上,胡锦涛对建设创新型国家做出了更为系统的一次阐述。他指出,建设创新型国家,是中共中央、国务院从全面建设小康社会、开创中国特色社会主义事业新局面的全局出发做出的一项战略决策。建设创新型国家,核心就是把增强自主创新能力作为发展科学技术的战略基点,走出中国特色自主创新道路,推动科学技术的跨越式发展;就是把增强自主创新能力作为调整经济结构、转变经济增长方式的中心环节,建设资源节约型、环境友好型社会,推动国民经济又好又快发展;就是把增强自主创新能力作为国家战略,贯穿到现代化建设各个方面,激发全民族创新精神,培养高水平创新人才,形成有利于自主创新的体制机制,大力推进理论创新、制度创新、科技创新,不断巩固和发展中国特色社会主义伟大事业。2007年,胡锦涛在中共十七大上进一步阐释科学发展观的丰富内涵,并强调提高自主创新能力、建设创新型国家,是国家发展战略的核心,是提高综合国力的关键。

4. 新发展理念:创新发展

习近平在党的十八届五中全会中首次提出"创新、协调、绿色、开放、共享"的新发展理念,并强调新发展理念是"十三五"乃至更长时期我国发展思路、发展方向、发展着力点的集中体现,也是改革开放 30 多年来我国发展经验的集中体现,反映出党对我国发展规律的新认识。在省部级主要领导干部学习贯彻十八届五中全会精神专题研讨班开班式上,习近平对贯彻落实创新、协调、绿色、开放、共享的新发展理念做出了进一步的系统阐释,并提出了明确要求。

创新发展,是应对发展环境变化、增强发展动力、把握发展主动权,更好地引领新常态的根本之策。在中央财经领导小组第七次会议上,习近平提出创新是多方面的,包括理论创新、体制创新、制度创新、人才创新等,其中科技创新的地位和作用十分重要①。

在创新、协调、绿色、开放、共享的新发展理念中,习近平认为要把创新摆在第一位,是因为创新是引领发展的第一动力,而发展动力决定发展速度、效能、可持续性。当然,协调发展、绿色发展、开放发展、共享发展都有利于增强发展动力,但核心在创新。

习近平认为坚持创新发展,既要坚持全面系统的观点,又要抓住关键,以重要领域和关键环节的突破带动全局。坚持创新发展,要超前谋划、超前部署,紧紧围绕经济竞争力的核心关键、社会发展的瓶颈制约、国家安全的重大挑战。强化事关发展全局的基础研究和共性关键技术研究,全面提高自主创新能力,在科技创新上取得重大突破,力争实现我国科技水平由跟跑并跑向并跑领跑转变。

坚持创新发展,要以重大科技创新为引领,加快科技创新成果向现实生产力转化,加快构建产业新体系,做到人有我有、人有我强、人强我优,增强我国经济整体素质和国际竞争力。党的十八大提出的创新驱动发展战略,就是要推动以科技创新为核心的全面创新,坚持需求导向和产业化方向,坚持企业在创新中的主体地位。在2014 年 12 月的中央经济工作会议上,习近平提到,推动全面创新,要更多靠产业化的创新来培育和形成新的增长点,要把创新成果变成实实在在的产业活动②。此外,还要培育发展新产业,加快技术、产品、业态等创新,支持节能环保、新一代信息技术、

---

① 《习近平关于科技创新论述摘编》,中共中央文献研究室编,中央文献出版社,2016 年版,第 4 页。

② 《习近平关于科技创新论述摘编》,第 6 页。

高端装备制造等产业成长。

坚持创新发展,要深化科技体制改革,推进人才发展体制和政策创新,突出"高精尖缺"导向,实施更开放的创新人才引进政策。在中国科学院第十七次院士大会上,习近平提出深化科技体制改革,必须要破除一切制约科技创新的思想障碍和制度藩篱,处理好政府和市场的关系,推动科技和经济社会发展深度融合,打通从科技强到产业强、经济强、国家强的通道①。

创新思想在中国的演进,从"科学技术是第一生产力",到"科教兴国战略""建设创新型国家",再到"创新、协调、绿色、开放、共享"新发展理论,经过中共几代领导人的不断实践和深化,已经形成了一个比较完善的创新理论体系。以习近平总书记为核心的党中央明确提出,我们必须把创新作为引领发展的第一动力,把人才作为支撑发展的第一资源,把创新摆在国家发展的核心位置,不断推进理论、制度、科技、文化等各方面的创新,让创新贯穿党和国家一切工作,让创新在全社会蔚然成风②。

二、创新理论的现代进展

对于创新领域的研究至少有大半个世纪了,下文将先总结创新理论的发展历程和创新内涵的演变,最后探讨创新领域未来所面临的挑战。

1. 创新研究的历史进程

当今对于创新理论的需要和创新所带来的影响似乎是明显的,但并非一直如此。在 100 年前,创新理论家熊彼特就宣扬创新是经济增长的最终来源,但是在当时甚至之后几十年都鲜有追随者。直到二次世界大战之后关于创新这一领域的相关研究才出现,而其中大部分是源于非学术界的参与者认识到需要对创新及其影响有更好的理解。

20 世纪 50 年代,在美国成立的兰德公司,一家以军事为主的综合性战略研究机构,关注军事尖端科学技术和重大军事战略,并让年轻的经济学家如 Kenneth

---

① 《习近平关于科技创新论述摘编》,第 62 页。
② 《习近平关于科技创新论述摘编》,第 9 页。

Arrow, Richard Nelson 和 Sidney Winter 研究发展与创新经济学成为可能（Hounshell, 2000）。同时,在英国,经济学家克里斯托夫·弗里曼被英国行业联盟招募来收集英国企业研发行为的信息。几年后,位于巴黎的经济合作与发展组织（OECD）雇用了弗里曼作为经济顾问,其任务是建立一个收集国际规模研发行为统计数据的统一框架。这就是著名的《弗拉斯卡蒂手册》,这本书一直作为世界范围内研发统计数据收集的基础（OECD, 1962）。

　　自此,大学学者们开始对技术和创新感兴趣,他们的研究经常是由外部需求驱动或者由任务导向机构资助的。例如,在美国,农业部门常常会财政资助社会学家和经济学家来研究农业部门内的创新分布（如 Ryan and Gross, 1943; Griliches, 1957; Rogers, 1962）。随后,1966 年第一个学术联盟成立了,即英国苏塞克斯大学科技政策研究中心（SPRU）,这一联盟致力于科学、研发、创新和相关政策问题的研究,但其研究不仅仅集中在科学的狭义定义上,还研究行业创新和扩散过程。SPRU 不仅招募社会科学家而且还有工程师和自然科学家。随着大量访问者的到来,它逐渐发展成了一个创新研究的世界中心,而且变成了其他地方模仿创新的灵感来源。例如,在 20 世纪 70 年代,建立于曼彻斯特大学的 PREST（工程、科学、技术政策研究）和麻省理工学院的 CPA（政策选择中心）。

　　之后的几十年中,随着研究人员开始连接、混合、融合不同学科的框架,这一领域的研究逐渐成了"跨学科"式的研究（Klein, 2010; Martin, 2011）。来自一些地方,特别是美国和英国的很大一部分研究,使创新成了一个全球的研究领域。世界范围内,越来越多集中于创新的中心和部门被建成,致力于这一领域的一些新的期刊和专业协会也出现了。[①] 20 世纪八九十年代见证了新的研究理论与框架的出现,如 Nelson 和 Winter 关于企业学习和创新行为如何发展的理论,并嵌入了熊彼特技术竞争过程（Nelson 和 Winter, 1982）,这鼓励了大量新的研究工作,从而极大扩展了创新领域研

---

　　① 最出名的一些包括国际约瑟夫·熊彼特协会（1986）,ITM—美国管理学院的技术、创新和管理部门（1987）,IAMOT—国际技术管理协会（1988）,DRUID 会议（1995）,三螺旋会议（1996）,全球网络（2002）。

究,其中大多数研究是经验导向的。①

　　大约在 1980 年后期,随着对创新及其扩散更加系统的理解,这一领域的研究发生了新的变化(Freeman, 1987; Lundvall, 1992; Nelson, 1993),进一步强调企业创新行为与环境特点的补充作用,环境特点被加入了相关研究中。这一方式迅速引起了政策制定者的兴趣,他们认为这对于考虑科学、技术和创新的政策制定有帮助。商业和管理方面的学者对创新的兴趣也在增加,随着相关教学和研究书籍的增加,商业与管理学者的比例和创新相关文章的比例都有了实质性的增加。到 21 世纪初,关于创新的核心文章总引用数量中大约有 1/3 来自商业和管理期刊,其数量已经比这一领域早期研究数量多出两倍。②

　　2. 创新内涵的演化

　　最早的创新思想可追溯到马克思在《资本论》中所提出的自然科学在生产力发展中的作用。根据马克思的概括,社会生产力的发展归结于三个方面:"归结为发挥着作用的劳动的社会性质,归结为社会内部的分工,归结为脑力劳动特别是自然科学的发展。"③

　　创新的具体内涵最早是由熊彼特在 20 世纪 20 年代提出,他认为创新即生产要素的新组合,包括五个方面创新:(1) 采用一种新的产品;(2) 采用一种新的生产方法;(3) 开辟一个新的市场;(4) 掠取或控制原材料或半制成品的一种新的供应来源;(5) 实现任何一种工业的新的组织。之后创新理论随着科技进步和经济发展而逐渐演化。后来弗里曼在解释创新概念时,把熊彼特的创新的内涵概括为新发明、新产品、新工艺、新方法或新制度第一次运用到经济中去的尝试。熊彼特早期理论(所谓的熊彼特"标志Ⅰ")主要集中在单个企业家的创新和其经济影响,这在快速发展的企业家精神研究领域一直作为首要的焦点。之后,熊彼特(1943)认为创新研究应该

---

　　①　Nelson 和 Winter 的理论被商业和管理领域的学者广泛接纳,他们将这一理论作为后续研究企业能力工作的灵感来源,包括企业的识别、吸收、创造知识和在商业上开发的能力(Cohen 和 Levinthal, 1990; Teece 等,1997)。

　　②　Fagerberg, J. , Fosaas, M. , and Sapprasert, K. "Innovation: Exploring the Knowledge Base", *Research Policy*, 2012, 41: 1132 - 1153.

　　③　马克思:《资本论》第 3 卷,人民出版社,2004 年版,第 96 页。

更加关注对大企业创新过程的理解(所谓的熊彼特"标志Ⅱ")。他认为,基于一般设计的大量历史导向的案例研究是着手这一任务的一种方法(Schumpeter, 1947)。关于这一主题最有影响力的理论贡献是之前提到的 Nelson 和 Winter(1982)的经济变化的演化理论,这一理论主要关注在企业成长中,知识、日常行为和选择过程的作用。

之后,索罗在 20 世纪 50 年代提出了技术进步理论,他所运用的生产函数包含了更多的生产要素,特别是突出了投入要素效率的提高对经济增长所做出的贡献。根据他对增长的原因测度的结果,促进人均收入增长的主要因素是资本投资和技术进步。在过去相当长的时期中,技术创新相当多的是源于生产中经验的积累、技术的改进。20 世纪 80 年代末 90 年代初学者们开始从知识经济时代的特征切入,对创新概念赋予了新的内涵,进而发展成新增长理论。新增长理论从内生性技术进步出发解释了技术进步的源泉以及由此产生的经济增长效应。罗默提出的"知识外溢长期增长模式",突出知识资本的作用。卢卡斯提出的"人力资本完整性增长模式",突出人力资本的作用,强调人力资本是经济增长的发动机。这两个模式,一个注重知识的创造和积累,一个注重知识的传播。这样就将创新的关注点转到了知识创新和传播的领域。

波特将创新驱动经济发展视为一个发展阶段提出来,他把经济发展划分为 4 个阶段:第一阶段是要素驱动阶段,第二阶段是投资驱动阶段,第三阶段是创新驱动阶段,第四阶段是财富驱动阶段。其中企业具有消化吸收和创新改造外国先进技术的能力是一国产业达到创新驱动阶段的关键,也是创新驱动与投资驱动的根本区别。

Lundvall(1992)回顾总结了创新领域的三个主要的研究流派:一个是追随熊彼特的发展路线,试图建立一个理解经济改变的新基础;一个是"技术经济"路径,着眼于在不同行业和部门中通过创新获利的条件;最后一个是他提出的创新的"社会经济"理论,其目的在于通过研究创新过程中的参与人和他们之间如何相互影响来了解创新。

在实证研究方面,大多学者跟随熊彼特的建议,以历史导向的案例来研究创新。其中商业历史学家 Alfred Chandler(如 1962 和 1977)的成果成了这方面最有影响的研究,他研究了美国大企业发展历程并探讨了创新在其中的作用。一个较大进步是在 20 世纪 70 年代早期 SAPPHO 项目的出现,在这一项目中成功和不成功创新案例的配对比较可以更好地解释影响创新成功和失败的因素(Rothwell 等,1974)。另一种研究方法是对不同规模企业的创新行为进行调查,这种方法从 20 世纪 80 年代开始变得尤为重要。随着这一领域的发展,来自企业创新调查的数据越来越丰富并可得,例如耶鲁调查(Levin 等,1987)和之后在欧洲和其他地方的社区创新调查(CIS)。这些调查的新证据为不同规模、部门、国家等情况的企业创新更公开的讨论做出了贡献。

总之,在最近的几十年里,这一领域早些年以企业为中心的研究已经被广泛的视角所取代,更加强调企业的经营环境,特别是他们嵌入的创新系统。创新内涵的不断演化带来了系统方法的发展,这些方法使不同企业之间、私人和公共部门的机构之间的相互作用成了分析的核心内容。

3. 创新研究的未来挑战

在创新领域的研究在最近几十年已经取得相当大的进展,但是仍然面临许多挑战。这一领域同知识的其他领域一样,始终存在着一个危险,即当今的研究倾向于反映过去的研究路径而不是未来的挑战。在对之前的发展成果和发展历程的基础之上,下面总结创新领域未来可能存在的四个挑战。

(1) 对创新需要更广泛的认识。人们关于创新的共识仍然有局限,包括将创新视为在发达国家的高级和高技术环境下继续发展、将创新限制于产品创新和工艺创新。创新经常被视为主要出现在高等环境下,例如在高技术企业,顶级高校研发中心和发达国家。从这一观点出发,穷人和他们所在的国家并不会引起兴趣。虽然创新的利益最终也可能惠及他们,但他们被假定并不直接参与创新过程。在创新的研究中,认为创新是一个普遍现象的观点应该得到强化,它可以出现在"低技术"和"高技术"部门中,也可以出现在穷困和富有的环境下。而且,需要逐渐认识到创新可以采取很多不同的形式,不仅是新产品或新工艺,而且包括组织创新也同样重要。如果这一领域需要进一步增加与社会的相关性,创新研究者所要分析现象就需要不断拓展。例如,创新是否在私人和公共部门,工业和农业,富裕和贫困环境等条件下都可以一视同仁地进行研究? 如果不行,怎样变化是必要的?

（2）创新并非都是有益的。多年以来，在创新的文献中，一直存在一个普遍的倾向，即假定创新一直都是有益的。但是，创新并非完全有利于社会。Soete（2013）指出创新经常是"破坏性创造"的形式，即牺牲大部分的利益而少部分人获益，而不是更渴望的"创造性破坏"的形式，即可以损害少部分人的利益而最终使整个社会获益。这种"破坏性"创新最突出的情况出现在金融部门和制造业部门。金融部门中往往允许参与人在短期实现较大收益，但在之后会给整个社会带来更大的损失。在制造业部门中，例如计划报废的创新和会导致不可持续消耗的增长与环境的退化。所有这些问题为政策和学术工作提出了一个重要问题，即如何设计机制或选择环境来规制这类社会破坏性创新，同时促进有利于"金字塔"底部大部分人的社会破坏性创新，而不是仅有利于顶层人们的创新。为了应对这一问题，Soete 认为，所需要的是一个更加有能力的和独立的公共部门，来促进人们提高素质，同时提升他们保护公共利益和解决创新带来各种挑战的意愿。

（3）创新研究需要关注跨学科的领域。创新研究是作为一个相对独立的"专业"开始的，产生于现有的学科，特别是经济学和社会学。将不同的学科联系在一起探讨花了很长的时间，而要达到本领域当前所具有的大部分内容的跨学科情形又花费了更长的时间。面对复杂的现象，创新无法以一个单独的学科对其进行解释。然而，学科的狭隘性有其自身内部动力，所以一个活跃的跨学科性质的研究并不是自然而然持续存在的，而是需要通过持续钻研和进一步发展的。创新的普遍特点和我们所感兴趣问题的范围的扩展，意味着潜在相关的其他领域的范围也在扩大，涉及解决公共关注问题的不同学科和跨学科领域应该是创新领域方面未来工作的核心目标。

（4）需要建立一个完善的创新研究团体。Fagerberg 和 Verspagen（2009）较早地提出了这一问题，他们认为现有的组织或机构可能无法跟上创新思想日益发展的步伐。尽管在之前的发展过程中，在 Chris Freeman，Richard Nelson 等人的领导下，这一领域成功地吸引了很多年轻研究者进入研究创新的学术团体，来致力于研究如何大量解决当前的经济、社会和环境问题。此后，这一团体变得更大，更多元化。尽管近几年大量的组织资源获得了发展，如期刊、会议和训练计划，但是这些应该走向更专业化，甚至应该形成自己的流派。因此，Fagerberg 等（2012）指出随着这一领域中学科的相互影响和未来科学发展可能带来的负面影响,组成这一广阔领域的不同组成部分和子领域就可能分离开来。为了避免这一结果,创新研究者需要为学术间的相互影响创造新的框架,来引发广大创新研究者的兴趣,他们并不应局限于一个特别的领域,可以是经济学家、管理学者或政策研究者。

参考文献

［1］Carayannis, E. E.. Re-visiting Schumpeter: Competitiveness, innovation, and productivity challenges and opportunities in the 21th century. *Journal of Economic Surveys*, 2010(21).

［2］C. M. Christensen. *The innovator's solution: creating and sustaining successful growth*. Harvard Business Press, 2003.

［3］Cornelius Herstatt, Eric von Hippel. From experience: developing new product concepts via the lead user method: a case study in a "low-tech" field. *Journal of Product Innovation Management*, 1992(9).

［4］Cowan, David, Foray. The explicit economics of knowledge codification and tacitness. *Industrial Dynamics and Corporate Change*, 2000(9).

［5］Drucker, P.. Modern prophets: Schumpeter and Keynes?. *The Frontiers of Management*, *Penguin Putnam*, 1983(23).

［6］Franco Malerba, Luigi Orsenigo. Schumpeterian patterns of innovation. *Cambrige Journal of Economics*, 1995(19).

［7］L. M. Branscomb, P. E. *Auerswald*. *Between Invention and Innovation*. U. S. Department of Commerce, 2002.

［8］J. G. March. Exporation and exploitation in organizational learning. *Organization Science*, 1991(2).

［9］Malerba, Orsenigo. Schumpeterian patterns of innovation are technology-specific. *Research Policy*, 1996(25).

［10］Nelson, Winter. *An Evolutionary Theory of Economic Change*. Harvard University Press, 1982.

[11] Rogers，E.．*Diffusion of Innovation*，4*th*,*ed.*．New York：The Free Press，1995.

[12] Schumpeter，J.．*The Theory of Economic Development*．Harvard University Press，1934.

[13] Shionoya，Y.．Hermeneutics and the Heidegger：Schumpeter Theses. *American Journal of Economics and Sociology*，2010(69).

[14] Simon，H. A.．Rational decision making in business organizations. *American Economic Review*，1979(69).

[15] 陈劲,贾根良.创新与经济发展的再思考——理解熊彼特.清华大学出版社,2013.

[16] 埃斯本·安德森.苏军译.约瑟夫·熊彼特.华夏出版社,2013.

　　（原文载于：洪银兴、安同良、孙宁华.《创新经济学》,南京大学出版社,2017 年；作者：安同良、陈潇潇、舒欣、陈铭,并做了修改）

第三章　创新型经济的文献研究

创新概念最早由熊彼特在 20 世纪二三十年代提出,但创新思想可追溯到亚当·斯密的《国富论》与马克思的《资本论》。后来 Freeman 在解释熊彼特创新理论时把创新概念扩大到包括发明、创新和创新扩散三重概念,并于 1982 年首次使用"国家创新体系"的概念。新增长理论以 Paul M. Romer(1987)为代表,将知识作为一个独立的要素引入增长模型,并认为知识的积累是现代经济增长的重要因素。Michael Porter(2003)尤其关注国家竞争优势,他认为"国家的竞争力在于其产业创新与升级的能力"。Stiglit(1998)特别提出熊彼特创新理论的贡献及其创新理论的局限性,他从创新机制的角度指出标准的市场经济理论不包含创新的理论缺陷,并依据其信息不完全理论,提出了只是在竞争条件下不能解决创新动力不足的问题,由此出发他提出了激励创新的体制和机制安排问题。

在新经济增长理论的影响下,国际经合组织(OECD)1996 年最早给出了知识经济的定义(Foray & Lundvall, 1996):建立在知识的生产、分配和使用(消费)之上的经济。知识经济,强调以知识为基础,与农业经济、工业经济是相对应的一个概念。随后,英国政府 1998 年首次对"创新驱动型经济"进行了定义(CITF, 1998):那些从个人的创造力、技能和天分中获取发展动力的企业,以及那些通过对知识产权的开发可创造潜在财富和就业机会的活动。Florida & Tinagli(2004)从一国经济增长的主要动力出发,把世界的经济社会发展分为农业经济时代、工业经济时代、服务经济时代与创新驱动型经济时代。

一、创新型国家

哈佛大学国际发展中心(CID)2001 年的全球竞争力报告指出了全球竞争力结构正在发生变化,许多国家都正面临着由资源驱动型经济向创新驱动型经济转型的问题。自 70 年代以来,所有发达的工业国增长放慢,日本作为一个主要经济和技术大国崛起,美国相对衰落,欧洲落后于美日两国,从而引起了大量涉及本国企业技术创新能力方面的研究。随着韩国、中国台湾地区和其他新兴工业化国家技术水平不断提升,在有些领域参与企业竞争的国家增多了,其他一些目前制造业并不强大的国家也在考虑如何效仿这些成功的新兴工业化国家。一种称之为"技术国家主义"的新理念正在传播,其认为一国企业的技术能力是其竞争力的关键性源泉,技术能力是国家意义上的,并且能够通过国家行为加以构建,从而促进了国家创新理论研究的发展,研究各国创新体系的异同,以及在何种程度上以什么方式来解释各国的经济绩效。而现代政府的注意力也引向创新型国家的建设,建设国家创新系统已经成为现代国家创新发展的基本模式。

(一) 创新型国家的概念、内涵及特征

半个世纪以来,世界上众多国家都在各自不同的起点上努力寻求实现工业化和现代化的道路。从国家发展战略来看,国家可以分为三类:一是资源型国家,主要依靠自身丰富的自然资源增加国民财富,如中东产油国家;二是依附型国家,主要依附于发达国家的资本、市场和技术,如一些拉美国家;三是创新型国家,把科技创新作为基本战略,大幅度提高自主创新能力,形成日益强大的竞争优势。国际学术界把这一类国家称之为创新型国家。创新型国家的核心是自主创新能力。当前,公认的创新型国家主要有美国、芬兰、丹麦、日本、德国、英国、瑞典、瑞士、加拿大、荷兰、新加坡、法国、奥地利、以色列、比利时、澳大利亚、冰岛、挪威、爱尔兰、意大利等 20 个国家。上述这些创新型国家都是创新能力强的发达国家,也都是创新绩效较高的国家。

创新型国家的内涵外延与创新能力强国是不同的,与创新能力强国概念相比,创新型国家概念的内涵更丰富,外延更宽。宋河发等(2010)认为,创新型国家是指自主创新能力强,并以创新驱动经济和社会发展的国家,创新型国家不仅要求创新能力强,创新效率高,而且要求具有支持创新的良好经济社会环境和完善的国家创新体系,创新能够支撑经济社会发展的需要。

国内许多学者研究了创新型国家的特征。李正风、张文霞指出,"创新型国家主要表现为:整个社会对创新活动的投入较高,重要产业的国际技术竞争力较强,投入

产出的绩效较高,科技进步和技术创新在产业发展和国家的财富增长中起着重要作用";罗吉、王代敬将创新型国家分为三类,"一类是以美国为代表,通过在建立强大而坚实的基础研究的基础上构建完善且和谐的国家创新系统,以支撑持续的技术创新与经济发展的创新型国家;一类是以欧盟国家为代表的通过成员国之间的科技合作、联合创新,从而跨入创新型国家行列的国家;一类是以日本为代表的强调引进、吸收、消化再创新,奉行'技术引进—技术改进—技术普及'路径的创新型国家三类"。贾根良、王晓蓉认为,创新型国家获得成功的共同经验包括创造经济发展的新路径,保护新知识,组织创新和国家发挥重要作用。根据文献的总结得出创新型国家主要有六个基本特征:

(1) 研发投入能力强。国家在研究开发活动中投入的经费和人力规模较大,强度较高,并且在科学研究及高技术产业领域的产出均处于世界领先水平。R&D资金投入占GDP的比重都在2%以上。以2007年为例,日本和美国的R&D投入分别占其GDP的3.44%和2.68%,瑞典和芬兰也都超过了3%。根据世界银行统计,在全球R&D投入中,美国、欧盟、日本等发达国家占86%。

(2) 创新产出能力强。创新产出能力主要表现在科技论文、发明专利和高技术产业产出三个方面,三大检索机构收录的本国科技论文数居世界前列,本国科技论文影响因子较高,人均居民发明专利申请量较多,高技术产业创新能力较强。世界公认的20个创新型国家拥有的发明专利总数占全世界的99%,而仅占全球15%的人口的富国却拥有世界上几乎所有的技术创新成果,科学成果在世界级科技出版物中占的比例高达87%左右。

(3) 科技进步贡献率高。科技创新作为促进国家发展的主导战略,其对经济社会发展支撑力强,技术自给率较高,对外部技术的技术依赖性较小,科技进步对经济发展的贡献率较大,一般在70%左右。

(4) 自主创新能力强。自主创新能力代表了一国的创新能力。国家创新能力用来衡量一个国家长期促进新技术产业能力的高低。国家创新能力不仅对一个国家产业竞争力,尤其是高技术产品的国际市场份额产生直接影响,而且还决定着一个国家未来的经济发展潜力(Furmanetal.,2002)。研究表明,目前的创新型国家,对引进技术的依存度均在 30% 以下。

（5）具有支持创新的基础设施和社会文化。教育比较发达，教育投入占 GDP 比例较高，互联网渗透率代表的信息技术发展水平较高，知识产权保护比较充分，社会文化支持创新，企业在与政府官员和其他企业打交道时存在不符合法律规定的行为较少，企业较容易能够得到风险资本投资。

（6）国家创新体系完善。国家创新体系比较完善，把各种资源有效整合起来，具有支持创新的科技管理体制，政府财政科技汲取能力较强，大学和科研院所的原始创新能力较强，企业是技术创新的主体，企业研究开发经费在全部研究开发投入中的比例较高。

（二）创新型国家的理论研究

熊彼特首次提出创新概念后，对创新概念加以全面、具体地运用和发挥，形成了完善的创新理论体系。之后的学者将其理论发展成为当代西方经济学的另外两个分支：以技术变革和技术推广为对象的技术创新经济学；以制度形成和制度变迁为对象的制度创新经济学，称之为"新熊彼特主义"。

技术创新经济学将熊彼特的创新理论和研究方法，同新古典学派的经济理论即微观经济理论结合起来，用于技术创新的研究。以英国的弗里曼等为代表的技术创新经济学者，提出了政府的科学技术政策对技术创新起重要作用的理论。弗里曼在将技术创新看作是经济增长的主要动力的同时，更强调技术创新对劳工就业的影响，强调科学技术政策对技术创新的刺激作用，为政府提出了相关科学技术政策，用以刺激技术创新、扩大劳工就业。弗里曼的技术创新政策体系，为国家创新理论的提出奠定了理论基础。美国经济学家兰斯·戴维斯和道格拉斯·诺斯继承了熊彼特关于制度创新对经济发展的作用的观点和方法，运用"制度创新"来解释美国等国家的经济增长。他们认为，所谓"制度创新"是指经济的组织形式或经营管理方式的革新。例如股份公司、工会制度、社会保险制度、国有企业建立等，都属于"制度创新"。这从另一方面为国家创新理论的产生奠定了基础。

以罗默、卢卡斯等为代表的内生增长理论，将知识作为一个独立的要素引入增长模型，并认为知识的积累是一国经济增长的重要因素(OECD, 1997)。技术创新和技术进步作为一国经济增长的内在动力和源泉取决于 R&D 活动的投入及知识存量的有效利用。而开发和应用新技术的能力取决于一个国家人力资本的平均水平(Lucas, 1988)。内生增长理论表现在以知识创新、技术进步、人力资本等高附加值要素为核心的创新要素为后续创新型国家的研究奠定了基础。迈克尔·波特(1990)认为国家的竞争力在于其产业创新与升级的能力,从而将技术进步和创新意义拓展到国家宏观层面。波特理论强调国家产业集群创新的环境基础(包括需求与供应、支撑体系和地区竞争强度等),并建立了钻石理论模型(Diamonds Theory Model)。

　　"国家创新系统"概念的提出,首先见于 Freeman Chris(1987)关于日本经济起飞的经验研究中。它由企业、科研机构和高等院校组成,基本含义是由与知识创新和技术创新相关的机构和组织构成,包括公共和私有部门构成的组织和制度网络系统,其活动是为了创造、扩散和使用新的知识和技术,终极目的是推动企业的技术创新。他特别强调该系统的四个因素:政府政策的作用,企业及其研究开发努力的作用,教育和培训的作用以及产业结构的作用。继弗里曼提出国家创新系统理论后,伦德瓦尔(Lundvall)认为国家创新系统是一个在新知识价值创造的过程中,随着知识的生产、扩散和使用而根植于一国领域内的、相互作用的一系列要素和关系构成的集合体。伦德瓦尔将国家创新体系的研究置于国家生产体系的框架下,他认为"生产结构"和"制度"是界定创新系统的两个最重要维度;伦德瓦尔的方法论侧重于从微观创新活动的角度来分析国家创新体系,"互动学习""用户—生产商互动"和"创新"是其研究的主要内容,其研究考察了国家行为对"用户—生产商互动"的影响以及这种影响会如何左右一国的经济绩效,并由此发展出一种不同于新古典经济学的研究范式。

　　1993 年,美国经济学家纳尔逊在研究美国和日本等国家与地区的资助技术创新的国家制度体系,特别是初现端倪的知识经济之后,进一步完善了国家创新体系的概念。他将企业、研究型大学和政府实验室等促进知识创造与扩散的组织视为创新的主要来源,并将企业、大学与国家科技政策之间的互动作为国家创新体系的核心,其研究的重点是知识的创造对国家创新体系的影响。在纳尔逊看来,每个国家都有其国家创新系统的结构;与此相适应,国家创新体系中不同主体所发挥的作用、所要解决的问题、资助国内企业的程度以及资助来源的属性也各不相同。这在一定程度上解释了国家间经济绩效差别的成因,另一方面则暗示各国政府需要努力寻找各自创新体系的特点与不足,优化创新资源的配置,协调国家的创新活动互动来改善一国的经济和建设创新型国家。

他们三人对于国家创新体系的理解并不完全相同,因而在国家创新体系的实际研究中形成了创新型国家理论研究的三种不同学术视角,因而有着三种不同的学术传统,即以 Nelson 为代表的美国传统、以 Freeman 为代表的英国传统和以 Lundvall 为代表的北欧传统。

一个更广泛的国家创新体系的概念包括"所有重要的经济、社会、政治、组织、制度和其他影响创新发展、传播和应用的因素"(Edquist,1997)。各个国家的创新过程不仅受体系构成要素的影响,而且受这些要素之间关系的影响所表现出的非线性特征,被视为创新系统方法最重要的特征,从而为创新型国家的研究提供了一个新的视角。

(三) 国家创新体系的分析

国家创新系统中重要的组织有企业、大学、合资经营企业和负责创新政策、竞争政策或药品规则的公共代理。制度是管制个人、团体和组织之间的联系及相互作用的普通习惯、标准、程序、确定的惯例、规则或法律的集合(Edquist and Johnson, 1997)。Fischer, Diez 和 Snickars(2001)的研究更加具象化,将国家创新体系总结归纳为四个组成部门:生产部门、科学研究部门、生产者服务供应商和公共机构部门,并研究了它们之间的交互关系(如图 3.1 所示)。其中生产部门包括生产企业和研发实验室是国家创新体系的核心参与者。科学研究部门包括了教育和培训组织、大学及其他研究组织。生产者服务供应商(创新支持单位)为行业内的企业提供帮助或支持,如经济援助、技术建议或专家顾问、实体支持(装备、软件、计算机设备)与新技术或新工艺有关的营销或培训等。公共机构部门协调系统参与者之间的关系、提高它们的创新能力、处理冲突与合作。图 3.1 中显示除了这些组成部分之间的内部关系,系统之间的差异的第一个来源可以归结为宏观经济环境、信息和通信基础设施的质量以及要素市场环境和产品市场关键存在差异。国家层面的创新特别取决于依赖制度的公司个体以及其他组织的特征和能力,但是它更核心的是受到公司个体以及组织之间的不同关系(即它们之间以及制度之间的交互方式)的影响。部门内部和部门之间的关联可以用知识和信息流动、投资资金流动、权威人士流动以及劳动流动(科学家、技师、工程师和其他熟练工人)的方式来说明,这是隐形形式知识转移的重要机制。Fischer,Diez,Snickars(2001)主张对于特定的案例运用网络分析确认 4 个构成部分的中心参与者,以及确认信息的类型和交流知识。

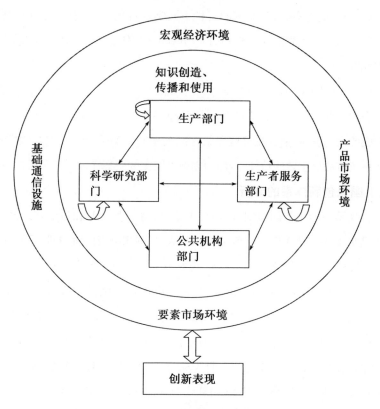

图 3.1　创新系统的主要构成

　　Fischer,Diez 和 Snickars 认为对于公共部门的结构变化是一个难题,经济的交互模式是由不同类型的标准、惯例和既定的准则组成的,其对公司和其他组织内部,以及它们之间的知识创造和学习有着非常重要的影响。对于组织间的协调有很多方式,每种方式都涉及不同种类的行为。一般可以分为市场协调和非市场协调,市场协调取决于市场制度的种类;而非市场调节则利用了范围更广的制度安排。Edquist 和 Johnson(1997)区分了制度安排和非制度安排。制度安排包括雇员协会,法律和规章的框架;非制度安排包括准则、惯例和标准的主要规定,这些准则、惯例和标准规定了行为的角色,形成预期。这些制度安排都要根据具体的实证而定。

国家的创新活动即为影响一国创新的开发、扩散和使用的因素。Edquist 在早期学者分析的基础上,结合自己关于国家创新过程和它们决定因素的知识,以一国创新过程的知识输入为开始,接着以需求方要素,国家创新系统要素的提供,和以对国内创新企业的支持服务为结束,总结如下:(1) 研究与开发(R&D)的提供,创造新知识,主要在工程,医药和自然科学领域。(2) 在创新和 R&D 活动中使用的劳动力的竞争力建立(提供教育和培训,人力资本创造,生产和再生产的技能,个人学习)。(3) 新产品市场的形式。(4) 关于新产品来自需求方质量需求的清晰度。(5) 组织的创造和变化需要创新领域开发。(6) 通过市场和其他机制网络,包括创新过程涉及(潜在地)的不同组织之间的相互学习。(7) 制度的创造和变化。例如环境和安全规则,R&D 投资程序等,通过提供创新的激励或障碍影响创新组织和创新过程。(8) 孵化活动,例如为新创新努力提供接入基础设施、管理支持等。(9) 创新过程和其他活动的财政支持以能够方便知识的商业化和采用。(10) 为创新过程提供相关的咨询服务。例如,技术转移,商业化信息和合法的建议。以上活动并非一成不变,将随着我们关于一国内部创新过程决定因素的知识增加而被修改。此外,创新活动集合可能在大多数国家创新体系中是重要的,但是不可避免地存在某些活动在一些国家创新体系中是很重要的,而在其他国家体系中重要性略低些。

尽管创新体系一般都认为企业及公共部门为主要组成部分,但不同的创新系统间存在较大的差异,尤其是考虑到产出的专业化、R&D 来源等问题。国家创新系统研究主要是以发达国家和地区为背景和原型,与发展中国家的现实差距较大,于是,Edquist(2001)在国家创新系统(SI)的基础上,提出了"发展型创新系统"(System of Innovation for Development, SID),即专门适用于发展中国家现状和问题特点的国家创新系统,并总结了"发展型创新系统"与国家创新系统的四个关键性区别:对于产品结构的影响,产品创新比工艺创新更重要;渐进性创新比根本性创新更容易获得成果;对扩散技术的吸收比进行原始性创新更重要;在中低技术领域的创新比高技术领域的创新更易取得突破。发展型创新系统更加强调公共创新政策在发展中国家中的作用。发展中国家市场不完全,市场失灵现象较发达国家更加严重;知识水平低,教育与培训对于知识经济发展的作用也更大;经济水平低,缺乏自我更新升级的物质基础及动力,因此,政府应该制定合理的政策解决现存的经济与社会问题,为产出结构升级提供机会和动力,为创新发展提供条件。发展型创新系统更加适用于发展中国家的国情,对于发展中国家政策制定具有重要的理论价值。

(四) 创新型国家评价指标

1. 欧盟创新记分牌和全球创新记分牌

欧洲创新记分牌(European Innovation Scorebord, EIS)由欧盟创新政策研究中心制定,从 2001 年开始对欧盟各国的国家创新能力进行全面评价,到目前为止已经修订了 6 次。EIS 被认为是当前最全面最成熟的国家创新能力评价体系。在《欧洲创新记分牌》的基础上,欧盟于 2006 年推出全球创新记分牌(The Globle Innovation Scoreboard, GIS),对全球主要国家的创新能力进行了评估。除欧盟国家外,还评价了美国、日本等发达国家,以及包含中国在内的"金砖四国"等新兴经济体。《2006 全球创新记分牌》从创新驱动力、知识创造、扩散、应用和知识产权 5 个方面,对国家创新能力进行评估。全球创新记分牌的选择样本超出了欧洲的范围,跨国数据收集比较困难,因此仅用了 EIS24 个指标中的 12 个二级指标进行评价。《2008 全球创新记分牌》进行了进一步修订,将 5 个支柱因素合并为 3 个,即公司活力和产出、人力资源以及基础设施和吸收能力。EIS 和 GIS 一直延续了创新能力评价的投入产出框架,突出科技人员数目、高等教育水平、R&D 强度、信息基础设施和知识产权等要素。

《2008 全球创新记分牌》对全球 48 个典型国家在 1995 年和 2005 年的创新绩效进行了统计分析,按照 2005 年创新指数和这 10 年中创新指数的增长率两个维度,将这些国家分为 4 个群组:第一类是创新领导型,包括瑞典、瑞士、芬兰、以色列、日本和美国;第二类是创新跟随型,包括丹麦、韩国、加拿大、德国、荷兰、新加坡、法国、奥地利、挪威、英国、比利时、澳大利亚、卢森堡和欧盟 27 国;第三类是中等创新型,包括新西兰、爱尔兰、西班牙、斯洛文尼亚、意大利、捷克共和国、爱沙尼亚和俄罗斯联邦、葡萄牙、希腊、立陶宛和匈牙利;第四类是创新追赶型,包括中国、塞浦路斯、斯洛伐克共和国、保加利亚、土耳其、波兰、巴西、墨西哥、阿根廷、印度、拉脱维亚和罗马尼亚。

2005 年我国还属于创新追赶型的国家,在全球创新能力排名中处于第 34 位,与第一组群的创新领导型国家存在很大差距。但是,在 1995—2005 年的 10 年中,我国是创新指数上升最快的国家,上升了 8 位。另外几个上升较快的国家分别是:葡萄牙、新加坡、西班牙、塞浦路斯、土耳其和巴西。

2. 全球创新指数

最新的创新国家评价指标即全球创新指数,其由欧洲工商管理学院(INSEAD)和印度工业联合会(The Confederationof Indian Industry, CII)于 2011 年共同研制,旨在评估各国和地区针对创新挑战做出的反应,为企业领袖与政府决策者了解国家竞争力可能存在的缺失与改进方向提供参考。全球创新指数体系由投入和产出两大部分构成(如图 3.2 所示)。在投入部分中有 5 个支柱性指标,分别是机构及政策变量、人力资源能力、信息通讯及其他基础设施、市场成熟度和商业成熟度。投入指标衡量一个国家创造新思想,以及将新思想转化为新产品和服务的能力。在产出部分中有 3 个支柱性指标,分别是知识、竞争和财富,产出指标隐含了运用知识激发全球竞争、促进经济繁荣的假设。《全球创新指数报告》共有 93 个定性和定量指标,定量指标的数据来源于世界经济论坛、经合组织、世界银行和国际电讯联盟,定性数据来源于各国的创新调查,这些数据最后统一换算成 1~7 之间的分值,将所有分指标的值求和,就得到该国的总创新指数。

GII 超越了过去以研究开发经费和专利数目等作为衡量创新能力的传统方法,尤其强调各经济体为创新提供的支持因素,包括政策、人力资源、科技与信息基础设施、市场与商业管理先进程度等。同时,也衡量创新所产生的经济效果,包括知识的创造、竞争力以及财富的创造等方面。GII 除了为企业家、政策制定者和普通公众提供可进行跨国比较的、全面的创新统计分析外,另外一个目的就是与世界上著名的科技和创新指数,如欧盟创新记分牌和世界经济合作与发展组织(OECD)的科学技术工业记分牌建立联盟。GII(2013)显示,在全球 130 个国家和地区排行榜上,创新能力排名前 10 位的国家和地区依次为瑞士、瑞典、英国、荷兰、美国、芬兰、中国香港、新加坡、丹麦、爱尔兰(Cornell University, INSEAD, and WIPO, 2013)。中国大陆排名第 35 位,在八大支柱因素中,我国最弱的支柱因素是制度,排在第 113 位。

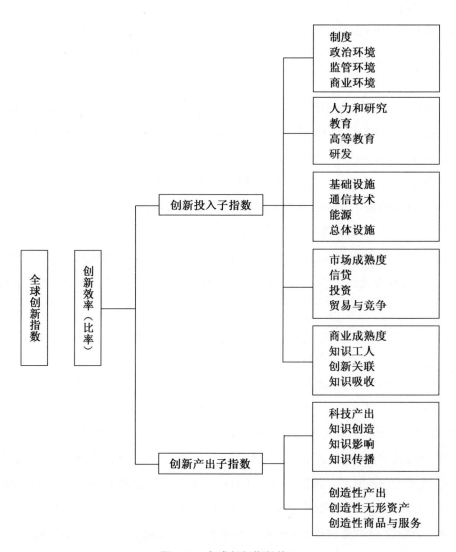

图 3.2   全球创新指数体系

3. 科技部创新型国家评价指标体系

科技部(2009)制定的《创新型国家评价指标体系》,由创新资源、知识创造、企业创新、创新绩效和政策环境等5个方面构成,包括5个一级指标和31个二级指标。前4个一级指标对应20个二级指标(定量统计硬指标);第5个一级指标"创新环境"由11个调查指标(定性评分软指标)组成,全部采用《全球竞争力报告》中的调查数据(11个软指标)。20个定量硬指标中,总量指标4个,相对指标16个。科技部创新指数显示,从综合评价指数得分看,我国在世界主要国家中处于中游水平,2006年(指主要采用2006年数据)在40个国家中排在第26位。在前4个定量一级指标综合得分上,我国排在第24位。其中,"创新绩效"得分,居第16位;"企业创新"其次,居第17位;"创新资源"和"知识创造"均处于下游水平,在40个国家中均位居第37位,仅仅高于墨西哥、巴西和印度;在第5项定性指标"创新环境"上,中国排在第23位。

4. 中国创新指数(CII)研究

为落实党的十八大报告提出的"实施创新驱动发展战略"精神,客观反映建设创新型国家进程中我国创新能力的发展情况,国家统计局社科文司《中国创新指数(CII)研究》课题组研究设计了评价我国创新能力的指标体系和指数编制方法,并对2005—2011年中国创新指数(China Innovation Index, CII)及4个分指数(创新环境指数、创新投入指数、创新产出指数、创新成效指数)进行了初步测算。测算结果表明,2005年以来我国创新能力稳步提升,在创新环境、创新投入、创新产出、创新成效四个领域均取得了积极进展。

创新指数包含创新资源、攻关能力、技术实现、价值实现、人才实现、辐射能力、持续创新和网络能力8个创新要素方面,下设39个具体指标,他们又可以用自主创新综合产出能力和创新网络组织活动能力两个因子来解释,共同构成综合指数、创新因子、要素指数和创新指标等多个层面的创新研究公共信息平台。

中国创新指标体系分成三个层次。第一个层次用以反映我国创新总体发展情况,通过计算创新总指数实现;第二个层次用以反映我国在创新环境、创新投入、创新产出和创新成效等4个领域的发展情况,通过计算分领域指数实现;第三个层次用以反映构成创新能力各方面的具体发展情况,通过上述4个领域所选取的21个评价指标实现。

二、创新型区域和创新型城市

(一) 创新型区域的定义和特征

区域创新体系(Regional Innovation Systems, RIS)的概念最早出现于 20 世纪 90 年代,Cooke(1994)最早对区域创新体系的概念进行了详细阐述,认为区域创新体系主要是由在地理上相互分工与关联的生产企业、研究机构和高等教育机构等构成的区域性组织体系,而这种体系支持并产生创新。Cooke(1994)认为,区域创新体系这一概念来自演化经济学,它强调了企业经理在面临经济问题的社会互动中不断学习和改革而进行的选择,从而形成了企业的发展轨迹。这种互动超越了企业自身,它涉及大学、研究所、教育和金融等部门,当在一个区域内形成了这些机构部门的频繁互动时,就可以认为存在了一个区域创新体系。区域创新体系研究的一个重要思想来源是产业聚集,区域聚集效应的再发展推动了区域创新体系的研究。洪银兴(2011)认为,经济活动的空间集聚可以产生经济的集聚效应。现在发展创新型经济同样需要这种集聚区效应,这就是建设和发展科技创新园区。

区域(即亚国家的)规模作为创新体系的研究模式,其重要性日益增长。支持该观点的主要论据是,区域集聚为基于创新的学习型经济以及知识创造、传播和学习提供了最佳环境(Hudson, 1999)。知识创造的特定形式——特别是隐性形式——以及技术学习的特定形式都是本土化、区域化的。掌握那些并未完全编码的知识的公司被联结到不同种类的网络中,与其他的公司和组织通过本地化的输入—输出关系、知识外溢与其相连(Storper, 1997)。在一些情况下,市场交换、知识外溢和非交易性关系交织于垂直或水平的生产关系范围内部的不同活动之间,但是这些关系经常是分离的。

区域创新体系(RIS)背后的中心思想是,区域经济的创新性能不只是取决于公司和研究机构的个体创新性能,而且还涉及这些组织相互作用的方式以及这些组织与产生和分配知识的公共区域的相互作用方式。在一种分享的、公共的情形下,创新稳定了其功能。从这种意义上说,他们取决于并有助于联合的知识基础结构的产生。这种基础结构被看作一种系统,它创造和分配知识,并应用知识来获得创新,由此产生经济价值(Gregersen and Johnson, 1997)。

　　国内学者的主要观点有：胡志坚、苏靖（1999）认为，区域创新体系是主要由参与技术发展和扩散的企业、大学和研究机构组成，并有市场中介服务组织广泛介入和政府适当参与的一个为创造、储备和转让知识、技能和新产品的相互作用的创新网络系统。蒋玉涛、招富刚（2009）认为，创新型区域是指那些主要依靠创新驱动经济社会发展的省份和城市。李碧花、董瀛飞（2011）认为，创新型区域是指能在经济发展、演变过程中起到支撑作用的创新系统所处的地理区域。

　　一个较大的区域空间可能包含着多种差异，但如果没有足够的相似性来维持相互间的交流，创新便不可能发生（Gregersen and Johnson，1997）。Hall（2001）认为，纵观整个历史，技术创新都发生在具有相似特征的那些地区。这些地区的特点是没有丰富的固定资源，但是却具有一套发达的社会文化结构，支持理性的进步。可见，创新型区域具有其独有的特征。如硅谷 Saxenian（1994）总结的特征是：公司之间的联系开放而紧密，公司间劳动力流动频繁，区域内信息和经验的交换自由、开放，雇员被科技吸引而不是被某个公司吸引。Kirat & Lung（1999）认为，地理位置上的邻近是以地域为基础的创新体系存在的必要前提，而不是充分前提。仅仅地理上的邻近能够产生企业集聚的存在基础，但未必会产生创新体系的存在基础。创新体系的潜力最重要的是取决于以上两点要素：地理位置上的邻近和技术上的接近。地理位置上的邻近是指参与者在既定的空间框架内的定位，而技术上的接近是指与纵向或横向互赖的企业在生产关系范围内部的联系。把这两种类型的邻近转换成以地域为基础的创新体系要求它们在制度上组织和构建起来。David Smith（2008）认为"创新集群""高科技集群"或者"创新环境"具有如下特征：地理位置集中、高度专业化、公司数量众多（其中大部分为中小型公司）、进入与退出方便、高创新率，并且，网络化、专业化、进出容易、资源流动性等集群特征对创新有着特别的引导作用。与集聚有关的制度因素有：与公司实践相关的支持性社会文化特性，在集聚地支持这些公司的政府及私营机构网络，各公司建立在非市场交换以及市场交换基础上的紧密的后向、前向以及横向联系。

　　Chaminade & Vang（2008）从发展历程的角度研究了印度班加罗尔区域创新体系的演化过程，认为 RIS 系统各组成部分的互动对区域创新体系的形成起重要作用。他们认为在发展中国家，RIS 的形成要经历初期和成熟两个阶段。在 RIS 创建初期，市场主导 RIS 各组成部分（企业、大学及其他知识提供者和使用者）之间的合作与互动是极其重要的；而在成熟阶段，RIS 各组成部分之间的合作互动是通过市场及非市场机制（如信息联络，交互作用和其他正式或非正式网络等）进行的。

（二）创新型城市

早在 20 世纪 90 年代，美国可持续社区联合中心就已发表题为《创新型市县伙伴关系》报告，总结许多城市已完成的创新性项目的经验；英国政府 2002 年委托约翰·莫尔斯大学开展了题为《欧洲非首都城市的城市复兴特征》的专项研究，目的在于促进英国核心城市的发展；芬兰首都赫尔辛基市政府与赫尔辛基技术大学于 2001 年共同设立了创新型城市计划，希望通过伙伴之间的合作，激发创造力和创新精神。正是这一系列的举措极大地促进了世界范围内创新型城市的建设，部分城市已取得卓越成效，如新加坡、东京等。

从目前文献研究来看，创新型城市（或创新城市）的英文表述有两种："creative city"和"innovative city"。"creative city"的说法主要来自欧洲（英国、荷兰等）的一些研究文献，主要是指对城市面临的问题提出具有创造性的解决办法，并由此带来城市的复兴，这些问题包括：交通管理、产业发展、城市生态、种族融合等。相对于"creative city"，"innovative city"的提法包含了目前关于创新型城市研究的主流含义，主要研究"创新（innovative）"作为驱动力的一种城市经济增长和经济发展模式，并不断融合社会发展的理念和思想。

目前，我国学者将创新型城市定义为：在新经济条件下，以创新为核心驱动力，主要依靠科技、知识、人力、文化、体制等创新要素驱动发展的一种城市发展模式；一般由区域科技中心城市发展演变形成，对其他区域具有高端辐射与引领作用，是知识经济和城市经济融合的一种城市演变形态。

从网络系统角度看，创新型城市是一个复杂的城市创新网络，各种创新主体（个人、企业、高校、科研院所、联合组织、网络平台等）涌现，在创新资源、创新制度、创新文化的支撑下，形成城市内部创新系统。进而以城市内部创新要素为支撑，在集聚和配置创新资源、不断形成自我平衡调整和发展功能的基础上，形成城市持续创新能力，推动建立创新驱动的集约型城市经济增长,推进城市建立基于经济增长和经济增长方式转变基础之上的城市可持续发展。完善的城市创新系统是创新型城市的主要特征。

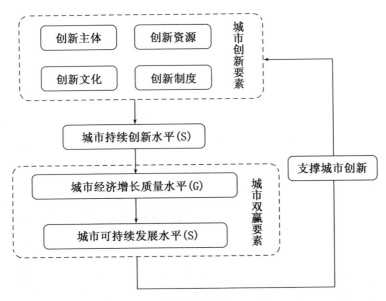

图 3.3　创新型城市概念模型图

资料来源:杨冬梅等.《创新型城市:概念模型与发展模式》(2006)

2013 年 5 月 11 日,丁学良教授在深圳"创新型城市:战略与路径"高峰论坛上,总结了创新型城市的核心特征:(1) 人口构成与思想观念的多元化;(2) 良好的教育体系;(3) 有以高科技或者创新为特色的企业、产业;(4) 非常好的艺术生活;(5) 非常好的金融机构;(6) 良好的法律机构。

创新型城市的构建需有必需的要素支撑和条件支撑,国内外许多学者从创新型城市建设的硬件条件、政策支持、文化氛围、创新意识等方面进行了总结。C. Landry (2000)提出了创新型城市建设的七要素:富有创意的人、意志与领导力、人的多样性与智慧获取、开放的组织文化、对本地身份强烈的正面认同感、城市空间与设施和网络机会。J. Simmie 等(2001)认为城市创新环境的产生有四个来源:经济积聚和企业国际化规模,同类型公司的空间集结与定位,城市经济规模与创新进程,创新源泉与国际出口市场的关联。此外,创新型城市还需具有高质量的知识劳动者和便利的基础设施及通讯。

创新型城市具有四个内部创新基本要素：创新主体、创新资源、创新制度和创新文化。（1）创新主体——创新活动的行为主体。创新主体包括城市人才，企业、大学、研究机构、中介机构、政府等机构创新主体，以及以产业集群、产学研联盟等形式存在的创新群主体。（2）创新资源——创新活动的基础。包括基础设施、信息网络、技术、知识、资金等。（3）创新制度——创新体系有效运转的保障，是影响生产力发展的首要因素。制度创新首先包括明确政府在创新体系中的地位，明确定位自身角色，其次还包括激励、竞争、评价和监督等创新机制，以及政策、法律法规等创新政策。（4）创新文化——维系和促进创新的基本环境。包括城市文化观念、创新氛围等软环境，以及参与国际竞争与合作的开放的外部环境。

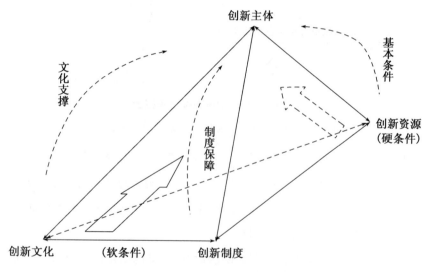

图 3.4　创新型城市的内部创新要素构成图

资料来源：摘自杨冬梅等.《创新型城市：概念模型与发展模式》(2006)

三、创新型企业

在一般人眼中，"创新"与"发明"是两个很相近的概念。然而，在创新经济学的视域中，它们却有着完全不同的含义。"发明"是指首次提出一种新产品或新工艺的想法；"创新"则是指首次尝试将这个想法付诸实施（詹·法格博格，2009）。毫无疑问，

"提出想法"和"实施想法"之间存在巨大的鸿沟。因此,发明可以诞生在许多场合——大学、公共研究机构,乃至私人家中,但一般来说,创新总是发生在企业里。基于此,对创新型企业的研究,就是创新经济学的一项重要课题。

(一) 创新型企业的内涵与理论演变

奥地利经济学家熊彼特认为,企业内部对各种资源的分配与整合,很大程度上依赖于企业家的个人能力。他将企业家分配与整合资源的活动称为"企业家职能"。熊彼特认为,在创新实践中,"企业家职能"具有核心重要性(Schumpeter, 1934)。熊彼特甚至把创新定义为企业家"意志的体现"。由于过度重视企业家个人的作用,在早期,企业创新理论一度重点关注了"富不过三代"这个问题(Marshall, 1961),也就是说,在家族遗传型的企业中,企业的创新能力将随着第一代企业家的离去而逐渐消退,最终导致企业的衰落。当然,之后的经济史表明,职业经理人制度成功地解决了这个问题。被钱德勒等人称为"管理革命"的变化,其核心就是企业所有权与经营权的分离(Chandler, 1990; Chandler et al. , 1997)。

总体来说,早期的经济学者对企业创新的研究,其焦点大多汇聚于企业家本人,具有很强的"个人英雄主义色彩"。然而,在近期的企业创新研究中,学者们拓展了研究视野,他们把视线从企业家个人转向企业甚至转向企业群体。学者们开始关注:什么使一个企业具有创新力? 企业作为一个整体是怎样支持创新过程的(詹·法格博格,2009)。就此,创新经济学家提出了"创新型企业"这一概念。在传统经济学家的眼中,企业都是所谓"最优化型企业",它们在现有的技术能力和市场条件的制约下,寻求利润最大化。与之不同,"创新型企业"并非仅仅被动适应现有的技术能力和市场条件,而是设法重塑各种现有资源,以期利用新的市场机会。当然,这不仅对企业家(高管),而且对企业员工也提出了更高的要求。在《企业成长理论》一书中,作者认为:在一个成功的企业中,雇员绝不仅仅是提供劳务,而是必须致力于学习怎样才能最佳利用企业资源(Edith Penrose, 1959)。

顺着这一思路,20 世纪 80 年代以来,许多学者从资源的视角研究创新,他们认为,创新型企业拥有某些特定的珍贵资源(比如某些特定人才等),这是其他竞争者难以获得或仿制的。然而,这些理论无法回答:为什么只有特定的企业才能拥有这些资

源？这些企业又是怎样获得这些资源的？为此,纳尔逊和温特提出了以组织能力为
基础的新理论。该理论认为：创新型企业的持续发展是以组织的能力为基础,以隐性
知识为特征,并且根植于组织的日常活动中。"企业之间持久且不易效仿的区别并非
来源于各自所掌握的特殊技术的差别,而是来源于组织上的差异"(Nelson and
Winter, 1982)。基于组织的视角,一些学者把企业创新的能力以及从创新中获利的
能力,界定为"企业整合建立以及重塑内外部竞争力以适应不断迅速变化的环境的能
力"(詹·法格博格,2009)。国内学者认为创新型企业是指拥有自主知识产权的核心
技术、知名品牌,具有良好的创新管理和文化,整体技术水平在同行业居于先进地位,
在市场竞争中具有优势和持续发展能力的企业(百度百科,2013)。

现阶段,组织创新方面的研究大致有三种流派——组织设计理论、组织认知与学
习理论、组织的变革与适应性理论。组织设计理论重点关注组织的结构与组织创新
倾向之间的关系。目前,这一流派的理论热点是所谓"权变理论"(Contingency
theory)。该理论是针对古典组织设计理论而提出的。古典组织理论认为存在"最好
的组织形式"。而权变理论否认这一点。权变理论认为好的组织形式就是能够适应
一个给定的"权变要素"的结构。优秀的组织能够设计其结构从而与环境相一致。基
于组织设计的视角,有学者区分了两种不同倾向的组织结构:机械性组织与有机性组
织。这两种倾向并无高下之分,只是分别适应不同的情况:前者适应稳定或渐变的环
境,后者则更加适应快速变动的环境。一些学者认为:这两种结构可以共存于一个整
体中,即所谓"双元组织",从而使该组织能够同时应对激进型与渐进型的技术变革
(Tushman and O'reilly, 1996)。另有学者从多元化的角度考察组织结构,依据"企业
组织边界、内部正式结构、内部非正式结构(企业文化)、外部联系"四个因素,蒂斯把
企业治理结构分为四种类型,他们分别与不同的创新形态相匹配(Teece, 1998)。

基于组织认知与学习理论,创新型企业可被视为一个智力型的、创造型的、具有
高效学习能力的、能够创造新知识的组织。一些学者把组织中的创新行为视为"将解
决问题的新理念引入实际应用的过程"(Kanter, 1983；Amabile, 1988),亦有学者认
为组织创新行为是一种"非常规的、不连续的、重大的组织变革行为,这体现了与该组
织目前的业务概念不一致的新观念"(Mezias and Glynn, 1993)。

　　大多数组织学习理论强调集体知识的重要性,并将其视为组织能力的源泉。组织不断积累集体知识,并将其以各种"规章、制度、惯例"的形式保存下来。正是这些条条框框指导(同时也制约着)组织成员们如何相互交流,如何解决问题。当然,知识未必是显性的、可编码的,在许多情况下,组织所学习的知识都是暗默的或隐性的。有学者甚至认为:隐性知识构成了人类所有知识的源泉,组织的创造过程就是要调动起个体所存在的隐性知识(Nonaka, 1994;Nonaka and Takeuchi, 1995)。一个组织形成了一个"场",提供了一个共享的、进行信息解读、交流和建立关系的社会和心理空间,从而形成了知识创造的基础。另有学者提出了"实践共同体"的理念,在实践共同体中,组织成员形成和发展了共同的观点和认知知识库,从而有利于知识的共享与传递。无论从"实践共同体",还是从"场"的视角考察问题,许多研究者都把企业视为集体学习与知识创造的关键性环境(Lavaand Wenger, 1991;Brown and Duguid, 1998)。此外,亦有学者敏锐地指出:企业学习和知识创造是一个累积性的过程,并且具有相当的路径依赖性(Kogut and Zander, 1992)。换句话说,企业知识的累积,将沿着特定的轨道演进。然而,这种路径依赖性的累积过程反而可能会制约知识的学习与创造(Dosi, 1988, Pavitt, 1991)。

　　在近些年里,一些学者对学习与创新型组织进行了分类,并提出了两种基本模式,它们分别是"J型"(Aoki, 1988)与"团队式结构"(Mintzberg, 1979)。前一种类型的企业长于累积性学习,其创新能力主要来自对组织特定的集体能力和解决问题规程的不断开发。这类企业的典型大多是日本式企业。后一种类型的企业则依赖于团体中的项目团队,这些团队是以市场为基础灵活设置的,能够对知识与技能的变化做出灵活反应。项目团队因项目而设置,其成员往往来自企业中的不同部门。在"团队式结构"的企业组织中,员工的职业生涯通常由一系列不连续的项目连接起来。"团队式结构"的代表企业是硅谷中的高科技企业。

　　面对重大的跨越式的技术变革或环境变化,企业组织能否产生变革并适应之?在这方面,其实并未形成理论上一致的观点。有些学者认为:组织惯性有巨大的力量,因此对环境的变迁只能做出缓慢的、渐进性的反映,这一般体现在组织生态学和企业进化理论中(Hannan and Freeman, 1977, 1984);另有学者认为:当环境变化时,组织是有能力进行结构性变革的,这种观点为"间断均衡"理论所持有。该理论认为:组织的演进过程是一个长期渐进性的演变过程,但不时地被革命性的变革所打断。从本质上说,组织演进过程是与技术变迁的周期性模式紧密相连的(Anderson and Tushman, 1990)。另有一种战略适应性与变革理论,它将组织的演进看成行为者决策和学习的产物。组织的变化并非完全由外部环境所决定,组织中的代理人有一定的"自治权",通过他们的行为和他们所制定的规则,能够重新界定与修改组织结构,为未来的行为创造可能性(Child, 1997;Burgleman, 1991)。

(二)创新型企业的基因

在现实世界中,创新型企业往往拥有一套行之有效的体系及企业特质,以此鼓励员工的创新行为。英国弗里曼(1982)列举了创新型企业的十大特征:(1)企业内部研究与开发能力相当强;(2)从事基础研究或相近的研究;(3)利用专利保护自己,与竞争对手讨价还价;(4)企业规模足够大,能长期高额资助 R&D(研究与开发);(5)研制周期比竞争对手短;(6)愿意冒风险;(7)较早且富于想象地确定一个潜在市场;(8)关注潜在市场,努力培养、帮助用户;(9)有着高效的协调研究与开发、生产和销售的企业家精神;(10)与客户和科学界保持密切联系。为建设以企业为主体、市场为导向、产学研相结合的技术创新体系,培育大批创新型企业是关键。

除此之外,戴尔等(2013)从创新型企业体系中提炼出一套基本宗旨:(1)创新是每个人的职责,而非研发部门的职责;(2)破坏性创新是公司创新业务的一部分;(3)调遣许多组织得当的创新项目小分队;(4)巧妙冒险。

当然,对企业组织的关注,并不意味着研究者不再关注企业家个人。近期的创新经济学理论把企业家(及其他高管)视为企业中的"战略控制者"。他们必须能够识别企业现有技能基础的竞争优劣势。并且,当面临竞争者的挑战时,能够了解怎样改进原有的技能基础。此外,战略控制者还必须能够动用相应的资金来维持对技能基础的投资。技能总是与特定的人才结合在一起,面对企业内部的科层制分工,负责战略控制的人还必须确定:雇员如何在不同的科层之间流动(詹·法格博格,2009)。

创新型企业的高管,作为一个群体,他们是否具有某些共同点?近期,有学者重点关注了这个问题,并成功提炼出一些共同特质,这被称为"创新者的基因"(戴尔等,

2013)。以下是"创新者基因"模型的一个扼要图示,如图 3.5 所示。同时,戴尔等
(2013)通过访问与观察揭示了,创新型公司将创新的密码编入了组织的人才、程序和
指导宗旨之中(组成创新型组织基因的 3P 框架),如图 3.6 所示。

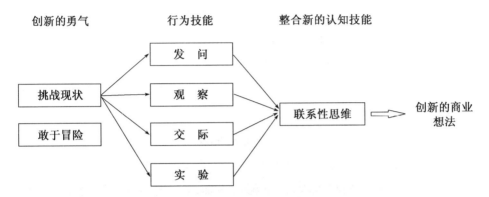

图 3.5　形成创新想法的创新者基因模型

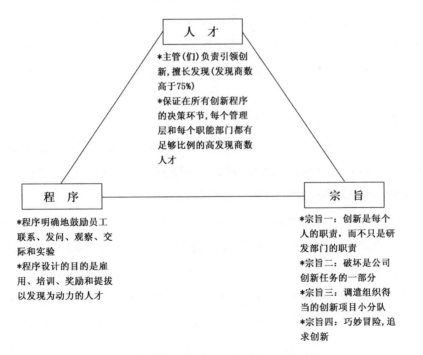

图 3.6　全球最创新公司的人才、程序和宗旨

创新型企业的另一条研究线索与经济史密切相关。一些学者研究了创新企业的发展史。在 19 世纪末，英国成为世界工业中心，涌现出大批创新型企业，研究表明，在当时，熟练的蓝领技术工人是创新的主要来源，在企业内部，技术工人做了无数决策以改进产品和工艺。此外，"英国工业区"的出现极大地推动了创新型企业的发展。在工业区内，企业分布的集中促成了垂直专业化分工，这反过来又推动了企业往专业化方向发展。这导致了激烈的横向竞争，促进了企业对其产品或工艺进行改进。一些学者认为，从某种意义上说，在 19 世纪末，创新主体是整体的工业区，而非其中的单个企业(詹·法格博格，2009)。

到了 20 世纪上半叶，美国成为世界工业领袖，职业经理人制度的建立，所有权与经营权的分离，解决了创新型企业的继承问题。之后，在 20 世纪七八十年代，日本企业迅猛发展，一度对美国的经理制企业构成严重挑战。然而，90 年代，以硅谷为代表的新经济兴起，美国重拾世界经济的牛耳。有研究者指出："激烈的，而且常常是非正式的、超出企业边界的学习网络造就了硅谷的成功"(Annalee Saxenian, 1994)。此外，硅谷的成功尤其得益于风险投资的蓬勃发展。风险资本不仅为许多初创企业提供融资支持，而且帮助他们招募职业经理人。对于由风险投资支撑的企业来说，面对企业规模的迅速成长，十分关键的就在于对不断壮大的技术与管理人才队伍进行组织整合。硅谷的新经济企业，普遍采取了优先认股权的形式，以此取代现金，吸引、并留住人才。

从实际创新的流程上看，有学者把创新分为三个互有交叉的阶段，分别是：科学与技术知识的生产；将知识转化为用品；回应并影响市场需求。在创新的不同阶段，企业承担并扮演着不同的角色(詹·法格博格，2009)。

就第一阶段而言，大企业中的 R&D 实验室，以及大量的，从事专业化产品生产的中小企业，与大学等公共研究机构一道，构成了知识生产的源泉。目前的趋势是：私有知识由企业发展和应用，公共知识由大学等研究机构生产并加以扩散。

大企业中的 R&D 实验室，是 20 世纪最主要的创新源泉之一。R&D 实验室一方面产生了大量实用性的技术知识，另一方面，这类机构是相关领域的"前沿监视器"，帮助企业从外部学习与获取知识。一般的理论认为，R&D 活动及其成果，具有高度的资产专用性，必须整合入大企业内部，而不能以合同的形式外包出去(詹·法格博格,2009)。然而近期的一些实践表明,合作研发、开放式创新已成为企业创新的主流范式(亨利·切萨布鲁夫等,2006)。

对许多中小企业来说,无须专门的 R&D 中心,生产过程本身推动着工艺创新。这主要表现在生产过程中的"技术融合与垂直分离"。就第二阶段而言,对创新型企业来说,一个主要的难点在于——复杂产品的创新往往涉及大量(而非单一)的新技术,企业在设计这类产品时,要把握所有相关技术领域内的进步是十分困难的。为了应对这种困境,目前的应对策略是采取"模块化生产方式",将零部件和界面进行标准化,从而分离了相关部件之间的相互依存性,从而可以在满足产品总体架构的情况下,将零部件或子系统的设计与生产外包出去。此外,在模块化生产方式下,凭借标准化的界面,各类模块之间,可以快速插合或分离并重组,从而为快速搭建新产品提供了便利。

至于第三阶段,这在很大程度上是一个匹配的问题(Mowery and Rosenberg,1979)。这不仅包括创新产品必须匹配市场需求,而且包括企业组织、售后服务与市场需求的匹配。这要求创新型企业:① 与潜在顾客保持联系;② 与知识或技能的外部来源保持联系;③ 企业组织的集权程度要与技术与市场试验的成本协调一致。在这一阶段,由于涉及技术、市场、内部管理等不同的领域,那些能够跨越组织障碍、学科障碍和职业障碍进行沟通的人是无价之宝。

从技术史的角度观察,在大多数情况下,技术以一种连续的、渐进的方式发展。然而,每隔一段时间,某些技术领域会出现"根本性的变革"。一些企业能够抓住这种根本性的变革,成长起来。但对另一些企业来说,特别是对一些原先就存在的大型企业来说,如何把"根本性变革"与企业原有的技术能力与组织实践活动相结合,则是一项巨大的挑战。对于这个问题,现有的创新经济学研究主要聚焦以下几个方面:企业对技术路径的准确判断力;企业进行自我变革的能力;在试错中学习的能力以及在不确定性中学习的能力等等。

在全球化的背景下,创新行为也呈现出全球化的趋势。创新全球化主要包括:国内创新的国际拓展(如出口创新产品,跨国转让专利许可等);跨国界创新(如跨国公司在东道国设立 R&D 实验室等);全球科技合作(如大学间的联合科技项目等)。在创新全球化的浪潮中,跨国企业发挥着无可替代的作用。跨国企业通过 FDI 等机制,促进跨国知识流动,并影响跨国界创新的发展与扩散。在这方面,一些研究者重点关注了企业进行跨国界创新的动机,主要有两方面:一、改善企业现有使用资产的方式;二、战略资产扩大活动。前者指的是跨国公司充分利用东道国的本地化条件,拓展其技术资产的用途。比如,基于东道国当地的资源条件、市场需求等因素,对产品或生产工艺进行改进。此时,基础性的 R&D 活动等战略决策依然保持在母国;后者主要是指跨国公司直接在东道国建立全新的技术资产(比如设立 R&D 实验室等)(Kuemmerle,1996)。

跨国企业是否愿意把 R&D 活动扩散到东道国,这受到许多因素的制约。近期的研究主要关注以下四个指标:(1) 本地背景下整合 R&D 活动的成本;(2) 当地的技术机会与约束;(3) 企业规模与市场结构;(4) 组织问题。

创新型企业未必仅仅集中于高技术产业。在广大中低技术产业中,同样可能涌现出创新型企业。与高技术企业相比,中低技术企业的创新行为有着不同的驱动力。主要有以下几个方面:(1) 需求差异,包括迎合消费者的新趣味,改进产品质量等等;(2) 利用新技术改进老产品。这是指某些新技术可能溢出它所在的原始行业,并为其他老行业所利用。

四、发展创新型经济的政策

创新成果具有公共产品特征,容易导致市场失灵,需要国家政策调节。科学政策、技术政策和创新政策的内容和侧重点是不同的,这就需要政府在实施创新政策之前对经济运行有充分的调研。而现在技术领先国家实施的多为创新政策(Lundvall等,2009),具体如图 3.7 所示。

美国前总统布什于 2006 年 2 月 2 日正式签署《美国竞争力计划——在创新中领导世界》(赵中建,2007),承诺要在创造力上引领世界,类似与创新和竞争力相关的文件一次又一次地向国民释放出唯有"创新"才能制胜的理念;美国总统每周演讲时经常提及"创新",大大有利于国民创新意识的培育。

具体而言,当经济体有了一定的基础时,要将科学和研究训练的发展放在特别优先的位置(金麟洙、尼尔森,2011)。在技术政策方面,政府可通过公共采购、对战略性产业的公共支持、建立机构间的联系(研究与产业之间)、设立标准、技术预测和对产业部门进行基准测试等手段实现对产业技术知识的进步和商业化的支持。此外,政府还应从改进获取信息的渠道、进行环境管制、设立竞争规制以及改进区域发展的社会资本(集群和工业区)等方面提高经济中创新的绩效(法格博格等,2009)。

科学政策

重点:产生科学知识

手段:

- 以竞争的方式批准公共研究资金
- 公共(半公共)的研究机构
  (比如:实验室、大学、研究中心⋯⋯)
- 对企业的税务激励
- 高等教育
- 知识产权

技术政策

重点:产业技术知识的进步和商业化

手段:

- 公共采购
- 对战略性产业的公共支持
- 建立机构之间的联系(研究与产业界之间)
- 劳动力培训和提高技能
- 设立标准
- 技术预测
- 对产业部门进行基准测试

创新政策

重点:经济中创新的总体绩效

手段:

- 改进个人技能和学习能力(通过普通教育和劳动培训)
- 改进组织绩效和学习(比如 ISO9000 标准、质量监控等)
- 改进获取信息的渠道:信息社会
- 环境管制
- 生物伦理规制
- 企业法
- 竞争规制
- 消费者保护
- 改进区域发展的社会资本:集群和工业区
- 智能基准测试
- 智能、灵活性和民主性预测

图 3.7　科学、技术、创新政策之间的关系(Lundvall 等,2009)

(一) 创新经济的 8"I"模式

罗伯特 D. 阿特金森和斯蒂芬 J. 响彻(2012)在《创新经济学》中提出了 8"I"创新政策。阿特金森为美国信息技术与创新基金会的创始人及主席,奥巴马政府任命他为国家创新和竞争力战略咨询委员会顾问。在《创新经济学》中,作者认为美国已经失去了在创新竞赛中的领导地位,而众多美国政治精英尚未认识到美国面临竞争与问题,美国应从其他国家吸取教训,实行严格的产业振兴政策。为在基于创新的竞争中取胜,作者提出了 8 个"I"开头的创新政策:抱负(Inspiration)、目标(Intention)、自知力(Insight)、激励(Incentive)、投资(Investment)、制度创新(Institutional Innovation)、信息技术化(Information Technology Transformation)和国际创新体系(International Framework for Innovation)。

8"I"创新政策的第一"I"是抱负(Inspiration)。树立宏伟目标,通过设定创新目标克服美国政府现有的短视、党派不和以及对创新的矛盾心理。第二"I"目标(Intention)强调了将基于创新的竞争力作为国家重心。作者在文中指出,面对来自创新和竞争的经济安全挑战时,美国精英并没有表现出应有的强硬和团结,长期沉醉于华盛顿共识的错误观念中,然而,美国面临的经济环境发生了巨变,应建立新的华盛顿共识,包括实施更加积极的财税政策、保护美国在国际上的经济利益以及进行创新激励等。第三"I"为自知力(Insight):提高对于国家创新表现的认识。作者指出美国对自身能力和挑战不自知,批判了国家统计体系对于创新、生产力和竞争力的不透明与局限性。为建立国家创新和竞争战略,首先要致力于贸易部门竞争性核心因素的分析,其次,联邦政府应该开始实施更多的增强高附加值部门竞争性的战略。第四"I"激励(Incentive):鼓励美国本土的创新、生产和就业。针对美国投资外流现象,作者指出奥巴马政府高法定税率限制对外投资的同时,伤害了美国公司国际竞争力,税制自由受到挟制,为激励创新投资,美国需要:(1) 将 R&D、员工培训和设备投资减免税扩大并固定下来;(2) 成立单独的创新与投资税机构。第五"I"为投资(Investment):增加创新与生产的公共基金,它强调美国需要提供更多对于研发、商品化、技术、教育和培训的支持,并且要将基金更多用于以支持工业创新为目标的项目。同时帮助同一产业中的企业实现联合研发以帮助整个产业的发展、建立国家一联邦创新体系,以及国家创新基金。此外,应给予能源创新重点关注,用增加清洁能源 R&D 的方式激发能源创新革命。第六"I"为制度创新(Institutional Innovation):做新事情用新方法。适应性效率是增长和竞争力的关键,组织创新与技术创新同等重要。为促进组织创新,可使用一些普遍适用的政策手段:为激发创新的组织提供现金奖励,建立更具有竞争性的市场环境,要求厂商提供公开信息,政府直接建立新机构,增加创新专项基金,建立专门的创新保护部门,将基金与绩效而非过程挂钩。第七"I"为信息技术化(Information Technology Transformation)。经济的成功取决于数字传输加快以及信息技术在经济各部门的应用,国家需要建立"数字化平台"。作者列举了宽带、4G 无线网络、卫生信息技术、智能交通系统、智能电网和非接触手机支付系统等六个关键数字化平台,认为联邦政府应该承担起建立平台的义务。这些平台的构建离不开政府的支持,事实上,一些国家走在世界前列,正是由于政府与私人部门的巧妙合作,美国也应如此。第八"I"强调了国际创新体系(International Framework for Innovation)。他们再次呼吁了美国政府在国际贸易中采取强硬政策,坚定地与创新重商主义,特别但不仅仅是与中国作斗争,维护贸易规则。具体来讲,美国应该实行美元贬值,其次对以扩大出口尤其是高附加值、基于创新的部门为目的的国家和组织施加压力,以及抑制美国经济利益被国际化。面对世界的威胁,美国应该向出口商提供更多的出口财政补贴,吸引高技术人才移民美国。

8"I"创新政策完全围绕美国自身的利益要求,以一种警醒的态度,以中国为假想敌,涵盖了创新目标、思想认识到具体的财税政策等创新政策,既有对于现状的分析认识,也提出了具体可行的创新策略,这种防微杜渐的危机意识以及全面科学的政策思考,对于理论研究和创新战略的制定,都极具借鉴意义。

(二)构建创新型区域的政策

在一个区域创新体系中,成员之间频繁而富有成果的相互作用可能受到许多因素的牵制(Guinet,1997):(1)合作伙伴(例如高校和产业界)之间激励机制结构(文化)的相互冲突;(2)有些市场失灵(例如高交易成本)可能会妨碍企业,尤其是小企业,通向信息、技术和专有技术的步伐,或者打消企业进行技术投资的积极性,或者削弱企业对技术的消化能力;(3)创新的各个参与者之间协调失败,由此导致它们无法充分认识到彼此之间的互补作用;(4) 由于缺乏管理能力,导致对技术和创新在竞争阶段的作用理解不够,对知识的获取和传递的合作战略所带来的利益也估计不足;(5) 金融市场无法对企业在交互式学习中的投资给予足够的支持,举例来说,就是专门化的风险资本发展不完全;(6) 最后但同样重要的一点,缺乏足够的人力资源,因此无法形成吸收外部知识的良好能力。

　　针对上述市场和系统性失灵,Guinet(1997)认为应该做出如下几类政策应对。(1) 完善有利于创新产生的法律监管体系,具体包括:稳定的宏观经济,这有利于进行战略投资决策;灵活的劳动力市场政策,以方便科学技术人才流动;适当的竞争政策,它能够提高创新倾向,使创新过程中构建和使用知识库的合作行为得以顺利发生;(2) 实行基础设施政策,填补知识库的缺口和不足,例如加大对基础研究或基础设施技术发展的支持,以普遍提高公共基础设施部门,尤其是科研部门应对市场需求变化的能力;(3) 采取措施鼓励企业的相互合作和知识的更新换代,尤其是促进关键性技术的发展;(4) 采取措施改善高科技创业所需的环境,并推动创新企业普遍创业发展;(5) 推行技术扩散政策,纠正知识交换过程中由于供需因素导致的市场失灵。

　　Giovanna(2007)通过分析意大利伦巴第 RIS 的特点及其政策,认为区域创新政策的制定不仅要与国家政府合作,而且还要与当地具有自主权的省以及公共机构(如商会、财团和大学)合作,尤其是促进和加强企业与知识提供方(大学和研究机构)之间相互合作。Cooke(2008)推出了"绿色创新"时代构建 RIS 的政策路线:首先是认识公共采购的力量;其次是区域产业政策应聚焦创业精神和创新,包括大型公司企业创新和寻求绿色技术下区域供应链的整合;最后各地区可以支持"知识实验室"在中小型城镇的示范和生态工业或循环经济在试点城镇的推广项目。Russo & Rossi(2009)分析意大利托斯卡纳地区时,对创新政策的设计提出建议:(1) 必须注重网络建设和管理的过程;(2) 保证创新参与者有足够的时间和机会进行合作;(3) 尽量提前确定那些能够更好地对创新提供支持的创新网络的参与者;(4) 需要行政程序、评价标准和监测工具的互补程序来保证创新政策的执行。Cooke(2009)认为支持区域创新体系发展最重要的政策是减少政治冲突,通过营造一种包容、开放和透明的创新文化使区域内所有创新参与者和组织在创新活动中能相互作用,而且区域创新政策的重要任务是利用 RIS 的构建来创造一个综合和扩散的创新平台。Uyarra(2010)对不同区域范围的区域创新政策进行了广泛的研究,认为在制订政策时不仅需要以区域的知识和体制作为出发点,还应该考虑到现有的政策组合和过去相关政策制定的过程,因为它们会支持或限制新的政策目标。

由于不同地区产业结构和知识基础等具体情况和环境的差异,不存在通用创新政策的理想模式。对特定地区区域创新体系的构建而言,只有适合的、没有最佳的通用模式可搬。

（原文载于:洪银兴、安同良等.《产学研协同创新研究》,人民出版社,2015年;作者:安同良等,略有修改）

第四章　中国自主创新研究文献综述

内容提要：增强自主创新能力作为国家战略，在中国政产学研各界得到了前所未有的重视。国内学者对自主创新做出了大量初步研究，但对许多问题仍莫衷一是。本章将从创新理论的国际进展、自主创新的内涵、自主创新的测度、企业创新能力的学习机制和发展路径、产业组织和企业自主创新战略，以及国家自主创新体系等六个方面对自主创新研究目前的进展进行回顾，并指出自主创新未来研究的方向和难点。

关键词：自主创新；技术能力；国家创新体系

一、引言

改革开放 30 多年来，中国经济以制造业为主驱动并参与国际分工，成功地打造出"中国制造"的品牌。但我们的制造业企业仍未摆脱技术依赖症，并未获得技术领先与产业领先(Mowery and Nelson，1999；吕政等，2003，安同良，2004)。中国本土企业存在技术劣势，外国公司比国内的公司表现出更为活跃的自主创新行为。2007年至今，世界经济形势发生了巨大的变化，世界金融危机余波未了，实体经济停止下滑，但复苏尚待时日。根据经济周期理论，危机过后必然会进入新的增长周期，其动力就是产生具有新技术革命意义的产业创新(洪银兴，2010)。提高自主创新能力已作为我国国家发展战略写进十一五规划。党的十七大进一步强调提高自主创新能力是"国家发展战略的核心，是提高综合国力的关键"。我国从 2010 年起在 GDP 总量上已成为全球第二大经济体。作为世界经济大国在科技和产业创新上不能再像过去那样实施跟随战略，需要依靠自主创新与其他发达国家进入同一的创新起跑线，在重点领域取得突破。

　　研究自主创新能力的紧迫性、必要性已在政府、企业和学界取得了一致共识。国内学者对自主创新做出了大量初步研究,但对许多问题仍莫衷一是。本章将总结目前中国自主创新的研究成果,并指出自主创新未来的研究方向与难点。

二、国内自主创新研究的历史与现状

1. 创新理论的国际进展

　　创新概念最早由熊彼特在 20 世纪 20—30 年代提出,创新即生产要素的新组合。但创新思想可追溯到马克思在《资本论》中所提出的自然科学在技术进步中的作用。后来弗里曼在解释熊彼特创新理论时把创新概念扩大到包括发明、创新和创新的扩散三重概念。根据弗里曼的解释,创新可分作广义和狭义的创新。狭义的创新,只是指重大科学发明的应用,广义的创新则包括发明、创新和创新的扩散的全过程(弗里曼和索耶特,1997)。

　　新增长理论以罗默为代表将知识作为一个独立的要素引入增长模型,并认为知识的积累是现代经济增长的重要因素。新增长理论从内生性技术进步出发解释了技术进步的源泉以及由此产生的经济增长效应。知识不仅形成自身的递增效应,而且渗透于资本和劳动力等生产要素,使资本和劳动力等生产要素也产生递增收益,从而使整个经济的规模收益递增。

　　OECD 以知识经济为背景提出了国家创新体系的概念,"创新是不同参与者和结构共同体大量互动作用的结果,把这些看成一个整体就称作国家创新体系"(OECD,1997)。迈克尔·波特尤其关注国家竞争优势,他认为"国家的竞争力在于其产业创新与升级的能力"。波特特别指出了政府在推动创新中的作用,"当竞争的基础转为创造和知识积累时,国家的作用就变得日益重要,创造与保持竞争优势也变成本土化的过程"(迈克尔·波特,2003)。斯蒂格里茨在研究一些原先的计划经济国家向市场经济转型时,特别提出熊彼特创新理论的贡献及其创新理论的局限性。他从创新机制的角度指出标准的市场经济理论不包含创新的理论缺陷。他依据其信息不完全理论,提出了只是在竞争条件下不能解决创新动力不足的问题。由此出发他提出了激励创新的体制和机制安排问题(斯蒂格利茨,1998)。

　　国外对创新与技术进步研究进行详尽的回顾和总结,出版了 4 部权威研究手册:

《产业组织手册》(Schmalensee and Willig, 1989)、《创新经济学与技术进步手册》(Stoneman, 1995)、《牛津创新手册》(Fagerberg, et al., 2006)、《创新经济学手册》(Hall and Rosenberg, 2010)。

2. 自主创新的内涵

国内学者陈劲(1994)较早提出了"自主创新"的概念,其含义是"自主技术创新",是指在引进、消化以改进国外技术的过程中,继技术吸收、技术改进之后的一个特定的技术发展阶段。中国科学院研究生院的杨德林、陈宝春(1997),他们认为企业自主创新是指依靠自身力量独自研究开发、进行技术创新的活动。傅家骥(1998)认为,当自主创新表征企业创新活动时,是指通过自身努力,攻破技术难关,形成有价值的研究开发成果,并在此基础上依靠自身的能力推动创新的后续环节,完成技术成果的商品化,获取商业利润的创新行为。其强调的重点是"自身努力"。柳卸林(1997)认为,自主创新是创造了自己知识产权的创新,其强调的重点是"自主知识产权"。周寄中(2005)指出:所谓自主创新,是指通过提高科技原始性创新能力、集成创新能力和引进消化吸收能力,因而拥有一批自主知识产权,进而提高国家竞争力的一种创新活动。温瑞珺(2005)提出,自主创新分为两类,第一类是渐进的自主创新,第二类是根本的自主创新,两者的共同点就是拥有自主知识产权的独特的核心技术以及在此基础上实现新产品的价值。在自主创新的内涵中,自主是前提,创新是目的,获取核心技术和知识产权是关键,提高创新能力是核心(吴贵生和刘建新,2006)。洪银兴(2010)同样强调了自主知识产权。吴贵生(2010)提出:自主创新是在创新主体主导下的创新。自主创新的关键在于"主"而不是"自"。我们不断地推动企业的自主创新,关键是建立我国企业在创新过程中的"主导地位",掌握创新的"主动权",而不是要与外部资源分离开来而"独自"创新(中国企业评价协会,2009)。我们把自主创新定义为:创新主体主导下的具有自主知识产权的创新。

3. 自主创新的测度

对自主创新和创新行为的分析所需要的数据与一般经济数据不同:除了通常的经济数据,如 GDP 和 R&D 之外,还需要企业、企业之间以及诸如大学这样的研究机构的创新、发明和技术等数据。一些研究者将这些指标与通常的投入支出指标等结合起来衡量创新。创新数据收集历史最为悠久的领域是 R&D。关于 R&D 统计的主要 OECD 文献是《研究和实验发展调查的标准实践》，也就是更加知名的《Frascati Manual》。第一版是 1963 年在意大利 Frascati 召开的经合组织 R&D 统计会议的结果。此后该手册一直被监测和修正，手册的现行版本是第六版，即 Frascati Manual 2002(OECD 2002)。R&D 数据经常被仅仅看成一个创新的指标，因为它往往只测度一项投入(Kleinknecht 等,2002)。但是,R&D 也有优势,包括跨越长时期的时间尺度,对很多国家都很有用的详细分类,以及在国家间相对较好的一致性。遗憾的是,大量的文献主要是由不同时间、部门以及国家的 R&D 的总测度和生产力的测度之间的比较组成。但是,这类研究成果在两方面有着局限——它倾向于指出(伴随着新的增长理论)R&D 是生产力发展的最主要因素,但另一方面它却未能考虑创新的复杂性。

　　另一个测度创新的主要指标是专利。它作为一项创新指标有显著的优势：(1) 专利授予有商业前途的技术发明;(2) 专利系统把发明和相关的技术联系起来,并且还提供了相关的科技文献的链接(通过引用);(3) 可以在很长的时间段里应用专利来定量研究创新问题;(4) 专利数据很容易得到。当然,专利也存在着显著缺陷,就是它们表明了一项新的技术原理的出现,而非商业上的创新。很多设计发明的专利只有很少的技术和经济上的意义。很显然,专利指标还忽略了很多非专利性的发明和创新。很多类型的技术无法获得专利(Kleinknecht and Mohnen, 2002)。

　　此外人们通过直接调查创新来增进我们对创新的认识。所有欧盟成员国实行了持续的"欧盟创新调查"(CIS),并形成了 OECD 的创新手册(OECD 1992, 1997, 2005),该手册通常被称为奥斯陆手册,因为很多文件的起草以及专家会议都在那里进行。CIS 的基本形式已经被传播到其他很多国家(包括加拿大,澳大利亚,匈牙利,巴西,阿根廷以及中国)。创新调查可以区分为两种基本类型:集中在公司水平上的总体创新投入(包括 R&D 和非 R&D)和创新主体本身的创新调查,以及产出(通常是产品创新和专利)和集中在重大技术创新调查(通常通过专家的鉴定或者通过在商业杂志或其他文献中发布新的产品通告来确认)。第一种方法有时候也被叫作主体法(subject),因为它将重点集中在创新的主体上;而后一种则称为客体法(object),因为它将重点集中在创新过程中的目标产出,集中在技术本身。

　　国内研究者基本也从以上几个方面对自主创新进行测度。刘小玄(2000),何玮(2003),张海洋(2005),胡斌(2009)等以工业企业普查数据、年鉴数据为基础,对自主创新的研发投入进行计量研究。国内对专利策略的研究大多站在专利制度上的理论层面,大多数研究缺少微观调查数据支持。基于行业创新层面、小样本的创新调查研究有清华大学企业技术创新问卷调查(高建,1997)、中国企业家调查系统(2001)的调查、陈劲(2003)的企业技术创新高标准定位的调查。段瑞春(2003)根据部分国有重点大型企业的问卷调查,分析了我国国有企业在自主创新知识产权创造、运用和管理方面的现状。安同良等(2005a,2005b,2006, 2009a,2009b)对长江三角洲地区制造业企业的创新做了大规模问卷调查。清华大学在 2008 年对 42 城市 1399 家规模以上制造业企业在 2005—2007 年间自主创新的情况进行了问卷调查(李习保,2010)。

　　到目前为止,关于企业自主创新能力及其指标体系较全面的还是 2005 年 11 月国家统计局国家经济景气监测中心(2005)发布的《中国企业自主创新能力分析报告》,该报告从技术创新能力的角度提出了一个企业自主创新能力的评价指标体系,共包括 4 个一级指标:一是潜在技术创新资源指标,包括企业工程技术人员数、企业工业增加值、企业产品销售收入等。二是技术创新活动评价指标,包括科技活动经费占产品销售收入的比重、研究和试验发展活动经费投入占产品销售收入的比重等。三是技术创新产出能力指标,包括申请专利数量占全国专利申请量的比例、拥有发明专利数量占全国拥有发明专利量的比重、新产品销售收入占产品销售收入的比重等。四是技术创新环境指标,包括财政资金在科技活动经费筹集额中的比重、金融机构贷款在科技活动经费筹集额中的比重等。但该指标体系比较机械,缺乏对自主创新行为的细腻分析与测度。中国企业评价协会(2009、2010)组织开展的"中国企业自主创新 TOP 100 评价"包括 TOP 100 企业自主创新总报告,TOP 100 企业在自主创新自主研发、生产制造、价值实现和组织管理等四个方面的分报告,其中评估了中国企业自主创新业绩,分析存在的问题并提出相应对策。

4. 创新能力的学习机制和发展路径

对创新能力发展与技术转移的研究,在国外主要包含在技术创新经济学及企业技术能力文献中。对于发达国家而言,因其技术发展水平处在领先阶段,其学者更加关注的是技术领先战略下技术创新及其微观行为(Utterback, 1971, 1974, Dosi, et al., 1988, Utterback, 1994, Klepper, 1996,弗里曼和索耶特,1997, Stoneman, 2002, Fagerberg, et al., 2006, Hall and Rosenberg, 2010)。技术追赶国家的学者更加关心技术自立,林武(1986)深刻揭示了日本技术移植到技术自立的全过程。斋藤优(1988)指明了日本今后的技术进步机制应该从技术引进转型为技术开发,其思想是日本 20 世纪 80 年代"技术立国"国策的理论基础。Linsu Kim(1997)以韩国为实证,提出了技术后进国家企业技术能力的三段式模式——获得、消化吸收和改进。Terutomo Ozawa(2005)以演化、制度的视角与"雁行"发展范式,剖析了日本产业升级的路径与未来。Lall(1987)总结了印度一些产业(如水泥、钢铁和纺织等)的创新能力积累路径。Hobday(1995,2000)通过对中国香港、中国台湾地区,以及韩国和新加坡电子工业的研究,提出了发展中国家创新学习的特殊机制:OEM-ODM-OBM。安同良(2004)设计了技术后进国家技术能力发展的五阶段模式——(技术发展)选择、获取、消化吸收、改进和创造——以此扩展、修正了 Linsu Kim 的三阶段模式。

国内研究者还通过以工业企业普查数据、年鉴数据为基础的创新指标,结合实地和问卷调研,比较和研究我国区域自主创新能力和区域自主创新模式(胡斌,2009)。郭志仪、杨琦玮(2010)通过对比的 R&D 经费支出、R&D 投入强度、R&D 人员占在岗职工人数比重、专利拥有数、新产品开发经费、新产品产值率、技术创新投入产出系数、技术引进消化指数为基础指标对比分析了东莞、苏州、温州的制造业创新能力,发现苏州制造业创新模式的效果较好,并比较分析了三地的区域创新模式。

科学技术部专题研究组(2006a)对全国 13 个区域的自主创新展开调研,总结出我国现存加强区域自主创新的几种做法,指出区域自主创新存在的主要问题及制约因素,并提出了区域自主创新的几点启示:(1) 支持多样化的创新形式;(2) 不同类型区域应选择不同的创新方式;(3) 用户主导紧密型产学研合作是实现产学研结合的有效途径；(4) 重视区域服务业与制造业自主创新的不同特点；(5) 建设创新平台的前提是具备相应的区域技术环境。但该研究未能给出合理的企业指标测度体系。

作为我们研究中国企业自主创新的参考，以往的研究提供了以下启示：第一、企业自主创新学习的来源是十分广泛的。不同的行业，不同的企业能力，不同的企业竞争策略，不同的国际贸易环境影响或决定了企业采用的自主创新学习形式可能是不同的；对于中国企业的自主创新学习行为来说，没有最好只有更适用。第二、自主创新技术学习可以帮助企业形成必要的技术能力，而一个技术能力更高的企业可以被认为是有利于自主创新的。但在此，我们要避免"以偏概全"，企业是否自主创新还取决于企业的竞争策略及其所处的政治及经济环境。另外，自主创新还需要企业具有相应的抱负、愿景及相应的企业家精神。第三、自主创新是企业在市场竞争中的策略选择之一，自主创新的动力应当从得到市场竞争优势，博得超额利润中来获取，而且我们对自主创新的理解不应该僵化，企业发展自主创新能力的选择可以是企业技术学习谱系上的任意一点。

5. 产业组织和企业的自主创新战略

Schumpeter 及其追随者提出有关市场结构与创新的假设可以归结为以下两个命题：一是垄断性产业市场结构比竞争性产业市场结构更具创新的激励。二是大厂商比小厂商更具创新动力。在市场集中度因素中，Arrow(1962)则认为竞争性环境会给企业创新研发带来更大的激励。

冯飞(1995)将影响企业自主创新研发活动的因素分为企业规模、竞争压力、技术引进、出口导向、技术专有等方面。魏后凯(2002)探讨了企业规模、产业集中与自主创新能力之间的关系，他研究的重点是中国制造业集中对自主创新的影响。唐要家和唐春晖(2004)的研究也发现中国工业行业自主创新效率与市场集中度呈现负相关关系。闫冰和冯根福(2005)的实证研究发现，中国工业企业研发效率与行业竞争强度成反比。安同良等(2006)以江苏省制造业企业为样本，以统计实证与计量分析等方法观测企业所处行业、企业规模以及企业所有制等三个因素对企业自主创新研发行为模式的影响，得出中国小公司、中型公司、大公司的 R&D 强度趋势存在着明确的倾斜的 V 型结构关系的重要结论，以此修正了 Bound 等、Pavitt 等人的理论观点。

安同良等(2005a,2005b,2006,2009a,2009b)在对长江三角洲地区制造业企业的自主创新研发活动进行大规模问卷深入调查的基础上,从微观行为层次揭示了中国制造业企业自主创新的模式、动力与障碍等真实行为机理。在对江苏制造业企业技术创新的程度的研究中,有78.6%和73.2%的公司回答说他们的生产中有产品创新和工艺创新,这么高的比率前所未闻。这也从微观行为层次揭示了20多年来江苏省乃至中国工业产出高速增长奇迹之谜,调查结果证明近年来江苏省乃至中国工业产出持续高速增长部分源自企业高频率的技术创新。

科学技术部专题研究组(2006b)对钢铁、石油化工等9个产业的自主创新能力现状进行调查研究,评价其创新能力和创新潜力,分析影响其创新能力的主要因素,初步找出制约产业创新能力生成的主要问题,并有针对性地提出政策建议。但该研究对自主创新的探讨缺乏理论体系支撑,分析也比较简洁。中国创新型企业发展报告编委会(2009、2010)提出了中国创新型企业的选择标准。

6. 自主创新国家体系以及鼓励自主创新的公共政策

对技术创新的研究基本上可以分为三个阶段:第一阶段(20世纪50年代初到60年代末)强调创新起源、效应以及创新组织等内容,技术推动假说和需求拉动假说在这一阶段具有较大影响;第二阶段(20世纪70年代初至80年代初)开始扩展技术创新的研究范围,综合运用各种研究理论和研究方法,这一阶段出现了日后具有重大影响的"演化理论";第三阶段(20世纪80年代以来至今)的一个重要特点是研究的综合化趋势,其标志就是创新系统方法的出现。这种起源于20世纪80年代的创新的系统方法将创新看作是一个复杂的系统,从"系统"的角度来解释影响创新的各种因素,以及不同国家或地区、部门或产业的创新为什么会存在差异(王伟光,2003)。弗里曼(Freeman, 1974)提出的国家创新系统主要由企业、科研机构和高等院校组成,它是由与知识创新和技术创新相关的机构和组织,包括公共和私有部门构成的组织和制度网络系统,其活动是为了创造、扩散和使用新的知识和技术,终极目的是推动企业的技术创新。在由宏观经济环境、产品市场环境、要素市场环境和基础通信设施共同组成的系统环境中,创新体系中的四个主要参与群体,即生产部门、科学研究部门、公共机构部门以及生产服务部门,在系统中通过知识创造、传播和使用进行着创新行为。对于不同的系统来说，宏观经济环境、产品市场环境、要素市场环境和基础通信设施的不同是导致其创新效果存在差异的首要原因。自主创新的全过程包括三个环节：上游环节即知识创新环节；中游环节，即创新的知识孵化为新技术的环节；下游环节，即采用新技术的环节。其中，技术创新主要是在中下游环节的创新；知识创新主要是在上游环节即知识创造领域的创新，这是技术创新的源（洪银兴，2010b）。

　　中国的自主创新涉及两个体系。一是国家创新体系，包括基础研究、前沿技术研究、社会公益性技术研究。所有这些研究属于知识创新的范围，在这个体系中，研究型大学理应成为重要主体。二是技术创新体系，即以企业为主体、市场为导向、产学研相结合的技术创新体系（洪银兴，2010）。但国家自主创新与企业自主创新不是相互分立的，实际上两者之间相互影响，相互促进。一方面，实施自主创新战略的国家，将为企业实施自主创新提供舆论导向和政策、环境支持；另一方面，企业是技术创新的主体，企业实施自主创新战略是国家实施自主创新战略的基础，企业具备了自主创新能力将从根本上提高国家自主创新能力，同时坚定国家实施自主创新战略的决心和信心（操龙灿和江英，2006）。

　　自主创新成果具有公共产品的性质，研发活动如果完全交给市场，研发活动的资源投入就会表现不足（Arrow，1962）。政府对产业的支持，尤其是那些带有基础设施特征的要素的支持是由市场失灵所决定的，因而政府要有能力辨别和度量造成市场失灵的障碍。

　　少数学者探讨了政府科技投入的挤出效应，如姚洋、章奇（2001）研究了我国政府的创新研发投资效应。胡卫（2007）全面分析了政府资助企业自主创新研发的政策工具及其效果研究。安同良（2009）建立了一个企业与创新研发补贴政策制定者之间的动态不对称信息博弈模型，刻画出企业获取创新研发补贴的策略性行为及创新研发补贴的激励效应。研究表明当两者之间存在信息不对称，且用于原始创新的专用性人力资本价格过于低廉时，原始创新补贴将产生逆向激励作用。因此，面对企业释放的虚假信号和高昂的甄别成本，政策制定者的最优补贴方案是通过提高原始创新的专用性人力资本价格从而形成分离均衡。

三、结论与展望

即使在自主创新领域已经做出了许多研究成果,但该领域仍存在不少问题需要解决。

1. 对创新的测度是创新实证研究的基础。以往的文献涉及此类测度,但均相对零散且不能系统的衡量一个国家的自主创新能力。中国需要密切关注快速增加的研发投入的效果和效率,特别是公共研发投入。由于研发活动的产出所具有的复杂性质,需要专门开发评估方法来保证学术质量和实际价值。研究的核心问题是如何度量创新业绩(张春霖等,2009)。同时应开展针对国内企业和科研机构的大规模微观调研,充分获得它们自主创新能力的演化机理、知识创造与知识转移的微观行为数据,并建立数据库,这是一项意义重大的基础工作。它将为进一步研究自主创新能力未来升级提供初始条件和判断基础。

2. 知识创造和创新是一个非线性的过程。创新是不同主体和机构间复杂的相互作用的结果。技术变革并不以一个完美的线性方式出现,而是系统内部各要素之间的相互作用和反馈的结果(OECD, 1997)。从实证及其理论指导意义而言,自主创新机制的系统研究是剖析自主创新能力发展内在机理的重要工作,其中包括知识创造与知识转移的机制,知识创新和技术创新的主体及其作用,知识创新和技术创新的联系,自主创新投入的动力和协调机制,我国企业技术能力的发展路径等内容。

3. 自主创新存在知识创新和技术创新两大系统。目前这两个创新系统之间的转化,即孵化新技术阶段存在断层。大学和科研机构进入孵化阶段只是承担延伸研究的功能,其孵化高新技术的市场方向不明,而且缺乏足够的资金支持,显然无力成为主体。孵化高新技术的主体只能由企业担任。过去企业只是把自己作为技术创新主体的地位界定为采用新技术的主体,这种技术创新的主体地位是不完全的。现在要克服知识创新和技术创新之间的断层,必须真正解决企业在孵化新技术阶段的主体地位。知识创新与技术创新两大创新系统的有效衔接的关键是知识创新主体(大学和科研机构)与技术创新主体(企业)的合作。使两者主动合作并有效发挥作用的制度和路径是需要解决的难题。

4. 研究表明,风险投资在鼓励创新中发挥着强有力的作用,尤其是在促进创新的商业化方面更是如此。风险投资通过很多方式发挥其作用:由专家挑选的投资项目,对所投资企业提供专家意见,在企业管理和公司治理方面提供协助,为企业与其潜在客户之间牵线搭桥,为企业提供有效率的长期融资,以及从投入到退出一直进行的全过程的绩效监测(Lerner and Watson, 2007)。而在现实中,创新投资存在风险厌恶,存在短期行为。创新所面对的各种风险(无论是觉察到的还是实际存在的),使得创新融资成为一个特殊的问题。参加世界银行中国中小企业调查的企业把"缺少资金"列为自主创新活动所面临的主要困难之一(张春霖等,2009)。理论和实践的难点就在于在国内环境下寻求克服这种短期行为的机制,使更多的风险投资支持自主创新。

5. 构建由政府引领的战略合作创新系统——国家创新体系,将政府和市场结合起来发挥各自优势。创新技术的方向可以由市场指引,但推动创新的动力机制存在市场失灵,需要公共政策的调节。基于工业化过程中"固有"的壁垒,如学习的外部性:规模报酬递增导致的市场规模的外部性,需要政府的积极引导(罗德里克,2009)。目标是通过以科学的自主创新发展战略、企业技术能力的高度化为手段,构建一揽子完整的基于能力提升的自主创新宏微观政策体系,推动从"中国制造"到"中国创造"这一自主创新的路径升级。设计出的产业政策框架,必须能最大化产业政策对自主创新能力的促进作用,同时最小化它可能产生的浪费以及寻租等各种风险。难点在于给出一个具体的操作思路,但同时又要避免落入给出极其细微的做法以及推荐适合所有制度的千篇一律战略的陷阱中。

参考文献

[1] 安同良.《中国企业的技术选择》.《经济研究》,2003(7).

[2] 安同良.《企业技术能力发展论》,人民出版社,2004.

[3] 安同良等.《中国制造业企业技术创新的障碍与对策》,《经济理论与经济管理》,2005a
(7).

[4] 安同良、王文翌、魏巍.《中国制造业企业的技术创新:模式、动力与障碍》,《当代财经》,

2005b(12).

［5］安同良、施浩、Ludovico Alcort.《中国制造业企业 R&D 行为模式的观测与实证》,《经济研究》,2006(2).

［6］安同良等.《中国制造业企业专利策略的微观决定机制:江苏的经验》,《管理学家》,2009a(1).

［7］安同良等.《创新目标、前景与企业技术创新行为:江苏的实证》,《产业经济研究》,2009b(1).

［8］安同良、周绍东、皮建才.《R&D 补贴对中国企业自主创新的激励效应》,《经济研究》,2009(10).

［9］操龙灿、江英.《企业自主创新体系及模式研究》,《科学学研究》,第 24 卷,2006(2).

［10］陈劲.《从技术引进到自主创新的学习模式》,《科研管理》,1994(2).

［11］陈劲等.《我国企业技术创新国际化的模式及其动态演化》,《科学学研究》,第 21 卷,2003(3).

［12］冯飞.《企业技术创新活动中影响 R&D 行为的几个基本因素》,《中国软科学》,1995(10).

［13］弗里曼、索耶特.《工业创新经济学》,北京大学出版社,1997.

［14］傅家骥.《技术创新学》,清华大学出版社,1998.

［15］高建.《中国企业技术创新分析》,清华大学出版社,1997.

［16］郭志仪、杨琦玮.《制造业区域创新模式与对策研究》,《科技进步与对策》,2010(1).

［17］国家统计局国家经济景气监测中心.《中国企业自主创新能力分析报告》,经济日报,2005(11).

［18］何玮.《我国大中型工业企业研究与开发费用支出对产出的影响》,《经济科学》,2003(3).

［19］洪银兴.《创新型经济转型:经济发展的新阶段》,经济科学出版社,2010.

［20］胡斌.《基于改进 DEA 的我国各省市 R&D 活动效率实证分析》,《工业技术经济》,第 28 卷,2009.

［21］胡卫.《政府资助企业 R&D 的政策工具及其效果研究》,《自然辩证法通讯》,2007(6).

［22］科学技术部专题研究组.《我国区域自主创新调研报告》,科学出版社,2006.

[23] 科学技术部专题研究组.《我国产业自主创新能力调研报告》,科学出版社,2006.

[24] 李习保.《2008 年 42 城市制造业企业跟踪调查结果》,《技术经济》,第 29 卷,2010(2).

[25] 刘小玄.《中国工业企业的所有制结构对效率差异的影响》,《经济研究》,2000(2).

[26] 柳卸林.《企业技术创新管理》,社会科学文献出版社,1997.

[27] 罗德里克.《相同的经济学,不同的政策处方》,中译本,中信出版社,2009.

[28] 吕政、郭克莎、张其仔.《论我国传统工业化道路的经验与教训》,《中国工业经济》,2003
(1).

[29] 迈克尔·波特.《竞争论》,中译本,中信出版社,2003.

[30] OECD.《以知识为基础的经济》,中译本,机械工业出版社,1997.

[31] 斯蒂格利茨.《社会主义向何处去》,中译本,吉林人民出版社,1998.

[32] 唐要家、唐春晖.《竞争、所有权与中国工业行业技术创新效率》,《上海经济研究》,2004
(6).

[33] 王伟光.《中国工业行业技术创新实证研究》,中国社会科学出版社,2003.

[34] 魏后凯.《企业规模,产业集中与技术创新能力》,《经济管理》,2002(4).

[35] 温瑞珺.《企业自主创新能力评价研究》,《集团经济研究》,2005(9).

[36] 吴贵生、刘建新.《对自主创新的理解》,《创新与创业管理第 2 辑》,清华大学出版
社,2006.

[37] 吴贵生、张洪石、梁玺.《自主创新辨》,《技术经济》,第 29 卷,2010(9).

[38] 闫冰、冯根福.《基于随机前沿生产函数的中国工业 R&D 效率分析》,《当代经济科
学》,第 27 卷,2005(6).

[39] 杨德林、陈春宝.《模仿创新、自主创新与高技术企业成长》,《中国软科学》,1997(8).

[40] 姚洋、章奇.《中国工业企业技术效率分析》,《经济研究》,2001(10).

[41] 张春霖、曾志华、威廉·马科等.《中国:促进以企业为主体的创新》,中信出版社,2009.

[42] 张海洋.《R&D 两面性、外资活动与中国工业生产率增长》,《经济研究》,2005(5).

[43] 中国创新型企业发展报告编委会.《中国创新型企业发展报告 2009》,经济管理出版
社,2009.

[44] 中国企业家调查系统.《企业创新:现状、问题及对策》,《管理世界》,2001(4).

[45] 中国企业评价协会.《中国企业自主创新评价报告.2009》,中国经济出版社,2009.

［46］中国企业评价协会.《中国企业自主创新评价报告.2010》,中国经济出版社,2010.

［47］周寄中.《关于自主创新与知识产权之间的联动》,《管理评论》,2005(11).

［48］Arrow, K. J. "The Economic Implications of Learning by Doing", *Reviews of Economic Studies*, Vol. 29. , 1962: 155 – 173.

［49］Dosi, G. , Freeman, C. , Nelson, R. , et al. Technical Change and Economic Theory, Sant' Anna School of Advanced Studies, Vol. , 1988.

［50］Fagerberg, J. , Mowery, D. C. , Nelson, R. R. The Oxford handbook of innovation, Oxford University Press, 2006.

［51］Freeman, C. The Economics of Industrial Innovation, 1st edn, Penguin, 1974.

［52］Hall, B. H. , Rosenberg, N. Handbook of the Economics of Innovation, Vol. , Elsevier, 2010.

［53］Kleinknecht, A. H. , Mohnen, P. A. Innovation and firm performance: econometric explorations of survey data, Palgrave, 2002.

［54］Klepper, S. "Entry, Exit, Growth, and Innovation over the Product Life Cycle", *The American Economic Review*, Vol. 86. Mar. , 1996: 562 – 583.

［55］Lerner, J. , Watson, B. The Public Venture Capital Challenge: The Australian Case, Harvard Business School and Georgica Associates, 2007.

［56］Mowery, D. C. , Nelson, R. C. Sources of Industrial Leadership: Studies of Seven Industries, Cambridge University Press, 1999.

［57］Schmalensee, R. , Willig, R. Handbook of Industrial Organization, Vol. , Elsevier, 1989.

［58］Stoneman, P. Handbook of the economics of innovation and technological change, Vol. , OXFORD, 1995.

［59］Stoneman, P. The Economics of Technological Diffusion, Wiley-Blackwell, 2002.

［60］Utterback, J. M. Mastering the Dynamics of Innovation: How Companies Can Seize Opportunities in the Face of Technological Change, Harvard Business School Press, 1994.

［61］Utterback, J. M. "Innovation in Industry and the Diffusion of Technology", *Science*,

Vol. 183. , 1974：620 - 626.

［62］ Utterback，J. M. "The Process of Technological Innovation within the Firm"，*The Academy of Management Journal*，Vol. 14. Jan. , 1971：75 - 88.

（原文载于：安同良、王文翌、王磊.《产学研协同创新研究》,《学海》,2012 年第 2 期）

第二篇

**现代企业理论与
中国企业的创新策略**

第五章　后现代企业理论的兴起

——对企业的新古典、契约与能力理论范式的超越

完整的企业理论,必须能从企业发展史及启示未来的角度,提供令人信服的、与企业发展实际相符的答案。在当今占据企业理论主导地位的三种理论中,无论是新古典经济学还是企业的契约理论以及企业能力理论,都没有提供一个历史的、逻辑一致而又具有广泛解释性的答案。斯蒂格利茨(2000)深刻地指出关于企业的动态行为机制和能力形成的理论研究进展依然不大。然而可喜的现象是,契约理论与企业能力理论已经出现相互融合、取长补短的新趋势,这就表明了企业理论出现了新的综合趋势。同时,在后现代企业时代,能够透彻把握企业发展现实的企业理论的创新与拓展显得尤为必要。本章在厘清、评判上述三种理论思路的基础上,取三者之长、补三者之短,尝试提出新的综合的理论范式——后现代企业理论。

一、新古典经济学的企业理论：生产功能的黑箱体系

新古典经济学没有给企业下一个定义,它仅仅将企业视为追求利润最大化的生产单位,即把投入转为产出的组织(Demsetz, 1997)。这从技术的角度来看待企业,是企业平均行为的抽象。

对照完整的企业理论[①],新古典理论主要存在三方面的不足:(1) 没有严格界定企业的边界;(2) 忽视了企业内部组织与激励问题等;(3) 没有探究企业竞争优势的源泉。但就"企业只不过是一个专业化的生产单位而已"而言,这一对企业本质的看法应该不错,只是由于这一看法隐含在价格制度背后而不被人们所重视,或者说对价

---

① 一般而言,完整的企业理论至少应该包括四个方面(Foss, 2000):(1) 企业的本质或企业为什么存在;(2) 企业的边界;(3) 企业的内部组织;(4) 企业的竞争优势。

格制度的过分关注使人们忽略了被概念化了的企业的这一生产性本质。于是企业仅仅是一种文字表述的方便,只是被描述成为其他人专业化生产的单位。这种企业所需要的一切就是对相关价格做出反应的投入品拥有完全信息。

认识到专业化生产是企业的显著特征就很容易说明,新古典理论要求企业所有者具有利润最大化行为的原因。由于企业仅仅是为了向其他人销售而生产,并不是为内部工作中的消费而生产,所以,企业所有者通过使企业利润最大化,然后在自己家庭内储蓄或消费这种利润来实现自己的效用最大化。对新古典企业利润最大化假设的批评,其错误在于这种批评认为它假定对于现实企业的所有者来说只有利润最重要。毫无疑问,利润是这些所有者的重要考虑,但是,利润最大化假设是广为接受的效用最大化在生产完全专业化地为销售给其他人而生产的制度中的必然结果。新古典理论并没有给企业下一个定义。而且,它也没有认识到,企业所有者的利润化行为并不是由于他们的心理,而是由于一种没有说出来前提,即他们所拥有的企业只是为外部人的消费而生产的。进一步而言,利润最大化假设存在合理性,它不一定有根本缺陷,也从未受到严格挑战。因此,关于企业的本质特征,我们有必要重新回归新古典经济学的观点,但不是简单地回归,而是进化性回归。

二、契约学派的企业理论：治理体系

契约学派的企业理论由科斯开创。在这个理论框架中,企业被理解为一系列契约的集合,因为它们都是建立在经济均衡、交易成本、产权等基准概念上,并且以产权方法为统一分析工具,因此,这一学派被称为治理学派。

1. 企业的性质

科斯认为,交易费用存在的条件下,企业是价格机制的替代物,是一系列的短期契约被一个长期契约所替代,在企业内由权威企业家(行政管理、命令)进行协调。科斯暗示性指出企业就是长期契约的集合,而价格机制其实是交易标准商品的短期契约发挥作用的形式。张五常则认为,企业与市场并没有本质上的差别,只是契约安排的两种不同形式而已,企业并不是用非市场方式("权威")代替市场方式(价格机制)来组织分工,而是用要素市场代替产品市场。威廉姆森将科斯等人的企业理论更加规范化、拓展化。他认为,企业是连续生产过程中不完全合同导致的纵向一体化,企业存在是因为当合同不完全时,纵向一体化能减少或至少减少资产专用性所产生的机会主义。在其后的思想发展中,威廉姆森将交易成本经济学对企业的描述规范表述为"一种治理结构(一种组织构造)",而企业和市场都是备选的治理模式。

2. 企业的目标

在正的交易成本的情况下,生产是通过市场分工进行,还是在企业内部进行,取决于两种合约安排的交易成本大小。科斯在企业家的判断性知识和能力也可以出售的假设下,暗含地认为两种合约安排中生产成本是一样的。因此,企业的目标就变成了如何节约交易成本。然而,由于交易成本是很难度量的,实际上"只要能够指出这些交易成本是在不同的可见环境下怎样变化的,就可以避免度量问题,而且从边际变化看,它们的不同类型也是可分的"[1]。所以企业的目标是合约当事人通过对各种不同合约安排的交易成本高低进行比较来达到的。

3. 企业的边界

科斯认为,在市场交易成本既定的情况下,企业家的管理协调能力决定了企业边界。由于企业家功能的收益边际递减,"企业将倾向于扩张直到在企业内部组织一笔额外交易的成本等于通过在公开市场上完成同一笔交易的成本或在另一个企业中组织同样交易的成本为止"[2]。随着管理技术革新,信息技术进步等变量的变化,企业边界进一步扩张。威廉姆森进一步认为,企业边界扩张是对交易环境变化的适应性反应,表现为企业组织交易规模的扩大和企业内部组织结构的适应性调整。

交易成本经济学将交易成本作为与生产成本相对应的概念,使交易成本广义化,并且对交易成本进行比较静态分析。这种观点引起了德姆塞茨以及一些企业能力理论者的批评。这些批评可以概括为以下几个方面。

(1) 科斯虽然认为市场交易和企业管理与控制所需的信息是不完全的,获得这些信息是有成本的,但是科斯却同时暗含着另外一个完全信息假定,即可以免费地获得生产所需的所有信息知识。也就是说,一个企业能生产的,另一个企业也能同样地

① 《新帕尔格雷夫经济学大辞典》第二卷,经济科学出版社,1982年版,第59页。
② 科斯,1937,《生产的制度结构》,中译本,上海三联书店,1994年第1版,第10页。

生产,某种产品是通过企业生产还是通过市场购买都与生产成本无关,从而忽视了企业之间在生产成本上的差异。德姆塞茨(1988)认为,企业是专业化知识和使用这些知识的专业化投入的载体。与信息不同的是,知识可以通过学习和专业化生产并获得专业化的收益,从而具有默示和难以交流的特征。因此,在比较两种企业合约安排时,还应考虑到由专业化知识形成和使用方面的不同导致的两者在生产成本上的差异。交易成本只决定企业是怎样实现的,而不是企业是否存在。

(2) 契约学派只在风险范畴中界定交易成本概念,没有区分风险和不确定性,忽视了企业成员(尤其是企业家)在不确定环境中的学习行为及其有限的理性,从而只把企业演进理解为比较静态的变化,没有解释企业在不断变化的环境中演进的动态过程。

(3) 企业能力理论认为,如果要完整地理解有限理性,就要考虑经济当事人在交易过程中的认知活动。由于认知能力有限,经济当事人的认知活动不仅是风险范畴中的贝叶斯学习,而且更主要是在不确定条件下默示知识的形成。在交易过程中,经济当事人通过习得默示知识表现出判断性和创新性行为,具有战略性与策略性特征,这意味着认知活动是破坏均衡的潜在力量,与最大化理性行为相冲突。契约学派只是隐含地对待有限理性与学习行为,没有进一步精致而繁杂的学习理论,企业的涌现、变化及产权体系都难以解释(Denzau, North, 1994)。

(4) 企业能力理论认为契约学派在使用机会主义概念时有些生硬,并未准确定义它。许多契约学派的学者反而集中于不依赖"机会主义"概念的成本,如考核成本、信息交流成本、搜寻成本、信息的存储、修复与加工成本。企业能力理论则认为,这些成本只是企业间的专业化与企业内隐含知识的努力而导致了信息交流成本(Langlois, Robertson, 1995)。

三、能力学派的企业理论：能力体系

企业能力理论秉承亚当·斯密生产分工理论,突出研究企业的能力分工。企业能力分析在很大程度上是一项推陈出新的研究工作,企业知识基础论早期出现在阿尔弗雷德·马歇尔的著作中,后来在潘罗斯(1959)的《企业成长论》中得到深入发展和全面阐述。潘罗斯的研究极大地鼓舞了企业资源基础论的研究者们和企业成长理

论家们。我们将这些略有差异的相关论著观点统称为"企业能力理论"。

1. 企业的性质:能力体系

企业能力理论把获取正利润或赢利可能性作为企业在不确定的环境中产生或"生存"下来的前提条件。这决定了企业的首要问题是"生产什么"和"怎样生产"的决策和组织问题。企业能力理论首先把企业看作具有生产功能的单位。与新古典经济学不同的是,它进一步从解决实际经济问题过程的角度,把企业作为一个行为实体来对待,认为企业在本质上永远是一个能力体系。而能力是企业以能够胜任工作或任务的表现为行为流程或潜在特点的智力资本(资源)。透过"企业能力",我们发现企业有一种特殊的智力资本,这一资本确保其拥有者——企业,从事生产经营活动,尤其是促使企业以自己特定的方式更有效地处理生产经营活动中的各种现实难题。由于具有类似于管理技能的特征,企业能力有其特殊的、可为人们认同的、呈现非对称分布的组成成分。企业的特殊能力可能分别属于企业内不同的个人,但是,存在于企业和企业战略管理中的特殊能力更突出地表现为一个组织所拥有的资产,而不是某个人的私人资产。这是企业能力理论最重要的基本立足点。因此企业能力理论坚持一贯的以"能力"为核心的企业概念认识。

2. 企业的目标:获取竞争优势

企业能力理论认为,交易成本经济学只看到企业从交易过程中产生的赢利可能性,忽视了企业从生产过程中产生的赢利可能性以及和前者的相关性。德切克明确地指出,在一个交易成本相对较低的新的企业合约安排中,事前要素投入者的逆向选择问题的减轻意味着降低了形成组织资本的成本。事后道德风险问题的减轻意味着降低了管理成本,从而降低了生产成本(Dietrick,1994)。因此,从生产过程看,企业合约安排的改变实际上是企业能力团队配置的改变,企业能力团队配置的变化又形成了与新的市场环境相适应的核心能力,从而决定了企业在与其他企业竞争中获得赢利可能性,并通过一系列战略行动来实现,以取得在市场中的竞争优势。也就是说,企业能否存在不能仅从交易成本相对大小来判断,还要根据企业核心能力所产生的收益与产生核心能力的成本(包括交易成本)的比较来判断。因此,企业的目标也就从节约交易成本变成了改善企业内部的能力配置,形成异质性核心能力,在市场竞争中取得竞争优势及其导致的租金最大化。

3. 企业边界：知识增长的路径依赖

在企业边界的决定过程中，路径依赖与隐含知识至关重要。其逻辑起点是生产性组织的创造力是一个学习使用与整合生产资源的时间耗费过程，这就导致了惯例（能力的速记）与能力的产生。当然，能力是一个演变的过程。但是知识的发展由强烈的学习领域的惯性力量所牵引，这就引申出知识的边界决定了企业多样化经营的效率，也就是说，知识增长的路径依赖过程限定了企业边界的生长。一般来说，企业会避免承担需要不同能力的活动，相反，这些异质能力的服务流反而通过市场购买或者通过企业间的分工而实现，并且依赖于互补性活动的深度(Richardson, 1972)。总之，在企业能力理论中，企业的边界由知识的地位来决定，尤其是，当知识资源难于交易并且特质化时，它便在企业边界内缔造并治理。同时，企业一般避免整合一种与它们已经控制的知识资源大大相异的知识资产。尤为重要的是，这与起源于机会主义的激励冲突的重要性毫不相关。

尽管在近年来，有关企业能力理论的研究涌现出相当多的著述，但客观公正地讲，这一理论还不成体系，处于一种支离破碎的状态。而且，和企业契约理论相比，企业能力理论更多的是内涵界定并不十分清楚的概念和判断，且缺乏微观基础(Foss, 2000)。威廉姆森(1999)曾严厉地指责企业能力理论学者关于企业核心能力的定义基本上是同义反复式地循环论证。

四、后现代企业理论：一种新的综合的理论范式

前述三种企业理论各自关注企业的不同侧面，其理论重点决定了各自的优势与缺陷。时至今日，一种新的综合态势正在涌现。威廉姆森(2000)在捍卫企业契约理论的同时，认为二者既是对手又是互补者，而后者更甚于前者，当然二者是不同的流派。但对于理解复杂经济现象以及构建企业组织科学而言，它们都是必需的。而福斯等人指出，许多企业能力理论的解释性概念可以直译为企业契约理论的形式(K. Foss, N. Foss, 2000)；为此，他们发现二种理论有许多交叠之处，虽然理论构架是不同的，但是彼此取长补短以及保持对话将是大势所趋。这意味着，一种综合的企业理论正在涌现，而这种企业理论必定是符合历史实际、又具有理论预测功能的统一范

式。我们把它命名为后现代企业理论,因为人们习惯将企业的契约理论称之为现代企业理论。该范式的理论要点如下:

1. 企业作为一种与国家、市场、家庭并列的制度形式,其制度选择过程是一个历史的、耗时的演进过程。演进不是一个理论,而是一个宇宙的、物理的、生物的、人类的自然现象。为此,企业的演进经历了从古典企业(指业主制企业与合伙制企业)到现代企业(现代公司制企业)进而到新兴企业——后现代企业(现代公司制企业的进一步演化,如网络型企业、虚拟企业、联盟企业等)的历史过程。东方赢(2001)将后现代企业定义为"一个由核心企业实行战略领导、众多独立企业(卫星企业)参与组成的战略性经营集团"。我们认为,他的定义虽不完善,但部分指明了后现代企业的内涵,实际上,从历史角度看,后现代企业现在还很难精确界定。然而后现代企业时代已然来临,而对企业的定义必须涵盖这一历史进程。从历史的进化角度,我们认为从三种企业理论的融合趋势看,企业是以利润为导向,以生产、销售产品为手段,满足日益增长需要的自我演化的经济组织。

2. 企业的本质功能是生产功能。从社会演化的角度来看,分工是企业产生的必要条件,社会分工造就了企业的最初形态——手工工场的始作俑者——商人,而手工工场本身也是一种分工的组织形式,但是企业的生产是为其他人进行专业化生产。

3. 企业在生产过程中,在协调成本与收益的权衡后,才涉及组织与参与者之间的具体契约(西蒙,2000),即企业的生产功能引致了契约的安排。而且,随着后现代企业的兴起,企业的治理体系也逐渐复杂。

4. 企业是在管理协调下人力资源与其他非人力资源的集合体,其增长与发展是基于知识集聚的进化过程。这一过程表明企业在本质上是以专业化生产为导向的一系列高度专有的具有再生能力的知识聚合体。而从经济当事人角度,企业是由异质性能力的当事人所组成的能力团队。在这一团队中,企业当事人能力在企业生产与发展过程中的作用是非均质的,企业家的战略作用与管理协调作用至关重要。

5. 在快速变革的知识经济条件下,企业行为与战略的"动态能力"是企业竞争优势的源泉。如果一个企业想要发展与众不同的能力,需要明确决定企业竞争力的因素,这种因素对企业而言主要有两个方面:(1) 如何使现有资产进入新的或(和)相关的商业活动。(2) 如何学习,如何组织和重新组织资产以建立新的业务和进入新的市场。Teece(2000)已经论证了企业的竞争能力(从而竞争优势)基本上取决于程序、环境和路径。然而,只有当它基于难以模仿的惯例、技巧和附加的资产时,竞争能力才提供竞争优势,产生超额利润。

　　以上五点,是理解企业全貌与未来的关键,它们构成一个统一的新的综合企业理论——后现代企业理论,它以企业能力理论为基础,取三种企业理论之长、补其短,以历史、演化的穿透力整合出新的动态构架,如图5.1所示。

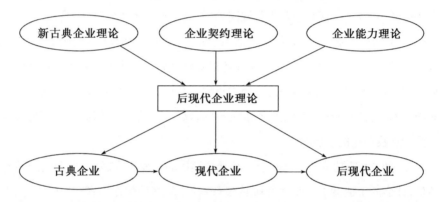

图5.1　后现代企业理论的兴起:对企业的新古典、契约与能力理论范式的超越

五、后现代企业理论对我国国有企业改革与发展的启示

　　在我国国有企业改革的过程中,往往存在着理论指导的隐含脉络,同时进一步的改革进程更需要完善的企业理论的前瞻指导,而后现代企业理论更能满足这一要求。

　　1. 我国国有企业改革的进程基本上沿着扩大自主权→股份制(建立现代企业制度)→国有经济的战略性改组这一思路演进,指导国有企业改革的理论基本上对应为企业的新古典理论→企业的契约理论,即从利益主体的培育到企业(产权)制度的优化,进而形成规范的法人治理结构。但是,国有企业改革的终极目的是什么,企业产权制度构造之后追求什么? 那就是国有企业的新主体能够获取竞争优势,并具有不断资源整合与生产优异产品的动态能力。为此,必须以动态竞争优势的取得来统领国企改革的未来。

　　2. 国有企业在社会分工体系中必须以企业的本质功能——生产功能为己任,治理机制仍然是企业作为分工存在的制度手段。因此，一股就灵、一改制就灵的治理观点就显得较为近视。国有企业向现代企业制度的转制仅仅是企业发展万里长征的第一步，企业的可持续发展及企业不败才是企业永久生存之道。

3. 从一些国有企业快速成长到今日衰败的路径中(如江苏燕舞集团)，我们发现其衰败的原因具有普遍意义，即现代企业的建立与持续发展是制度设立与企业运作一般规律相互耦合的结果。正如企业发展史所表明的，现代企业的出现需要对产权制度、生产、经销和管理方面进行投资，以此为基础建立起专业化管理的现代公司制度。凡是对此任何一方面投资的失败，都会导致企业成长的整体失败(安同良等，2000)。企业的失败也反证了后现代企业理论对企业演化解释的透彻性。

4. 优化企业家发挥战略作用与管理协调作用的生存环境，以科学的报酬制度、治理机制承认企业家在企业发展的能动、创新作用。

5. 在国有企业知识集聚与能力获得的演进过程中，企业及其成员必须不断学习，不断优化其运作程序并不断惯例化，动态适应 WTO 框架下的新的生存环境，任何满足现状、不思进取的做法都会引致落后与失败。

参考文献

[1] Arthur, Denzau, and Douglass C. North. Shared mental models: ideologies and institutions. Kyklos 47: 3-33, 1994.

[2] Demsetz, Harold 1997 年.《企业经济学》，中译本，梁小民译，中国社会科学出版社，1999.

[3] Demsetz, Holand. Ownership, control and the firm, Oxford: Basi Blackwell, 1988.

[4] Dietrick, M. Transaction cost Economics and Beyond, London: Routledge, 1994.

[5] Foss, N. Competence, Governance, and Entrepreneurship: Advance in Economic Strategy Research. Oxford University Press, 2000.

[6] Langlois, R. and Roberton, P. Firms, Markets, and Economic Change, London: Routledge, 1995.

[7] Loasby, B. J. The Organization of Capabilities, Journal of Economic Behavior and

Organization，35：1998，139 - 160.

［8］Penrose，E. T. The Growth of the Firm. Oxford University Press，1959.

［9］Stiglitz，Joseph E. The Contributions of the Economics of Twentieth Century Economics，Quarterly Journal of Economics，November，2000.

［10］Teece，David J. Firm Capabilities and Economic Development：Implications for Newly Industrializing Economies. ，2000. 中译本，《经济社会体制比较》，安同良等译，2001（5）.

［11］安同良、马吉良.《燕舞翩跹　难耐天高》，《企业管理》，2000(2).

［12］东方赢.《后现代企业时代》，国研网，2001 年 11 月 29 日。

［13］赫伯特·西蒙.《今日世界中的公共管理：组织与市场》，《经济社会体制比较》，2001（5）.

［14］黄泰岩、郑江淮.《企业家行为的制度分析》，《中国工业经济》，1998(4).

［15］郑江淮.《企业理论的能力观点和交易成本观点的比较与"综合"》，《经济与管理》第　　期，1998.

（原文载于：安同良、郑江淮.《后现代企业理论的兴起》，《经济理论与经济管理》，2002 年第 3 期）

第六章　中国企业的技术选择

内容提要:本章以"企业技术能力"研究范式为基础,运用技术学习战略决定的数理模型,从理论角度剖析了现实企业选择技术学习战略的动因。并以案例为实证,探究了中国企业技术选择的行为机理,提出了相关对策。

关键词:企业技术能力;技术学习;技术选择

一、导言

发展中国家与地区企业技术能力发展路径与发达国家不同,这些技术后进国家企业技术发展多起源于选择、获取、消化吸收和改进国外技术。因此,技术后进国家企业是在了解、依赖发达国家技术发展轨迹和国外技术供应全球战略的技术环境下,寻求其技术能力的获得。在现有的企业技术能力文献中(Ruby Gonsen, 1998; Lall, 2001; Jin W. Cyhn, 2002 等),往往对企业技术能力发展的前端——技术选择分析不足,只有个别学者如林武(1986)、斋藤优(1988)、Linsu Kim(1997)作了一些较初步研究,但这些分析不够细致,未能规律化。我国学者(高建,1997;谢伟,2001;魏江,2002 等)在这方面的研究与他们大体相同。从实证及其理论指导意义而言,技术选择是剖析企业技术能力发展内在机理的首要工作,而如今,它依然是个黑箱。不仅如此,技术学习行为这一复杂系统存在着"初始条件的敏感依赖性",因此,对中国企业技术选择的研究能够指导企业做出明智的技术能力发展决策,从而避免企业被锁定在技术能力发展的低级化道路上,其研究意义十分重大。

我们以企业技术能力研究范式为基础,运用技术学习战略决定的数理模型,以案例为实证,来探究中国企业技术选择的行为,并提出相关对策。本章中的中国企业特指中国大陆境内的企业法人(外商独资企业与外资控股的企业除外),重点指国有及国有控股企业、集体企业、股份制企业及个体企业。

二、企业技术选择的理论框架

自 20 世纪 80 年代以来,企业技术能力研究作为一种技术后进国家技术追赶过程中新的分析范式和企业能力理论的核心基础受到世界众多学者的关注。"企业技术能力"是企业在持续的技术变革过程中,选择、获取、消化吸收、改进和创造技术并使之与其他资源相整合,从而生产产品和服务的累积性学识(安同良,2002)。企业技术能力从本质上讲是企业组织以技术发展为导向的具有行动指向的知识资源,而知识本身可以按照潜在的可观察的行为来定义。知识往往表现为凝聚在个人、群体或物品中的以信息为基础的能力或物化的能力。单独而言,能力只是个人或企业的能够胜任工作或任务的行为流程或潜在特点。从时间角度来看,企业技术能力是一个具有路径依赖的演化过程。它的发展并不是自动的过程,而是企业应对环境变化、主动进行技术学习的结果。在此,我将技术学习定义为"企业创造、改进、提升以资源为基础的显现与内隐的技术能力的过程"。从演化的角度,技术能力的发展是企业决策规则变化而导致的行为变迁(Nelson and Winter,1982)。为此,成功的技术能力发展需要对技术学习进行精心的管理(Carayannis,2001)。根据技术学习的知识本体与行为主义模式,我设计了技术后进国家企业技术能力发展的五段式模式——(技术)选择、获取、消化吸收、改进和创造。其中,企业技术能力的发展可以归纳为初始发展与高度化发展两大发展阶段。在企业技术能力发展这一完整序列的前端,即技术选择与获取是每一企业技术发展必走的路径,可称之为技术能力发展的初始阶段。而企业技术能力的高度化发展阶段则是指企业在技术能力发展的过程中由消化吸收逐渐向技术创造阶段的演化。

从行为的角度,技术后进国家的企业首先在技术学习伊始做出技术选择,即技术学习战略的决定与执行。当然,我们不排除有些后进国家的企业在技术获取前没有深思熟虑,但这并不能证明它没有做出选择,恰恰它是技术选择的一种盲目形式。

技术学习战略是指以技术努力为基础的技术学习的规划。我借鉴 Chris Freeman 等(1997)与高建(1997)对创新战略的研究,根据产业技术进化的类型、企业技术学习的过程,将企业技术学习战略分为:领先战略与追随战略两大战略,在追随战略中又细分为拿来主义战略、复制性模仿战略、创新性模仿战略(改进战略)。领先战略是以创造新技术为目的并在世界范围内保持领先地位。只有以世界性领先为目标,才能清醒意识到技术后进国家企业技术能力的差距。追随战略指企业追随世界性前沿或主导性技术,大多数技术后进国家的企业技术学习基本上采取的是追随战略,不过追随的技术重点不同。拿来主义战略指企业对获取技术的简单使用,它一般对应可以直接使用的简单技术;复制性模仿战略则是指在对获取的技术消化吸收基础上,以逆向工程等方式简单复制;创新性模仿战略是指在深度研发的基础上,致力于生产具有新功能的仿制品,并有可能在产品与工艺创新方面有所改进。图 6.1 描述了技术选择的方式与内容。

　　韩国企业技术学习战略基本上是从复制性模仿到创新性模仿(Linsu Kim,1997),而日本企业基本上是从技术追随(移植)到技术领先的战略实现过程。值得注意的是,技术后进国家的企业要想实行技术领先战略,往往需要低一层次的技术能力做支持(Lall, 2001)。

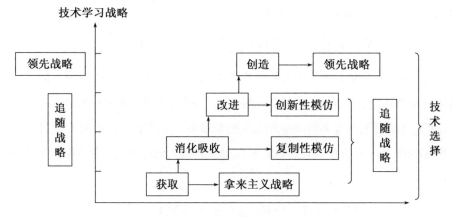

图 6.1　技术选择:技术学习过程与技术学习战略

三、企业技术学习战略决定的模型分析

　　技术后进国家企业技术学习战略的决定依赖于技术学习成本与收益的权衡。这种权衡随着企业主体复杂适应性的进化而有所差别。我们设计一个企业技术学习的战略决定模型,此模型是斋藤优(1988)技术开发模型的借鉴、修正、扩展与普适化。

假设某一企业生产与技术的关系可以表示成以下的函数关系：

$$Y = T \cdot F(L) \qquad 生产函数 \qquad (1)$$

$$\Delta T = G(P) \qquad 技术进步函数 \qquad (2)$$

$$P = H(E) \qquad 技术发展函数 \qquad (3)$$

$$L = E + S \qquad 生产要素 \qquad (4)$$

其中，Y:产值；T:整体平均技术水平；L:生产要素；ΔT:技术发展引起的 T 的增量；P:发展的新技术；E:构成技术发展资源的要素(人才、资金、设备、信息)；S:除 E 以外的生产要素；F、G、H:分别代表相应的函数关系。

我们用 $*$ 表示未来目标，比如 ΔT^* 表示如果实施相应的技术发展，可以将整体平均技术水平 T 提高 ΔT^*。在未来的技术进步 ΔT^* 和技术发展 P^* 中都伴有风险，因此设对应于 ΔT^* 和 P^* 分别存在着成功率或风险率 γ_1 和 γ_2，包括 γ_1 和 γ_2 的整体成功率或风险为 γ。进行技术发展的前提是技术发展收益大于技术发展成本，设技术发展收益为 X，技术发展成本为 C，技术发展期间为 m，发展的技术可利用期间为 n，则技术发展利益的贴现值 X 为：

$$X = \gamma \sum_{i=m+1}^{m+n} \Delta T^* \cdot F(L) \frac{1}{(1+r)^i} = \gamma y \sum_{i=m+1}^{m+n} Y \frac{1}{(1+r)^i} \qquad (5)$$

技术发展利益依赖于技术发展的成功率 γ，技术发展成功后的获利期间是在发展期间 m 终止之后的 $m+1$ 至 $m+n$ 期间。$y = \Delta T^* / T$ 是预期的技术进步率，r 是为了计算技术发展利益 X 的贴现值所设定的贴现率。生产要素 L 中的 E 是投入到研究开发中的，为了分析技术发展的成本 C，这里将投入到常规生产业务中的 E 看作成本：

$$C = \sum_{i=1}^{m} T \cdot F(E) \frac{1}{(1+r)^i} = \alpha \sum_{i=1}^{m} Y \frac{1}{(1+r)^i} \qquad (6)$$

式中 $\alpha = T \cdot F(E)/T \cdot F(L)$ 是技术发展投资占总产值的比例，是技术发展成本率或技术开发投资率。并且 α 满足以下条件：

$$\alpha \leqslant \left(\frac{E}{L} 或 \frac{Y - \bar{Y}}{Y} \right)$$

也就是说，技术发展资源 E 的量是有限的，难以迅速增加。另外，无论有多大的预期利益,都要谨防失败,准备承担风险,维持正常的事业和生活所必需的生产。α 也要受正常生产的产值Y的制约。

利用等比级数的求和公式,可以从初值计算出无技术发展时的产值为:$\sum_{i=1}^{m+n} Y \frac{1}{(1+r)^i}$,则技术发展的纯利润($X-C$)所占的比例,即技术发展的纯利润率 x 为:

$$x = (X-C)/\sum_{i=1}^{m+n} Y \frac{1}{(1+r)^i} = \gamma y - (\gamma y + \alpha)A \tag{7}$$

$$A = \left[1 - \frac{1}{(1+r)^m}\right] \Big/ \left[1 - \frac{1}{(1+r)^{m+n}}\right]$$

从(7)式可以看出,为了提高 x 的值,必须尽量提高 γ、y,并尽量降低 α、A。

为了进行技术发展,企业技术发展的纯利润率必须为正数,即 $x>0$,为此必须满足以下条件:

$$y > \frac{\alpha}{\gamma} \cdot \frac{A}{1-A} \tag{8}$$

通过以上分析,我们可以得出结论:① 技术进步率 y 和技术发展成功率 $\gamma(0<\gamma<1)$越大,并且技术发展成本率 α 和 A 越小,技术发展利润率 x 就越大;② 为了提高技术发展利润率 x,应该减小 A,即选择开发周期 m 短、利用周期 n 长的项目。

在发展中国家,我们曾将技术学习战略分为领先战略与追随战略两大类,我们按照技术发展成功率与技术开发成本率等指标将其细分为四类,与技术学习战略相对应。其中,我们将技术发展利益区分为短期利润与长期利润,以此扩展斋藤优模型,见表6.1。观察表6.1,可以得出以下**命题**:*若以短期利润最大化为目标,作为有限理性的技术后进国家的企业,自然选择拿来主义战略,因其技术发展成功率最高,而技术发展成本率仅为技术引进费一项,其成本率最小。但从长期利润最大化而言,必选择领先战略,其次才选择创新性模仿战略、复制性模仿战略。若长、短期利润相结合,复制性模仿与创新性模仿战略为较好选择。*

命题的结论在理论层次上业已证明技术后进国家企业技术学习战略的选择类型,其关键在于企业长、短期利润的权衡与企业技术发展的抱负,这二者决定了企业的技术学习路径。进一步而言,企业经营者的雄心壮志及长期发展取向才是技术发展路径选择的关键变量之一。Winter(2000)提出了关于能力学习的概念模型，认为抱负水平是中心变量，并且决定对学习的投资。Winter 的研究也从理论上支撑了笔者的技术学习战略选择的决定机制。

表 6.1　企业技术学习战略的收益、成本、利润比较

技术学习战略		技术发展成功率(γ)	技术发展成本率(α)	短期利润	长期利润
领先战略		＋	＋＋＋＋＋	＋	＋＋＋＋＋
追随战略	创新性模仿战略	＋＋＋		＋＋＋	＋＋＋＋
	复制性模仿战略	＋＋＋＋	＋＋＋	＋＋＋＋	＋＋＋
	拿来主义战略	＋＋＋＋＋	＋	＋＋＋＋＋	＋

说明："＋"表示程度，"＋"号越多，表明程度越高或越大；越少，表明程度越低或越小，甚至不确定。

四、中国企业技术选择的实证分析

技术选择是技术选择主体企业的努力行为，它一般遵从复杂适应性主体行为模型 $B=f(PE)$ 的一般模式（Kurt Lewin, 1936）。其中，我们用 B 表示企业的行为，用 E 表示包括企业个体的整体环境，而企业个体为 P。那么，企业的行为既取决于个体的状态，同时也取决于环境。总体而言，企业这一复杂适应性主体是以生产功能为导向、以寻求利润为目标，不断聚集、标识，以流为载体，以非线性为手段，以积木构建内部模型，从而呈现内外部多样性，并且以企业的战略、结构及核心能力为演化重点的自适应性经济组织（Holland, 1995），它遵循着复杂适应系统的一般特征。我们将 B_c 记为技术选择的行为，P_d 记为企业主体复杂性发育的程度，E_f 记为技术环境变迁，S_t 记为市场结构，I_u 记为企业的技术发展资源及投入，ε 记为其他变量，则 $B_c=f(P_d, E_f, S_t, I_u, \varepsilon)$，含义为技术选择是企业主体复杂发育程度（$P_d$）、技术环境变迁（$E_f$）、市场结构（$S_t$）、企业的技术发展资源及投入（$I_u$）及其他变量（$\varepsilon$）的函数。

1. 企业主体复杂性发育程度与中国企业技术选择

企业主体复杂性发育程度往往与企业经营者的经营努力、知识水平、企业所有权安排、企业组织结构等变量有关，作为复杂性适应性主体的企业并不因此遍及自然界（Holland, 1995），而我国国有企业更趋于准复杂性主体，其技术战略的决定更缺乏策略性。策略性是指行为的高级适应性,即能够整合形势的演变,因此整合偶然性和新事件以自我改变与自我修正。

(1) 我国绝大部分国有企业技术学习战略的决定以企业经营者为主体,更广泛地说,把技术学习战略的合理性和可运行性建立在中央指挥、专业分工和等级制原则的基础上。上市公司"银河科技""北旅汽车"等企业的经营者基本上为技术学习战略的关键决定者,他(她)们直接决定技术发展的方向。例如,北旅汽车 1993 年引进了日本五十铃 BL/BF 车型技术及生产工艺装备,这种柴油汽车是日本五十铃淘汰产品,北汽集团总公司与北旅的职代会都不同意,但北旅领导错误地认为,正因为是淘汰车型,引进的条件优惠,产品获利的空间很大,与国内厂家的车型相比,在质量外观上仍有较大优势。事实上这种技术选择的短浅性,很快被证明了。这种车不适合中国市场,1995 年上半年仅售 2 辆。我们发现北旅汽车的经营者在技术学习战略决定上选择了拿来主义的追随战略,因其对五十铃柴油客车的技术现状及产品销售的错误判断,使其技术选择陷入了短期利润主导的盲目境地,同时更反映出技术学习的短浅抱负。当然,从行为经济学的角度,也反映出上述企业经营决策者基于不确定性预期经济行为的非理性色彩,更深刻反映出人们往往是基于短期利益而非长期利益做出选择的普适模式(Kahneman and Tversky, 1979)。北旅汽车的案例清醒地揭示企业经营者的个人知识与抱负是技术选择的主导变量,对技术发展知识缺乏及短期利润的偏好,是企业经营者技术选择失败的根源。当然,"不求有功、但求无过"的风险厌恶行为更会加重技术追随战略的选择,此种行为更植根于国有企业准复杂性主体的产权安排和组织构架中。

在企业经营者知识层次高、产权安排适合经营者发挥企业家作用的企业中,技术选择更倾向于技术能力的高度化。上市公司"银河科技"主要生产片式电阻,其企业经营者(为博士学位获得者)在技术引进的同时,就意识到要走技术能力高度化战略,即从拿来主义战略升级为创新性模仿战略。该企业对许多工艺进行了自主式创新,这与经营者的知识素养良好而形成的深刻洞察力相关。当然并不是说学位低的企业经营者就不具备技术选择的前瞻力。只要具有深邃洞察力的任何人都可能做到正确而久远的技术选择。如民营企业江阴模塑集团有限公司总经理曹明芳先生,带领该集团公司从 1984 年生产出口工艺蜡烛,时至今日成为我国模塑产业的领航者,主要归功于曹先生企业家式的深刻洞察力、国际化经营与创办民族工业的自强不息的追求。根据中国企业家调查系统(2001)的研究表明,从不同学历看,学历越高选择"勇于创新"的比重越大,其中,本科及研究生的比重为 56.4%,而高中及以下的比重为38.2%,两者相差 18 个百分点。以上结果表明,创新意识的形成与文化程度有一定的关联。

　　浙江省的调查研究表明(周耀烈等,2001),高水平的企业家对新产品开发成功率和整体成功率有非常明显的作用。企业家的作用突出表现在对技术创新有非常深刻的认识、对技术创新有很大的责任感、能有效地保证技术创新所需的资源得到满足等。可见,较高的协调组织能力、较高的知识水平和对新事物的接受能力是企业经营者为保证技术创新过程顺利进行所必须具备的素质。以上论述基本上符合哈特—穆尔式(决策一体化的)功能层级制组织信息结构下,企业经营者人力资产不可或缺的性质体现在他在组织专用性的层次协调中扮演的角色(青木昌彦,2001)。按照反应进化动力学的研究成果,企业经营者对其人力资产类型和技术选择的短视,是基于被观察到的当前人口行为而不是基于任何预见作出的。此种有限理性因素造成了对非最优均衡的路径依赖性的选择。

　　(2) 我国大多数企业缺乏技术选择的经验,然而经验正在积累与进化。企业自由的技术选择只是计划经济体制向市场经济体制转变过程中的新生事物。在计划经济体制下,在国家为主导的科研体制下,技术发展几乎为企业决策与发展的外生变量,各企业缺乏组织技术发展的实践经验,缺乏对企业技术发展进行有效管理的方法,中国企业评价协会(2000)证实了这一点。当然,通过 20 多年的逐步摸索,一些企业逐步积累了一些组织技术发展、进行技术选择的经验。上海宝山钢铁股份公司、中国石化扬子石油化工有限责任公司等企业是这方面较为成功的实例。

　　上海宝山钢铁股份公司是在 1998 年组建宝钢集团过程中以原上海宝山钢铁总厂为主体成立的大型公司制企业(以下简称"宝钢公司"),也是我国改革开放后第一个从国外引进成套设备的现代化大型钢铁企业。宝钢公司在成立伊始就制定了明确的技术发展与选择方针,其技术选择战略为"高起点引进技术、自立技术研究开发",

即典型的技术能力高度化战略。从而建立了公司独立的技术发展体系,在技术发展与选择实践中取得了显著成效,积累了丰富的技术发展管理经验。

中国石化扬子石油化工有限责任公司(以下简称"扬子石化")成立于1983年9月,是国内最大的乙烯、PTA、乙二醇、纯苯和邻二甲苯的生产商。该公司技术选择的行为呈现进化的轨道,由原来的简单引进成套设备的简单选择技术演进到选择购买核心专利和关键设备战略,体现了有效识别国外技术的先进性和适宜性。扬子石化逐步建立了技术选择的流程,在公司领导集体决策的基础上,充分发挥公司科技人员的积极性和智慧性,构建了两种技术选择的管理程序:自上而下的管理程序与自下而上的管理程序。

扬子石化在技术选择上所表现出来的识别能力较强。例如,2000年,扬子石化实施65万吨乙烯改造项目。在新技术选择上,当时,世界乙烯头号专利商美国Lumus公司极力向扬子石化推荐自己公司的"催化精馏"新技术。扬子石化在乙烯技术使用上经过多年的技术积累,有其自身的深刻理解,认为原有乙烯装置的"碳三液相加氢技术"已达到"催化精馏"的技术水平。后经与北京化工研究院等国家科研机构的联合测试、论证,证明扬子石化的原有乙烯装置技术水平已达到世界先进水平。仅仅因为这一项新技术选择的正确决策,在一次装填催化剂这一项上,就为扬子石化节约进口催化剂费用100多万美元,而使用原有技术,只需国产催化剂60万元人民币。另外,项目总投资竟不足外商提出费用的十分之一。同时,由于扬子石化的成功经验,中国石化集团公司在其后的上海金山石化公司、北京燕山石化公司和齐鲁石化公司的乙烯改造中都没有采用美国Lumus公司提出的这项新技术。如果我们中国石化的企业没有有效识别先进技术的能力,其后果可想而知。由于扬子石化在技术选择上表现出来的较高能力,该公司在历次大规模技术改进项目的技术选择上都比较成功,这与它多年来在技术选择上的科学决策管理分不开。

2. 技术环境变迁与中国企业技术选择

在前WTO时代的技术环境下,这种较为封闭的技术环境更适合中国绝大多数企业在技术上选择拿来主义战略与复制性模仿战略的实施。(1)政府科研机构主导型的科技体制造成企业主体缺乏技术开发动力及技术发展的远景想象。在改革开放后相当一段时间内,企业只需将产品生产出来,基本不愁销售,技术升级及产品创新基本上不需要。在市场非短缺经济下,企业充分感受到了竞争的压力后,许多企业才对技术发展予以应有的重视。然而可悲的是 1999 年我国 49.6％的大中型工业企业没有技术开发活动,2001 年这一比例上升为 54.33％(国家统计局等,2000,2002),企业主体的非复杂适应性及技术开发活动的缺乏势必造成企业对本行业技术发展缺乏远景想象。远景想象在更为一般的水平上作为集体行动的骨架,常常代表对组织某种未来所希望的状态在头脑中的想象。为此,技术远景想象决定了企业技术发展与选择的价值取向。Youngbae Kim 等人(2002)证明,在韩国 115 家电子产业中小企业技术学习过程中,成功的技术学习首先取决于企业 CEO 们的技术远景与技术经验。实证表明,在中国被调查的 20.1％的企业难以选择技术创新目标(中国企业家调查系统,2001),即技术远景想象不足。而且这种选择行为因企业所有制主体而有所差异,即股份有限公司表现出较好的动态适应性,从而其中难以选择技术发展目标的企业比重最低。从企业规模来看,中小企业技术远景比大型企业略低。(2)我国改革开放后技术引进的宏观战略强化了企业对国外技术源泉的过度依赖性,尤其是对国外机器设备的过度同质化引进以及对国外技术的简单拿来与简单复制。

然而,在 WTO 时代,在知识产权严格受保护状态下,企业的技术选择不再能够延续前 WTO 时代没有技术远景想象的消极主义路径,它必须是动态适应的战略抉择。

3. 市场结构与中国企业技术选择

现代产业组织的 S-C-P 的分析框架告诉我们:企业的市场行为是市场结构的函数。在企业进行技术选择的时候,我们认为市场的竞争程度是影响企业进行技术学习战略制定的关键因素之一。过高的市场集中度和过低的市场集中度都将不利于新技术的采用。高度垄断性产业的企业缺乏技术能力高度化的动力,它只凭其市场势力即可获取超额利润。一般而言,存在两种可能抑制垄断性企业技术能力高度化的因素:① 沉没成本效应;② 替代效应。而充分竞争市场结构中的小厂商更易采取技术追随中的拿来主义战略,它们往往不可能为研发支付大量费用。而只有在适度集中的市场结构下,产业处于竞争活性,企业的技术选择频率会加快,技术战略的更迭继之而起(Michael E. Porter, 1990)。处于产业活性状态的我国家电行业的企业技术能力升级同样较快。

4. 企业技术发展资源及投入与中国企业技术选择

企业技术发展资源及投入制约着我国企业的技术选择,它表现如下:(1)技术发展的物质技术基础落后。据调查,在我国 15 个行业中,关键技术的掌握与应用及大中型企业的平均技术水平要比国际先进水平落后 5~10 年,个别行业则高达 10~20 年。这种技术发展的巨大落差是我国企业技术选择的路径依赖,它决定了技术选择的初始位置。初始位置越低、技术缺口越大,技术追随的收益越大,在技术追赶的过程中,越会切入发达国家技术发展轨迹主导设计中的流动阶段(James M. Utterback, 1994),这一过程若不被企业家式的技术远景所超越,其过程则具有自我强化与路径依赖的特征。(2)技术创新人才供给不足,且分布不均。据统计,2001 年,我国 2.29 万户大中型工业企业中,从事技术开发的人员平均每户只有 59.7 人。(3)缺乏技术发展的推动者——企业家。具有创新精神的企业家能将科学和发明由潜在的经济生产力变成实际的生产力。而我国的"企业家"却有 70%左右热衷于国内同类产品的重复性创新(唐晓华等,2001)。(4)企业 R&D 行为能力不强。2002 年中国 R&D 经费支出仅占国内生产总值 1.1%(国家统计局,2003),比例非常低。国际上认为,若 R&D 含量低于 1%,企业因创新能力低而无法生存,达 2%可勉强维持,高于 5%企业才有活力和竞争力。

五、结论与对策

总之,企业主体复杂性发育程度、技术环境变迁、市场结构、企业技术发展资源及投入等多种因素致使中国企业的技术选择行为呈现准复杂适应性主体的路径依赖性,大部分企业处于技术追随战略中的企业技术能力初始发展阶段,这种非最优化的行为实际上是多种约束条件下的行为反应,因而易于理解。但要动态适应 WTO 框架下全球化竞争态势,技术选择的行为优化是中国企业具有国际竞争优势的不可逃避的现实选择。为优化中国企业的技术选择行为,我们提出以下对策。

1. 优化中国企业技术选择的制度基础

在转型经济的大背景下,中国绝大部分国有及国有控股企业因其产权制度缺陷、行为缺陷，它们不是真正意义上的企业，也不是真正的复杂适应性主体。在技术能力发展过程中，企业自身的产权制度、管理制度等内在制度的进化是企业成为复杂适应性主体的关键变量，从而它们从系统制度层面制约着企业技术能力发展及技术选择的行为。首先，从获取动态竞争优势的角度来统领中国企业的整体制度构造，尤其是以发挥企业家主体的创新精神来构建企业的产权制度，从而避免所有者缺位导致的企业经营短视行为。第二，从管理转型的角度，使企业逐渐由企业家精神为主导的企业向专业化管理的企业转型，并融合后现代企业（安同良等，2002）的组织架构，动态适应规模经济、范围经济、时间经济带来的挑战。

2. 在技术抱负实现过程中，树立技术领先的雄心壮志

企业经营者的技术抱负决定了企业技术学习战略的决定，中国许多企业经营者满足于技术获取的拿来主义及复制性模仿，满足于产品的短期竞争力，在技术学习中不思进取。为此，在技术学习战略制定过程中，激发企业家精神，以技术能力高度化与"技术立国"的远大抱负为导向，提高决策质量及快速反应能力。对企业经营者进行本行业、本企业技术发展前景知识缺口的弥补，使其洞悉行业技术（产品）前景，避免知识缺乏或盲从，尤为重要的是要树立技术领先的雄心壮志。同时，将技术选择的决策分布式化，发挥技术部门决策的威力。

3. 在技术选择过程中，制定前瞻性的动态适应性技术学习战略

面对知识条件下正反馈机制下的产业发展路径，中国企业应动态权衡技术学习的成本与收益。在审视自己产业技术发展路径的前提下，做出与技术发展路径相契合的技术学习战略。如果该产业的技术发展是渐进式创新，即产业技术正在成熟或已经成熟，可以采取技术学习的追随战略。如果该产业的技术发展正处在根本性创新过程，企业应勇敢地采取领先战略。但是即使采取技术追随战略，也不应该被短期利润最大化目标所牵引，而应长、短期利润最大化相结合，依次采取复制性模仿战略与创新性模式战略。创新性模仿战略适用于有着强大技术和市场地位的企业（如宝钢公司）。复制性模仿战略适用技术和市场地位中等的企业，而拿来主义战略只适用于技术和市场地位弱的企业。

4．勇敢地承受技术变迁的成长痛苦

在我国企业技术发展资源及投入不充分的条件下,只有以企业经营者自身的学习为基础,以技术发展的远景想象为激励,使企业坦然、理性地承受技术变迁非连续过程中新老技术跃迁而导致的"成长的痛苦"(V. K. Narayanan,2001)。在这个技术跃迁中,"老技术"被"新技术"取代。新技术会遇到"成长的痛苦",在一段时间内表现得不如老技术好。这种转型期会给创新公司带来很大风险。正如管理文献越来越经常强调的那样,公司倾向于重视实现现有中等长度周期内的最大利润,以致对下一周期的投资造成损害,这种短视只能意味着更少的企业 R&D 投资和更少的长期 R&D。

参考文献

[1] 安同良.《企业技术能力:超越技术创新研究的新范式》,《当代财经》,2002(1).

[2] 安同良、郑江淮.《后现代企业理论的兴起》,《经济理论与经济管理》,2002(3).

[3] 高建.《中国企业技术创新分析》,清华大学出版社,1997.

[4] 国家统计局、科学技术部.《中国科技统计年鉴 2000、2002》,中国统计出版社,2002.

[5] 国家统计局.《2002 年国民经济和社会发展统计公报》,《中国证券报》,3 月 3 日,2003.

[6] 林武,1986.《技术与社会》,中译本,张健等译,东方出版社,1989.

[7] 刘志彪、安同良等.《现代产业经济分析》,南京大学出版社,2002.

[8] 青木昌彦.《比较制度分析》,中译本,周黎安译,上海远东出版社,2001.

[9] 瑞雪.《长城汽车入主北旅　汽车第一股黯然改姓》,《21 世纪经济报道》,2001,5 月
　　　 28 日.

[10] 唐晓华等.《经济转型期的企业技术创新障碍分析》,《中国工业经济》,2001(8).

[11] 魏江.《企业技术能力论》,科学出版社,2002.

[12] 谢伟.《追赶和价格战》,经济管理出版社,2001.

[13] 斋藤优,1988.《技术开发论》,中译本,王月辉译,科学技术文献出版社,1996.

[14] 中国企业家调查系统.《企业创新:现状、问题及对策》,《管理世界》,2011(4).

[15] 中国企业评价协会.《中国大型工业企业发展报告(2000 年)》,经济日报出版社,2000.

[16] 周耀烈、张大亮.《浙江省企业技术创新调查与规律研究》,《中国工业经济》,2001(5).

[17] 阿特拜克,1994.《把握创新》,中译本,高建等译,清华大学出版社,1999.

[18] 约翰·H.霍兰,1995.《隐秩序:适应性造就复杂性》,中译本,周晓牧等译,上海科技教育出版社,2000.

[19] 库尔德·勒温,1936.《拓扑心理学原理》,中译本,竺培梁译,浙江教育出版社,1997.

[20] 金麟洙,1997.《从模仿到创新》,中译本,刘小梅等译,新华出版社,1998.

[21] 纳尔逊,温特,1982:《经济变迁的演化理论》,中译本,胡世凯译,商务印书馆,1997.

[22] Chris Freeman and Luc Soete. *The Economics of Industrial Innovation*. A Cassell Imprint, 1997.

[23] Carayannis. *Strategic Management of Technological Learning*. CRC Press LLC, 2001.

[24] Jin W. Cyhn. *Technology Transfer and International Production*. Edward Elgar, 2002.

[25] Kahneman, D. and Tversky, A. Prospect theory: An analysis of decision under risk. *Econometrica*, 1979(47): 263 - 291.

[26] Michael E. Porter. *Competitive Advantage of Nations*. The Free press, 1990.

[27] Ruby Gonsen. *Technological Capabilities in Developing Countries*. Macmillan Press Ltd, 1998.

[28] Sanjaya Lall. *Competitiveness, Technology and Skills*. Edward Elgar, 2001.

[29] V. K. Narayanan. *Managing Technology and Innovation for Competitive Advantage*. Prentice Hall, 2001.

[30] Winter, Sidney. The Satisficing Principle in Capability Learning. *Strategic Management Journal, Special Issue on the Evolution of Firm Capabilities*, vol. 21, no. 10~11, 2000, 981 - 996.

[31] Youngbae Kim and Byungheon Lee. Patterns of technological learning among the strategic groups in the Korean Electronic Parts Industry. *Research Policy*, 31, 2002, 543 - 567.

（原文载于:安同良.《中国企业的技术选择》,《经济研究》,2002 年第 7 期）

第七章　中国制造业企业的技术创新：
模式、动力与障碍

——基于江苏省制造业企业问卷调查的实证分析

内容提要:在对江苏省制造业企业进行大规模问卷深入调查的基础上，我们采用国际规范的研究方法，并运用统计分析，从微观行为层次揭示了中国制造业企业技术创新的模式、动力与障碍等真实行为机理，为破解中国制造业企业技术创新与技术学习的黑箱做出了拓展，同时也为反思"中国制造"提供了微观视野与基础。

关键词:技术创新；技术学习；企业技术能力

一、引言

在过去的 20 多年里，中国总体 GDP 与其第二产业的 GDP 经历了年均 9.4％与 11.2％(1979—2002 年)的高速增长。拥有一大批工资低廉、训练有素的劳动力，这使得中国的工业生产不仅能够达到规模经济的程度，同时还大量出口，再加上庞大且不断增长的国内市场，中国正成为世界的制造工厂。然而，中国经济要持续发展，不能仅仅依靠不断增加的制造能力，更为关键的是要依靠创造新产品和新工艺的能力，即企业技术能力的高度化发展[1]。江苏是中国第二大工业强省，尽管江苏省在工业方面表现优异，且在科研上投入了巨资，但是我们对公司层面上产品创新、工艺创新与技术学习的真实行为机理所知甚少，就微观行为而言，技术创新一直成为"黑箱"。

因此，本章目的在于探索技术创新的"黑箱"，以江苏制造业企业的实证来表征中国企业技术创新与技术学习的一般行为机理。通过考察公司在不同规模、不同所有制以及不同行业中各不相同的技术创新与技术学习行为，本章试图从统计角度描述技术创新的模式、动力和障碍。国外学者有大量翔实的关于厂商基于时间序列的描述性数据涉及了企业的技术创新行为,尤其是美国人口普查局的时间序列研究数据库[2]以及由加拿大统计局编撰的一份相似的数据[3][4]。而在中国,这样的时间序列研究数据库尤为稀少且珍贵。本研究立足于对江苏省境内制造业公司的大范围问卷调查,试图建立关于中国企业技术创新行为的时间序列研究数据库。其实在中国曾做过几次类似的调查,清华大学经济管理研究所曾于 1993 年先后完成了六次企业技术创新问卷调查[5],中国企业家调查系统做过企业创新的调查[6],陈劲进行过企业技术创新高标准定位调查,回收问卷 60 多份[7]。我们这次调查覆盖了有关技术创新的方方面面,包括了技术创新的主体、模式、策略、R&D、知识产权保护、组织、投资与设备、CEO 以及政策等九大因素。在中国范围内,此次调查的数据从广度、深度及质量性等方面可以说独一无二。在本章中,我们采用了调查数据中公司概况和技术创新的部分。

二、江苏省制造业企业技术创新行为的调查

问卷主要是按照经济发展与合作组织(OECD)和欧盟(EU)有关技术创新与科技的调查问卷设计,且根据中国的实际情况作了重要的改动。问卷共有 69 个问题,包括大概 600 多个信息项。在事先对江苏统计局的有关人员和一些经理朋友进行测试之后,我们把问卷寄向江苏省大约 2500 家公司。我们的调查数据起始年份是 2000 年,截止时间为 2002 年。数据的收集是在 2003 年 5 月和 2004 年 3 月之间。最初我们从各个地区的电话簿上每五家公司随机选一家,然后把问卷直接邮递至 CEO、研发主管或/和公司高级主管。但最初大约只有 60 份问卷被送回。因此,我们决定让省会南京的高校学生(含 MBA、EMBA 学生)、部分市统计局的统计调查员为我们走访公司、深入访谈并取得数据。最后我们得到总共 364 份问卷,在剔除重复的和非制造业公司的问卷之后,共有 354 份可用的有效问卷,这些公司的总销售额占到江苏省工业销售额的 9%。这一结果刚好达到样本数的最低要求。

三、江苏省制造业企业技术创新的行为模式

1. 技术创新的程度

技术创新被定义为在商业上引进新的产品和工艺。产品创新是指将新的产品投入商业运作。而该产品在设计或功能特征上的更改为该产品消费者带来了新的或更

好的服务。单纯从美观角度出发的改变不在此概念范围内。工艺创新是指采用新的或显著改进的生产方法。这些方法可能涉及设备或生产组织的变更，或两者兼备。其目的可能是原有生产设备或生产方法下无法得到的新产品或更先进的产品，以及提高现有产品的生产效率。在该定义的基础上，分别有 78.6％和 73.2％的公司回答他们的生产中有产品创新和工艺创新。比率之高，令人吃惊。尽管江苏的公司现在正面临着激烈的竞争，因而他们必须坚持不断调整和改进其产品和制造工艺，但是这么高的比率也是前所未闻的。

为更深入地考察技术创新的程度，我们计算了与新产品和新工艺有关的销售额与总销售额的百分比。样本公司中产品创新的销售额占总销售额的 50％，工艺创新的销售额占总销售额的 53％。有必要强调，有些产品创新是与工艺创新相关的，而工艺创新则没有这样的问题，而且这些数字可以用来估计在产品创新和工艺创新中根本创新所占的比例。在此根本创新是指某产品的用途、性能特征、技术构造、设计、所使用的材料和部件属于全新或经过显著更改的。与之相对的是渐进创新，它指的是对现有产品的技术特征进行提高和升级，经常是通过引入新部件或新材料，或者是对产品进行部分的改动而得到的[8]。在产品创新中，根本创新占 39％，渐进创新占61％；在工艺创新中，根本创新占 42％，渐进创新占 58％。

创新意味着新颖性，但是新颖是个相对的概念。在文献中，新颖性是用产品和工艺上的变化，对世界市场、对本国市场、对本行业、对该公司，是否是首创的来定义的。在这次研究中，我们建立了四等级的创新分类：对世界市场、对中国市场、对江苏市场、对公司自身。产品创新中为世界首创的比例仅为 9％，而为中国、江苏和该公司首创的比例分别为 26％，22％和 43％。工艺创新中的比例分别是 12.8％，24.7％，20.5％和 42％。

总的来说，在江苏省的技术创新活动中，工艺创新和渐进性创新占了主要部分。江苏企业在世界级别上的技术创新很少，但是在当地市场和本公司的层面上，技术创新活动则非常活跃。这也反映了中国企业技术追赶的特点，但在世界范围内的技术自立还远远不够。

2. 公司规模与技术创新

创新经济学不断发展的证据表明不同厂商技术能力存在着广泛的异质性[9][10]，这一证据与厂商所表现的存在广泛差异的显性绩效情况相当吻合。为此我们要考察公司在不同规模、所有制和行业中各不相同的技术创新与技术学习行为，从而探寻其技术能力的广泛异质性。

如果员工少于 250 人，该公司就被分类为小公司；员工在 250 到 1000 人之间，是中等公司；当员工数大于 1000 人时，该公司则为大公司。该定义与 EU 的分类标准比较类似，但也作了一些改动，为此相关数字也要相应改动。原则上，不同规模的公司应该表现出不同的技术创新行为。文献里描述的是由于小公司更具有企业家精神，更灵活，对外界的反应更快，它们在技术创新方面主要具有行为优势，特别是在产品创新方面，小公司更容易创新。另一方面，因为大公司的优势是在规模经济、产品的标准化生产和削减成本上面，他们更容易把注意力放在工艺创新上面，而它们在技术创新方面主要具有物质优势[11]。

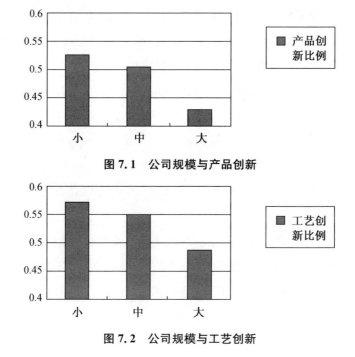

图 7.1 公司规模与产品创新

图 7.2 公司规模与工艺创新

　　观察图 7.1 和图 7.2 的江苏省产品创新的数据,可以发现确实是规模越小的公司创新程度相对较高;若以各规模公司所完成的创新产品销售总额为 100%,其中大、中、小公司创新产品销售额占创新产品销售总额比例分别为 77.5%、18.0%、4.5%,从总量而言,产品创新中的大规模公司的贡献要远远大于中、小公司。江苏省工艺创新的比例在各个层次上都比较高,也就是说,各规模公司的工艺创新行为极为普遍。

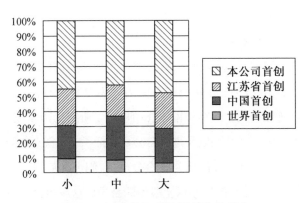

图 7.3　江苏公司产品创新的首创度

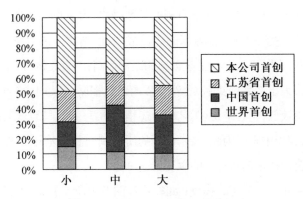

图 7.4　江苏公司工艺创新的首创度

　　从技术创新的程度方面来看,对产品和工艺创新来说,无论是规模多大的公司,首创主要都集中在江苏省和本公司内(如图 7.3,图 7.4 所示)。但是在产品和工艺创新上面,都是小公司在世界首创的份额较大,而中等公司则是在中国首创的份额相对最大，大公司在各个方面都不是最大的，但各个首创等级都比较均衡。在体现真正技术创新的世界首创和中国首创上，中等公司的表现都很活跃，两个份额之和在产品和工艺创新两个方面都是最大。因此考虑到公司的规模，江苏省技术创新活动最活跃的是中等公司。从创新的角度来看，他们的竞争战略是进入所有的市场并在产品变化的基础上展开竞争。大公司表现得更加具有防御性，他们专注于从竞争对手那里已经可以得到的产品和工艺创新，并通过模仿来竞争。小公司的技术创新行为更具有技术探索性与技术领先性。

3. 公司所有制与技术创新

为使研究中必要的分析能够进行，有必要尽量使所有制的定义包含经济学上的意义。因此样本公司被分为三个所有制类别：国有和集体所有、股份和有限责任公司以及港澳台公司、外国公司。国有和集体公司包括了所有为国家或集体经济体所拥有的公司；股份和有限责任公司以及港澳台公司包括了一班混杂的公司，大部分为私有，但如果有些国有和集体企业注册为股份公司，它们也在范围之内；外国公司是指被外国个人或是国外公司占有 50％以上股份的公司。这应该会比较精确，因为问卷里要求回答关于股权比例的问题。

考察产品和工艺创新与公司所有制的关系(如图 7.5、图 7.6 所示)，可以得到这样几个结论。(1) 外国公司产品创新的比例最高，但是在工艺创新中三类公司之间的差距就要小些，有限责任公司工艺创新的比例最高；国有集体与有限责任两类公司的工艺创新率都大于产品创新率，而外国公司正好相反。(2) 国有和集体公司技术创新的程度都比较低，相对来说，工艺创新还稍微活跃一点。(3) 有限责任公司技术创新力度较强，属于中等。为此，技术创新的所有制的制度差异可见一斑，这表明制度差异是决定公司技术创新行为的主变量之一。

考虑到产品和工艺创新的程度(如图 7.7、图 7.8 所示)，很明显除了外国公司，其他公司的技术创新都以本公司和江苏省首创为主。同时在产品创新和工艺创新上，外国公司在中国首创率和世界首创率上遥遥领先，其中世界首创率高说明了外国公司本身技术创新的起点较高，中国首创率高可能是由于从国外引进技术的缘故。不考虑外国公司，其他两类公司的技术创新模式比较相似，都是专注于江苏和本公司

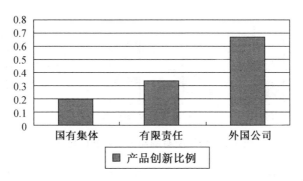

图 7.5　产品创新比例与公司所有制

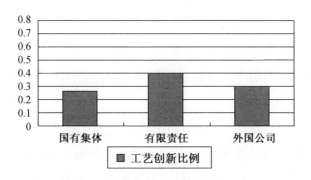

图 7.6　工艺创新比例与公司所有制

首创,其中大部分技术创新都可能是模仿或是引进的。但不是全部模仿或引进,也有一定比例的自身研发,这部分比例表现为世界首创率和中国首创率。总体趋势而言,在两个创新领域中,外国公司的世界首创率和中国首创率都是最高的。中国公司的技术创新大部分都是引进或是模仿外部先进技术。

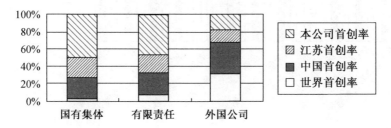

图 7.7　公司所有制与产品创新的程度

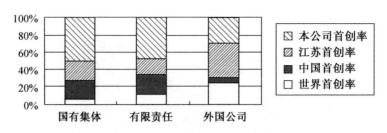

图 7.8　公司所有制与工艺创新的程度

4. 行业与技术创新

此次调查所使用的工业类别与中国国家工业目录一致，包括 30 个工业部门。为便于处理数据，将它们合并到 12 类。

医药制造业在产品创新中最具有创新性，如图 7.9 所示，其产品创新率达到了约 50％。食品烟草和饮料制造业、机械制造业、其他制造业、和电气及电子产品制造业的产品创新也很活跃。值得一提的是，食品烟草和饮料制造业、其他制造业是两个根本性产品创新率超过渐进式产品创新率的行业。这也体现了该行业的特点：推出新产品是竞争的重要手段以及有些产品更具独创性，从而该产品(如某些食品)一经问世便可能是根本性产品创新。在石油化工及炼焦业、矿物和金属制品业这两个行业中，根本式产品创新率显著得低于其他行业。

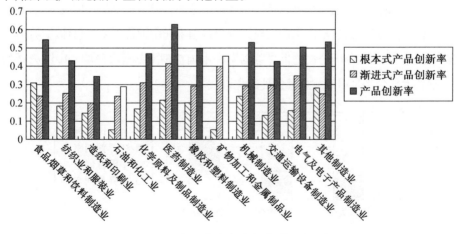

图 7.9　各行业的产品创新率

如图 7.10 所示,在各行业的工艺创新率中,造纸和印刷业的创新比例异乎寻常得高,其次石油加工及炼焦业、医药制造业、机械制造业、橡胶和塑料制造业、食品烟草和饮料制造业、电气及电子产品制造业也是工艺创新活跃的行业。只有交通运输设备制造业、化学原料及制品制造业、其他制造业三个行业的根本式工艺创新率是大于渐进式工艺创新率的。然而在石油和炼焦业中,工艺的渐进式创新率显著高于根本创新率。

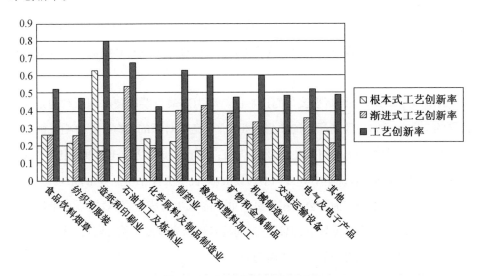

图 7.10　各行业的工艺创新率

从技术创新的首创率来看,其中产品世界首创率最高的行业是纺织和服装业。而机械制造业与电气电子产品制造业的产品创新世界首创率也超过了 10%。数据表明这些行业颇具国际竞争力源于较高的产品世界首创率,在此"中国制造"在世界的风行得到了微观数据证明。但是产品创新里中国首创率最高的行业是交通运输设备行业,这表明了该行业里的技术创新水平只是在国内领先,也可能是从国外引进先进技术。而医药制造和机械制造业的产品国内首创率也比较高。如果用世界首创率和中国首创率之和来衡量行业的技术水平,那么以上三个行业也是技术水平相对比较高的。而造纸和印刷业则是技术水平最低的行业。

在工艺创新方面,仍然是纺织和服装业的世界首创率最高,考虑到中国纺织服装在世界上的优势地位,这样的结果不足为奇。其次医药制造业、机械制造业和电气电子制造业的世界首创率也是比较高的。交通运输设备制造业的工艺国内首创率还是最高的。而石油加工和炼焦业、造纸和印刷业则是本公司工艺首创率最高的两个行业。

四、公司的技术创新动力

此次调查还包括了一系列询问关于公司技术创新动力的问题。总共有 13 个关于技术创新动力的选项,其推动技术创新的重要程度从低到高、从 1 到 5 分成 5 个级别,其中有些选项中还有进一步更详细的调查。除此之外,还允许公司填写对其公司有特殊作用的技术创新推动来源。为避免过于烦琐,这里只对其中最重要的选项进行了分析。

图 7.11 显示了不同规模公司的技术创新动力。最重要的技术创新动力是保持公司的全面竞争力与提高产品的质量。相反,与竞争对手的 R&D 支出相抗衡这一战略措施最不受重视。值得关注的是,除了在降低产品成本这一项上面,中等公司在其他项的分数都最高,说明中等公司不计较成本,而更关注于全面竞争、市场份额、产品质量和开拓新市场。而大公司相对更加重视降低生产成本,相对缺少新市场的开拓性。小公司的分数都比较低,但是它们的技术创新表现却不错,或许因为我们的选项并没有涉及小公司真正的技术创新动力。

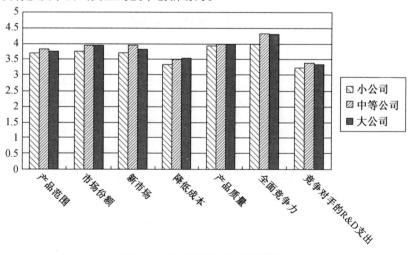

图 7.11　公司规模与技术创新动力

　　在公司所有制与技术创新动力方面，外国公司表现得最具有技术创新性，几乎项项领先；只有在产品质量和降低成本方面，国有集体企业的分值才最高，这也从侧面反映出国有集体企业制造的产品在产品质量和成本方面颇具竞争力，为"中国制造"在世界的崛起提供了部分证明。值得关注的是国有集体公司在技术创新上的表现并不突出，但在这里的得分值却几乎都高于第二类的公司。

　　分行业技术创新动力的数字颇为奇特，见表7.1。交通运输设备制造业在各项的分数都比较高，在之前的技术创新率也比较高；但是医药、纺织和服装以及电气和电子产品制造业的分数却并不突出，与它们之前表现出的较高的技术创新性并不一致。对行业整体来说，提高全面竞争力和产品质量的分数普遍较高，说明各个行业对这两项都比较重视。对各个行业来说，其对创新动力的侧重点各有不同，如食品烟草饮料业就比较重视市场份额、开辟新市场、产品质量和全面竞争力。而造纸和印刷业则对产品范围、生产弹性和全面竞争力更加重视。而石油加工及炼焦业更重视降低产品成本。电气及电子产品业对降低成本相对缺乏兴趣，而更加重视全面竞争力、市场份额以及开拓新市场。

表 7.1　分行业的技术创新动力

	食品烟草饮料	纺织业和服装	造纸和印刷	石油加工及炼焦	化学原料及制品	制药	橡胶塑料	矿物和金属制品	机械	交通运输设备	电气及电子产品	其他
产品范围	3.76	3.64	4.22	3.33	3.59	3.38	3.53	3.63	3.93	4.23	3.67	3.67
市场份额	4.13	3.66	3.75	3.67	3.87	3.95	3.67	3.89	3.80	4.08	3.87	3.90
新市场	4.18	3.79	3.83	3.60	3.65	3.71	3.71	4.00	3.72	4.27	3.75	3.77
生产弹性	3.32	3.27	4.00	3.20	3.27	2.63	3.00	2.96	3.23	3.50	3.27	3.24
降低成本	3.71	3.71	3.17	4.00	3.60	3.07	3.46	3.53	3.56	4.20	3.03	3.37
产品质量	4.12	3.97	3.78	3.4	3.91	4.05	3.48	4.49	4.06	4.23	3.87	4.18
全面竞争力	4.24	4.36	4.44	3.67	3.96	4.14	3.71	4.37	4.10	4.46	4.29	4.23
竞争对手	3.41	3.12	3.00	3.8	3.33	3.26	3.00	3.20	3.33	3.58	3.53	3.40

五、公司技术创新的障碍

问卷的另一部分调查公司的主要技术创新障碍。对于企业可能遇到的技术创新障碍,问卷进行了广泛罗列[12]。

首先,技术创新障碍总体性分析。数据显示:(1) 企业所面临的影响技术创新的最主要的问题是企业组织中技术创新能力的缺乏,而企业组织中技术创新能力的缺乏显然和企业中技术创新型人才的缺乏紧密相关。(2) 除个别企业外,并没有很多我们设想的企业内部抵制技术创新的现象发生,更多的是有关于教育和培训人才方面的问题。(3) 技术创新风险因素、融资、法制环境并不被企业认为是技术创新的主要障碍,而另一些问题例如投资回收期、市场信息、成果易被复制、技术创新费用等则比较突出。

其次,技术创新的障碍与企业规模之间的关系。(1) 对于中等公司来说,与平均值相比,技术创新的风险因素、融资、市场信息、对创新的内部抵制、成果易被复制以及法制环境都不是阻碍技术创新的主要因素,而技术创新费用、投资回收期、技术创新能力缺乏、熟练人才缺乏、外部合作等都是阻碍技术创新的主要因素。(2) 对于大公司来说,情况有所不同,与平均值相比,只有技术创新的风险因素、法制环境等两方面才是技术创新的主要障碍,而其他所有方面基本上都不是技术创新的主要障碍,或不如中等公司严重。这大体上说明了中等公司的主观创新愿望强,但存在着客观条件的限制;而大公司的客观条件相对比中等公司好得多,就客观条件而言,大公司最容易进行技术创新;但存在着风险夸大的主观限制和法制环境差这一客观限制。(3) 对于小公司来说,除了风险、投资回收期外,基本上各项障碍因素都在平均值之上,说明了小公司面临的技术创新障碍问题比较严峻。

第三,技术创新的障碍与所有制之间的关系。调查显示:国有、集体所有制企业基于风险、顾客反响方面考虑的技术创新障碍都低于平均水平。但是其他 7 个方面,如金融资源缺乏、对创新的内部抵制、创新人才、能力缺乏、外部合作少、投资回收期、成果易被复制等方面的因素都高于平均水平,反映出国有、集体所有制企业面临的技术创新障碍很多。反观外资企业,技术创新的风险、创新的费用、顾客反响等三方面都高于平均水平,它们面临的技术创新障碍则较少,这些障碍更多基于技术创新项目自身以及技术创新项目产品化的销售对象,而其他则低于平均水平;私营企业的各项数据则基本上介于两者之间。

第四,企业行业分类与技术创新障碍。阻碍技术创新的主要因素是人才与技术创新能力。其中,食品烟草和饮料制造业、纺织业和服装业、化工原料及制品制造业、机械制造业、电气及电子产品制造业5个行业将人才问题视为阻碍技术创新的首位因素;石油加工及炼焦业、医药制造业、矿物加工和金属制品业、交通运输设备制造业4个行业将技术创新能力视为阻碍技术创新的首位因素;而橡胶和塑料制造业、其他制造业将回收期、造纸和印刷业将融资视为阻碍技术创新的首位因素。在各个行业中,石油加工及炼焦业平均各项得分最高,表现出这个行业比较保守,而其中分数最高的是风险和能力项,说明这两项对该行业的技术创新阻碍最大。食品烟草和饮料业则是各项得分最低的行业,而该行业也是技术创新率较高的行业,可以看出,除了人才因素相对比较重要之外,其他因素基本上对其技术创新没有什么阻碍作用。不同产业内部应该都比较欢迎技术创新,因为内部抵制的分数普遍都不高。

六、结论

本章讨论了江苏制造业公司技术创新的模式、动力以及技术创新的障碍。通过分析,我们可以得出以下几点结论:

1. 江苏制造业企业技术创新的程度

即使大部分的技术创新只是在江苏本地市场或者本公司内部,江苏制造业企业仍存在着很高的技术创新率。有78.6%和73.2%的公司回答说他们的生产中有产品创新和工艺创新,这么高的比率前所未闻。这也从微观行为层次揭示了20多年来江苏省乃至中国工业产出高速增长奇迹之谜,调查结果证明近年来江苏省乃至中国工业产出持续高速增长部分源于企业高频率的技术创新。

2. 中国制造业企业技术创新的动力

本章数据显示:技术创新的动力不是财务因素,最重要的技术创新动力是保持公司的全面竞争力,此外,提高产品的质量也是公司的一个主要技术创新动力。这些结论意味着具有竞争压力的市场结构是企业技术创新的主要压力机制,从而以市场结构为指向的反垄断政策是促进企业技术创新政策的主要标的。

3. "中国制造"为什么能够在世界崛起？

数据表明产业(如中国的纺织和服装业、机械制造业与电气电子产品制造业等)的国际竞争力更源于该行业较高的产品世界首创率及工艺创新的世界首创率；同时，该行业企业制造的产品在产品质量和成本方面颇具竞争力。

4. 中国制造业企业技术创新的障碍

企业技术创新的主要障碍已经不再是资金问题，而是知识问题——缺乏技术创新能力和创新型人才成为了技术创新的主要障碍，这为破解中国制造业企业技术创新的障碍找到了关键突破口。

参考文献

［1］安同良.中国企业的技术选择.经济研究,2003,(7):76-84.

［2］Audretsch DB. Technological Regimes，Industrial Demography and the Evolution of Industrial Structure. *Industrial and Corporate Change* 6：1997，49-82.

［3］Baldwin，J. *The Dynamic of Industrial Competion*. Combridge University Press，1995.

［4］Baldwin，J and J. Johnson. *Business Strategies in more- and less-innovative Firms in Canada*. Research Policy 25，1996，785-804.

［5］高建.中国企业技术创新分析.北京:清华大学出版社,1997.

［6］中国企业家调查系统.企业创新:现状、问题及对策,管理世界,2001,(4):71-80.

［7］陈劲.最佳创新公司.北京:清华大学出版社,2002.

［8］Utterback，James M.，1994.把握创新.中译本,高建等译,北京:清华大学出版社,1999.

［9］Dosi，G. Sources，Processes and Microeconomic Effects of Innovation. *Journal of Economic Literature* 6：1988，1120-1171.

［10］Chris Freeman & Luc Soete. *The Economics of Industrial Innovation* (*3rd*). A Cassell Imprint，1997.

［11］Rothwell，R. Dodgson，M.，1994.创新和公司规模.载于 Mark Dodgson Roy

Rothwell，R.，1994.创新聚集.中译本,北京:清华大学出版社,2000.

[12] 安同良、方艳、卢多维克·阿尔科塔.中国制造业企业技术创新的障碍与对策.经济理论与经济管理,2005,(7):41-46.

（原文载于:安同良、王文翌、魏巍:《中国制造业企业的技术创新:模式、动力与障碍》,《当代财经》,2005 年第 12 期）

第八章　创新目标、前景与企业技术
创新行为：江苏的实证

　　内容提要：技术创新具有高度的复杂性、非线性与不确定性等特征，它需要企业清晰地树立新的技术创新目标、前景，并与企业关键人物的角色功能紧密相关。本章在大量调查问卷的基础上，以江苏省制造业企业为样本，从微观行为数据层面，运用统计实证与数理分析等方法，考察、观测并揭示了中国制造业企业的创新目标、前景与企业技术创新之间存在的特殊复杂关系：两变量限制均衡、创新活动本身对于技术创新影响因素的反馈影响等。

　　关键词：技术创新；创新目标；两变量限制均衡；反馈

一、导言

　　技术创新具有高度的复杂性、非线性与不确定性等特征，它需要企业清晰地树立新的技术创新目标、前景，并与企业关键人物的角色功能紧密相关。自 90 年代中期以来，管理学者们承认组织不仅需要强有力的领导，而且也需要清晰的远景想象来协调、指示和指导他们实现所希望达到的目标[1][2]。但国外学者专门以创新目标、前景与技术创新之间关系为题的文章并不多见，它们往往散见在组织行为学与技术创新经济学等文献中，且以数理与案例为主要分析方法，实证文献更是凤毛麟角。金仁秀（1997）认为制造危机、勾勒技术能力发展的宏伟目标，迫使企业快速获取技术能力是进行技术学习的重要手段[3]。韩国现代公司的领导者在 20 世纪 80 年代中期，决心制造出世界最先进水平的发动机，制造了技术学习的重大危机，并于 1984 年成立了特别工作队。经过不断学习，终于研制出在性能上超过日本同类机型的阿尔发发动机。Winter(2000)提出了关于能力学习的概念模型,认为抱负水平是中心变量,并且决定对学习的投资[4]。远景想象在更为一般的水平上作为集体行动的骨架,常常代表对组织某种未来所希望的状态在头脑中的想象。为此,技术远景想象决定了企业技术发展与选择的价值取向[5]。Youngbae Kim 等人(2002)证明,在韩国 115 家电子产业中小企业技术学习过程中,成功的技术学习首先取决于企业 CEO 们的技术远景与技术经验[6]。而德国的调查表明(布林格,2006):不明确的研发目标是最为常见的时间内耗因素[7]。

安同良(2003,2004)在理论层次上证明:技术后进国家企业技术学习战略的选择类型,其关键在于企业长、短期利润的权衡与企业技术发展的抱负,这二者决定了企业的技术学习路径。进一步而言,企业经营者的雄心壮志及长期发展取向才是技术发展路径选择的关键变量之一[8][9]。实证表明,在中国被调查的 20.1% 的企业难以选择技术创新目标(中国企业家调查系统,2001),即技术远景想象不足[10]。就广义而言,王辉、忻蓉、徐淑英(2006)的调查表明:"设定愿景"的维度对 CEO 设立组织目标,并通过影响员工一起完成目标是至关重要的,任务导向的 CEO 领导行为直接与企业经营业绩相关[11]。

我们认为企业创新目标、前景与技术创新行为的分析应该建立在大量的微观行为数据基础上,我们完成了一项耗时五年的江苏省制造业企业技术创新调查活动,该调查覆盖了有关技术创新的方方面面,在中国范围内,此次调查的数据从广度、深度及质量性等方面可以说独一无二。

二、问卷调查与数据取得

我们的问卷主要是按照经济发展与合作组织和欧盟有关技术创新调查问卷设计,且根据中国的实际情况作了重要的改动。问卷的中文版本共有 69 个问题,包括大概 600 多个信息项。数据的收集是在 2003 年 5 月和 2004 年 3 月之间。结束时我们得到了 354 份可用的有效问卷。本章选取了问卷调查所得数据库中的四个——创新目标清晰度、创新目标与环境变化适应度、创新目标由组织共同决定程度以及有关创新的嘉奖与创新的目标联系度作为自变量,以企业的产品创新度作为因变量,力求从企业为创新所制定的目标、前景对企业技术创新的影响角度出发,初步建立创新目标影响模型；更重要的，我们将以实际调查数据的深入分析为基础，以江苏制造业企业的实证来表征中国企业技术创新的一般机制，揭示中国企业的创新目标、前景与企业技术创新之间存在的特殊的复杂关系：多变量限制均衡（本章只叙述两变量限制均衡）、创新活动本身对于创新影响因素的反馈影响。

三、变量设置以及基本创新目标的影响模型

根据以往文献（Linsu Kim，1997；Winter，2000；Youngbae Kim 等，2002；Joe Tidd, John Bessant, Keith Pavitt, 2005[12]；安同良，2003），我们提出以下四个理论假说，希望在中国得到观测与实证。假说1：创新目标、前景定义清晰度越高，企业的技术创新程度越高；假说2：创新目标由组织共同决定，程度越高，企业的技术创新程度越高；假说3：创新目标、前景与变化环境的适应度越高，企业的技术创新程度越高；假说4：有关创新的嘉奖与创新目标联系度越高，企业的技术创新程度越高。

基于以上理论假设，我们选取问卷中的创新目标清晰度、创新目标由组织共同决定程度、创新目标与环境变化适应度，以及有关创新的嘉奖与创新的目标联系度作为自变量 x_1, x_2, x_3, x_4，以企业的产品创新率作为因变量 Y。其中，x_1, x_2, x_3, x_4 为以5点利氏尺度定义的变量，即从1到5这五个取值分别代表从低到高的五种程度；而衡量企业的产品创新程度的变量 Y，则以企业包含产品创新的产品占销售额的比例来表示（2002年数据）。假设 others 为除了 x_1, x_2, x_3, x_4 之外的其他影响因素，函数 $f(x)$ 为创新目标因素对产品创新率的影响函数，则我们可以得到创新目标方程：

$$Y = f(x_1, x_2, x_3, x_4, others) \tag{1}$$

在假设 others（其他变量）不变的前提下，由理论假设可知，$f(x_1, x_2, x_3, x_4, others)$ 是分别关于 x_1, x_2, x_3, x_4 的增函数。注意，此时 $f(x_1, x_2, x_3, x_4, others)$ 可能是非连续函数，所以不能用各自变量的偏导数大于零来描述。

四、基于问卷调查的实证与数理分析

1. 创新目标、前景四因素情况概述

（1）四变量综述

调查问卷显示（如图8.1所示），被调查企业的创新目标、前景定义清晰度最低，其平均值为3.37，而目标、前景与环境变化适应度最高，为3.62，创新目标、前景由组

织共同立定程度,与创新相关的嘉奖与公司目标的联系度这两个因素介于两者之间,分别为 3.49 和 3.40,后者较低。

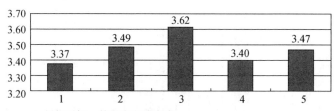

1. 创新目标、前景定义清晰度
2. 创新目标、前景由组织共同立定
3. 创新目标前景与环境变化适应性
4. 与创新相关的嘉奖与公司目标的联系度
5. 四项平均值

图 8.1 创新目标、前景总体情况

首先,图 8.1 显示了由于中国市场环境的快速变化,中国制造业企业的创新环境也在不断地变化,这大大增加了企业树立清晰的创新目标的难度或者说成本,因此企业创新目标普遍相对模糊,这又导致了企业不得不用更加灵活的与环境变化的适应性来弥补。因此我们可以说,中国制造业企业创新目标的基本特征之一是:灵活性有余,目标性不足。

其次,3.49 的目标由组织共同立定程度表明:由于种种原因,相对于 1.41 的个人决定程度来讲,中国制造业企业更加侧重于集体决策,由组织来共同决定创新的目标、前景。其优劣现在难以定论,因为要加入企业家才能(与通常我们所说的企业家才能相比,更加强调的是企业家对于该行业的专业性了解以及决策正确性)这个变量才能说清——组织决策在具有集思广益、讨论充分、决策理性的优势的同时会带来决策成本,而个人决策成本低。在企业家才能高、创新并非关乎企业命脉时,个人决策相对占优。

而与创新相关的嘉奖与公司目标的联系度为 3.40,比较低,这表明,企业对创新成果的嘉奖与公司目标的联系度相对仍然较低,它不利于企业营造鼓励创新的环境。

（2）四变量按企业规模分类描述

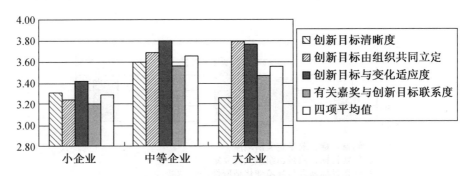

图 8.2　创新目标、前景四因素按企业规模分类

如果员工少于 250 人，该公司就被分类为小公司；员工在 250 到 1000 人之间，是中等公司；当员工数大于 1000 人时，该公司就为大公司。该定义与欧盟的分类标准类似，但也做了一些改动。图 8.2 中对大中小三类公司的创新目标四变量进行了分类描述。我们可以发现：创新目标清晰度中等企业最高，小企业次之，大企业最低，这恰巧与安同良（2005）所提出的中等企业中国与江苏的产品首创率最高，小企业次之，大企业最低的现象相吻合，说明了中等企业存在着清晰的创新目标，小企业和大企业目标清晰度相对较低[13]。究其原因，企业的创新目标清晰度由企业的创新欲望和企业确定目标的能力有关，小企业创新的欲望高但是往往缺乏确定创新目标的能力，中等企业创新的欲望高而且具备了一定的确定清晰创新目标的能力，大企业具有确定清晰创新目标的能力，却有可能没有强烈的"不创新即灭亡"的危机意识与创新欲望，从而导致了上述情况的发生。同时，创新目标由组织共同立定程度随着企业规模的扩大而递增，显示了随着企业规模扩大，复杂度也增大，个人决策难度增大，决策失败带来损失的风险超过了组织决策的决策成本。创新的目标与情况的变化适应度，嘉奖与创新的目标联系度这两个因素小企业远小于大中企业的事实，说明了大中型企业对创新的管理更加规范和有效。

（3）四变量按企业所有制分类描述

样本公司被分为三个所有制类别：国有和集体所有，股份和有限责任公司（含港澳台公司）和外国公司。国有和集体公司包括了所有为国家或集体经济体所拥有的公司;股份和有限责任公司以及港澳台公司包括了一班混杂的公司,大部分是私有的,但如果有些国有和集体企业注册为股份公司,它们也在范围之内;外国公司是指被外国个人或是国外公司占有 50％以上的公司。因此这里使用的定义与中国一般对外国公司的定义不同。

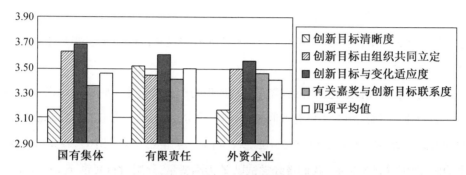

图 8.3　创新目标、前景四因素按所有制分类

由图 8.3 可见,就创新目标的清晰度而言,股份和有限责任公司(含港澳台公司)最高,国有和集体公司与外国公司都较低而且差距不大。中国公司(包含股份有限与国有集体两类)之间的差距,可以用创新欲望来解释,而且也和股份有限公司的创新率高于国有集体公司的创新率的实际情况一致,而外国公司的创新目标清晰度低和外国公司的高创新率不对应,其原因是受调查的外国公司的研发大部分是在海外,或者拥有已经成形的技术,中国只是制造基地而已。

就创新目标由组织共同立定程度而言,国有集体企业最高,股份有限公司最低,外国公司介于两者之间,这说明了就创新决策而言,国有集体企业程序最为严格,股份有限公司决策最为灵活,外国公司介于两者之间。创新目标与环境的变化相适应程度,以国有集体、股份有限、外国公司的顺序逐次降低,这不能说是国有集体公司的机制更加灵活,而应该是对其相对低的创新目标清晰度的被迫补偿。

而有关的嘉奖与创新目标的关联程度以国有集体、股份有限、外国公司的顺序逐次递增,体现了鼓励创新、奖励创新的氛围与机制依次变好。这表明由于国有和集体所有制企业在所有制安排方面的天生动力缺陷[14],使得制度变量成为影响企业鼓励创新、奖励创新的氛围与机制关键因素之一。

2. 创新目标、前景四因素与企业产品创新率之间的关系

(1) 创新目标四因素与企业产品创新率综合图及描述

完成了上述对于被调查企业创新目标四因素的综合与分类描述之后，我们需要解决这一问题：这四个因素对于中国制造业企业的创新率究竟产生了什么影响？其表现是如同上文所说的"$f(x_1,x_2,x_3,x_4,others)$ 是分别关于 x_1,x_2,x_3,x_4 的增函数"这个结论这么简单，还是由于变量本身存在着相互的关系，导致了数据呈现出更加复杂的表现形式。

如上文变量设置所述，Y 表示含有产品创新的产品占企业销售额的比例。我们对 Y 进行排序，筛选出 221 份有效问卷，求出三等分点，再以三等分点为标志点把企业分为低创新、中等创新、高创新公司三类。再对三类企业分别求出 x_1,x_2,x_3,x_4 的平均值，即可得到图 8.4。我们曾经尝试以 Y 为因变量，分别对自变量 x_1,x_2,x_3,x_4 进行回归分析，结果 R^2 过小而且回归方程通不过假设检验。这应该是因为影响创新的变量太多，创新目标四因素只是其中的一小部分，同时 5 点利氏尺度变量的取值只有 5 个，并不适合做回归分析。图 8.4 虽然不是精确的回归分析，但却能够反映出创新率随着四因素的变化而变化的大体趋势。从图 8.4 可以看出，创新目标清晰度 x_1 按低创新公司、中等创新公司、高创新公司的次序依次增加，这与文献回顾中的叙述相同；而创新目标与环境变化的适应度 x_3 却按上述次序逐次递减，这与理论回顾中的叙述正好相反；另外两个变量创新目标由组织共同决定程度 x_2、创新的嘉奖与创新的目标联系度 x_4 都呈倒 U 型，在中等创新公司处达到最高点。

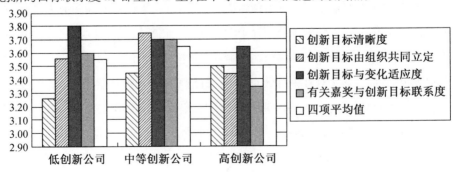

图 8.4　创新目标四因素与企业产品创新率综合图

（2）创新目标清晰度 x_1 与创新目标与环境变化适应度 x_3 的解释——两变量限制均衡

由于创新目标清晰度 x_1、创新目标与环境变化的适应度 x_3 之间存在紧密的逻辑关系，我们可以通过建立模型来说明：为什么"$f(x_1,x_2,x_3,x_4,others)$ 是分别关于 x_1,x_2,x_3,x_4 的增函数"这一结论在中国的实际情况中发生了如此不同的变化。

我们用 Δx_1 表示创新目标清晰度 x_1 的变化，Δx_3 表示创新目标与环境变化的适应度 x_3 的变化，ΔY 表示企业产品创新率 Y 的变化，同时为表达简便起见，假设三者之间是简单的线性关系，可得如下方程：

$$\Delta Y = \alpha \Delta x_1 + \beta \Delta x_3 \tag{2}$$

其中，$\alpha > 0$ 且 $\beta > 0$。因为 $\alpha > 0$ 且 $\beta > 0$，可见 Y 是 x_1、x_3 的增函数，所以要增加 Y，只需要 $\Delta Y > 0$，即 $\Delta x_1 > 0$，$\Delta x_3 > 0$——此时该方程和文献回顾中的结论完全一致。

我们注意到，（2）式是十分简单和理想化的，它至少忽略了一个重要的因素：成本。创新目标清晰度 x_1 的增加是企业运用自身的资源、能力，对环境做出一系列的评估、预测，最后得到一个清晰或者只是比较清晰的目标的过程，该过程可能耗时耗力，想得到一个清晰而正确的创新目标，不可能不付出成本。同时企业想要提高自己随着环境变化而灵活变化的能力，即提高变量 x_3，也需要成本——灵活变化机制的构建需要成本，对环境变化的评估需要成本，最后改变原有的目标转向新的目标，更是有沉没成本和重新开始项目所需要的成本。而在中国，企业想要创新，面临的首要问题就是成本问题，面临的重要约束就是由人才、知识、资金、时间等构成的成本约束。所以我们在模型中增加约束条件——成本约束方程式：

$$C = \gamma \Delta x_1 + \eta \Delta x_3 \tag{3}$$

其中 C 表示某企业面临的成本约束，假设 C 是固定的且 $C > 0$。其中的系数 γ，η 也大于零。该式表示：想要增加 x_1，就要以减少 x_3 为代价。联立（2）（3）式，可得：

$$\Delta Y = \Delta x_1 \left(\alpha - \frac{\gamma}{\eta} \beta \right) + \frac{C\beta}{\eta} \tag{4}$$

$$\Delta Y = \Delta x_3 \left(\beta - \frac{\eta}{\gamma} \alpha \right) + \frac{C\alpha}{\gamma} \tag{5}$$

　　我们继续引入实际因素。在四变量综述里,我们总结了中国制造业企业创新目标的一个基本特征:灵活性有余,目标性不足。下面我们就把这个因素引入我们的模型之中,作为模型的初始条件。这就表明,我们现在研究的这个企业,其初始时 x_1 很小而 x_3 很大。因此类似于边际收益递减原则,对于(2)式,我们有:增加一单位的 Δx_1,引起 ΔY 的增加量要比增加一单位的 Δx_3 引起的要大,在(2)式中就表现为 $\alpha >$ β。同样道理,在(3)式中考虑初始条件,类似于边际成本递增原则,我们有:增加一单位的 Δx_1,引起 C 的增加量要比增加一单位的 Δx_3 引起的要小,这在(3)式中就表现为 $\gamma < \eta$。即:考虑初始条件之后,我们有:

$$\alpha > \beta > 0, \eta > \gamma > 0 \tag{6}$$

　　结合(4)(5)(6)式,易得 $\alpha - \dfrac{\gamma}{\eta}\beta > 0, \beta - \dfrac{\eta}{\gamma}\alpha < 0$。

　　此时我们就可以看出,当引入成本限制因素(3)和初始条件(6)之后,传统理论中的结论发生了变化,变成了 ΔY 是 Δx_1 的增函数,是 Δx_3 的减函数。此时要增加 ΔY,现实的选择是令 $\Delta x_1 > 0$ 且增大 Δx_1,就是增大 x_1,同时令 $\Delta x_3 < 0$,即减小 x_3。这恰恰与我们在创新目标四因素与企业产品创新率综合图及描述中发现的"反常"现象相一致。也就是说,x_1,x_3 之间存在着成本约束下的、考虑初始条件的两变量均衡。

　　为此我们可以由此推广下去,在影响技术创新的其他因素中,也存在着类似的两变量、甚至多变量均衡,这与传统理论简单化的增函数表述有很大的区别。也许下一个两变量均衡就是由 x_2 体现的创新目标由组织共同决定程度与 CEO 的企业家能力这两个变量之间的两变量均衡。因此在本章中将不再分析 x_2 的变化,留作以后的工作。

　　(3) 对于有关创新的嘉奖与创新的目标联系度 x_4 的解释——创新成果对于影响创新变量的反馈影响

　　我们发现,变量 x_4(有关创新的嘉奖与创新的目标联系度)呈现倒 U 型,从低创新企业的低点上升到中等创新企业的高点之后,在高创新企业呈现大幅下降的趋势。这与传统理论中"$f(x_1, x_2, x_3, x_4, others)$ 是分别关于 x_1,x_2,x_3,x_4 的增函数"这一结论明显不符。

我们认为，创新的结果和影响创新的变量之间并不是简单的后者是前者的因、前者是后者的果的关系，而是更加复杂的、在时间上来看彼此互为因果的关系。在 x_4 影响 Y 之后，Y 又不可避免的会对 x_4 产生影响。具体地说，x_4 越高，表明奖励创新、激励创新的氛围和机制越好，因此中等创新公司的 x_4 的平均值高过低创新公司的 x_4 的平均值；但是一旦创新率到了一定的程度，就会对这个激励创新的机制产生负反馈影响，在图形上就表现为 x_4 在高创新企业呈现大幅下降的趋势。究其原因，可能是因为维持不断创新的状态并不是很容易的事情，在企业创新不足时，可能会有"不创新即灭亡"的危机感，因此会营造重奖创新、鼓励创新的氛围和机制，而企业的创新一旦达到比较高的程度，在核心刚性的作用下，企业对于创新的危机意识就会比较淡薄，从而导致鼓励创新机制上的退步。这就会导致高创新企业创新率的下降，为中等创新企业的追赶提供了机遇。我们可以进一步推广这个结论：不只是变量 x_4，每一个影响创新的变量都会被创新本身所影响，称之为创新本身对于影响创新因素的反馈影响。

五、结论

本章在大量调查问卷的基础上，以江苏省制造业企业为样本，从微观行为数据层面，以统计实证与数理分析等方法考察、观测、揭示了中国企业的创新目标、前景与企业技术创新之间存在的特殊的复杂关系。

1. 以江苏省企业技术创新调查所得的数据库为基础，我们描述了创新目标四因素在中国的总体分布情况，指出了中国制造业企业的技术创新存在着典型的"目标性不足，灵活性有余"的基本特征。

2. 我们对企业产品创新率进行了排序，把企业分为低、中、高创新公司，并以此为分类标准对创新因素四变量进行了描述分析，指出随着创新程度的提高，创新目标清晰度 x_1 递增，创新目标与环境变化适应度 x_3 递减，创新目标由组织共同决定程度 x_2、创新的嘉奖与创新的目标联系度 x_4 呈倒 U 分布。为此，我们推论：将自主创新、建设创新型国家确定为中国 21 世纪国家发展战略，这一目标导向将会对中国企业技术创新带来明确的目标激励。

3. 针对创新目标清晰度 x_1、创新目标与环境变化适应度 x_3 描述分析与传统的理论不同,通过数理模型,我们论证了两变量限制均衡的存在;针对创新的嘉奖与创新的目标联系度 x_4 的倒 U 分布,阐述了创新本身对于影响创新的因素的反馈影响现象。

总体而言,我们证明了影响创新的各个因素之间存在着各种逻辑关系和限制,这导致了各个因素与创新率之间存在着复杂关系;同时,影响创新的各个因素在影响创新的同时又受到创新的反馈影响。所以说,创新影响方程 $f(x_1,x_2,x_3,x_4,others)$ 是一个十分复杂的方程。

参考文献

［1］Grossman, R, King, J. Where Vision Statements Go Wrong. Across the Board, 1993, Vol. 30. No. 5, pp. 66‐7.

［2］迈诺尔夫·迪尔克斯等. 组织学习与知识创新(中译本). 上海:上海人民出版社,2001.

［3］金仁秀. 从模仿到创新(中译本). 北京:新华出版社,1998.

［4］Winter S. The Satisficing Principle in Capability Learning. Strategic Management Journal, Special Issue on the Evolution of Firm Capabilities, 2000, Vol. 21, No. 10~11, pp. 981‐96.

［5］Terutomo Ozawa. Institutions, Industrial Upgrading, and Econonomic Performance inJapan. Edward Elgar Publishing, 2005.

［6］Youngbae K, Byungheon L. Patterns of Technological Learning among the Strategic Groups in the Korean Electronic Parts Industry. Research Policy, 2002(31): 543‐567.

［7］布凌格. 聚焦创新(中译本). 北京:科学出版社,2007.

［8］安同良. 中国企业的技术选择. 经济研究,2003(7).

［9］安同良. 企业技术能力发展论. 北京:人民出版社,2004.

［10］中国企业家调查系统. 企业创新:现状、问题及对策. 管理世界,2001(4).

［11］王辉、忻蓉、徐淑英. 中国企业 CEO 的领导行为及对企业经营业绩的影响. 管理世界,2006(4).

[12] Joe Tidd，John Bessant，Keith Pavitt，2005，Managing Innovation (3rd edition). John Wiley & Sons,Ltd.

[13] 安同良、王文翌、魏巍. 中国制造业企业的技术创新：模式、动力与障碍. 当代财经,2005 (12).

[14] 安同良、施浩、Ludovico Alcorta. 中国制造业企业 R&D 行为模式的观测与实证. 经济研究,2006(2).

（原文载于：安同良、魏巍：《创新目标、前景与企业技术创新行为：江苏的实证》，《产业经济研究》,2009 年第 1 期）

第九章　中国制造业企业 R&D 行为模式的观测与实证

——基于江苏省制造业企业问卷调查的实证分析

内容提要：本章在大量调查问卷的基础上，以江苏省制造业企业为样本，以统计实证与计量分析等方法考察与观测了企业所处行业、企业规模以及企业所有制三个因素对企业 R&D 行为的影响，从微观行为数据层面揭示了中国制造业企业 R&D 活动的行为模式与真实机理。论文的许多发现为理解 R&D"不易观测"的关键因素提供了基于中国经验的独特的实证视角；我们揭示出：中国小公司、中型公司、大公司的 R&D 强度趋势存在着明确的倾斜的 V 型结构关系，以此修正了 Bound 等、Pavitt 等人的理论观点。

关键词：制造业企业；R&D（研究与发展）；R&D 强度；技术创新；企业技术能力

一、引言

经过 20 多年的高速增长，中国的制造业日益强大，中国正成为世界的制造工厂。但是，中国经济要持续发展，不仅仅依靠不断增加的制造能力，更关键的是要依靠创造新产品和新工艺的能力，即企业技术能力的高度化发展，而研究与发展（R&D）作为企业技术努力的关键行为，更应得到足够的关注与重视。

多年以来，对企业 R&D 行为及其影响因素的观测与实证一直是国外文献的热点与难点。Dorfman 和 Steiner(1954)首次提出了一个简单而又直观的模型来解释企业 R&D 支出的决定机理，Griliches(1957)、Schmookler(1966)和 Scherer(1982)强调了来自需求方面—市场规模的影响。而 Scherer(1965,1982)和 Levin 等人(1985)则发现企业面临的技术机会和技术的专用性条件对企业或者行业层面的技术创新活动有着同样举足轻重的作用。Cohen 和 Levin(1989)在他们的经验研究中还发现企业规模和行业结构对企业的 R&D 活动也有巨大的影响。但是,这些早期的经验研究比较零散,难以形成一个解释企业 R&D 活动的统一而又完整的理论框架。Cohen 和 Klepper(1992)开创性地指出虽然企业的 R&D 强度(R&D 支出与销售额之比)与企业特征有关,比如企业规模、现金流和多元化的程度等等,但是所有这些因素似乎都不足以解释企业间 R&D 努力(以 R&D 强度来衡量)的差异,他们据此认为决定企业 R&D 努力的关键因素是"不易观测"的。利用美国联邦贸易局的数据,他们推测存在一个共同的随机过程,决定着被他们称为"不易观测的与 R&D 相关的技术能力"的概率分布。Chang-Yang Lee(2002)追随他们的研究,利用世界银行提供的发达程度不等的六个国家七个行业中 1600 个企业 R&D 强度和技术能力的数据,检验并深化了 Cohen 和 Klepper 的结论,认为行业内企业技术能力的分布决定了企业间 R&D 强度的分布。Yasuda,Takehiko(2005)则以日本制造业企业的微观数据证明了公司规模、年龄与公司成长中的 R&D 行为存在着确定性影响。

　　我国学者对 R&D 的研究主要存在以下四条线路:(1) 以工业企业普查数据、年鉴数据为基础,对 R&D 进行计量研究,如刘小玄(2000)分析了所有制等变量对于企业效率的影响,论证出私营个体企业的效率最高,而国有企业的效率最低。姚洋和章奇(2001)认为非国有企业比国有企业的技术效率更高,大企业比小企业效率更高。何玮(2003)指出我国大中型工业企业技术创新行为存在明显的短期效应。张海洋(2005)发现在控制自主 R&D 的情况下,外资活动对内资工业部门生产率提高没有显著影响。(2) 安同良(2003)以"企业技术能力"为研究范式,剖析了中国企业技术选择与 R&D 战略的动因。(3) 薛澜等(2002)、沈玉芳等(2004)对于跨国公司在中国的 R&D 行为进行了较广泛的研究。(4) 基于行业创新层面、小样本或较少变量观测的 R&D 调查研究,如清华大学企业技术创新问卷调查(高建,1997)、中国企业家调查系统(2001)的调查、陈劲(2002)的企业技术创新高标准定位的调查。

　　我们认为对企业 R&D 行为的深入分析应该建立在大量微观数据的全面实证观测基础上。本章致力于填补大样本、多变量观测企业 R&D 行为机理的研究空白,在对江苏省制造业企业进行大量调查问卷的基础上,运用统计与计量分析方法,考察并观测企业所处行业、企业规模以及企业所有制三因素对企业 R&D 行为的影响,进而从微观行为角度揭示出中国制造业企业 R&D 活动的真实机理,为理解 R&D"不易观测"的关键因素提供基于中国经验的独特实证视角。

二、问卷调查的设计与实际调查

为全面观测中国制造业企业技术创新行为,在荷兰政府中荷研究基金资助下,我们设计了调查问卷《中国企业的技术学习与技术能力:以江苏为案例》,该问卷主要按照 OECD 和欧盟有关技术创新调查问卷设计,且根据中国的实际情况做了重要改动。问卷覆盖了有关技术创新的方方面面,在"研究与发展(R&D)"这部分,问卷覆盖了表 9.1 中的诸多内容。我们的调查数据始于 2000 年,止于 2002 年。问卷调查开始于 2003 年 10 月份,2004 年 9 月结束时我们得到总共 364 份问卷,其中有效问卷 354 份。问卷共有 69 个问题,包括大概 600 个信息项。从广度、深度及质量性等方面,可以说,在中国范围内,这样的调查还是独一无二的。

表 9.1　R&D 的调查内容

调查项目	含义	调查项目	含义
频率	持续性 R&D/间断性 R&D	经费分配	产品创新 R&D/工艺创新 R&D
主体	部门 R&D/企业 R&D/合作 R&D	支出方向	基础研究/应用研究/实验发展
雇员构成	R&D 员工的学历构成	经费来源	R&D 经费来源的构成
知识背景	R&D 知识的学科分布	成果	申请专利和发表论文
支出结构	R&D 各项支出统计		

在 R&D 活动的影响因素中,本章沿着 Cohen、Klepper(1992)与 Yasuda、Takehiko(2005)等人的研究,主要考察行业、企业规模与所有制这三项,至于其他的因素,将在以后研究中另文分析。根据以往文献,我们提出以下四个理论假设,希望在中国得到观测与实证:

假设 1:研发行为的诸多影响因素及其作用机理是可以通过某种方式被观测的。

假设 2:行业是影响企业研发行为的最主要因素之一,产业间劳动力、资本、技术与知识等要素禀赋的不同以及产业演化的动态影响使企业研发行为呈现出内生化的行业差异。

假设3:公司规模引致了企业研发行为的规模差异,大公司因具资源优势,其研发活动更持续、更规范;但是小公司具有行为优势,其研发行为则更加进取与灵活。

假设4:不同的产权结构对企业的研发行为应该有重要的影响,在中国,与国有企业相比,外国企业的研发支出可能更高,研发活动更加频繁。

在问卷中,我们设立了五个指标来全面衡量企业的 R&D 行为,它们分别是 R&D 强度(R&D 投入与销售收入之比),R&D 频率,R&D 主体,与产品创新和工艺创新相关的 R&D 投入比例,以及 R&D 投入在基础研究、应用研究和试验发展之间的分配比重;其中,R&D 强度是最核心的指标,它直接反映了企业对 R&D 的重视程度。

三、江苏省制造业企业 R&D 行为的行业分布

1. R&D 强度的行业分布

根据《中国科技统计年鉴》的科技统计指标解释,在我们的问卷中把研究与试验发展(R&D)定义为"在科学技术领域,为增加知识总量以及运用这些知识去创造新的应用进行的系统的创造性的活动,包括基础研究、应用研究、试验发展三类活动"。由于在中国相关统计数据中,R&D 支出作为一项单独的指标出现的较晚,许多企业并没有单独的 R&D 支出数据,所以我们的问卷仿照《中国科技统计年鉴》,采用"科技经费支出总额"和"技术改造支出总额"这两个指标来衡量企业的 R&D 支出情况。其中,"科技经费支出总额"又分为"内部支出"和"外部支出"两项。从最严格的角度来说,R&D 支出应该是"内部支出"下的一个项目,但是由于许多问卷填写者对相关的概念并不是十分清楚,为了便于数据处理,我们把科技经费支出总额定义为 R&D 支出,用这个数据除以企业 2002 年的销售额就得出了 R&D 强度①。

---

① 我们在此重新定义了 R&D 支出,匿名审稿人也深刻地指出了这一点。之所以如此,主要因为在调查之时,难以得到与现行《中国科技统计年鉴》统计口径一致的 R&D 支出。敬请读者注意与谅解!

表 9.2   江苏省制造业企业各行业 2002 年 R&D 强度(由高到低排列)

行业(编号)	R&D 强度	行业(编号)	R&D 强度
医药制造业(6)	10.15%	机械制造业(9)	2.13%
造纸和印刷业(3)	6.99%	交通运输设备制造业(10)	1.95%
其他制造业(12)	6.29%	矿物加工和金属制品业(8)	1.51%
橡胶和塑料制造业(7)	5.21%	纺织业和服装业(2)	1.45%
化工原料及制品制造业(5)	5.17%	食品烟草和饮料制造业(1)	0.93%
电气及电子产品制造业(11)	3.32%	石油加工和炼焦业(4)	0.25%

调查结果表明(见表 9.2),2002 年江苏制造业企业的 R&D 强度明显高于中国企业的平均水平,江苏制造企业的平均研发强度为 2.11%,而 2002 年和 2003 年中国大中型工业企业的研发强度分别为 1.73%和 1.52%(国家统计局等,2004),这为证明江苏作为中国第二大工业强省和技术投资大省提供了坚实的数据佐证。从各行业的情况来看,除了其他制造业以外,R&D 强度最高的三个行业分别是医药制造业(10.15%)、造纸和印刷业(6.99%)、其他制造业(6.29%);而 R&D 强度最低的三个行业分别是石油加工和炼焦业(0.25%)、食品烟草和饮料制造业(0.93%)以及纺织业和服装业(1.45%)。通过与 OECD(2002)提供的西方发达工业国家的同类数据相比较,我们发现:(1) 中国医药制造业的 R&D 强度虽然是各个行业中最高的,但还远远落后于发达国家,美国 2000 年医药制造业的 R&D 强度为 19.9%,日本 1998 年的数据则是 21.5%,可见中国企业的技术进步还有很长的路要走。(2) 中国高技术产业的 R&D 投入严重不足,美国 2000 年高技术产业的平均研发强度为 22.5%,其中办公设备及计算机制造业、电子设备制造业的研发强度分别高达 25.9%和19.6%,说明中国虽然有大量的高技术产品制造企业,但是大多数企业并不拥有发展高技术产品的核心能力,而更多的是技术引进和代工生产,其中深刻的原因在于中国许多企业经营者满足于技术获取的拿来主义及技术发展的复制性模仿战略,满足于产品的短期竞争力(安同良,2003,2004)。(3) 造纸和印刷业的 R&D 强度偏高,达到了 6.99%,原因可能是在我们的样本中有像双灯纸业这样的公司,其研发强度达到了 25%,而且由于相对于样本中其他企业来说,双灯集团的规模较大(权重较

大),从而抬高了行业的整体水平。(4)虽然中国纺织业和服装业 R&D 强度
(1.45%)在全部制造业中排序较低,但相对美国纺织业 R&D 强度 0.5%(Gregory
T.,1997)还是高出许多,这既反映出中国纺织业竞争力颇高,同时又表现出中、美纺
织业发展阶段的差异性与 R&D 强度间的关联性。

　　2. R&D 频率的行业分布

　　R&D 的频率反映了企业进行 R&D 活动的经常程度,在此次调查中,我们发现
江苏省制造业企业的 R&D 行为十分频繁,如图 9.1 所示。从样本收集的情况来看,
在我们所调查的十二类行业中,有 R&D 活动的企业占了多数,在有 R&D 活动的企
业中,进行持续 R&D 的企业又占了多数,在医药制造、石油加工和炼焦以及交通运
输设备制造三个行业里,持续 R&D 的企业数目更是占到了行业样本总数的
86.36%、83.33% 和 71.43%。这从某种程度上说明了中国制造业的崛起是以相当
广泛的技术创新活动作为基础的,事实说明,中国的制造业企业不仅有创新,而且创
新活动相当频繁(安同良等,2005)。但是从图中也可以看出,在像食品制造和橡胶制
造这样的行业中,R&D 活动也不是很频繁,没有 R&D 活动的企业和间断 R&D 的
企业也占了相当比例。值得一提的是造纸和印刷业,从 R&D 强度来看,此行业的
R&D 活动十分活跃;但就频率而言,持续 R&D 的企业并不占优(33.33%),这是由
于在造纸业中有个别大型企业的 R&D 强度非常之高,从而抬高了行业的平均水平,

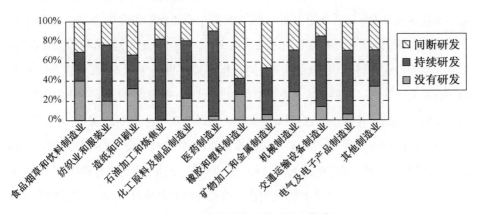

图 9.1　不同行业企业的 R&D 频率

所以从产业层面来讲,造纸业的 R&D 投入其实并不像也不应该像第一部分(R&D 强度)中描述的那样高。与此相反,像石油加工和交通运输设备制造这样的行业中,也许就个别企业来看,R&D 投入并不是很高,但就行业层次而言,R&D 活动还是非常普遍的。

3. R&D 主体的行业分布

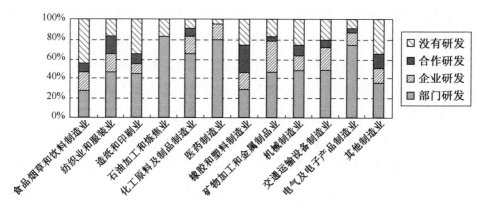

图 9.2　不同行业企业的 R&D 主体

一般说来,从事 R&D 活动的主体主要有三类:企业独立的 R&D 部门(或技术部门);如果没有,那么 R&D 将由企业内其他部门完成,或者与其他企业或机构合作完成。从图 9.2 中可以看出,在那些有 R&D 活动的企业中,设立自己独立的 R&D 部门是企业从事 R&D 活动的主要方式,尤其是在石油加工和炼焦、医药制造这些行业中,超过 80%的企业都设立了自己独立的 R&D 部门。此外,虽然与外部合作,包括与其他的企业和科研机构(如大学)的合作不是这里的主要形式,但还是有大约 10%的企业回答对这两种方式是兼而有之的,即他们一方面立足于自身 R&D 部门,另一方面也积极对外合作。这是因为企业认识到随着生产和科研发展的日趋专业化,从外部寻求补充知识资源的必要性越来越强;此外通过独立 R&D 与外部合作相结合,可以获得更多的成功机会(Joe Tidd 等,2005)。但是,注意到在那些独立 R&D 部门很强的行业中(石油加工和医药制造),没有任何的对外合作,这可能是因为这些行业的技术特点决定了对外合作存在着相当大的技术外溢风险,特别是医药制造行业,新产品发展的成本非常高,但是一旦产品形成,生产药品的边际成本相当低廉,所以技术保护就显得尤有必要。

4. 产品创新、工艺创新与 R&D 投入

在问卷中,我们把产品创新定义为"将新的产品投入商业运作。如果某一产品在设计或功能特征上的更改为该产品消费者带来了新的或更好的服务,我们就称其为技术性变革"。将工艺创新定义为"采用新的或显著改进的生产方法。这些方法可能涉及设备或生产组织的变更,或两者兼备。其目的可能是生产原有设备或生产方法下无法得到的新产品或更先进的产品,以及提高现有产品的生产效率"。从分析结果来看(如图 9.3 所示),除了石油加工和电气电子产品两个行业外,R&D 投入主要被用于发展新的产品,即与产品创新相关的 R&D 投入普遍高于与工艺创新相关的R&D 投入;由于工艺创新主要被用来提升生产效率和降低生产成本,可以看出例外的石油加工和电气电子产品两个行业非常注重生产过程的改进,并甚于发展新的产品,不过也有可能这些行业的技术特征使得产品创新和工艺创新的边界比较模糊。

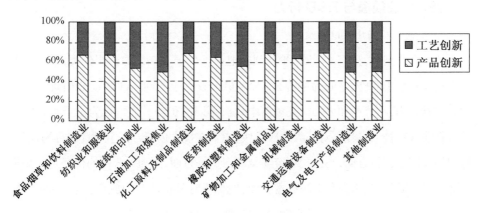

图 9.3　R&D 支出的分配

5. 不同行业 R&D 投入的分布

R&D 经费的使用主要用于三个方面:基础研究、应用研究和试验发展。从总体上来看,江苏制造业企业的 R&D 投入在这三个方面的投入分别为 26%,47% 和 27%。观察图 9.4 可以发现,基础研究和应用研究的投入占 R&D 经费的主要部分,

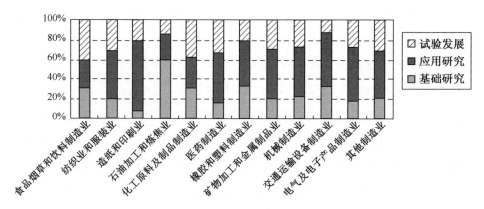

图 9.4　R&D 支出的结构

而试验发展的比重却不是很高。事实上，与发达国家相比，基础研究和应用研究的投入比重偏高而试验发展的投入比重偏低。2000 年 OECD 国家大约三分之二的企业 R&D 经费从事试验发展，应用研究居第二，而基础研究的比重很低（OECD，2002）。

四、企业规模与 R&D 行为

1. 企业规模与 R&D 强度

关于企业规模，我们基于欧盟的标准，把员工少于 250 人的公司分类为小公司；员工在 250 至 1000 人之间为中等公司；当员工数大于 1000 人时，该公司就为大公司。文献认为，小公司和大公司在创新中具有不同的优势。通常认为由于小公司更具有企业家精神，更灵活，对外界反应更快，它们在技术创新方面主要具有行为优势；特别是在产品创新方面，小公司更容易创新。另一方面，因为大公司的优势是在规模经济、产品的标准化生产和削减成本上面，他们更容易把注意力放在工艺创新上面，而它们在技术创新方面主要具有物质优势（Rothwell, R. and Dodgson, M., 1994）。此外，各个企业之间 R&D 强度的不同还与涉及的行业有关，所以对此很难有普适性的结论。尽管如此，Cohen(1995) 和 Symeondis(1996) 在查阅了相当全面的数据后，发现在某一临界值以上，R&D 费用上升似乎与公司的规模成比例。Freeman 和 Soete 也发现虽然在重大发明和创新中，小公司所占的比例异常高，但是就特定的专业 R&D 活动而言，在统计到的所有国家中都有相当确凿的证据显示 R&D 高度集中在大公司内(Freeman and Soete, 1997)。问卷调查的数据显示(见图 9.5),小公司的 R&D 强度是 3.53%,高于大公司的 2.35%,考虑到江苏制造业企业主要 R&D 经费都投入在新产品的发展上面(产品创新),这印证了 Rothwell 和 Dodgson(1994)关于小公司具有"行为优势"的观点,在引入新的产品或新的设计方面,小公司的确比大公司显得更具有效率,动作更快。

Bound 等(1984)曾发现研发费用强度与企业规模之间的一个 U 型关系的经验证据,类似的 U 型关系也被 Pavitt 等(1987)观察到。尽管大企业创新活动的强度更大,但是与中等规模水平的企业相比,非常小的企业和非常大的企业有着最高的创新强度。仔细观察图 9.5,我们发现小公司、中型公司、大公司 R&D 强度的趋势存在着明确的倾斜的 V 型关系,并非 U 型结构。与他们的发现相比,中国小公司的 R&D 强度更大,它表明在经济转型过程中新创设的小公司可能更具 R&D 行为的进取性。为进一步证明我们的直接观测,我们将 R&D 强度与企业规模进行回归及拟合,结果表明,R&D 强度与企业规模的 U 型关系通不过计量检验,其拟合曲线呈现大开口向上且底部尖端的明确的倾斜的 V 型,与图 9.5 极为相近。

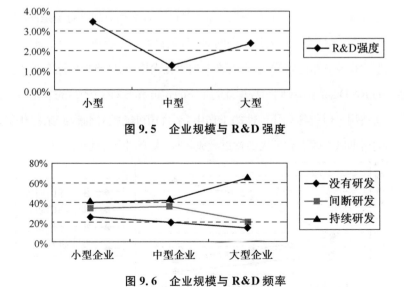

图 9.5 企业规模与 R&D 强度

图 9.6 企业规模与 R&D 频率

2. 企业规模与 R&D 频率

与上述结论形成鲜明比照的是，如果以 R&D 频率来考察企业 R&D 活动的话，大公司在这里占据着明显的优势。如图 9.6 所示，在我们的调查中，进行持续性 R&D 活动的大型企业占大企业样本总数的 65.75%，而小型企业的比例则是 41.41%，低于大企业，也低于中型企业的 44.83%。这说明大企业的 R&D 活动更加正式，具有常规性和组织性。相比之下，小公司的 R&D 行为则更加灵活和富有弹性，公司规模的这种差别决定了有些 R&D 活动是小公司无法从事的，而在另外一些行业中，小公司的贡献可以很高。在资本密集型的行业，比如化学工业的研究与发展，由于费用高昂，对资本强度的要求很高，所以工艺创新和产品创新主要由大公司垄断。但是在像机械工程这样的行业，产品的资本强度和发展成本都比较低，所以小公司占据了创新的绝大部分(Freeman and Soete，1997)。

3. 企业规模与 R&D 主体

如图 9.7 所示可以很明显地看出企业规模与 R&D 主体之间存在着稳定的关系，随着企业规模的扩大，设有独立 R&D 部门企业的比例逐渐增加，而其他三个类别的企业比例则逐渐减少。结论与前面类似：大企业的 R&D 活动更加具有组织性，因而可以整合更多的资源，承担小企业无法承担的 R&D 项目。当企业规模不大的时候，可以发现四种类型的企业分布比较均匀，没有谁占据明显优势，但是当规模逐渐扩大，不得不建立独立的 R&D 部门。我们的数据证明了 Freeman 和 Soete(1997)的假定：在发明工作初期以及费用少但更具有开创性的工作中，小公司可能相对而言占某些优势；而在发明工作的后期以及改进和扩大最初重大成就时，大公司则占优势。

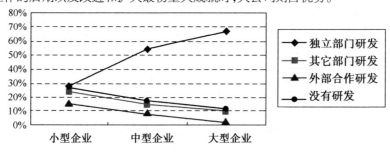

图 9.7 企业规模与 R&D 主体

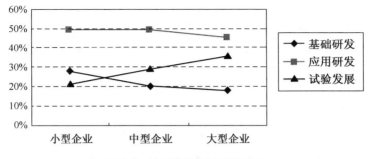

图 9.8　企业规模与 R&D 方向

4. 企业规模与 R&D 方向

技术作为一种可以累积的经济资产,企业在生命周期的早期阶段获得技术资产能够带来重要的竞争优势。分析企业规模与 R&D 方向的关系(见图 9.8),可以发现随着企业规模的不断扩大,试验发展支出的比重递增而基础研究的比重递减,应用研究支出的变化倒并不明显。这说明企业早期更加注重基础技术的积累,而随着企业的不断成长,逐渐把 R&D 重点转移到了试验发展上来,这既是为了回应日益扩大的市场需求,也是早期技术积累的一种释放过程。但是与国外相比,即使是大型中国企业,试验发展的比例还是偏低。

5. 产品创新、工艺创新与 R&D 投入

Scherer(1965)发现如果把所有的制造业企业看成一个整体,那么随着企业规模的扩大,相对于产品创新的 R&D 投入而言,与工艺创新相关的 R&D 支出增长的更快。从我们的数据来观察(如图 9.9 所示),虽然中型企业比小型企业有着更高的工艺创新 R&D 比例,但是当企业规模进一步扩大以后,这个比例又减弱下来。所以总体上看,企业的规模与 R&D 经费在产品创新与工艺创新之间的分配并不存在必然的联系,至少不存在强相关关系。普遍的情况是三种规模企业的这种分配比例相当,与产品创新相关的 R&D 投入普遍地要高于与工艺创新相关的 R&D 投入。

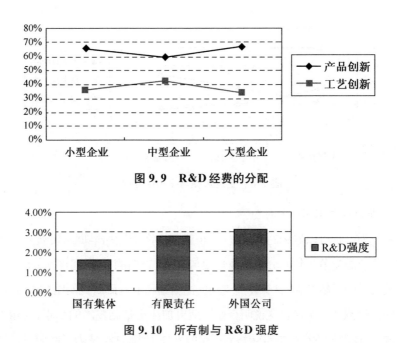

图 9.9　R&D 经费的分配

图 9.10　所有制与 R&D 强度

五、企业所有制与 R&D 行为

1. 企业所有制与 R&D 强度

为便于数据分析,我们按照所有制的不同把样本公司分为三个类别:第一是国有和集体所有制公司,包括所有为国家或集体经济体所拥有的公司;第二是股份和有限责任公司以及港澳台公司,包括一班混杂的公司,它们大部分是私有的,但如果有些国有和集体企业注册为股份公司,它们也在范围之内。第三类是外国公司,是指被外国个人或是国外公司占有 50％以上股权比例的公司。此种分类有别于中国官方的根据企业注册时的资本情况来划分企业类别的所有制分类方法。图 9.10 的结论相当明确,外国公司的研发强度最高,达到 3.11％,而国有和集体所有制公司最低(1.53％),股份和有限责任公司以及港澳台公司的研发强度处于两者之间(2.81％),这个结果与我们的预期和文献中的相关描述相一致。第一类企业和第二、第三类企业之间的主要差别在于所有制的安排,由于国有和集体所有制企业在所有制安排的天生动力缺陷,使得他们的研发动力与其他企业比起来相对不足。第一类、第二类企业与第三类企业之间的差别除了所有制不同外,还在于技术后进国家与技术发达国家企业之间技术发展轨迹的差别,由于技术后进国家企业是在了解、依赖发达国家技术发展轨迹和国外技术供应的技术环境下,寻求其技术能力的获得(安同良,2004),所以作为技术跟随型战略的技术后进国家企业,前者的研发强度必然低于技术领导型战略的技术发达国家企业。

2. 企业所有制与 R&D 频率

观察图 9.11,在三个类别的企业中,有 R&D 活动的企业所占比例大约都在80%左右,但是构成却不同。其中,外国公司中进行持续性 R&D 活动的企业占了61.54%,而国有和集体所有制企业、有限责任和港澳台企业这两类中只有不到半数的公司会进行持续性的 R&D 活动,其比例分别是 45.78%和 47.91%。与国内公司相比,外国公司的 R&D 行为更加经常和普遍,这亦从一个侧面说明了外国公司在R&D 上的优势以及技术领先于国内企业的原因。

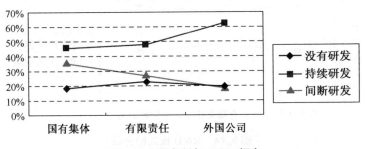

图 9.11　所有制与 R&D 频率

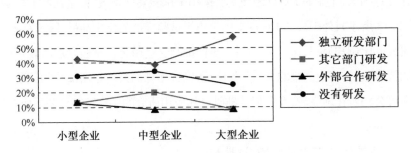

图 9.12　所有制与 R&D 主体

3. 企业所有制与 R&D 主体

图 9.12 显示外国公司的 R&D 活动更加具有组织性和目的性。在外国公司中，设有独立 R&D 部门公司的比例（57.69%）明显高于前两类企业（分别为 42.17% 和 38.60%）。

4. 企业所有制与 R&D 方向

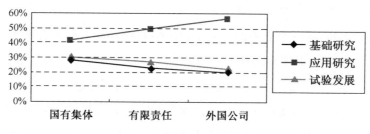

图 9.13　所有制与 R&D 方向

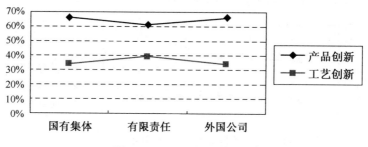

图 9.14　R&D 投入的分配

在发达国家，企业的 R&D 经费主要运用于试验发展领域，但是在我们的数据中（如图 9.13 所示），外国公司 R&D 支出中用于试验发展的比例却最低，只有 23%，但应用研究的比例却最高，达到了 56%。我们推测这是由于在试验发展阶段可以产生成形的技术，也需要更高级的 R&D 条件，所以许多外国公司相当部分的试验发展工作是在母公司所在地完成，而只把基础研究和应用研究的工作留在分公司所在地（中国）。

5. 产品创新、工艺创新与 R&D 投入

如图 9.14 所示，在企业所有制和 R&D 投入的分配上观察不到强相关关系，用

于产品创新的 R&D 支出比例通常稳定在 64％左右。其实,我们考察的行业、企业规模和所有制这三个因素对 R&D 投入的分配都没有什么决定性的影响,他们之间几乎没有相关关系。Utterback(1994)指出产品创新和工艺创新主要取决于产业动态的三个过程,与其他因素之间的关系并不明显。之所以产品创新的 R&D 投入较高,是因为通常新产品的发展可以为企业带来更多的利润。

六、多元回归检验

为验证研发强度和企业所处行业、企业规模以及企业所有制三因素之间是否存在线性关系,以及研发强度作为被解释变量在多大程度上可以被这三因素解释(R^2 的大小),我们对问卷的相关数据进行了初步的多元回归检验。假设研发强度 (R&D)是行业(IND)、所有制(OWN)和企业规模(SIZE)的线性函数,即:

$$R\&D=\alpha+\beta IND+\gamma OWN+\lambda SIZE+\varepsilon; 其中 \varepsilon 为随机扰动项,且 E(\varepsilon)=0$$

对于企业规模,我们直接采用企业雇员数来进行回归,但是由于行业和所有制并不是某一个区间上的连续变量,而是分类型的数据,所以我们引入了虚拟变量来代表 12 类行业和 3 类所有制,即:

$$X_i=\begin{cases}1, & 如果 R\&D 属于 i 行业 \\ 0, & 其他\end{cases} \qquad 其中,i=1,2,3,\cdots,11$$

$$Y_j=\begin{cases}1, & 如果 R\&D 属于 j 所有制 \\ 0, & 其他\end{cases} \qquad 其中,j=1,2$$

这样,原来的回归模型变为:

$$R\&D=\alpha+\beta_1 X_1+\beta_2 X_2+\cdots+\beta_{11} X_{11}+\gamma_1 Y_1+\gamma_2 Y_2+\lambda SIZE+\varepsilon; E(\varepsilon)=0$$

表 9.3　研发强度与企业所处行业、规模及所有制多元回归(分步回归法)检验的结果

	常量	IND6	IND3	OWN2
回归系数	0.27	0.55	0.83	0.18
T 统计量	3.824	3.363	3.248	2.112
R^2	0.142	F	8.117	
R^2(adjusted)	0.125	D-W	2.031	

通过强制回归法,我们发现,从三个因素的总体上来看,$R^2 = 0.17$,在 0.02 的显著性水平下显著,但是 R^2 (adjusted) = 0.078,表明模型中的部分变量与研发强度(R&D)并无显著的线性关系。我们进一步采用分步回归法进行检验,结果见表9.3,R^2 的数值略有降低,但调整的 R^2 有显著提高。这一回归模型精确揭示:医药制造业(IND6)、造纸和印刷业(IND3)、股份和有限责任公司以及港澳台公司(OWN2)是影响研发强度(R&D)的统计上最显著的三个变量,这与我们文中的实证结果一致。进一步而言,行业虽然是影响企业研发行为的最主要因素之一,但对研发强度(R&D)的影响因行业的不同而具有极大的差异性。而企业规模对研发强度(R&D)的影响在我们的线性模型中被剔除。

总体而言,R^2 的值较低,表明模型中很大一部分方差未被解释,其原因可能有两方面:一是参与回归的样本总数偏少,由于参与回归要求同时具有行业、所有制和企业规模多方面的数据,筛选下来的样本只有 159 个;二是方程中的虚拟变量太多而实际变量只有一个,这也可能影响到回归的结果。尽管如此,我们认为模型本身仍具有相当的解释力:由于影响企业研发行为的因素非常多且复杂,决定企业技术努力的关键因素甚至是"不易观测"的,所以 R^2 的值还是可以接受的。它一方面说明行业、所有制和企业规模(特别是行业)的确对企业的研发行为产生着重要的影响,另一方面,鉴于它们之间的线性关系并不明显,我们推测它们(尤其是企业规模)对企业研发行为的影响更有可能是非线性的。

七、结论

在大样本调查问卷的基础上,我们主要观测与实证了行业、企业规模和所有制三个因素对研发活动的影响,综观全文,我们得出以下几点结论,证明并深化了我们提出的理论假设。

1. 正如文献中的描述,我们发现行业是影响企业研发活动的最主要因素之一,不管是研发的强度、频率、主体还是研发的分配与方向,都表现出明显的行业间差异。之所以会这样,是由于行业的差异意味着技术特征和市场特征上的差异,从而产业间劳动力、资本、技术与知识等要素禀赋的不同以及产业演化的时空动态差别使企业研发行为呈现出内生化的行业差异。

2. 调查数据表明：与小公司相比，大公司更多地会进行持续性研发活动，更倾向于设立独立的研发部门，研发支出经费也逐渐向试验发展倾斜。若观察可以被推广，我们可以把从小公司到大公司的此种研发活动的差别看成是对企业成长过程中研发行为演化规律的一种诠释。同时，中国小公司、中型公司、大公司 R&D 强度的趋势存在着明确的倾斜的 V 型结构关系。

3. 正如我们所预料：外国公司比国内公司表现出更为活跃的研发行为，他们把销售收入中的更大部分投入研发，更多地设立独立研发部门来从事持续性的研发活动，R&D 经费主要运用于应用研究，这部分地解释了为什么外国公司比国内的公司更加具有技术优势。

4. 我们注意到不管是行业、企业规模还是所有制因素，都没有对研发投入在产品创新和工艺创新之间的分配比例产生太大的影响，从我们获得的数据来看，用于产品创新的研发支出比例异常稳定(64%左右)，与以上三因素都没有表现出很强的相关性。

参考文献

[1] 安同良.《中国企业的技术选择》,《经济研究》,2003(7).

[2] 安同良.《企业技术能力发展论》,人民出版社,2004.

[3] 安同良、王文翌、魏巍.《中国制造业企业的技术创新：模式、动力与障碍》,《当代财经》,2005(12).

[4] 陈劲.《最佳创新公司》,清华大学出版社,2002.

[5] 高建.《中国企业技术创新分析》,清华大学出版社,1997.

[6] 何玮.《我国大中型工业企业研究与发展费用支出对产出的影响》,《经济科学》,2003(3).

[7] 刘小玄.《中国工业企业的所有制结构对效率差异的影响》,《经济研究》,2000(2).

[8] 国家统计局、科学技术部.《中国科技统计年鉴——2004》,中国统计出版社,2004.

[9] OECD.《OECD科学技术与工业概览》,中译本,科学技术文献出版社,2002.

[10] 罗斯威尔·R,道森·M.《创新聚集》,清华大学出版社,2000.

[11] 乔治·泰奇,1997.《研究与开发政策的经济学》,清华大学出版社,2002.

[12] 阿特拜克, 1994:《把握创新》,清华大学出版社,1999.

[13] 薛澜、沈群红、王书贵.《全球化战略下跨国公司在华研发投资布局》,《管理世界》,2002
(3).

[14] 沈玉芳、郭利平.《跨国公司 R&D 全球化发展趋势及中国的对策研究》,《科学管理研
究》,2004(8).

[15] 姚洋、章奇.《中国工业企业技术效率分析》,《经济研究》,2001(10).

[16] 张海洋.《R&D 两面性、外资活动与中国工业企业生产率增长》,《经济研究》,2005
(5).

[17] 中国企业家调查系统.《企业创新:现状、问题及对策》,《管理世界》,2001(4).

[18] Bound, John, Cummins, Clint, Griliches, Zvi, Hall, Bronwyn H. and Jaffe, Adam.
"Who Does R&D and Who Patents?," In Zvi Griliches, ed. , *R&D Patents, and
Productivity*, Chicago: University of Chicago Press, 1984.

[19] Cohen WM, Levin R. "Empirical Sstudies of Innovation and Market Structure," In:
Schmalensee R, Willig RD (eds), *Handbook of Industrial Organization*, vol 2, 1059 -
1107, Elsevier, Amsterdam, 1989.

[20] Cohen WM, Klepper S. "The Anatomy of Industry R&D Intensity Distributions,"
American Economic Review 82, 1992, 777 - 799.

[21] Dorfman. R. , Steiner P. "Optimal Advertising and Optimal Quality," *American
Economic Review* 44(5), 1954, 826 - 836.

[22] Chris Freeman and Luc Soete. *The Economics of Industrial Innovation*, A Cassell
Imprint, 1997.

[23] Griliches Z. "Hybrid corn: An Exploration in the Economics of Technical Change,"
Econometrica 25, 1957, 501 - 502.

[24] Chang-Yang Lee. " Industry R&D Intensity Distributions: Regularities and
Underlying Determinants," *Journal of Evolutionary Economics* 12, 2002,307 - 341.

[25] Pavitt, K. M. Robson and J. Townsend. "The Size Distribution of Inovating Firms in
the UK: 1945—1983," *Journal of Industrial Economics* 35(3), 1987, 273 - 288.

［26］Joe Tidd，John Bessant，Keith Pavitt. *Managing Innovation*（3ʳᵈ edition），John Wiley & Sons，Ltd，2005.

［27］Scherer. "Size of Firm，Oligopoly and Research：a Comment," *Canadian Journal of Economics and Political Science*，vol 20，no. 5，1965，423－429.

［28］Yasuda，Takehiko. "Firm Growth，Size，Age and Behavior in Japanese Manufacturing," *Small Bessiness Economics*，Feb，vol. 24 Issue1，2005，1－15.

（原文载于：安同良、施浩、Ludovico Alcorta.《中国制造业企业 R&D 行为模式的观测与实证》,《经济研究》,2006 年第 2 期）

第十章　中国企业技术能力的高度化发展：技术创造

内容提要：本章以"企业技术能力"研究范式为基础,从实证角度分析了企业技术能力的高度化:中国企业技术创造的行为机理。分析表明:中国企业的技术创造具有国家推动型的行政色彩或个人知识英雄色彩,其技术创造的机制具有线性与非线性双重机制,与发达国家以企业与政府共同为主体的市场模式略有不同。

关键词:企业技术能力;技术学习;技术创造

一、导　言

当今时代,得科技者得天下(斋藤优,1988)[1]。技术创造是企业技术能力发展的高级化阶段(安同良,2003、2004)[2][3],是发展中国家梦寐以求的理想境界,更是我国技术上自力更生的最终目标。现有的企业技术能力文献(Ruby Gonsen, 1998[4];Lall,2001[5];Jin W. Cyhn, 2002[6];Marcelle, Gillian,2005[7]等)往往对企业技术能力发展的高度化:企业技术创造分析不足,只有个别学者如林武(1986)[8]、斋藤优(1988)[1]、Linsu Kim(1997)[9]作了一些较早的初步研究。我国学者王德禄(2000)[10]、曾华锋(2000等)[11]更多以案例形式进行研究。从实证及其理论指导意义而言,技术创造是剖析企业技术能力发展内在机理的重要工作,到如今,它依然是个"黑箱"。因此,对中国企业技术创造的研究能够指导企业做出明智的技术能力发展决策,从而避免企业被锁定在技术能力发展的低级化道路上,即技术的拿来主义与技术依赖。我们以企业技术能力研究范式为基础,以案例为实证,来探究中国企业技术创造的行为机理。文中的中国企业特指中国大陆境内的企业法人,外商独资与外资控股的企业除外。

二、技术后进国家企业技术能力的发展路径

自 20 世纪 80 年代以来,企业技术能力研究作为一种技术后进国家技术追赶过程中新的分析范式和企业能力理论的核心基础受到世界众多学者的关注。"企业技术能力"是企业在持续的技术变革过程中,选择、获取、消化吸收、改进和创造技术并使之与其他资源相整合,从而生产产品和服务的累积性学识(安同良,2002)[12]。企业技术能力从本质上讲是企业组织以技术发展为导向的具有行动指向的知识资源,而知识本身可以按照潜在的可观察的行为来定义。从时间角度来看,企业技术能力是一个具有路径依赖的演化过程。技术后进国家企业技术能力的发展路径在发达国家与发展中国家呈现出截然不同的两种规律或轨迹:一种是在发达国家的轨迹:始于创新的轨迹;另一种是发展中国家的轨迹:基于技术追赶的轨迹。技术后进国家企业技术发展多起源于选择、获取、消化吸收和改进国外技术,基本上可以从宏观上概括为从技术移植然后走向技术开发(技术自立)(斋藤优,1988)[1]。依据发达国家技术发展的进化模式与技术后进国家企业技术能力发展的行为机理,我提出了技术追赶国家企业技术能力发展的五阶段模式——技术选择、获取、消化吸收、改进和创造,如图 10.1 所示。

(1) 技术选择。从行为的角度,技术后进国家的企业首先在技术学习伊始做出技术发展的选择,即技术学习战略的决定与执行。日本、韩国许多企业因正确选择而导致了技术能力不断升级,比如韩国现代公司以获得技术能力为矢志,于 1985 年研发出阿尔发发动机,其性能超过了日本本田的类似机型。(2) 技术获取。一旦企业家意识到技术能力的差距,并且做出技术学习战略的决定后,便会在众多可能的技术知识源泉中做出选择,并通过各种方式获取之,即将技术知识化为已有。在技术获得的拿来主义阶段,技术引进得到的往往是一些成文的显性技术知识或物化在机器设备中的显性技术知识。这些知识在竞争者当中基本上同质,而且产品也同质。(3) 技术的消化吸收。消化吸收通常指将新的外部知识(尤其是隐含性知识)内化于企业自身的知识体系,并将这些知识商业化为有特色的差异化产品。(4) 技术改进。技术追赶国家由于对一般生产技术相对成功的消化吸收,加上本国科学工程师人员能力的不断提高,得以对既有技术逐步改进。从模仿的角度,属于创造性模仿,即设

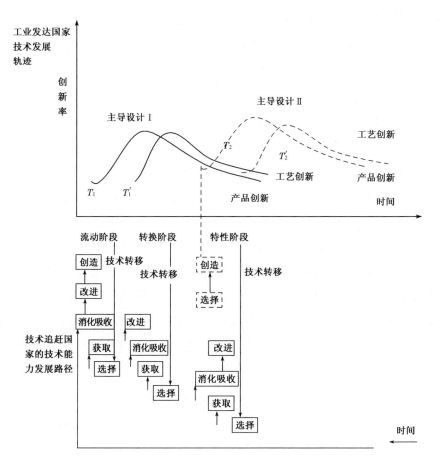

图 10.1　两种技术轨迹的结合与追赶国家企业技术能力发展的路径

资料来源：安同良，《企业技术能力发展论》，人民出版社，第 51 页，2004 年。

计版本、创新性调适、技术上跨产业移植。

（5）技术创造。技术创造阶段是企业技术能力发展的最高境界，它表现为企业技术上的超越与完全自主。作为技术后进国家企业在技术能力逐步高度化以后，有可能在技术发展的早期或下一主导设计出现之前，闯入其技术的流动阶段或初创点，敏感地把握正在发育或未发育市场的产品新创生点，了解、研制更先进的技术，从而在全球技术发展中处于领先地位。

在图 10.1 的上部分描述的是发达国家企业技术发展的波浪式进化模型，下半部分描述了技术追赶国家企业技术能力的演化路径。一般而言,技术追赶国家企业首先要选择自己对国外技术发展轨迹的切入点,然后逐次通过获取、消化吸收、改进而填补与国外先进技术的缺口。当技术追赶国家企业选择了(或能够)创造技术战略时,其技术(作为一个系统)是下一时期的,即 T2。即个别有能力、有抱负的企业可能捕捉到未来技术主导设计变迁的初潮,而进入技术创造"一览众山小"的境地。让人遗憾的是,发展中国家与发达国家之间的技术差距还在继续扩大,只有一两个国家开始缩短了这一差距(联合国亚太技术转让中心,2000)[13]。

三、中国制造业企业技术创新的程度

我们在对江苏省制造业企业技术创新进行大规模问卷调查的基础上,证明了中国制造业企业技术追赶的特色。在此次研究中,我们建立了四等级的技术创新分类:世界市场、中国市场、江苏市场、公司自身。调查表明:江苏省制造业企业产品创新中为世界首创的比例仅为 9%,而对中国、江苏和该公司首创的比例分别为 26%,22%和 43%。工艺创新中的比例分别是 12.8%,24.7%,20.5%和 42%(安同良等,2005)[14]。总体而言,在江苏省的技术创新活动中,江苏企业在世界级别上的技术创新很少,从而在世界范围内的技术自立还远远不够。

为对比中国企业与外国公司技术创新程度的差异,我们将样本公司分为三个所有制类别:国有和集体所有、股份和有限责任公司以及港澳台公司、外国公司。国有和集体公司包括了所有为国家或集体经济体所拥有的公司;股份和有限责任公司以及港澳台公司包括了一班混杂的公司,大部分为私有,但如果有些国有和集体企业注册为股份公司,它们也在范围之内;外国公司是指被外国个人或是国外公司占有 50%以上股份的公司。考察产品和工艺创新的程度(图 10.2、图 10.3),很明显除了外国公司,其他公司的技术创新都以本公司和江苏省首创为主。同时在产品创新和工艺创新上,外国公司在中国首创率和世界首创率上遥遥领先。不考虑外国公司,其他两类公司的技术创新模式比较相似,都专注于江苏和本公司首创,其中大部分技术创新都是模仿或者引进,也有一定比例的自身研发,这部分比例表现为世界首创率和中国首创率。总之,在两个创新领域中,外国公司的世界首创率和中国首创率都是最高的;中国公司的技术创新大部分都是引进或者模仿外部先进技术,自身研发的只占

比较少的部分。这更从微观层面证明了我们曾经得出的命题：中国许多企业经营者多满足于技术获取的拿来主义及技术发展的复制性模仿战略，满足于产品的短期竞争力(安同良，2003)[2]。

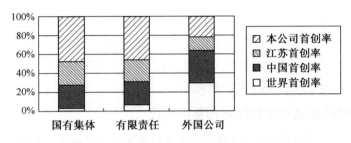

图 10.2　公司所有制与产品创新的程度

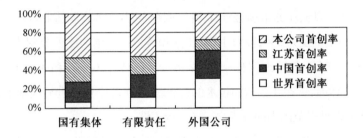

图 10.3　公司所有制与工艺创新的程度

四、中国企业技术创造的机理

技术创造的阶段与行为是企业技术能力累积的结果，受战略选择的约束，植根于企业直觉判断和技术要素的获得、飞跃与整合。目前，只有日本的部分企业、韩国的小部分企业和我国个别行业的极个别企业可以达到这一技术能力发展阶段。而我国极个别技术创造的行业多集中在"银河巨型计算机""两弹一星""飞豹"等军工行业及方正汉字激光照排系统业等，其技术创造的机理有如下特征。

1. 跨越式技术切入

中国技术创造的产业在技术发展的初始选择往往具有前瞻性，即在技术发展的早期或下一代可能的主导设计出现之前，勇敢地切入未来主导技术的流动阶段或初创点，从而与新(或下一代)技术 T2 一同成长，并创造着技术发展。银河-Ⅲ巨型计算机(曾华锋,2000)[11]、方正汉字激光照排系统(王德禄,2000)[10]都是如此。

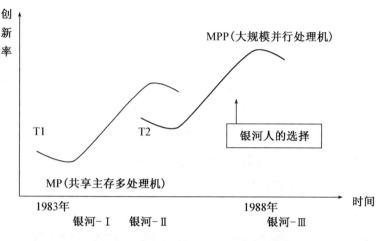

图 10.4　银河计算机技术选择历程图

　　巨型计算机是世界各国争夺计算机技术的一个制高点。为打破发达国家在巨型计算机领域对我国的高度封锁,1978 年,邓小平同志郑重地把研制我国第一台巨型计算机的重任交给了国防科技大学。1983 年、1988 年,经过艰苦拼搏,国防科技大学计算机研究所先后研制成功银河-Ⅰ亿次巨型机和银河-Ⅱ十亿次巨型计算机。1994年 8 月,国防科工委正式给国防科技大学下达了研制银河-Ⅲ百亿次巨型机的任务书,同时要求突破更高性能巨型计算机的关键技术。从银河-Ⅰ到银河-Ⅱ,他们在巨型机上走的是国际主流机型——向量并行计算机(T1)的研究之路。应该说这是技术追随战略的体现,但是要研制银河-Ⅲ这样的百亿次巨型机,由于技术上的原因,这条路走不通,技术发展呈现了不连续性。20 世纪 80 年代后期,国际上大规模并行巨型机器得到广泛重视,也就是说,巨型机要像组合柜一样,要小就小,要大可以随时扩展。国际上把这种计算机统称为可伸缩并行处理计算机(T2),但研制这种大规模并行处理机,风险很大,国际上只有少数公司取得了成功。然而对银河人来说,只有走到当今巨型机研制的科学前沿,才可能使我国的巨型机上一个新的台阶。经过反复论证,他们决定上 MPP(即大规模并行处理机),完成从 MP(即共享主存多处理机)技术向 MPP 技术的转轨。这一超前的思路为银河-Ⅲ突破百亿次乃至千亿次/秒难关选择了一条阳光大道。三年后,这种结构体系已经成为世界巨型机发展的主导设计。银河-Ⅲ巨型计算机技术选择如图 10.4 所示。

　　当时,国外对我国进行严密技术封锁的条件下,银河人果断地选择了自主研制——技术创造的风险之路。总师组做出了三项重大决策:第一,瞄准更高性能巨型计算机——千亿次的关键技术,并以此实现百亿次机;第二,瞄准国际主流技术,高起点,确保机器技术全面领先;第三,瞄准大型科学计算和大规模数据处理应用,为用户着想,研制高效好用的机器。这三大决策使银河-Ⅲ巨型机能够站在技术创造的最前端。这种选择具有技术非线性发展的典型特征——对初始条件的敏感依赖性,它具有巨大的正反馈效应,形成强大的路径依赖。

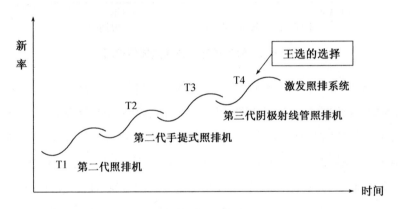

图 10.5　照排系统技术变迁图

　　方正汉字激光照排系统的开发人为北京大学的王选教授。他对汉字信息处理技术的研究,始于 1975 年。针对中国实际情况,他高瞻远瞩,审时度势地做出这样的决策:跳过国外第一、二、三代照排机,直接研制当时国外尚无人问津,更不用说有商品的第四代激光照排系统(如图 10.5 所示),并用轮廓和参数相结合的方法描述汉字字形从而大大减少信息量。因为在他看来,面对激烈的国际竞争,走仿制国外产品的道路很难走通,只有创新的科研成果才能转化成有竞争能力的产品并占领市场。事实证明,王选教授的决策非常正确。正是这种高起点的技术创造或研究开发,使我国的出版业和印刷业没有像其他国家那样经过二代机和三代机的历程,而是一步蛙跳到先进的激光照排和整页输出。

2. 技术发展的累积性机制与直觉突变发展机制相结合

在技术能力发展的技术创造阶段,其技术学习的路径首先呈现出知识累积的线性机制,它表现为对技术知识的初始掌握,如银河-Ⅰ、Ⅱ型巨型机的研制成功为银河-Ⅲ累积了知识存量;国外文字三代照排机的技术同样是王选看到这种技术缺陷的主体基础。其次在技术学习过程中存在由个人、企业或研究团队直觉引致的知识学习突变机制。一个企业或个人的知识可按其重要性从低至高排列:(1) 认识性知识,(2) 高级技能即诀窍,(3) 系统理解能力,(4) 有目标的创造力,(5) 综合能力和经过训练得到的直觉能力(Quinn 等,1997)[15],而直觉是个人、团队或组织知识的最高境界。在中国企业、产业技术创造过程中,这些知识显然主要存在于个人、团队人员的头脑里,它们的自组织涌现出对未来主导设计的精确把握。如果在银河-Ⅲ中选择 MP 必定是条死胡同,如果王选亦步亦趋追随照排机,也不会出现今天领先于世界的汉字激光照排系统。

3. 以举国之力集中大量优势研发资源支撑技术创造

在"两弹一星""银河巨型计算机""飞豹"歼击机这样的技术创造过程中,创造者往往采取了政府推动型的研发之路,有时以举国之力集中优势研发资源攻克关键技术与配套技术。1960 年,为尽快依靠自己的力量突破"两弹"技术关,中共中央、国务院、中央军委相继成立了以罗瑞卿为主任的国务院国防工业办公室,主管二、三机部和国防科委所属范围的一线工作;成立以周恩来为主任的中共中央 15 人专门委员会,负责对核武器、战略导弹的研制、试验实施集中领导,督促检查,组织协调,调集知名专家、教授和优秀人才从事原子弹、导弹的研制、试验工作。20 世纪 80 年代初,为冲破军事强国的技术封锁,研制自己的攻击飞机,锻炼和培养自己自行研制先进飞机的能力,党中央、国务院、中央军委适时做出英明决策,组建中国"飞豹"(FBC‐1)飞机研制领导小组。在经济暂时困难时期,邓小平同志亲自批准,国家拨专款把"飞豹"列为国家重点常规武器装备项目。中国"飞豹"由西安飞机设计研究所(603 所)设计,603 所广大科技人员始终把发展民族航空工业、赶超世界先进水平作为自己的理想和信念,把设计高质量的飞机作为自己的追求和最终的归宿。在没有原准机可供参考的基础上,经过18年艰苦卓绝的奋斗,1998年8月"飞豹"定型。据专家评论,中国"飞豹"的部分性能已超过"美洲虎""狂风"、苏-24等飞机,性能可与美F-16、F-18和F-15相媲美。

事实上,在美国、日本等发达国家,重大关键技术也往往是由政府推动并资助的。Quinn(1997)深刻地指出:实际上,政府政策的因素对产生和实际上培育所有美国今天在世界上占主导地位的主要产业都是至关重要的[15]。1976年日本超大规模集成电路项目(VLSI)是日本政府激励公司和企业创造活动中最早和最为成功的一个例子(铃木,1994)[16],它是通产省的"国家研究和发展项目"建立和资助的,该计划帮助日本公司在迅速扩张的VLSI芯片市场上占得先机。但需要注意到,通产省计划是在一个非同寻常的适宜环境中运行的,参与研究的公司如:富士通、日立、三菱、日本电气,东芝、MITI的"电子技术实验室"等已经在发展集成电路上积累了丰富的经验,并具有开发下一代更强功能集成电路的强烈欲望。这同样证明了技术创造过程知识发展的累积性机制,但与中国航天、军工技术创造不同的是,这些知识创造的主体多以企业为集群。

五、结 论

我国企业的技术创造往往并不表现为技术能力发展的自然性持续进化,即企业技术能力的渐进升级,如日本索尼、韩国三星电子等,换句话说,处在技术消化吸收阶段的我国企业还很少自然演进到技术创造阶段。与此相对照,中国企业的技术创造呈现如下特点:

1. 中国企业技术创造的行业与企业极少,技术创新中为世界首创的比例极低。

2. 中国技术创造的企业对技术发展的初始选择往往具有前瞻性,即在技术发展的早期或下一代可能的主导设计出现之前,勇敢地切入未来主导技术的流动阶段或初创点,从而与新(或下一代)技术一同成长,并创造着技术发展。

3. 中国技术创造的产业多集中在以国家科技力量为支持的军工行业。这种技术能力高度化的实体并不是市场经济中真正的复杂适应性系统——企业,而是行政事业单位或大型国有企业。

4. 技术创造的产业多以中国国情为基础资产,如方正汉字激光照排系统等。虽然这些技术创造的主体与主体的产业环境有其特殊性,但其内在技术创造的微观机理依然使我们看到了中国产业技术创造的希望。

　　5. 中国企业要勇敢地进行跨越式技术切入,以至于进行技术创造。当今网络化社会为我国企业的技术创新提供了新的跨越式发展的机遇,我国企业完全可以做到技术创造。(1) 在国家推动型与个人英雄推动型技术创造的基础上,发挥企业推动型的技术创造,使我国企业技术能力发展的缺口自动填平。(2) 集中发挥企业或研究机构的核心能力优势,利用最好的人力资源与国家技术创新网络,在全球范围内寻求技术发展机会。当技术发展的非线性机会窗口打开时,痛下决心,大力进行技术创造。

参考文献

［1］斋藤优(1988). 技术开发论. 北京:科学技术文献出版社,1996.

［2］安同良. 中国企业的技术选择. 经济研究,2003,(7):76－84.

［3］安同良. 企业技术能力发展. 北京:人民出版社,2004.

［4］Ruby Gonsen：*Technological Capabilities in Developing Countries*. Macmillan Press Ltd. 1998.

［5］Sanjaya Lall：*Competitiveness, Technology and Skills*. Edward Elgar. 2001.

［6］Jin W. Cyhn：*Technology Transfer and International Production*. Edward Elgar. 2002.

［7］Marcelle, Gillian M.：*Technological Learning：a Strategic Imperative for Firms in Developing World*. Edward Elgar. 2005.

［8］林武(1986). 技术与社会. 北京:东方出版社,1989.

［9］Linsu Kim(1997). 从模仿到创新. 北京:新华出版社,1998.

［10］王德禄. 中国高技术大公司战略. 济南:山东教育出版社,2000.

［11］曾华锋. 铸剑为犁——中国军工高科技二次创业. 北京:北京邮电大学出版社,2000.

［12］安同良. 企业技术能力:超越技术创新研究的新范式. 当代财经,2002,(1):62－65.

［13］联合国亚太技术转让中心. 国际技术转让指南. 北京:中国政法大学出版社,2000.

[14] 安同良、王文翌、魏巍、Ludovico Alcorta. 中国企业的技术创新：模式、动力与障碍. 当代财经,2005,待出.

[15] James Brian Quinn 等(1997). 创新爆炸. 长春：吉林人民出版社,1999.

[16] 铃木(1994). 日本的技术变革. 北京：中国经济出版社,2002.

（原文载于：安同良.《中国企业技术能力的高度化发展：技术创造》,《科技进步与对策》,2006 年第 2 期）

第十一章　中国制造业企业专利策略的
微观决定机制：江苏的经验

内容提要：基于大量调查问卷的数据挖掘，本章运用统计描述和累积 logistic 回归模型，沿着 Scherer(1965)等人的研究路径，从企业规模、行业、所有制、经营者素质、企业战略、R&D 强度和专利有效性等角度，揭示了中国制造业企业专利策略的行为模式及其微观决定机制，为理解企业技术创新的"黑箱"过程和专利行为提供了独特的微观实证视野。结果表明：企业专利策略的微观决定机制可能是一个高度复杂的、高交互性的非线性系统。

关键词：制造业企业；专利策略；技术创新；技术能力

一、引　言

创新是人类社会进步的根本动力。在知识经济时代，对于身陷竞争漩涡中的企业而言，只有无止境的创新才能为企业带来持久的发展。专利作为保护创新的法律制度手段，既是对企业创新的有力保障，也是对企业投入资源、承担风险进行创新活动的制度回报。

Scherer(1965,1983)最早提出企业申请专利的倾向性随着企业规模、R&D 投入与产业特性等因素而改变。Mansfield(1986)对美国企业的一次调查显示：企业将它们 66～87％的可申请专利的创新申请了专利。在一次由欧洲专利局(EPO, 1994)开展的对欧洲员工超过 1000 人的企业的专利行为的调查中，发现样本里 25％的企业申请了他们 90％的可申请专利的创新，另外 25％的企业申请了他们 50～90％的可申请专利的创新。此比例还存在一同随着企业规模上升的趋势。申请成本和缺少收益是对创新未申请专利的两个解释。一次大范围的对企业关于创新行为的调查(the

PACE survey，MERIT，1997)也得到了对于企业专利申请行为的一些结果,调查得
到了支持以往调查对企业创新战略及与专利关系的结果。对欧洲企业的这次 PACE
调查发现,有 15%的企业对他们 80～100%的产品创新申请了专利,同时有 37%的
企业对少于 19%的产品创新申请了专利。对于工艺创新,只有 7%的企业经常运用
专利手段,而 57%的企业很少申请专利。但是在 PACE 调查中的企业大都经常运用
专利手段:只有 14%在前三年里没有申请过一次专利;79%的企业在欧洲专利局
(EPO)申请过专利;78%的企业是在本国的专利局申请过专利;66%的企业在美国申
请过专利,而在日本申请过专利的企业占 53%(Arundel et al.，1995)。在这项研究
之后,PACE 就此主题又开展了一个国际性的大型调查(卡内基-梅隆调查,Cohen et
al.，2003)。

　　国内建立在调查数据基础上的企业知识产权保护的研究较少,段瑞春(2003)根
据部分国有重点大型企业的问卷调查,分析了我国国有企业在知识产权创造、运用和
管理方面的现状。王文翌、安同良等(2006)在对江苏省制造业企业问卷调查的基础
上,从微观行为层次,初步分析了不同规模和行业的江苏省制造业企业在知识产权保
护策略上的特征。肖延高等(2008)以中国第二重型机械集团为案例,分析了装备制
造企业知识产权能力的发展策略。相对于国外的实证研究,国内对专利策略的研究
大多站在专利制度的理论层面(石鸿飞,1997;刘志远等,1998;邹薇,2002;吴志鹏等,
2003;殷钟鹤,吴贵生,2003;吴欣望,2003,2004,2005;潘士远,2005,2008 等)。在经
济转型期的中国,与知识产权相关的法律政策还未定型,而且大部分本土企业作为准
复杂性主体而存在,其策略行为的渐进演化性,决定了其专利保护行为难以从理论上
加以概括,为此现阶段对中国企业专利策略的分析,若以大量微观调查行为数据为基
础而进行实证研究,其结论可能更具说服力。本章基于江苏省大量调查问卷的数据
挖掘,运用统计描述和累积 logistic 回归模型,试图揭示出中国制造业企业微观专利
策略行为模式及其微观决定机制,深化其认识,为中国的"自主创新"战略及其产业政
策提供微观视角,并进一步提出政策建议。

二、问卷调查的设计与实际调查

　　本章的数据来自我们的国际学术合作项目——《中国企业的技术学习与技术能

力:以江苏为案例》,此次调查的企业为江苏省内制造业企业。我们的调查数据始于
2000 年、止于 2002 年。问卷调查开始于 2003 年 10 月份,2004 年 9 月结束时我们得
到总共 364 份问卷,其中有效问卷 354 份。问卷主要是按照经济发展与合作组织
(OECD)和欧盟(EU)有关技术创新与科技的调查问卷来设计,并根据中国的实际情
况做了重要的改动。其中基本的框架和定义参考了 OECD 和 EU 的调查(Baldwin,
1996;MERIT, 1997)。

　　在知识产权保护部分(见表 11.1),我们询问了企业保护知识产权所使用的方
法、有效程度和保护知识产权原因的重要性。我们使用 5 点利氏尺度(5-point Likert
Scale)来衡量重要性的大小,依次从 1 到 5 来衡量。在具体分析过程中,为了提高回
归精度,避免出现建模失败,笔者剔除了一些数值为空的单元量,最后以 178 组有效
数据进入模型。从广义上讲,企业的专利策略包括从专利申请、保护、特许等环节的
行为特征。在此次调查中,为简化起见,我们用"企业在保护自身技术创新时,对专利
的使用程度"来衡量企业专利策略的运用程度。从低到高依次是"不使用""较少使
用""一般使用""较多使用""频繁使用",用 1 到 5 来衡量。技术创新被定义为在商业
上引进新的产品和工艺。产品创新是指将新的产品投入商业运作,而该产品在设计
或功能特征上的更改为该产品消费者带来了新的或更好的服务。工艺创新是指采用
新的或显著改进的生产方法。

表 11.1　关于专利的问卷调查项目

调查项目	内容	调查项目	内容
企业规模	年均正式员工数	企业产品销售额	企业主业产品年销售额
企业行业	企业主营领域,按照中国国家产业目录分类	企业战略	对市场和产品、技术、生产等因素的评价
经营者个人素质	经营者学历、职业背景	专利有效性	专利在保护企业创新时的有效程度
企业所有制结构	企业注册类型以及股权分布		

本章沿着 Scherer(1965)、Mansfield(1986)、Arundel et al(1995)、Cohen et al.(2003)以及安同良等(2005、2006)的研究路径,考察企业规模、所处行业、所有制结构、经营者素质、企业战略和专利有效性等因素对企业专利策略的影响。

三、江苏制造业企业专利策略的影响因素

1. 企业规模与专利策略

我们用企业雇员人数来识别企业规模。如果员工少于 250 人,该企业就被分类为小企业;员工在 250 到 1000 人之间,是中等企业;当员工数大于 1000 人时,这样的企业就为大企业。该定义与 OECD 的分类标准(MERIT, 1997)比较类似,但也做了一些改动。依据安同良等(2005)的处理方法,企业规模自变量对应的值从小到大依次是 1,2,3。

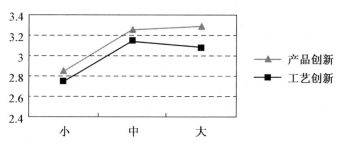

图 11.1　企业规模与专利策略

MERIT(1997)在 1993 年对欧洲最大的制造业公司进行的创新行为调查获得了 604 个公司的数据。阿努德尔和卡波拉(Arundel, Kabla, 1998)对其的研究表明,控制了行业部门效应的结果显示专利倾向性随着公司的规模提高而提高,并且在那些把专利看作是一项阻止竞争者复制产品创新和工艺创新的重要手段的企业中,比例更高。但是该调查本身就是针对大型制造业企业,对小企业的情况难免遗漏。王文翌等(2006)发现江苏省制造业企业中大企业比小企业更加重视对知识产权的保护。在我们对江苏省制造业企业的调查中也发现各类企业使用专利保护产品创新的程度都要大于对工艺创新的保护程度(如图 11.1 所示),这与 Arundel, Kabla(1998)的结论一致。调查结果还表明:无论是在产品创新,还是在工艺创新上,小型企业利用专利的程度明显弱于大中型企业;而中型企业与大型企业之间没有明显的差异。实证

结果表明企业规模对于企业专利策略具有重要影响。

2. 企业所处行业与专利策略

此次调查所使用的工业类别与中国国家产业目录一致,包括了 30 个工业部门。为便于数据处理,将它们合并到了 11 类。这 11 类分别是:食品烟草和饮料制造业、纺织业和服装业、造纸和印刷业、化工原料及制品制造业、医药制造业、橡胶和塑料制造业、矿物加工和金属制品业、机械制造业、交通运输设备制造业、电气及电子产品制造业、其他制造业。合并是根据行业生产的技术及过程的相似性进行的,其标准参考了加拿大的创新调查(Baldwin,1996)。不同之处在于,这里的"其他制造业"不仅包括了一般所认为的其他制造业,还加上了木材加工和家具制造业。

表 11.2　江苏省制造业企业各行业使用专利程度

行业(编号)	使用专利保护创新的程度		行业(编号)	使用专利保护创新的程度	
	产品创新	工艺创新		产品创新	工艺创新
食品饮料和烟草制造业(1)	3.4	3.33	纺织和服装业(2)	2.93	2.69
化学原料及制品制造业(4)	3.33	3.2	电气及电子产品制造业(10)	2.93	2.84
机械制造业(8)	3.32	3.14	其他制造业(11)	2.85	2.52
矿物加工和金属制品业(7)	3.21	3.14	交通运输设备制造业(9)	2.8	2.8
医药制造业(5)	3.11	3	造纸和印刷业(3)	2.2	2.25
橡胶和塑料加工业(6)	3	3			

注:按照产品创新从高到低排列

调查结果(表 11.2)表明,各个行业在使用专利的程度上存在着明显的差异。上表显示,在这 11 类行业中,相对比较重视专利保护的行业是食品饮料烟草业、化学原料及制品制造业和机械制造业。造纸和印刷业最不重视专利保护,这可能跟该行业属于传统产业,技术要求低有关。交通运输设备制造业较低的专利使用程度与帕维特(Pavitt，1985)的调查结果一致，而原因也可能是在于其产品和工艺的模仿成本较高，难度较大。在绝大多数行业里企业更为重视用专利保护产品创新。这与 PACE 调查的结果一致，其中产品创新的倾向性比例平均为 35.9%，工艺创新平均为 24.8%。欧洲制造业中更重视工艺创新的行业是炼油业、钢铁业、金属制品业，在本次调查中则只有造纸和印刷业表现出更重视工艺创新。这有可能是因为欧洲调查仅仅针对了大型企业，而本调查则将中小企业包含了进去。在对欧洲制造业企业的调查中，不管是产品创新还是工艺创新，制药业、化学原料及制品制造业、机械制造业和精密仪器业的专利倾向性都最高(Arundel，Kabla，1998)。而在针对江苏省制造业企业的此次调查中，食品饮料和烟草制造业、化学原料及制品制造业、机械制造业的专利重视程度名列前茅。与欧洲企业不同的是，中国的制药业企业并没有表现出对创新和专利保护的强烈重视，而在实际中，由于药品研制的巨大资金投入风险，以及中国政府对药品仿制的宽松政策，国内厂家更愿意通过仿制国外的药品谋利。

国外的实证研究表明行业对于企业专利策略的影响往往还同企业规模有关(Taylor，Silberston，1973；Cohen et al.，1996；Arundel，Kabla，1998)，他们发现，大企业和中小企业之间创新程度的差别可以归类于不同的行业。在资本密集、广告投放密集、产业集中度和厂商联合程度高的行业，大企业创新具有相对优势；在创新程度高和大企业统治的行业中，中小企业的创新占有优势。阿科斯等人对 1982 年美国 34 个创新最多的行业中大小企业创新数做了比较，结果是：中小企业创新在 14 个行业中占优，如计算机业和流程控制仪器业；而在其余的 20 个行业，如制药业和航空业中大企业占优。另外在一些新兴行业(如计算机行业等)，中小企业表现出更大的优势(Acs，Audretsch，1990)。本次调查的结果也表明，一旦细分到了行业内部，企业的规模与其专利策略之间显示出了明显的差异性(见表 11.3)。化学原料及制品制造业、橡胶和塑料加工业中的小企业表现得更加重视专利保护创新，这两个行业中的大企业拥有的资源和技术优势使其更愿意做创新的追随者。有的行业中，大企业更重视专利保护，其原因可能是在这些行业中模仿创新的技术要求较低，模仿容易，迫使大企业寻求专利对创新的保护。机械制造业的产品和工艺创新都具有这样的特点，因此在该行业中，更重视专利保护的则是大企业。纺织和服装业的中等企业在产品和工艺创新上是最重视专利保护的。

表 11.3　使用专利保护产品创新程度最高的行业规模分布

大企业	中等企业	小企业
食品饮料和烟草制造业(1)	纺织和服装业(2)	化学原料及制品制造业(4)
矿物加工和金属制品业(7)	电气及电子产品制造业(10)	橡胶和塑料加工业(6)
机械制造业(8)		
其他制造业(11)		

注:省略了样本数少于 10 的行业

表 11.4　使用专利保护工艺创新程度最高的行业规模分布

大企业	中等企业	小企业
机械制造业(8)	食品饮料和烟草制造业(1)	化学原料及制品制造业(4)
电气及电子产品制造业(10)	纺织和服装业(2)	橡胶和塑料加工业(6)
其他制造业(11)	矿物加工和金属制品业(7)	

注:省略了样本数少于 10 的行业

3. 企业所有制与专利策略

样本公司被分为三个所有制类别:国有和集体所有公司,股份和有限责任公司,以及港澳台和外国公司。国有和集体公司包括了所有被国家或集体经济体所拥有的公司;股份和有限责任公司包括了一班混杂的公司,大部分是私有的,但如果有些国有和集体企业注册为股份公司,它们也在范围之内;港澳台和外国公司是指被来自这些地区的个人或企业占有 50% 以上股份的公司。这应该会比较精确,因为问卷里要求回答关于股权比例的问题。因此这里使用的定义与中国一般对外国公司的定义不同。在模型中,这三类情况依次被赋值为 1,2,3。

所有制差异的确会影响到企业的专利策略(如图 11.2 所示)。国有和集体所有公司对专利的重视程度最低,可能的解释是由于缺乏有效的激励机制。但股份和有限责任公司的表现也与此相差无几,甚至在工艺创新上的重视程度还不如国有集体所有公司。从产权结构的构成来说,股份和有限责任公司很大一部分是由原来的国

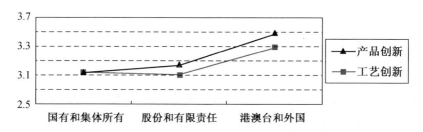

图 11.2　江苏省不同所有制的制造业企业专利使用程度

有集体所有的公司改制而成,另一部分则是完全的民营经济。那么,这两类公司在对专利利用程度上的接近,是否暗示着公有制企业改制造成的后遗症还未消除?但是本土公司相对国外公司在专利利用上的落后,就不能完全归结于所有制造成的激励机制缺乏上。这里更可能是国内对知识产权保护意识的缺乏和落伍造成了本土公司在专利保护上与国外公司的差距。发达国家和地区知识产权制度建立已久,保护知识产权的思想早已深入人心。在中国的国外公司也"遗传"了来自母国的知识产权保护意识和先进策略。相比而言,我国专利制度实施仅仅 20 余年,国内企业知识产权保护的意识、手段、制度都较之落后。一份来自国资委的报告中写道,"从调查的企业来看,国有企业领导层和管理层对世界贸易组织知识产权协定的有关规定缺乏全面的把握;对国际跨国公司专利、商标策略和著作权(计算机软件)维权措施知之甚少;对本企业无形资产——知识产权的价值评估、运营管理、市场监控等工作远未到位。在工程技术人员、经营管理人员中,知识产权知识尚未普及"(段瑞春,2003)。

4. 企业经营者素质与专利策略

对于技术创新这一具有明显技术性和前瞻性的过程来讲,企业家对其的认识和理解很大程度上与其自身所受的正规教育和职业背景有关。因此,我们在选取与专利保护相关的企业家变量的时候,选择了经营者受教育程度和职业背景两类指标。有研究发现,受教育程度越高的企业经营者拥有更高的认知水准(Hitt, Tyler 1991;Wally, Baum 1994)。一般认为更高的认知水准有利于对新观念的理解和运用,从而提升其接纳创新的能力和愿望。但更深入的讨论发现 MBA、法律与财务方面的高等教育对提升经营者的创新意识没有多大作用(Finkelstein,

Hambrick,1996);相对应的是,有研究者提出在工程和科技方面的教育能够让经营者对技术和创新有更深刻的理解,从而有利于企业创新(Tyler,Steensma,1998)。我们问卷中原始的分类是:1. 低于技校;2. 技校;3. 大专;4. 本科;5. 硕士/MBA;6. 博士。由于原先过细的分类使得一些类别在样本中不具有代表性,造成部分协变类型预测事件数过少,因此合并部分分组。在模型中的分组是:1. 技校及以下;2. 大专及本科;3. 本科以上。

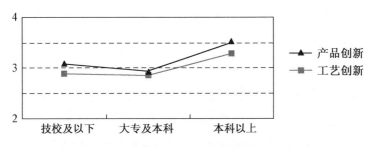

图 11.3　江苏省制造业企业经营者学历与专利使用程度

不同学历经营者的企业使用专利保护创新的程度也不同,说明经营者自身因素会对企业的专利策略产生影响(如图 11.3 所示)。受教育程度最高的经营者,其企业对专利的重视程度最高,但是经营者为技校学历的企业,使用专利保护创新的程度还要略高于大专及本科学历经营者的企业。这与通常的观点有差别,因为一般都认为经营者受教育程度越高,对专利保护创新作用的认识就越深刻,会更加重视专利。但是我们认为,技校学历 CEO 比大专学历 CEO 更重视专利保护可能是因为更多地接触生产/工程实践,而研究表明,经常和生产/工程这些功能部门打交道的 CEO 拥有更强的创新意愿(Finkelstein,Hambrick,1996)。并且,企业的专利策略除了受 CEO 教育程度的影响外,还与 CEO 的专业背景有很大的关系。

研究者早就提出了经营者的职业背景会影响其所做出的决策,因为在其职业生涯中形成的思维范式会作用于其对外界信息的理解和决策。Finkelstein,Hambrick(1996)发现企业的经营者往往都从事过各种各样的工作,这样就很难用一个简单的职位来对其分类。因此为了科学地区分经营者的职业背景,一种方法是用职能部门来代替具体的职位概念,一些学者把企业的功能部门归纳为产出部门和中间部门两类,前者包括 R&D、工程、市场和销售部门等,后者包括财务、法律和行政等,他们认为产出部门背景的 CEO 比中间部门背景的 CEO 具有更强的创新意愿(Hambrick, Mason, 1984;Finkelstein, Hambrick, 1996)。

我们在问卷中主要调查了企业经营者在金融/会计、市场、行政管理、法律、工程和产品/运作这六种主要的职业中的工作经历。从调查中可以发现,样本中超过 2/3 的经营者曾经在不同的职业领域中就职,大多数经营者都具有多重职业背景。这说明按照单一的职业分类无法识别出经营者真实的职业背景,因此我们参照 Finkelstein and Hambrick(1996)的方法,把这六个职业归纳为两大类,具体来说,金融/会计、行政管理和法律属于中间部门的范畴,而市场、工程和产品/运作则属于产出部门的范畴,此外,把那些既有中间部门工作经验又有产出部门工作经验的 CEO 归入混合部门,这样总共得到三个类别。

拥有产出部门(如 R&D,市场销售,产品)职业背景的企业经营者将会更偏爱技术创新,因为这些部门的经营者都强调通过产品和工艺上的创新赢得市场优势,取得企业增长(Finkelstein, Hambrick, 1996; Hambrick, Mason 1984)。因此,拥有产出部门职业背景的企业经营者将更重视对自身创新的保护,因为他们对创新推动企业增长有更加深刻的认识。另一方面,有研究者提出,在中间部门(如金融会计,行政管理,法律)工作过的企业经营者将会把主要精力放在提高企业组织效率上,对专利就相对忽视。因此,从理论上来讲,有着中间部门工作经历的企业经营者会比较不重视专利,生产部门背景的经营者则会最重视专利,混合部门背景的经营者其态度则居于中间。从图 11.4 来看,企业经营者对专利保护产品创新的使用程度符合理论的推

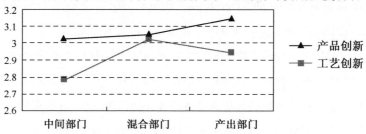

图 11.4 江苏省制造业企业经营者职业背景与企业专利使用程度

测。但在工艺创新上,混合部门背景的经营者则最重视专利保护。这一点是否与工艺创新的特点有关呢? 保护工艺创新更适用保密的方法,产出部门背景的经营者可能是因为了解这一点而弱化了对其的专利保护。

　　5. 企业战略和专利策略

　　专利策略可以看成企业战略的一部分,也可以看作是独立的行为,但会受到企业战略的制约。根据中国制造业企业实际情况,参考弗里曼和苏特的分类方法(Freeman, Soete, 1997),把调查中的有关问题分成三类,分别对应进取型、保守型和模仿型这三个基本类型(见表11.5)。

表 11.5　企业战略的调查内容

进取型战略	保守型战略	模仿型战略
2. 在现有市场中推出新产品	1. 保持在现有市场中的产量	7. 使用他人开发的技术
4. 在新市场中推出新产品	3. 在新市场中推出现有产品	10. 更有效的使用现有原材料
5. 开发新技术	6. 完善他人开发的技术	11. 减少劳动力成本
9. 使用新的原材料	8. 改进自己现有的技术	12. 减少能源成本

　　我们对企业在这三类问题中的打分取平均值,对每个企业来说,得分最高的那种战略就被视为该企业的主导创新战略。调查结果显示,在样本中持进取型、保守型和模仿型企业百分比分别为32.2%、20.9%和23.7%,还有23.1%的企业无法确定主导战略。这样的结果大大出乎常人的意料。因为通常认为中国制造业企业是由仿制型战略为主,但是数据显示中国制造业企业同样重视新产品、新技术或新的原材料使用。当然调查问卷的回答只是表明了经营者本人的良好愿望,与实际情况恐怕还会有一定差距,因为进取型战略需要企业本身具有将大量资源投入R&D活动和承受长期研发及失败可能性风险的实力。进取型企业比例过高,还有一种解释是中国企业使用别人成型的技术推出新产品,这样就免去了自身研发的投入。

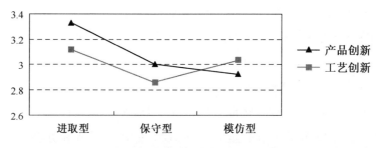

图 11.5　江苏省制造业企业战略与专利使用程度

　　由图 11.5 可见,进取型企业对产品创新的专利保护最为重视,其次是保守型企业,模仿型企业最不重视专利保护,这与理论的分析相一致。对于工艺创新来说,情况就不同了。仿制型企业对工艺创新的专利保护最为热心,这可能与中国现阶段国情有关。由于重视对现有产品和技术进行改进的企业的 R&D 强度更高,可以说中国企业正在重复着一再被东亚新兴工业化国家证实了的从模仿到创新的技术战略实现过程(Linsu Kim, 1997;安同良,2004)。由于模仿型企业主要关注生产效率的改进与生产成本的节约,所以它更加重视对工艺创新的专利保护。保守型企业对专利保护工艺创新的重视程度甚低,可能是由于这类企业更依赖于通过保密来保护工艺创新。

　　6. 专利有效性与企业专利策略

　　专利有效性在调查中的定义是:在使用新产品和新工艺时,为防止竞争对手生产出相同的产品,专利方法的有效性(简称:专利有效性)。在问卷调查中选项的设置依次从低到高为:1. 完全无效;2. 有点效果;3. 有效;4. 非常有效;5. 极其有效。应该说专利有效性这一指标具有制度性特征,它涵盖了专利制度、法律保护方面的信息,能够在一定程度上代表专利制度运行的情况。许多文献研究专利制度对所在国技术创新的影响(Tirole, 1988; Yang, Maskus, 1999)。企业使用专利的程度与专利有效性之间有着紧密而微妙的联系:一方面由于专利有利于保护创新,使企业更进一步利用专利手段;另一方面,企业只有在使用专利保护创新之后,才能真正了解专利的有效性。两者相互影响,存在着正反馈的关系。可是它与前面的因素有所不同:因为它和因变量(使用专利的程度)一样,都属于主观评分项目,其分数高低受到外因的影响。具体而言,也就是专利有效性与企业所在的行业,规模,所有制,甚至经营者的素质之间可能存在关联。所以即使专利有效性对企业使用专利手段有重要影响,我们也要谨慎对待该变量在模型中的作用。有鉴于此,在模型回归中先考虑企业使用专利的程度与其他几个因素之间的关系,再将专利有效性纳入模型。

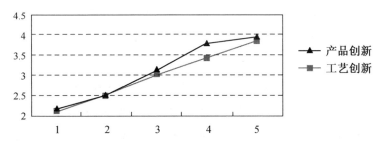

图 11.6　江苏省制造业企业专利使用程度与专利有效性

结果显示(图 11.6),专利有效性与专利使用程度之间呈明显的正向关系:专利对保护创新越有效,则企业利用专利的程度就越高。这一点发现说明了健全的专利保护制度会对企业创新具有显著的激励效果。该发现具有明显的政策效应,为了激励企业创新,政府应该加强对专利保护制度的建设,建立整体的知识产权战略系统,加大对企业自主创新的支持力度。

四、多元回归检验

采用累积 logistic 回归模型,验证专利使用程度(Patent)与企业规模(Size)、行业(Ind)、所有制(Own)、经营者学历(Edu)、企业战略(Stra)和专利有效性(Effi)之间是否存在 logistic 线性关系,以及考察专利使用程度在多大程度上能为以上因素所解释。建立累积 logistic 回归模型如下:

$$\ln\left[\frac{P(y \leqslant j \mid x)}{P(y \geqslant j \mid x)}\right] = \mu_j - (\alpha + \beta_1 Size + \beta_2 Ind + \beta_3 Own + \beta_4 Edu + \beta_5 Stra + \beta_6 Effi)$$

(1)

先考虑专利使用程度(Patent)与企业规模(Size)、行业(Ind)、所有制(Own)、经营者学历(Edu)和企业战略(Stra)之间的关系,回归结果见表 11.6。两组数据都通过了比例性检验,说明利用累积 logistic 回归模型是适当的。类 R^2 分别是 0.133 和

0.114,说明已纳入的因素对专利使用程度的解释力还比较小,需要纳入其他的因素加以解释。从回归结果中可以发现,企业使用专利的程度在产品创新与工艺创新之间有明显的差异。(1)在使用专利保护创新方面,企业规模和经营者受教育程度都有显著的影响。小企业利用专利保护产品创新的发生比是同等条件下大企业的0.509倍[0.509＝exp(－0.675)];经营者学历为大专及本科的企业,利用专利保护产品创新的发生比也要大大小于经营者学历更高的企业。以上两变量均通过显著性检验。(2)在工艺创新上,行业间的差异更为显著。食品饮料和烟草制造业、化学原料及制品制造业、矿物加工和金属制品业和机械制造业利用专利保护工艺创新的程度都要高于参照类产业。而经营者学历为大专及本科的企业在利用专利保护工艺创新的程度也要比经营者学历更高的企业低。企业所有制、战略对专利使用程度的影响在该累积 logistic 回归模型中被剔除。

表 11.6 回归结果(未纳入专利有效性)

专利对产品创新的保护			专利对工艺创新的保护		
	Estimate	Sig.		Estimate	Sig.
Firmsize＝1	－0.675	0.081	Industry＝1	1.525	0.015
Edu＝2	－0.962	0.006	Industry＝4	1.119	0.063
			Industry＝7	1.230	0.056
			Industry＝8	1.102	0.036
			Edu＝2	－0.634	0.084
Pseudo R^2			Pseudo R^2		
Nagelkerke	0.133		Nagelkerke	0.114	
Test of Parallel Lines			Test of Parallel Lines		
	Estimate	Sig.		Estimate	Sig.
Chi－Square	98.259	.000	Chi-Square	84.997	.005

注1:N＝178;注2:企业规模的参照类是大企业;行业的参照类是其他行业;教育程度的参照类是本科以上

表 11.7 回归结果（纳入专利有效性）

专利对产品创新的保护			专利对工艺创新的保护		
	Estimate	Sig.		Estimate	Sig.
Edu=2	−0.769	0.041	Industry=1	1.262	0.050
Efficient=1	−3.130	0.000	Industry=7	1.232	0.073
Efficient=2	−2.737	0.000	Industry=8	1.114	0.043
Efficient=3	−1.676	0.001	Efficient=1	−3.212	0.000
			Efficient=2	−2.524	0.000
			Efficient=3	−1.431	0.005
			Efficient=4	−1.026	0.063
Pseudo R²			Pseudo R²		
Nagelkerke	0.346		Nagelkerke	0.296	
Test of Parallel Lines			Test of Parallel Lines		
	Estimate	Sig.		Estimate	Sig.
Chi-Square	136.786	0.000	Chi-Square	83.286	0.074

注 1：N＝178；注 2：企业规模的参照类是大企业；行业的参照类是其他行业；教育程度的参照类是本科以上；专利有效性的参照类是专利在保护创新上非常有效。

从回归结果中类 R^2 的值来看，回归模型中因变量的变异还有很大一部分未被解释。因此将专利有效性（Effi）纳入模型回归，结果见表 11.7。将专利有效性纳入模型之后，类 R^2 大大提高，这说明专利保护创新的有效性对企业利用专利是强有力的推动。产品创新与工艺创新之间仍然表现出了明显的差异：(1) 此时经营者的教育程度仍然有着显著的影响。经营者教育程度为大专及本科的企业，利用专利保护产品创新的程度要比经营者教育程度更高的企业低。专利有效性对企业利用专利保护产品创新有显著的影响，专利的保护效果越差，企业利用专利的程度就越低。(2) 产业差异对工艺创新的专利利用来说仍然具有较大影响。食品饮料和烟草制造业、矿物加工和金属制品业和机械制造业利用专利保护工艺创新的程度都要高于参照类产业。专利有效性对企业运用专利保护工艺创新的激励仍然十分显著。

五、结　论

利用对江苏省制造业企业调查数据的实证分析,本章从企业规模、行业、所有制、经营者素质、企业战略、R&D 强度和专利有效性这七大类因素角度,剖析了江苏制造业企业专利策略的微观决定机制,我们可以得到以下结论:

1. 企业利用专利对产品创新的保护与对工艺创新有明显差异。一方面是由两者本身的差异所致;另一方面则是由于产品创新与工艺创新在接受专利保护方面的差异。一般来说,有创新的产品更容易被竞争者模仿,因此有必要接受专利的保护;而工艺创新更多的来源于生产实际中的默示知识和 know-how,保密也是保护工艺创新的有效手段。

2. 在依雇员人数区分的企业规模方面,大型企业利用专利保护创新的程度大大高于小型企业,而与中型企业相差不多,这与 PACE 的调查结果一致(Arundel, Kabla, 1998),专利手段更多地被用来保护产品创新,而工艺创新上的专利保护则相对较少。

3. 企业在专利使用上存在着明显的行业间差异。研究发现,相对比较重视专利保护的行业是食品饮料烟草业、化学原料及制品制造业和机械制造业。造纸和印刷业最不重视专利保护。中国的制药业企业并没有表现出与国外同行相似的对专利的强烈重视。从调查结果中还发现,企业的专利策略还呈现出了行业间的规模差异。

4. 从企业所有制来观察企业的专利策略,并没有呈现出按照产权理论所预示的,随着私有化的程度而变化。国有和集体所有公司与股份和有限责任公司的表现相差无几,而国外和港澳台公司对专利的重视程度大大高于前两者。结果反映出相对于国外企业先天对专利的高认同度,国内企业在专利保护意识上的落后。

5. 经营者素质是影响企业专利策略的重要变量。调查结果显示,经营者学历为本科以上时,企业最为重视专利保护。但是学历并非唯一影响因素,经营者学历为大专以下的企业反而比大专及本科学历经营者的企业更加重视专利保护,这可能是因为来自基层的经营者会更多地接触生产/工程实践。企业专利策略也与经营者的职业背景有关系,拥有产出部门背景的经营者对产品创新的专利保护更为热衷。这也印证了前面得到的低学历经营者相对高倾向的专利策略表现。

6. 研究发现被调查企业中持进取型战略的企业占大多数，这与一般对中国制造业企业的认识不太一致，这亦说明了中国制造业企业有很强的赶超领先愿望。调查数据显示，进取型企业最重视对创新的专利保护，模仿型企业也在寻求工艺创新，改进生产方法，提高生产效率。这亦从侧面证明了中国企业正在重复着一再被东亚新兴工业化国家证实了的从模仿到创新的技术战略实现过程。

7. 专利有效性是衡量专利保护的制度化指标，调查数据说明我国在专利保护方面既有突出的进步，也有不足。企业申请专利，目的在于保护自身的创新，那么对企业来说，专利在保护创新上是否有效，是影响其使用专利程度的重要因素。调查显示，专利有效性与专利使用程度之间存在明显的线性正向关系。

8. 把以上因素纳入累积 logistic 回归模型后，可以发现它们对模型的解释度是比较高的。这次调查涉及的因素虽然很多，但仍不够全面，其他影响因素还有待研究者发掘。模型本身还存在一定缺陷，只有部分系数的估计值通过显著性检验。这说明各因素对专利利用程度的影响不仅仅是简单的线性关系。企业专利策略的决定模式可能是一个高度复杂的、高交互性的非线性系统。

参考文献

［1］Acs，Audretsch. *Innovation and Small Firms*. Massachusetts：The MIT Press Cambridge，1990.

［2］Acs，Audretsch. *Entrepreneurship and Innovation*. Prepared for the 2005 Summer Institute of the Entrepreneurship，Growth & Public Policy Division of the Max Planck Institute of Economics，2005.

［3］Arundel A，Van de Paal G，Soete L. *Innovation Strategies of Europe's Largest Industrial Firms：Results of the PACE Survey on Information Sources*，*Public Research*. Protection of Innovation and Government Programmes，MERIT，Maastricht，1995：60‑61.

［4］Arundel A，Kabla I. *What Percentage of Innovations are Patented? Empirical Estimates for European Firms*. *Research Policy*，1998，27：127‑141.

［5］Baldwin J，Johnson J. *Business Strategies in More-and less-innovative Firms in Canada*. *Research Policy*，1996，25：785 - 804.

［6］Cohen W M，Goto A，Akiya A，Nelson R R，Walsh J P. *R&D Information Flows and Patenting in Japan and the United States*. In Granstrand，eds. Economics，Law and Intellectual Property. Kluwer Academic Press，2003：123 - 154.

［7］Cohen W，Nelson R R，Walsh J. *Appropriability Conditions and Why Firms Patent and Why They Do not in the American Manufacturing Sector*. Paper Presented to the Conference on New Science and Technology indicators for the Knowledge-Based Economy，OCDE，Paris. 1996.

［8］European Patent Office. *Utilization of Patent Protection in Europe*. European Patent Office，Munich，1994. 108 - 119

［9］Fagerberg J，Mowery D. C. ，Nelson R R. *The Oxford Handbook of Innovation*. Oxford Press，2005.

［10］Finkelstein S，Hambrick D C. Strategic Leadership：Top Executives and Their Effects on Organizations. West Publishing Company，St. Paul，MN，1996.

［11］Freeman，C. Soete L. The Economics of Industrial Innovation. Cassell Imprint. 1997.

［12］Hambrick，Mason. Upper Echelons：The Organization as a Reflection of its Top Managers. *Academic Management Review*，1984，9：193 - 206.

［13］Hitt M A，Tyler B B. Strategic Decision Models：Integrating Different Perspectives. *Strategic Management Journal*，1991,12：327 - 351.

［14］Mansfield E. Patents and Innovation：An Empirical Study. Management Science，1986，32(2)：173 - 181.

［15］MERIT. PACE Questionnaire Study. Prepared for the Research project on Policies，Appropriablility and Competitiveness for European Enterprises，1997.

［16］Pavitt K. Patent Statistics as Indicators of Innovative Activities：Possibility and Problems. *Scientometrics*，1985,7(1 - 2)：85 - 88.

［17］Scherer F M. Firm Size，Market Structure，Opportunity，and the Output of Patented

Inventions. *American Economic Review*，1965：1097－1125.

[18] Scherer F M. The Propensity to Patent. *International Journal of Industrial Organization*. 1983，1：107－128.

[19] Taylor C T，Silberston Z A. The Economics of the Patent System，a Study of the British Experience. Cambridge University Press，1973.

[20] Tirole J. The Theory of Industrial Organization. Cambridge，MA，MIT Press，1988.

[21] Tyler B B，Steensma H K. The Effects of Executives' Experiences and Perceptions on Their Assessment of Potential Technical Alliances. *Strategic Management Journal*，1998，19：939－965.

[22] Wally S，Baum J. Personal and Structural Determinants of the Pace of Strategic Decision Making. *Academic Management Journal*，1994，37：932－956.

[23] Yang G，Maskus K E. Intellectual Property Rights and Licensing：an Econometric Investigation. In：Proceedings of the Paper Presented at the CIBER Conference on International Competitiveness，Cambridge，UK，1999，mimeo.

[24] 安同良：《中国企业的技术选择》.《经济研究》2003,(7).

[25] 安同良：《企业技术能力发展论》.北京：人民出版社,2004 年.

[26] 安同良、方艳、Ludovico Alcorta：《中国制造业企业技术创新的障碍与对策》.《经济理论与经济管理》,2005,(7).

[27] 安同良、王文翌、魏巍：《中国制造业企业的技术创新：模式、动力与障碍》.《当代财经》,2005,(12).

[28] 安同良、施浩、Ludovico Alcorta：《中国制造业企业 R&D 行为模式的观测与实证》.《经济研究》,2006,(2).

[29] 段瑞春：《国有企业知识产权保护的战略应对》.《中国软科学》,2003,(7).

[30] Freeman C，Soete L(1997)：《工业创新经济学》.北京：北京大学出版社,2005 年.

[31] Linsu Kim(1997)：《从模仿到创新》.北京：新华出版社,1998 年.

[32] 刘志远、张路、李立：《国外企业专利战略及发展趋势》.《科技进步与对策》,1998,(5).

[33] 潘士远：《最优专利制度研究》.《经济研究》,2005,(12).

[34] 潘士远：《最优专利制度、技术进步方向与工资不平等》.《经济研究》,2008,(1).

[35] 石鸿飞:《专利制度的成本收益分析》,《北京师范大学学报(社会科学版)》. 1997,(2).

[36] 王济川、郭志刚:《Logistic 回归模型——方法与应用》. 北京:高等教育出版社, 2001 年.

[37] 王文翌、安同良、Ludovico Alcorta:《中国制造业企业知识产权保护策略探讨》.《产业 经济研究》,2006,(1).

[38] 肖延高、李仕明:《面向自主创新的中国装备制造企业知识产权能力发展策略》.《技术 经济》,2008,VOL. 27,No. 1.

[39] 吴欣望:《专利经济学》. 北京:社会科学文献出版社,2005 年.

[40] 吴志鹏、方伟珠、包海波:《专利制度对技术创新激励机制微观安排的三个维度》.《科 学学与科学技术管理》,2003,(1).

[41] 殷钟鹤、吴贵生:《发展中国家的专利战略:韩国的启示》.《科研管理》,2003,(24).

[42] 邹薇:《知识产权保护的经济学分析》.《世界经济》,2002,(2).

(原文载于:安同良、王文翌、徐志坚,《中国制造业企业专利策略的微观决定机 制:江苏的经验》,《管理学家》,2009 年第 1 期)

第三篇

创新与经济发展

第十二章　R&D 补贴对中国企业自主创新的激励效应

　　内容提要：在中国这样的技术追赶型国家，政府惯常将 R&D 补贴作为激励企业进行自主创新的关键政策手段，但事实是企业经常发送虚假的"创新类型"信号以获取政府 R&D 补贴。本章建立了一个企业与 R&D 补贴政策制定者之间的动态不对称信息博弈模型，力图刻画企业获取 R&D 补贴的策略性行为及 R&D 补贴的激励效应。研究表明当两者之间存在信息不对称、且用于原始创新的专用性人力资本价格过于低廉时，原始创新补贴将产生"逆向"激励作用。面对企业释放的虚假信号和高昂的甄别成本，政策制定者的最优补贴方案是通过提高原始创新的专用性人力资本价格从而形成分离均衡。文章的结论为甄别企业的真实创新类型提供了可信的方法，同时更给出了提高政府 R&D 补贴效率可行的政策建议。

　　关键词：原始创新；二次创新；R&D 补贴；激励效应；最优补贴方案

一、引　言

　　现代经济增长理论表明，技术进步和知识积累是决定经济增长的重要因素（Romer，1990），而研究与开发（R&D）则是技术和知识的主要源泉。由于技术和知识具有公共产品的溢出特性，R&D 活动不可避免地会遇到市场失灵和投资不足的问题（Tassey，2004），因此，有必要制定出纠正此种外部性的公共政策，而政府给予企业 R&D 活动的补贴和税收优惠则是最为普遍的手段。在中国，随着建设创新型国家这一重大战略的提出，公共 R&D 支出不断增长，给予企业 R&D 补贴和税收优惠的力度也在不断加大。1980 年到 2006 年，国家财政科技拨款由 64.59 亿元增长到 1367.85 亿元，年均增长率为 11.97%（国家统计局、科学技术部，2007）。然而，相对于不断增长的 R&D 资助和补贴,中国企业具有重大突破意义的独立研发活动并不活跃,国有和集体所有制公司研发强度最低(1.53%)(安同良等,2006)。从自主知识产权数量看,中国自主知识产权和主要工业化国家存在很大差距,中国 PCT 国际专利申请已从 2000 年的 784 件增加到 2007 年的 5456 件,但这只占排名第一的美国 PCT 专利申请量的 10.3%,同时也远远落后于日本、德国等发达国家(韩小非,2008)。然而耐人寻味的是,国有企业获得了绝大部分政府 R&D 补贴,但其 R&D 成果却远不及私营企业和三资企业。2006 年国有企业科技活动经费总额中,有5.02% 来源于政府资金,相比之下,私营企业和三资企业仅有 2.17% 和 0.1% 的经费来源于政府。本年度国有企业的发明专利数量为 1488 件,占总量比重仅为5.79%,而私营企业和三资企业为 1885 件和 12443 件,分别占专利总数的 7.34% 和48.4%(国家统计局、科学技术部,2007)。这种投入与产出严重不匹配的现象使我们不得不对中国 R&D 补贴的效率产生疑问。

国外针对公共 R&D 投入和政府 R&D 政策的研究主要集中在以下三个方面:第一个方面是从微观层面上讨论公共 R&D 与私人 R&D 的替代或互补关系(Mansfield, 1984; Lichtenberg, 1988, 1991; Robson, 1993; Narin, 1997; Cockburn, Iain and Henderson, 1998; Wallsten, 1999; David, Hall and Toole, 2000)。第二个方面是从宏观层面上探讨 R&D 政策对经济增长的影响(Rustichini and Schmitz, 1991; Davidson and Segerstorm, 1998; Cassiman, 2002; Morales, 2001、2004; Dinopoulos and Syropoulos, 2007),但宏观层面上研究多是以政府作为 R&D 主体而忽视了企业所发挥的作用,典型的如 Pelloni(1997)和 Park(1998)的研究。第三个方面是对私人部门 R&D 补贴效率的实证研究,Marcus & Howard(2003)以日本和韩国的产业政策为案例,认为并没有证据表明有选择性的 R&D 补贴活动对全国或产业的生产率产生显著影响;Rodrik(2004)的发现表明,对于不同产业来说,政府 R&D 补贴政策应该是普遍性的而非选择性的。因为政府不可能拥有关于产业的完全信息,以甄别出哪些产业可能从 R&D 活动中产生最大的知识产出。尽管这两项研究具有一定代表性,但还只是对 R&D 补贴的产业选择问题做出了探讨,并没有深入到 R&D 补贴的企业选择这一微观层面。

国内针对 R&D 政策和补贴的研究可以被归纳为以下四条线索：第一条线索探讨了政府公共 R&D 投入对企业 R&D 投入是否存在替代效应或互补效应，比如姚洋、章奇(2001)考察了我国政府的 R&D 投资效应，认为政府在 R&D 投资方面占主导地位并不是一种有效率的状态。第二条线索是潘士远(2005)、董雪兵、王争(2007)围绕专利制度展开的讨论，他们分析了最优专利宽度和长度的存在性问题，指出专利制度的设计是否合理直接关系到企业是否有动力进行原创性的 R&D 活动。在第三条线索中，朱平芳，徐伟民(2003)以上海市政府的科技激励政策为案例，通过面板数据的估计，得出直接拨款资助与税收减免政策之间存在着相互促进作用的结论；郑绪涛、柳剑平(2008)探讨了激励企业开展 R&D 活动的税收和补贴政策工具的搭配问题。第四条线索是安同良(2003)围绕"企业技术能力"进行的研究，他剖析了中国企业技术选择与技术创新、R&D 战略的影响因素，认为在影响企业技术选择的各种变量中，"企业抱负"占据着重要地位，一个有着宏伟技术抱负和发展愿景的企业更有动力去进行具有原创意义的 R&D 活动，而政府 R&D 政策的着重点就在于准确地甄别出这些企业，并给予针对性的补贴和资助。

我们认为，研究中国企业 R&D 行为，除了分析企业间的 R&D 博弈与专利竞赛，还应当考察国家科技政策制定部门与企业之间的资助与被资助博弈。企业在申请 R&D 补贴时的信号传递和逆向选择行为更应引起我们的高度关注，因为此种企业策略性行为将极大地削弱 R&D 补贴的激励效应，而目前的研究在此环节仍然十分薄弱。在现实中我们观察到，一些企业为骗取政府的科研支持，"高薪"聘请高校学者、研究员到企业挂名，形成了企业—学界利益联合体，为企业申请 R&D 补贴时的信号传递提供被包装过的信息源。在国家资助企业技术创新项目申报程序中，研究队伍或人才队伍这一指标极为重要，它往往成为企业能否拿到资助的关键所在(孟繁森，2008)。在 2009 年初，就发生了国内某著名药企因与其首席科学家(一位中国工程院院士)关系破裂，双方互相攻讦的事件，这在一定程度上反映了企业利用外界科研人员对自身进行包装这一事实的普遍性。因此，本章从企业和 R&D 补贴政策制定者的微观行为动机出发，考察自主创新的两种类型企业：原始创新企业(Primary Innovation)和二次创新企业(Secondary Innovation)对政府 R&D 补贴的不同反应，力图以模型的形式刻画企业发送虚假“创新类型”信号以骗取政府R&D补贴的微观行为，并讨论在不同博弈均衡条件下政策制定者面对企业逆向选择行为的最优对策。本章在Davidson and Segerstrom(1998)的模型基础上，建立一个企业R&D与最终产品生产的两阶段模型；然后引入企业与政策制订者之间的信息非对称分布因素，不仅考察企业为获取R&D补贴而实施的信号传递行为，同时也分析政策制定者在面临企业实施策略性行为时的最优对策。最后给出如何设计R&D补贴激励和约束机制以避免逆向选择行为的发生，从而提高R&D补贴效率的政策建议。

二、R&D补贴的模型设定

1. R&D活动

在企业技术创新和R&D活动中，有三点需要说明：(1) 自主创新包括三种形式，原始创新，集成创新和引进消化吸收再创新。集成创新是指创新主体将创新要素进行优化、整合，形成具有功能倍增性和适应进化性的有机整体，而引进消化吸收再创新是指通过引进、购买组织外的先进科学技术成果，并在消化吸收外购技术成果的基础上加以模仿、改进并进一步创新；集成创新与消化吸收再创新虽然存在一定的差异，但两者都是企业对原始创新成果进行二次挖掘的过程，因此我们将其归并为二次创新。(2) R&D活动不仅需要简单的体力劳动投入，还需要作为知识和技能载体的人力资本投入。尽管着两者不能截然分开，但为了阐明这两类劳动投入在R&D活动中的不同作用，我们仍然对其区别对待。与Romer(1990)相似的是，我们假设在R&D活动中没有物质资本投入。原始创新和二次创新所需要的人力资本是异质的，用于原始创新的人力资本有更高的收益率要求。(3) 我们将创新过程看作是无记忆的，创新出现的概率仅仅与当期的研发投入水平有关，而与过去研发经验无关，这一假设对于简化分析至关重要。与Aghion和Howitt(1992，1996)过于简单的线形技术不同，这里的R&D成功概率函数使用了C-D形式，同时，为了使讨论不失一般性，我们也没有像Cassiman(2002)和Morales(2006)那样，将参数α和β固定为某一具体值，仅要求$0<\alpha<0.5$，$0<\beta<0.5$。

我们将原始创新企业（质量领先者）和二次创新企业（质量追随者）在单位时间内

取得一次创新的概率 I_n 和 I_m 分别表示为：[①]

$$I_n = \ln(Al_n^\alpha h_n^{1-\alpha}) = \ln A + \alpha\ln l_n + (1-\alpha)\ln h_n \tag{1}$$

$$I_m = \ln(Bl_m^\beta h_m^{1-\beta}) = \ln B + \beta\ln l_m + (1-\beta)\ln h_m \tag{2}$$

其中 I_n 和 I_m 分别表示原始创新者和二次创新者在单位时间内取得一次创新的概率，l_n 和 l_m 表示原始创新企业和二次创新企业所使用的劳动力，而 h_n 和 h_m 是原始创新企业和二次创新企业所使用的专用性人力资本，A 和 B 是大于零的参数。可以发现，以上创新概率的函数形式满足"稻田条件"（Inada Conditions），即劳动力投入和人力资本投入的增长都能够以递减的速度提高创新成功概率。另外，概率的非负性要求 $1 \leqslant Al_n^\alpha h_n^{1-\alpha} \leqslant e$, $1 \leqslant Bl_m^\beta h_m^{1-\beta} \leqslant e$。

2. 生产活动

在本模型中，最终产品生产和 R&D 活动并不截然分开，我们并没有像 Romer（1990）、Grossman & Helpman(1994)和 Aghion & Howitt(1996)那样，将企业严格分为中间产品生产商和最终产品生产商，这就避免了对这两类产品生产者之间的交易行为和市场力量对比所进行的复杂讨论，因为这并非本章分析的重点。

在最终产品生产过程中，企业生产函数的形式为：

$$Y = F(l,h,k) \tag{3}$$

其中 l 是指劳动力，h 为企业所使用的专用性人力资本，k 为固定不变的资本。l 和 h 的含义同公式(1)和(2)。在本章中，我们将劳动力与专用性人力资本区分开来，此类生产函数形式也被国际经济学界的学者经常使用(Van Marrewijk 等,1997)。

在行业中首先创新的企业被称为质量领先者（Quality Leader），除了这个企业之外，我们假定行业中还存在着质量追随者（Quality Follower）和成本追随者（Cost Follower）。质量追随者是通过二次创新生产出新产品的，而成本追随者则不同，在

---

① 企业 R&D 文献中存在着一条研究企业间知识溢出的线索，这以 AJ 模型和 KMZ 模型为发端，但本章出于简化分析之目的，并没有将知识溢出纳入分析，但这并不意味着忽视知识溢出和 R&D 行为外部性的重要性。关于知识溢出、企业之间互补的 R&D 行为以及与此相关的政府 R&D 补贴设计问题的新进展，可以参见(Kang, 2006)。

技术扩散还不普遍时,成本追随者是依靠向原始创新企业购买专利等途径进行生产的,此种假定也符合产业演化的历史与事实(Braun,1994)。遵循 Davidson and Segerstrom(1998),我们把质量领导者的边际成本设定为 1。同时,我们设定成本追随者的边际成本为 EC_1,而当技术扩散达到一定程度之后,由于二次创新企业已经出现,原始创新者索取的专利费会相应降低,因此成本追随者的边际成本下降到 EC_2,但仍然有:

$$1 < EC_2 < EC_1 \tag{4}$$

根据技术扩散范围和程度的不同,可以将原始创新发生之后的企业行为分为两阶段,第一阶段,当行业中仅仅存在质量领先者和成本追随者的时候,也就是说,技术扩散还没有达到使其他企业可以模仿的程度时,质量领先者在市场中具有绝对定价权,成本追随者无法获得超额利润。因此,质量领先者可以将价格定在 EC_1 水平,这是追随企业能够接受的最低价格。因此,率先创新的企业获得利润为:

$$R_n = (EC_1 - 1)\frac{aC}{EC_1} \tag{5}$$

其中 C 是消费者总的消费支出,a 是原始创新企业的市场份额,$0 < a < 1$。之所以原始创新企业不会将价格定得高于 EC_1,原因在于,由于企业产品规模化扩张障碍、消费者认知迟滞等因素的制约,原始创新企业不可能完全占据全部市场,与其花费大量的固定成本去占领不熟悉的新市场,倒不如收取成本追随企业的专利费,这类似于市场上的加盟店和连锁经营模式。另一方面,原始创新企业的专利权并不是永久期限的,成本追随企业正是看到这一点,因此愿意在这一阶段进行无利润的经营。

在第二阶段,当行业中的技术扩散已经达到一定程度时,开始有企业通过模仿和二次创新生产出了类似产品,此时,二次创新企业已经将边际成本降低为 1,质量领先者的定价权受到了挑战。在这里,我们假设消费者被分为两类,一部分消费者偏好原始创新产品,另一部分消费者偏好二次创新产品,为了简化分析,我们假设两种消费者所占比例均为 50%。消费者偏好差异的原因很多,例如有些消费者是原始创新企业的忠实顾客,他们对老品牌的依赖性使其不愿意尝试新品牌。当然,也有一些消费者对新产品的态度比较谨慎，并不轻易去尝试原创产品，而是要等到完全了解产品性质和特点时才去购买，也就是说，这部分消费者更倾向于购买后起的二次创新产品。由于消费者需求呈现出对称性特征，因此可以假设企业通过"共谋"实施寡头垄断，在质量领先者和质量追随者市场份额相同的情况下，两者的最优定价水平应为EC_2，则两者的利润水平为：

$$R_m = (EC_2 - 1)\frac{aC}{2EC_2} \tag{6}$$

R_m 表示二次创新者的利润，通过对企业 R&D 和生产活动的分析，可以得到创新对于企业的价值。

我们分别用 V_n 和 V_m 来表示原始创新和二次创新的价值，其中 r 表示不变的利率水平，t_2 是二次创新成功后两个企业共同控制市场的时间长度，t_1 是原始创新成功后企业在二次创新发生之前对市场的控制时间长度。二次创新的价值 V_m 可以用下式进行表示：

$$V_m = \int_{t_1}^{t_2} e^{-rt} I_m R_m \mathrm{d}t = \frac{I_m R_m}{r}(e^{-rt_1} - e^{-rt_2}) \tag{7}$$

（7）式的含义是，二次创新的价值在于企业对未来通过创新获得利润的预期折现。

对于原始创新企业来说，创新的价值不仅仅包括进行原始创新所获取的利润贴现，还包括原创产品被模仿后，与二次创新企业分割市场所获得利润贴现，这可以被概括为：

$$\begin{aligned} V_n &= \int_0^{t_1} e^{-rt} I_n R_n \mathrm{d}t + \int_{t_1}^{t_2} e^{-rt} I_m R_m dt \\ &= \frac{I_n R_n}{r}(1 - e^{-rt_1}) + \frac{I_m R_m}{r}(e^{-rt_1} - e^{-rt_2}) \end{aligned} \tag{8}$$

需要说明的是，尽管通过出售产品创新的专利也可以为原始创新企业带来收益，但这与 R&D 行为本身无关，也不影响企业的 R&D 投入决策，因此，我们忽略这部分收益。此外，我们假设未来创新收益的贴现值总是大于创新成本，也就是说，利率

r 总能达到这样一个临界值,使得企业有动力进行 R&D 投资[①]。

三、R&D 补贴的模型分析与经验支持

(一) 信息对称条件下的 R&D 补贴

当政府对企业的原始创新和二次创新给予不同等级的 R&D 补贴(R&D Subsidy)时,对于原始创新企业来说,其 R&D 活动的利润最大化问题是:

$$\max[V_n-(1-s_n)(wl_n+w_n h_n)] \tag{9}$$

对于二次创新企业来说,其利润最大化问题是:

$$\max[V_m-(1-s_m)(wl_m+w_m h_m)] \tag{10}$$

其中 s_n、s_m 分别是政策制定者给予原始创新和二次创新的 R&D 费用补贴比例,且有 $0<s_m<s_n<1$,w_n 和 w_m 分别表示用于原始创新和二次创新的专用性人力资本的价格,而 w 则是 R&D 活动中的劳动力工资水平,之所以原始创新和二次创新活动具有相同的 w,是因为我们假设原始创新和二次创新的劳动力工资水平差异仅体现在专用性人力资本的价格差异上,也即 $w_n>w_m>w$。两企业通过劳动力和人力资本投入以实现 R&D 活动的利润最大化,其一阶条件分别为:

$$\partial V_n/\partial l_n=(1-s_n)w \tag{11}$$

$$\partial V_n/\partial h_n=(1-s_n)w_n \tag{12}$$

$$\partial V_m/\partial l_m=(1-s_m)w \tag{13}$$

$$\partial V_m/\partial h_m=(1-s_m)w_m \tag{14}$$

联立(8)式和(11)式以及(8)式和(12)式可分别有:

$$\partial V_n/\partial l_n=\frac{R_n(1-e^{-r t_1})}{r}(\partial I_n/\partial l_n)=(1-s_n)w \tag{15}$$

$$\partial V_n/\partial h_n=\frac{R_n(1-e^{-r t_1})}{r}(\partial I_n/\partial h_n)=(1-s_n)w_n \tag{16}$$

---

① 关于企业合谋策略中贴现率的进一步讨论可参见:刘易斯.卡布罗,《产业组织导论》,中译版,人民邮电出版社 2002 年版,第 122 页。

联立(1)式和(15)式以及(1)式和(16)式可分别有：

$$\frac{\alpha R_n (1-e^{-r_1})}{r} = (1-s_n) w l_n \tag{17}$$

$$\frac{(1-\alpha) R_n (1-e^{-r_1})}{r} = (1-s_n) w_n h_n \tag{18}$$

可以发现，在信息对称条件下，随着决策者对原始创新补贴比例 s_n 的提高，企业投入到原始创新中的劳动力将会增加，专用性人力资本投入也会随之增加。

命题1：当企业和政策制定者拥有关于企业创新类型的对称信息时，决策者提高原始创新补贴力度，能有效地激励企业进行原始创新。

（二）信息不对称条件下的 R&D 补贴

当企业和政策制定者之间存在信息不对称时，政策制定者往往对企业的真实类型并不了解，对方既有可能是一个有志于原始创新的企业，也有可能是一个只满足于二次创新的企业，因此，政策制定者只能通过在事前接收企业释放的创新信号来判断企业类型。另一方面，企业也可能释放出与自身真实类型不相符的信号，以期迷惑政策制定者，获得更有利于己的 R&D 补贴。这就出现了一个典型的不完全信息动态博弈问题，博弈双方是补贴政策制定者（政府）和进行 R&D 活动的企业。政策制定者的行动空间中包含两种选择，一是给予企业原始创新补贴，二是给予企业二次创新补贴，当然，前者的补贴力度要大于后者。另一方面，政策制定者是根据观察企业的 R&D 前期投入而做出决定的，也就是说，如果政策制定者观察到企业正在进行某种类型创新的财力和人力方面的投资，那么将根据观察所得到的情况得出企业将进行哪一种创新的后验概率。对于企业来说也有两种行动选择，一是进行原始创新，二是进行二次创新，在进行 R&D 活动之前，企业要考虑到政策制定者会给予补贴，这就可能发生这样一种情况：尽管企业的真正目的是进行二次创新，但为了得到高额的原始创新补助，企业会有意识地进行一定程度的原始创新前期投资，释放出自己将进行原始创新的信号。我们将博弈过程概括为以下步骤：

(1) "自然"首先选择企业的类型，类型包括 $\theta_1 =$ 原始创新企业；$\theta_2 =$ 二次创新企业。得到先验概率 $P = P(\theta)$，在这里，我们假定先验概率为 $P = \delta (0 < \delta < 1)$，也就是

说企业为原始创新企业和二次创新企业的概率分别是 δ 和 $1-\delta$；

（2）企业发出将进行原始创新或二次创新的信号 $m \in M$；

（3）政策制定者观察到企业发出的信号，使用贝叶斯法则从先验概率中得到后验概率 $P' = P(\theta|m)$，选择对企业进行原始创新补贴还是二次创新补贴，也即选择行动 $a \in A$。在这里，我们假定 $P' = \delta'$；

（4）企业和政策制定者的收益函数都是其收益与成本之差。

我们可以用一个简单的时序（timing）来表达这个博弈过程：

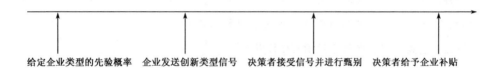

给定企业类型的先验概率　　企业发送创新类型信号　　决策者接受信号并进行甄别　　决策者给予企业补贴

图 12.1　决策者和企业的 R&D 补贴博弈过程

企业通过选择所发送的信号实现收益最大化，而政策制订者根据其所选择的补贴行动实现收益最大化。企业发送信号和政策制定者接收信号的行为具有以下特点：

（1）当企业发送与自身实际类型不相符的信号时，都需要付出 Spence(1973) 意义上的"信号成本"（signaling cost），这种信号成本主要是购置从事创新活动的特殊人力资本，例如，二次创新企业要发送原始创新信号，就需要购置一定数量的原始创新所需的人力资本，我们用 sig_m 表示这个信号成本。同样，原始创新企业的信号成本为 sig_n。我们需要注意的是，当企业发送与自身实际类型相符的信号时不需要付出"信号成本"。

（2）政策制定者的收益也是通过收益和成本形成的。一方面，由于 R&D 活动存在着静态和动态知识溢出效应（Tassey, 1997；张博，2007），这使得对 R&D 活动社会效益的度量异常复杂，因此为了简化分析，我们将采用线性形式，以企业创新收益乘以系数的方式表示政策制定者所获得的 R&D 社会收益，也即政策制定者由于企业二次创新和原始创新获得的收益分别为 $\chi_m V_m$ 和 $\chi_n V_n$，其中 $\chi_n > \chi_m > 0$ 表示政策制定者的收益系数。另一方面，政策制定者的成本就是给予企业进行 R&D 活动的补贴。

1. 原始创新企业

对于原始创新企业来说,当政策制定者(信号接收者)修正先验概率,认为不同类型企业将发送不同类型信号时,那么,原始创新企业释放原始创新信号的预期收益为 $V_n-(1-s_n)(wl_n+w_nh_n)$,而释放二次创新信号的预期收益为 $V_n-(1-s_m)(wl_n+w_nh_n)-sig_n$,则有 $V_n-(1-s_n)(wl_n+w_nh_n)-[V_n-(1-s_m)(wl_n+w_nh_n)-sig_n]=(s_n-s_m)(wl_n+w_nh_n)+sig_n>0$。此时,原始创新企业的最优选择显然为释放原始创新信号。

第二种情况,当政策制定者不修正先验概率,认为不同类型企业将发送相同信号,那么,原始创新企业释放原始创新信号的预期收益为 $\delta[V_n-(1-s_n)(wl_n+w_nh_n)]+(1-\delta)[V_n-(1-s_m)(wl_n+w_nh_n)]$,而释放二次创新信号的预期收益为 $\delta[V_n-(1-s_n)(wl_n+w_nh_n)-sig_n]+(1-\delta)[V_n-(1-s_m)(wl_n+w_nh_n)-sig_n]$,两者之差为 sig_n,因此,此时原始创新企业仍应选择释放原始创新信号。总之,无论政策制定者是否修正其先验概率,原始创新企业都应释放原始创新信号。换言之,政策制定者可以判断出:凡是原始创新企业必然不会发送二次创新信号,发送二次创新信号的企业必然为二次创新企业。

表 12.1　决策者与企业的博弈过程及收益函数

企业类型	原始创新企业			
信号类型	原始创新信号		二次创新信号	
补贴类型	获得原始创新补贴	获得二次创新补贴	获得原始创新补贴	获得二次创新补贴
企业收益	$V_n-(1-s_n)$ $(wl_n+w_nh_n)$ ①	$V_n-(1-s_m)$ $(wl_n+w_nh_n)$ ③	$V_n-(1-s_n)$ $(wl_n+w_nh_n)-sig_n$ ⑤	$V_n-(1-s_m)$ $(wl_n+w_nh_n)-sig_n$ ⑦
政府收益	$\chi_nV_n-s_n$ $(wl_n+w_nh_n)$ ②	$\chi_nV_n-s_m$ $(wl_n+w_nh_n)$ ④	$\chi_nV_n-s_n$ $(wl_n+w_nh_n)$ ⑥	$\chi_nV_n-s_m$ $(wl_n+w_nh_n)$ ⑧

(续表)

企业类型	二次创新企业			
信号类型	原始创新信号		二次创新信号	
补贴类型	获得原始创新补贴	获得二次创新补贴	获得原始创新补贴	获得二次创新补贴
企业收益	$V_m-(1-s_n)$ $(wl_m+w_mh_m)-sig_n$ ⑨	$V_m-(1-s_m)$ $(wl_m+w_mh_m)-sig_n$ ⑪	$V_m-(1-s_n)$ $(wl_m+w_mh_m)$ ⑬	$V_m-(1-s_m)$ $(wl_m+w_mh_m)$ ⑮
政府收益	$\chi_mV_m-s_n$ $(wl_m+w_mh_m)$ ⑩	$\chi_mV_m-s_m$ $(wl_m+w_mh_m)$ ⑫	$\chi_mV_m-s_n$ $(wl_m+w_mh_m)$ ⑭	$\chi_mV_m-s_m$ $(wl_m+w_mh_m)$ ⑯

2. 二次创新企业

对原始创新企业的分析已经指出，发送二次创新信号的企业必然为二次创新企业，因此，此时决策者在接受企业的原始创新信号时需进一步判断和甄别，而在接收到企业的二次创新信号时并不进行概率修正，直接将其类型判定为二次创新企业。此时二次创新企业发送原始创新的预期收益是 $\delta'[V_m-(1-s_n)(wl_m+w_mh_m)-sig_m]+(1-\delta')[V_m-(1-s_m)(wl_m+w_mh_m)-sig_m]$，而发送二次创新信号的预期收益是 $V_m-s_m(wl_m+w_mh_m)$，计算两者之差为 $(wl_m+w_mh_m)[\delta'(s_n-s_m)+2s_m-1]-sig_m$。为了使本章的分析更具有现实意义，我们假定 $\delta'(s_n-s_m)+2s_m-1>0$。当信号成本足够小，满足 $(wl_m+w_mh_m)[\delta'(s_n-s_m)+2s_m-1]>sig_m$ 时，二次创新企业发送原始创新信号是最优的。此时，不管是原始创新企业还是二次创新企业的最优选择都是发送原始创新信号，这样就形成了一个混合均衡(pooling equilibrium)。反之，当二次创新企业发送自己将进行原始创新的信号成本很高，满足 $(wl_m+w_mh_m)[\delta'(s_n-s_m)+2s_m-1]<sig_m$ 时，二次创新企业将选择发送二次创新信号，这就形成了一个分离均衡(separating equilibrium)。当 $(wl_m+w_mh_m)[\delta'(s_n-s_m)+2s_m-1]=sig_m$ 时，形成的是准分离均衡(semi-separating equilibrium)，也即原始创新企业发送原始创新信号，而二次创新企业随机选择发送原始创新或二次创新信号(见表12.2)。

表 12.2　不对称信息条件下的企业选择

均衡类型	均衡条件	原始创新企业 最优选择	二次创新企业 最优选择
混合均衡	$(wl_m + w_m h_m)[\delta'(s_n - s_m) + 2s_m - 1] > sig_m$	原始创新信号	原始创新信号
分离均衡	$(wl_m + w_m h_m)[\delta'(s_n - s_m) + 2s_m - 1] < sig_m$	原始创新信号	二次创新信号
准分 离均衡	$(wl_m + w_m h_m)[\delta'(s_n - s_m) + 2s_m - 1] = sig_m$	原始创新信号	原始创新信号/ 二次创新信号

命题 2：当企业和政策制定者之间关于企业创新类型的信息不对称，且用于发送信号的专用性人力资本价格过于低廉（sig_m 很小）时，二次创新企业将释放原始创新信号，以欺骗政策制定者获取高额补贴。

命题 2 的经济学含义中最值得强调的一点是，企业真实的雇用成本（包括劳动力成本 wl_m 和专用性人力资本成本 $w_m h_m$）相对于企业聘请拥有专用性人力资本的兼职人员（比如科学院院士和工程院院士）的成本比较高的时候，二次创新企业就会倾向于伪装成原始创新企业。

（三）政策制定者的最优选择

面对企业的策略性行为，政策制定者必须考虑：当企业都宣称自己将开展原始创新时，有无必要进行进一步的信号甄别？甄别企业的真实创新类型是一项相当复杂的工作，企业进行何种类型技术创新的战略定位，从本质上来看是一个"企业抱负"的问题（安同良，2003；Tidd et al.，2005）。如果企业经营者能在目光远大的抱负激励下，勇敢地捕捉因技术推力或需求拉力而出现的技术机会，果断地实施原始创新和自主研发，那么，企业往往能够实现技术或产品生命周期上的"跨越式发展"。在这种新老技术交替的过程中，免不了要承受"成长的痛苦"。大量企业管理案例都表明，缺乏长远的技术抱负、企业愿景和产业先见，无法承受技术范式急剧转变所造成的短期损失和心理震荡，亦步亦趋地进行复制性或简单的二次创新，是其技术或产品升级失败的根本原因（安同良，2006；芮明杰，2006）。因此，企业进行原始创新的远大抱负，更突出地体现在企业家精神和企业文化层面，并非依靠硬件设施的投资就能够准确地判别出来。对于企业抱负的考察，不仅要追溯该企业以前所进行的创新活动是否取得了原创性的突破，还要对企业管理层的创新理念和战略思维进行分析和判断。如果我们将进一步甄别企业创新类型的成本设为 SC(screening cost)，则政策制定者的行动原则是，当这个甄别成本小于由于进一步甄别而引起的社会福利的增加时，则对企业创新类型进行进一步的甄别，反之则不进行进一步的甄别，并给予两者同样的R&D 补贴。在这一部分的分析中，我们假定政策制定者给予原始创新企业和二次创新企业同样的原始创新补贴，然后在此基础上考虑是不是进行进一步的甄别。根据表 12.1 给出的收益函数表达式，如果继续甄别企业类型，从而增加的社会福利为分离均衡时与混合均衡时政策制定者的收益之差，也即 $(\delta② + (1-\delta)⑯) - (\delta② + (1-\delta)⑩)$，计算其值为 $(1-\delta)(s_n - s_m)(wl_m + w_m h_m)$。因此，影响政策制定者进一步甄别企业类型的社会总收益的主要因素有两个，一是原始创新与二次创新补贴的资助力度差额，其次是二次创新的成本。从经济含义上来看，政策制定者给予原始创新与二次创新补贴的资助力度差额越大，二次创新企业的成本越高，则政策制定者给予二次创新企业的原始创新补贴资金总量就会越多，企业的逆向选择行为对社会福利造成的负面影响就越大，因此，进一步甄别企业类型对于避免这种情况出现所起到的作用也就越大。将以上结论总结为命题 3。

命题 3：当进一步甄别企业创新类型的成本小于某一临界水平，也即 $SC < (1-\delta)(s_n - s_m)(wl_m + w_m h_m)$ 时，政策制定者继续对企业释放的原始创新信号进行甄别，以期筛选出真正具有技术抱负的企业；反之，当 $SC > (1-\delta)(s_n - s_m)(wl_m + w_m h_m)$ 时，则政策制定者不再继续甄别，而是给予两种企业同样的补贴待遇。

命题 3 的经济学含义中最值得强调的一点是，当政府的甄别成本既定时，政府可以通过适当地提高对不同类型企业补贴水平的差距 $(s_n - s_m)$ 来提高自己进行甄别的可能性，对不同类型企业补贴水平的差距 $(s_n - s_m)$ 越小政府越没有激励进行甄别。

若当政策制定者接收到的都是原始创新信号，且进一步甄别的成本过高，因而选择给予企业同等补贴待遇时，还需要判断给予企业哪种类型的补贴。实证研究表明，政策制定者往往面临着统一给予企业高额补贴但仍无法起到激励原始创新的政策窘境(Gorg and Strobl, 2007)。当企业都获取原始创新补贴时，政策制定者的收益为 $\delta[\chi_n V_n - s_n(wl_n + w_n h_n)] + (1-\delta)[\chi_m V_m - s_n(wl_m + w_m h_m)]$，而当企业都获取二次创新补贴时,政策制定者的收益为 $\delta[\chi_n V_n - s_m(wl_n + w_n h_n)] + (1-\delta)[\chi_m V_m - s_m(wl_m + w_m h_m)]$,可以发现后者大于前者。也就是说,此时政策制定者的最优选择是给予两者相同的二次创新补贴。

命题 4:当出现企业释放同类信号的混合均衡,且进一步甄别企业创新类型的成本过高时,政策制定者的最优决策是给予两种企业二次创新补贴。

(四) 企业 R&D 补贴政策选择的经验支持

大量统计数据表明,政府鼓励企业开展技术创新的政策手段,在某些情况下效果是不明显的。在所有的政府鼓励技术创新的政策中,政府采购和企业承担科技项目这两项的政策效果相对最不明显[①]。在规模以上工业企业中,相对于知识产权政策、产业扶持政策和对外经贸政策,国家针对企业实施这两项政策效果不明显的比例分别达到了 70.9％和 64.8％,高于其他所有 R&D 政策措施。而恰恰是这两项政策,构成了政府对企业进行 R&D 补贴的主要部分。从以上事实我们可以推断,政府直接对企业进行 R&D 补贴,往往由于信息不对称和企业的逆向选择行为,而达不到预想的激励效果。

在我国科技政策体系中,以中央财政补贴为主要手段支持企业技术创新的国家科技计划有三个:国家重点新产品计划、科技型中小企业创新基金和企业技术创新引导工程。从财政拨款力度来看,三项计划对单个企业技术创新项目的支持力度实际上是下降的(国家统计局、科学技术部,2000—2007)。国家新产品计划启动于 1988年,近年的年度资助总金额保持在 1.3 亿元左右的水平,如 2002 年共有 462 个项目得到了国家财政补助,总额为 1.386 亿元,平均补贴金额为 30 万元,而到 2005 年,共551 个项目获得 1.377 亿元补贴,平均补贴金额仅为 25 万元,2006 年更是下降到23.4 万元。科技型中小企业技术创新基金的补贴数据呈现出同样的特征,科技型中小企业技术创新基金是以扶持各种所有制类型的科技型中小企业为主要目的的中央政府专项基金,资助形式有无偿拨款和贷款贴息两种。从 1999 年项目启动以来,批

---

① 资料来源:国家统计局社会和科技统计司,2008;《2007 年全国工业企业创新调查统计资料》,中国统计出版社。

准项目数不断提高,但资助金额却明显跟不上申报项目的增长(见图 12.2)。

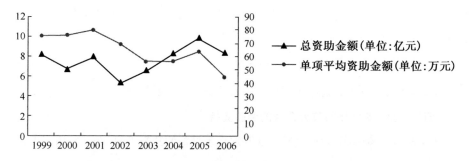

图 12.2 1999—2006 年科技型中小企业创新基金补贴金额

　　财政预算的限制和企业申报项目的迅速增长,客观上造成了对企业 R&D 补贴力度的下降。但是,如果我们进一步挖掘其中的深层次原因,不难发现随着企业申报项目数量的增长,项目评审的工作量和难度在不断加大,对企业信息真实性进行判断、评估的成本也随之提高。因此,政策制定者给予企业同等的较低额度创新补贴,相对于耗费巨大代价继续甄别企业类型的做法来说,能够取得更好的社会收益。国家科技部在 2006 年 1 月印发的《关于国家科技计划管理改革的若干意见》中明确指出,基础研究和前沿探索类科技计划要鼓励自由探索,突出原始创新,提高科技的持续创新能力;应用开发及产业化类科技计划要面向市场,突出集成创新,以企业为实施主体,重点解决经济社会发展中的重大科技需求问题,突出公益技术研究和产业关键共性技术开发。这表明,目前国家科技计划对企业 R&D 补贴的定位,还主要集中在以集成和消化吸收等形式的二次创新上,这不仅是我国经济发展水平和财政实力的真实体现,同时也印证了我们关于政府 R&D 补贴方案选择标准的判断。进一步而言,在开放经济条件下,站在以应用为中心的非技术民族主义视角来看(David Edgerton, 2006),中国国家科技计划对企业 R&D 补贴的定位也比较准确。

四、结论与政策建议

　　在中国这样具有转轨经济背景的发展中国家,由于技术评价体系与信息披露机制都存在着一定缺陷,企业技术能力的信息并不透明,寻租行为还具有广泛的市场(Gill and Kharas, 2007),为此政府给予企业的 R&D 补贴不仅仅面临着事后的道德风险,更为普遍地存在着企业在申请 R&D 补贴时的事前逆向选择问题。一个实际上只能进行或只准备进行二次创新的企业,可以通过释放将要进行原始创新的虚假信号来获取政府 R&D 补贴,这种虚假信号的形式多种多样,企业可以通过招聘兼职、顾问等方式聘请一些并不参加实际研发工作的"研发人员",例如聘请院士、大学教授和研究员挂到企业名下;也可进行物质资本投资,购置一些并不打算在日后研发中使用的先进研发设备。在政策制定者信号甄别机制缺失或失效的情况下,企业所释放的虚假信号很可能达到欺骗政策制定者的目的,从而严重削弱政府 R&D 补贴的激励效应。在甄别成本较高的情况下,政策制定者的最优选择是给予两者同等的二次创新补贴,这就意味着二次创新企业并不能最终如愿地利用虚假信号得到原始创新补贴,但是,科研项目申报过程中的腐败和寻租行为的存在,使二次创新企业仍然有动力铤而走险,将获得高额补贴的可能性寄希望于释放虚假创新类型信号,以及针对政府的"公关活动"。尽管我国目前对企业 R&D 补贴的政策还定位在二次创新上,但这并不意味着放弃对企业进行原始创新的激励。通过提高释放原始创新的信号成本从而形成分离均衡,一旦将博弈终止在初期阶段,政策制定者就不需要进一步甄别企业类型,也就能在一定程度上解决权衡甄别成本和甄别收益的两难困境。实际上,将企业 R&D 补贴与提高 R&D 活动中的要素投入价格两类政策措施结合起来使用,已经被证明能够取得较好的推动经济增长的作用(Dinopoulos and Syropoulos, 2007)。具体而言,我们提出以下政策建议。

1. 提高 R&D 要素投入价格,增加企业发送虚假创新类型信号的成本

在不对称信息条件下,政企博弈中产生混合均衡的根本原因在于二次创新企业可以以十分低廉的成本进行自主创新前期投资的包装,从而释放虚假信号。因此,适度提高兼职技术工人和兼职高层次研发人员在兼职时的收入待遇,就成为提高企业"信号成本"、进而抑制逆向选择行为的重要机制。具体来说,应加大社会对以兼职、顾问等方式并不参加实际研发工作的"研发人员"的声誉约束,让其不敢轻易沽名钓誉。

2. 推动合作创新,加强企业 R&D 的内部监督

解决信息不对称问题的一个重要政策手段是建立发送信号方的内部制衡机制,应鼓励企业与企业之间、企业与高等院校和科研院所之间建立国家工程实验室或行业研发中心等合作创新组织,利用各创新主体之间的监督和制衡作用,抑制创新主体的逆向选择行为。

3. 改革科技评估和评审体制,加强对企业 R&D 的外部监督

由于 R&D 补贴是企业与政策制定者之间进行反复博弈最终形成的,因此,政府应设计事后的科研成果评价体系,这实际上相当于给企业增加了一个 R&D 补贴的"违约成本",如果 R&D 成果与事前承诺的不符,没有实现先期的自主创新目标,企业就会因此受到处罚,这对于释放虚假信号的逆向选择行为具有威慑作用。当然,科技评价和评审机制的设计,必须使其能够明确区分出原始创新和二次创新,并对企业创新成果的水平做出客观公正的评价和判断。具体而言,科技项目的评审要体现公平、公正、公开的原则,防范"关系户评审"和寻租行为的出现,应完善同行专家评审机制,建立评审专家信用制度,加强对评审过程的监督,扩大科研成果评审活动的公开化程度和被评审人的知情范围。

4. 实现 R&D 补贴的长期化和制度化,建立企业创新的信用机制

与一次性和有限次的博弈相比,无穷多次的重复博弈能够在一定条件下减少行为主体的逆向选择行为。由于考虑到自身在 R&D 方面的"声誉",企业会仔细权衡释放虚假信号以获取短期收益与释放真实信号建立声誉并获取长期收益两种选择的利弊得失。为此,设计一个长期、动态的企业 R&D 补贴和资助计划,建立企业申请 R&D 补贴的信用记录,就显得尤为必要。要建立稳定支持企业 R&D 尤其是重大自主创新的科技投入机制;在法律法规层面将企业 R&D 补贴纳入制度化轨道,使对企业技术创新的支持和资助有法可依,有规可循。

5. 激发企业抱负,实现创新突破

考虑到"企业抱负"在促进企业进行原始创新中的重要性,为进一步完善和优化 R&D 补贴政策,在强调单纯的财政资助或税收优惠之外,不应忽视企业创新文化和企业家精神的培养与激励。一个企业能否进行原始创新以实现技术领先,这与企业

家的技术战略抱负及领导素质紧密相关。因此,构建合理的企业家人才选拔和继续教育体制,培养企业经营者自主创新的长远眼光,以此提高 R&D 补贴的激励效应,从而实现我国原始创新的重大突破与正反馈。

参考文献

[1] 安同良.《中国企业的技术选择》,《经济研究》,2003(7).

[2] 安同良、施浩、Ludovico. Alcort.《中国制造业企业 R&D 行为模式的观测与实证》,《经济研究》,2006(2).

[3] 布朗.1994:《创新之战》,中译版,机械工业出版社 1999 年版.

[4] 大卫·艾杰顿.2006:《历史的震撼》,中译版,上海科学技术文献出版社 2008 年版.

[5] 董雪兵、王争.《R&D 风险、创新环境与软件最优专利期限研究》,《经济研究》,2007(9).

[6] 国家统计局、科学技术部:《中国科技统计年鉴》(2000—2007),中国统计出版社.

[7] 韩小非.中国 PCT 申请量排名世界第七位,国家知识产权局 http://www. sipo. gov. cn/. 2008 - 04 - 10/,2008.

[8] 孟繁森.《国家资助中小企业技术创新项目申报程序及案例分析》,经济科学出版社,2008.

[9] 潘士远.《最优专利制度研究》,《经济研究》,2005(12).

[10] 芮明杰.《知识型企业成长与创新》,上海人民出版社,2006.

[11] 姚洋、章奇.《中国工业企业技术效率分析》,《经济研究》,2001(10).

[12] 张博.《公共研发投资对私人研发的影响效应分析》,《产业经济评论》,2007(1).

[13] 朱平芳、徐伟民.《政府的科技激励政策对大中型工业企业 R&D 投入及其专利产出的影响——上海市的实证研究》,《经济研究》,2003(6).

[14] 郑绪涛、柳剑平.《促进 R&D 活动的税收和补贴政策工具的有效搭配》,《产业经济研究》,2008(1).

[15] Aghion, P. and Howitt, P. A Model of Growth through Creative Destruction, *Econometrica*, Vol. 60 (2), 1992: 323 - 351.

[16] Aghion, P. and Howitt, P. Research and Development in the Growth Process,

Journal of Economic Growth, 1996(1): 49 – 73.

[17] Cassiman, B. , Perez, D. , Veugelers, R. Endogenizing Know-how Flows through the Nature of R&D Investments, *International Journal of Industrial Organization*, Vol. 20(6), 2002: 775 – 99.

[18] Cockburn, Iain. and Anderson. Absorptive Capacity, Co-authoring Behavior, and the Organization of Research in Drug Discovery, *Journal of Industrial Economics*, 1998 (46): 157 – 182.

[19] David, P. , Hall, B. and Toole, A. Is Public R&D a Complement or Substitute for Private R&D? A Review of The Econometric Evidence, *Research Policy*, Vol. 29(4), 2000: 497 – 529.

[20] Davidson, C. and Segerstrom, P. R&D Subsidies and Economic Growth, *RAND Journal of Economics*, Vol. 29(3), 1998: 548 – 577.

[21] Dinopoulos, E. and Syropoulos, C. Rent Protection as a Barrier to Innovation and Growth, *Economic Theory*, Vol. 32(2), 2007: 309 – 332.

[22] Gill, I. and Kharas, H. *An East Asian Renaissance: Ideas for Economic Growth*. Washington DC: The World Bank, 2007.

[23] Gorg, H. and Strobl, E. The Effect of R&D Subsidies on Private R&D, *Economica*, Vol. 74(5), 2007: 215 – 234.

[24] Grossman, G. and Helpman, E. Endogenous Innovation in the Theory of Growth, *Journal of Economic Perspectives*, Vol. 8(1), 1994: 23 – 44.

[25] Kang, Moonsung. Trade Policy Mix: IPR Protection and R&D Subsidies, *Canadian Journal of Economics*, Vol. 39(3), 2006: 744 – 757.

[26] Lichtenberg, R. The Private R&D Investment Response to Federal Design and Technical Competitions, *American Economic Review*, Vol. 78(3), 1988: 550 – 559.

[27] Lichtenberg, R. and Donald, S. The Impact of R&D Investment on Productivity: New Evidence Using Linked R&D-LRD Data, *Economic Inquiry*, Vol. 29(2), 1991: 203 – 228.

[28] Mansfield, E. and Switzer, L. Effects of Federal Support on Company-financed

R&D: The Case of Energy, *Management Science*, Vol. 30(5), 1984: 562 – 571.

[29] Marcus, N. and Howard, P. *Industrial Policy in an Era of Globalization: Lessons from Asia*. Working paper, Institute for International Economics, 2003.

[30] Morales, F. *Research Policy and Endogenous Growth*. Working Paper, 488. 01, Universitat Autonoma de Barcelona, 2001.

[31] Morales, F. Research Policy and Endogenous Growth, *Spanish Economic Review*, Vol. 6(10), 2004: 179 – 209.

[32] Narin, F. , Hamilton, K. S. and Olivastro, D. The Increasing Linkage between US Technology and Public Science, *Research Policy*, Vol. 26(3), 1997: 317 – 330.

[33] Park, G. W. A theoretical Model of Government Research and Growth. *Journal of Economic Behavior and Organization*. Vol. 34, 1998: 69 – 85.

[34] Pelloni, A. Public Financing of Education and Research in a Model of Endogenous Growth. *Labor*, 1997, 11(3): 517 – 539.

[35] Robson, M. Federal Funding and the Level of Private Expenditure on Basic Research, *Southern Economic Journal*, Vol. 60(1), 1993: 63 – 71.

[36] Rodrik, D. *Industrial Policy for the 21st Century*. Working paper, September, John F. Kennedy School of Government, Harvard University, 2004.

[37] Romer, P. Endogenous Technological Change, *Journal of Political Economy*, Vol. 98(5), 1990: 71 – 102.

[38] Rustichini, A. and Schmitz, A. Research and Imitation in Long-Run Growth. *Journal of Monetary Economics*. Vol. 27(2), 1991: 271 – 292.

[39] Spence, Michael, Job Market Signaling, *Quarterly Journal of Economics*, 1973, 87 (3): 355 – 374.

[40] Tassey, G. *The Economics of R&D Policy*, Greenwood Publishing Group, Inc, 1997.

[41] Tassey, G. Policy Issues for R&D Investment in aKnowledge-based Economy. *Journal of Technology Transfer*, Vol. 29(2), 2004: 153 – 185.

[42] Tidd, J. , Bessant, J. and Pavitt, K. *Managing Innovation* (3rd edition), John Wiley

& Sons，Ltd，2005.

[43] Van Marrewijk，Charles，Stibora，Joachim，de Vaal，Albert and Viaene，Jean-Marie，Producer Services，Comparative Advantage，and International Trade Patterns，*Journal of International Economics*，Vol. 42(1)，1997：195 - 220.

[44] Wallsten，J. *Do Government-industry R&D Program Increase Private R&D：The Case of the Small Business Innovation Research Program.* Working paper，Department of Economics，Stanford University，1999.

（原文载于：安同良、周绍东、皮建才：《R&D 补贴对中国企业自主创新的激励效应》,《经济研究》,2009 第 10 期）

第十三章　中国居民收入差距变化对企业产品创新的影响机制研究

内容提要:改革开放以来,中国居民收入差距的持续扩大,不仅引起了全社会的巨大关注,更对中国的经济发展,尤其是向创新驱动的转型带来了严峻的挑战。本章从收入差距与技术创新关系这一独特的视角出发,突破了传统研究技术创新形式的不完全性、收入差距的不连续性、收入效应的同质性等局限性,在考虑了收入效应差异的基础上,创建了居民收入差距连续变化条件下的企业产品创新竞争模型,深刻揭示了收入差距的变化通过"价格效应"与"市场规模效应"的耦合对产品创新产生的复杂影响机制。并通过数值模拟、计量分析等方法进行了验证。研究表明:收入差距(基尼系数)与企业产品创新存在复杂的非线性关系。"收入效应"较小时,"市场规模效应"占主导,收入差距与产品创新之间呈现负相关;当"收入效应"较大时,"价格效应"占主导,收入差距与产品创新正相关;"收入效应"处于中度值时,收入差距与产品创新是"U"型曲线关系。本章的方法与结论拓展了收入差距与技术创新关系的研究进展。

关键词:收入差距;产品创新;收入效应价格效应;市场规模效应

一、导　论

传统的创新增长模型是基于消费者同质偏好假设下进行研究的(Romer, 1990,等),因而一直未关注需求对技术创新的影响,需求因素对技术创新影响的早期研究囿于市场规模产生的"激励效应"(Schmookler, 1962)和"不确定效应"(Myers 和 Marquis, 1969)。收入差距对技术创新的影响是通过改变需求的结构与数量来实现的,收入差距的扩大,一方面会使一部分人更为富有,这些人则愿意为新产品支付更高的价格,此为"价格效应",价格效应促进企业产品创新;另一方面,收入差距的扩大会使一部分人变得更为贫穷,从而会缩小新产品的市场规模,此为"市场规模效应",这一效应会抑制企业的产品创新,收入差距扩大对技术创新影响的最终方向取决于这两种效应的力量角逐(Foellmi 和 Zweimüller,2006)。

　　纵观中国的经济发展历程,中国的基尼系数已从改革开放初期的 0.2927(程永宏,2007)迅速攀升至 2012 年的 0.474,根据联合国的划分标准已处于收入差距较大的阶段。收入差距的持续扩大,不仅引起了全社会的巨大关注,更对中国的经济发展带来了严峻的挑战。中国经济面临着由资源驱动转向创新驱动的发展道路。在现实经济活动中,创新有很多种类型,比较普遍的做法是把创新分成两类:过程创新(或称工艺创新)和产品创新。就中国这样的发展中国家,两者相较产品创新更为重要(Edquist,2001),新产品最终要面对消费者的需求引致,而收入差距又会通过需求来影响产品创新。事实上,中国收入差距的扩大已对创新尤其是产品创新带来了复杂的深刻影响,而我们对此还知之甚少!

　　关于收入差距与技术创新关系的现有研究,大致可分为三类文献:首先是基于增长理论视角的技术创新与收入差距关系的研究。这一理论旨在解释国家间收入差距产生的原因,并将其归结为技术进步率(创新)的差异,这些研究是本研究的一个逆问题,即技术创新影响收入差距。Solow(1956)模型是经济增长分析的起点,其将长期经济增长归结为外生的技术进步,从而也就将国家间收入差距外生化。Lucas(1988)、Romer(1990)、Aghion 和 Howitt(1992)等内生经济增长模型,将经济增长与收入差距归结为内生的技术进步,从而从经济系统内部解释了增长与收入差距的原因。Comin 和 Mestieri(2013)研究了技术采用滞后性与技术普及率对国家间收入差距的影响。

　　其次是收入差距对技术创新的间接影响机制研究。在收入不平等与经济增长相关的文献中,收入差距与技术创新的中介变量——需求影响创新的文献很少被关注,这主要是在传统熊彼特式的经济增长中,消费者偏好被假设为同质。在这一假设条件下,消费者对包括新产品在内的各种产品的需求与收入分配无关。直到最近才有文献关注到收入不平等和分层需求结构对经济增长的影响。Chou 和 Talmain

(1996)模型中,消费者消费两种商品,一种是标准商品(休闲),一种是 Grossman 和 Helpman 型的创新产品,如果对休闲产品需求的财富效应是非线性的,那么收入不平等将会影响经济增长。Falkinger (1994)模型中决定经济长期增长率的核心变量是居民收入分配情况,如果技术进步率与产品种类同比例增长,那么收入分配不平等会促进经济增长;如果技术进步是平均收入的函数,那么收入不平等将阻碍经济增长。Aoki 等(2002)建立了一个基于逻辑恩格尔曲线的增长模型,需求引致创新,创新引致增长。

第三是在消费者分层偏好下,收入差距对技术创新的直接影响机制研究。收入分配对技术创新的较早研究始于 Murphy、Shleifer 和 Vishny(1989),他们研究了消费者具有分层偏好的条件下收入分配在现代技术采用中的作用,其研究表明,先进技术的采用需要一个比较大的产品市场规模,财富的集中可能是新技术采用的一个障碍;Eswaran 和 Kotwal (1993)也强调了分层需求结构的重要性。在上述各文献中,收入分配仅仅影响需求数量,对新产品的价格没有影响,Li (1996)、Zweimüller 和 Brunner (1996)、Zweimüller(2000)模型弥补了这一不足,在质量阶梯的分析框架下,研究了收入不平等对产品价格结构,进而对创新的影响机制。Foellmi 和 Zweimüller (2006)对 Murphy 等(1989)和 Zweimüller(2000)模型做了进一步的拓展,在消费者分层偏好条件下,研究了收入差距产生的"价格效应"与"市场规模效应"。Foellmi 和 Zweimüller(2006)的研究表明价格效应小于市场规模效应,因而收入向穷人的再分配可以促进创新和增长。

关于收入差距对技术创新的影响,国内只有少量的经验分析,目前还缺乏理论分析。王俊等(2009)认为在短期内收入差距与企业技术创新间是正相关关系,而在长期中收入差距对技术创新影响会逆转为反向关系。李平等(2012)使用中国地区层面的面板数据检验了收入差距与自主创新间的关系,研究表明收入差距与自主创新呈倒"U"型关系。

综观国内外关于收入差距与技术创新关系的研究,与创新经济学其他领域的文献相比,研究的数量、深度与广度都远远不够。另外现有研究在理论上存在三方面的不足:(1) 现有理论模型基本上都是建立在质量阶梯模型框架下,即技术创新的表现形式仅仅是对原产品质量升级,仅就产品创新而言,这根本不完全,无法解释新产品种类增进的创新过程;(2) 关于收入差距的处理方式,多是将居民分为穷人和富人两个群体,收入差距用其中一个群体的收入占总收入的比重来表示,此种表示方法不能反映一国居民收入分布上的连续变化,而且在需求处理上过于简单,与现实相差甚远;(3) 缺少关于居民收入效应的分析,即当居民收入发生变化时,不同居民对收入变化产生的反应是异质的,因而对需求的冲击也不同。基于以上认识,本研究引入异质性收入效应,建立居民收入差距连续变化条件下的企业产品创新竞争模型,从而弥补了现有理论研究的不足。

二、收入差距与企业产品创新的模型设定

模型的设定框架是对 Murphy 等(1989)、Zweimüller(2000)、Foellmi 和 Zweimüller(2006)等模型的拓展,以克服他们模型中收入差距的非连续性、创新形式的局限性等问题。假设存在这样一个经济系统——国家,系统总收入为 M,可以理解为一个国家的 GDP,系统中共有 L 个人,每个人的收入不相同,将系统中的人依据收入从低到高排成一个序列,用 l 来表示一个人在这一序列中的位次,那么可以用下面的帕累托累积分布函数来表示此经济系统的收入分布情况:

$$z=\left(\frac{l}{L}\right)^{\alpha}, l=1,2,\cdots,L; \alpha\in[1,+\infty) \tag{1}$$

其中 z 表示这个系统中个人收入从低到高排序后,前 l 个人的收入占系统总收入的百分比,若令 $x=\frac{l}{L}$,则 $z=x^{\alpha}$ 就是这个系统的洛伦茨曲线,当 $\alpha=1$ 时,收入完全平均分配,随着 α 的增大,系统成员间的收入差距会增大。当 L 很大时,可以近似的将(1)式作为一个连续的函数来处理,那么当 l 增加一个单位时,z 的边际变动为:

$$Mz=\frac{\alpha}{L}\left(\frac{l}{L}\right)^{\alpha-1} \tag{2}$$

z 的边际变动实际上就是第 l 个人的收入占系统总收入的百分比,考虑到整个系统总收入为 M,则第 l 个人的收入(用 m_l 来表示)为:

$$m_l=M\frac{\alpha}{L}\left(\frac{l}{L}\right)^{\alpha-1}, l=1,2,\cdots,L \tag{3}$$

对于一个新产品,由于收入差异,以及其他一些偏好因素,不同消费者的支付意愿不同,为简化分析,这里假设消费者对新产品的支付意愿仅依赖于收入,可用下面效用函数来表示:

$$U = \begin{cases} S - \dfrac{P}{m^\beta}, & \text{购买} \\ 0, & \text{不购买} \end{cases} \tag{4}$$

单个消费者的消费决策是一个 0-1 分布,不购买或者购买一件,当购买时,S 表示消费者能从该商品消费中获得的最高效用,P 是商品的价格,m 表示消费者的收入,$\beta > 0$,表示消费者对新产品的支付意愿随着收入的增加而增加,在一定程度上 β 可以作为衡量消费者“收入效应”的一个指标。为简化分析,这里假设消费者的保留效用是 0,那么消费者购买新产品的临界条件为:

$$S - \frac{P}{m^\beta} \geqslant 0, \text{即}: m \geqslant \left(\frac{P}{S}\right)^{\frac{1}{\beta}} \tag{5}$$

结合(3)式,购买创新产品的消费者所占比例满足:

$$\frac{l}{L} \geqslant \left(\frac{L}{\alpha M}\right)^{\frac{1}{\alpha-1}} \left(\frac{P}{S}\right)^{\frac{1}{\beta(\alpha-1)}} \tag{6}$$

那么市场对新产品的总需求为:

$$Q = L \left[1 - \left(\frac{L}{\alpha M}\right)^{\frac{1}{\alpha-1}} \left(\frac{P}{S}\right)^{\frac{1}{\beta(\alpha-1)}} \right] \tag{7}$$

关于企业的创新行为,假设系统中存在这样一个行业,行业里有 n 个企业,初始阶段每个企业的规模、研发水平等企业特征相同,为在未来的市场竞争中占据优势,这些企业展开了新产品的创新竞赛活动,对于第 i 个企业,其完成创新的时间与创新的投入负相关,即投入越多,完成创新需要的时间越短,这里假设企业在期初一次性投入 d_i 单位创新资金。由于创新活动具有不确定性,借鉴 Loury(1979)的处理办法,假设企业 i 的创新完成时间是一个与创新投入相关的指数分布,即:

$$P(t_i \leqslant t) = 1 - e^{-d_i \lambda t}, \lambda \in (0,1) \tag{8}$$

其中 λ 反应的是企业研发效率,指对于给定的 R&D 投入,产品创新完成的或然时间缩短的速度。$\lambda \in (0,1)$ 表明研发是规模报酬递减,随着研发投入的增加,创新完成的或然时间以递减速度缩短。由于各企业间是竞争关系，对研发活动会采取比较严格的保密措施，因而各企业的创新完成时间可以认为是相互独立，其联合密度函数为：

$$f(t_1,\cdots,t_n) = \prod_{i=1}^{n} (d_i^\lambda e^{-d_i^\lambda t_i}) \tag{9}$$

那么企业 i 率先完成创新的分布函数为：

$$F(t) = P(t_i \leqslant \min(t,\min_{j\neq i}(t_j)))$$

$$= e^{-t\sum_{j\neq i}d_j^\lambda}(1-e^{-d_i^\lambda t}) + \sum_{j\neq i}d_j^\lambda\int_0^t (1-e^{-d_i^\lambda s})e^{-s\sum_{j\neq i}d_j^\lambda}ds$$

$$= \frac{d_i^\lambda}{\sum_{i=1}^{n}d_i^\lambda}(1-e^{-t\sum_{i=1}^{n}d_i^\lambda}) \tag{10}$$

企业 i 完成创新后会为创新成果申请专利保护等措施，最终在新产品市场上形成垄断地位，作为垄断企业，在面临既定的需求时会制定垄断价格，获取垄断利润，为简化分析，不失一般性，这里假设企业的边际成本为零。在这种条件下实际上就是收益最大化的问题，根据(7)式可得：

$$TR = PQ = PL\Big[1-\Big(\frac{L}{\alpha M}\Big)^{\frac{1}{\alpha-1}}\Big(\frac{P}{S}\Big)^{\frac{1}{\beta(\alpha-1)}}\Big] \tag{11}$$

则 $\max_P TR$ 可得：

$$P = S\Big[\frac{\beta(\alpha-1)}{\beta(\alpha-1)+1}\Big(\frac{\alpha M}{L}\Big)^{\frac{1}{\alpha-1}}\Big]^{\beta(\alpha-1)} \tag{12}$$

将优化后的价格代入(11)式可得出最大的收益为：

$$TR = \frac{LS}{\beta(\alpha-1)+1}\Big[\frac{\beta(\alpha-1)}{\beta(\alpha-1)+1}\Big(\frac{\alpha M}{L}\Big)^{\frac{1}{\alpha-1}}\Big]^{\beta(\alpha-1)} \tag{13}$$

这实际上就是率先完成创新的企业在一期内可获得的收益，这一收益的获得时间服从(10)式的随机分布，那么这一收益的期望的现值为：

$$E(TR) = \int_0^{+\infty} TRe^{-rt}dF(t)$$

$$= \frac{LS}{\beta(\alpha-1)+1}\Big[\frac{\beta(\alpha-1)}{\beta(\alpha-1)+1}\Big(\frac{\alpha M}{L}\Big)^{\frac{1}{\alpha-1}}\Big]^{\beta(\alpha-1)}\frac{d_i^\lambda}{r+\sum_{i=1}^{n}d_i^\lambda} \tag{14}$$

由于率先完成创新的企业每一期都可以获得(14)的期望收益，为简化分析，假设

这一专利为永久性,那么这一创新的真正价值应该是所有这些收益和的现值,即:

$$V = \int_0^{+\infty} E(TR)e^{-rt}dt$$

$$= \frac{LS}{\beta(\alpha-1)+1}\left[\frac{\beta(\alpha-1)}{\beta(\alpha-1)+1}\left(\frac{\alpha M}{L}\right)^{\frac{1}{\alpha-1}}\right]^{\beta(\alpha-1)}\frac{d_i^{\lambda}}{r(r+\sum_{i=1}^{n}d_i^{\lambda})} \tag{15}$$

企业在第一阶段的创新竞争实际上就是在争夺(15)式所示的创新价值,根据前面的假设,实际上企业的创新竞争是一个对称的 Cournot 博弈,在给定竞争对手的创新投入条件下,n 个企业优化各自的创新投入,根据(15)式的创新价值,以及各自研发成本 d_i,可得其均衡条件为:

$$\frac{LS}{\beta(\alpha-1)+1}\left[\frac{\beta(\alpha-1)}{\beta(\alpha-1)+1}\left(\frac{\alpha M}{L}\right)^{\frac{1}{\alpha-1}}\right]^{\beta(\alpha-1)}\frac{\lambda d^{\lambda-1}(r+(n-1)d^{\lambda})}{r(r+nd^{\lambda})^2}-1=0 \tag{16}$$

均衡时各个企业的创新投入相同,因而略去创新投入 d 的下标。收入结构即居民收入的分布情况,实践上通常用表征收入差距的基尼系数来表示,通过(1)式的居民收入分布情况可以得出居民收入分布的基尼系数为:

$$G=\frac{\alpha-1}{\alpha+1} \tag{17}$$

根据(16)、(17)可得均衡时收入差距(G)与创新投入(d)应满足的关系为:

$$\frac{2LS(1-G)}{(2\beta-1)G+1}\left[\frac{2\beta G}{(2\beta-1)G+1}\left(\frac{M(1+G)}{L(1-G)}\right)^{\frac{1-G}{2G}}\right]^{\frac{2\beta G}{1-G}}\frac{\lambda d^{\lambda-1}(r+(n-1)d^{\lambda})}{r(r+nd^{\lambda})^2}-1=0$$

$$\tag{18}$$

三、模型的均衡分析与数值模拟

第二部分得出了收入差距(基尼系数 G)与企业产品创新(产品创新投入 d)之间的函数关系,由于它是一个复杂的非线性关系,直接用微分方法很难透彻分析二者之间的实际关系,为此我们将使用 Matlab7.0 软件对它进行数值计算,尔后将计算的结果以图形方式表达出来。另外在收入差距与产品创新的函数关系中,还含有人口(L)、总收入(M)、收入效应(β)、研发效率(λ)、利率(r)和市场结构(n)等参数。

1. "收入效应"变化对产品创新及收入差距与产品创新关系的影响。这里的"收入效应"是指居民收入变化时对新产品支付意愿的变化,图 13.1 就是对这一变化的模拟。图 13.1 中其他参数的取值分别为：$L=10^6$，$S=1$，$M=10^{10}$，$\lambda=0.6$，$r=0.05$，$n=10$，图 13.1 中共有 6 个子图，其"收入效应"从小到大顺次变化，具体值如图所示。从模拟图中可以观察到，当 β 比较小时，产品创新的 R&D 投入随着基尼系数 G 的增加而递减，即二者成负相关关系；随着 β 的增加，基尼系数与产品创新 R&D 投入间的关系由单纯负相关逐渐变成"U"型曲线关系，即随着基尼系数增加，R&D 投入先下降，再上升；随着 β 的进一步增加，基尼系数与产品创新 R&D 投入间最终会变成单调的正相关关系，如子图Ⅵ所示。综合六子图可以看出，给定其他条件，产品创新 R&D 投入与"收入效应"（β）是正相关的，综上可得命题 1：

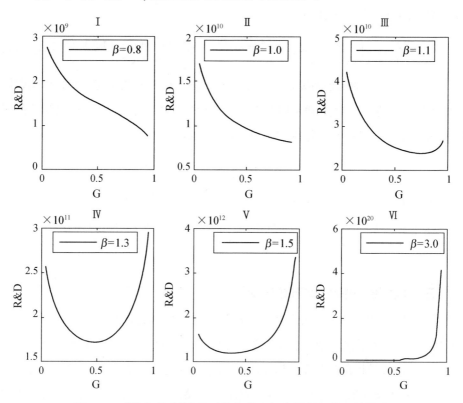

图 13.1 "收入效应"变化对收入差距与产品创新关系的影响

命题 1： 给定其他条件，产品创新 R&D 投入与"收入效应"正相关，其与基尼系数之间的关系因"收入效应"的大小而异，当"收入效应"较小时，二者是单调的负相关关系；随着"收入效应"的增加，二者逐渐演变为"U"型曲线关系；随着"收入效应"的进一步增加，二者最终将演变为单调的正相关关系。

收入差距与产品创新之间呈现此种变化关系的原因，在于收入差距的变化会同时产生两个相反的作用，这两个作用的大小会随着"收入效应"的变化而变化。第一个作用：系统总收入一定的情况下，基尼系数的增大会降低低收入者的收入，这样一方面原有的低收入者的收入会减少，另一方面低收入者的群体会扩大，这都会降低低收入者对新产品的支付意愿，会导致新产品的市场规模缩小，从而减少企业的创新利润，也就会降低企业的创新投入，由于这一作用是通过影响市场规模来实现的，因而可称之为"市场规模效应"。第二个作用：基尼系数的增加会增加高收入者的收入，这样高收入者对新产品的支付意愿会增强，那么作为新产品垄断者的创新企业可以制定高价格，从而获取更高的利润，利润的增加将会推动企业进行创新，由于这一作用是企业通过变动价格来实现的，可称之为"价格效应"。"市场规模效应"和"价格效应"是两个相反的效应，从总体上看，当"市场规模效应"大于"价格效应"时，产品创新R&D投入与基尼系数是负相关关系，反之则为正相关关系。

"价格效应"与"收入效应"是正相关的，并且当基尼系数较小时，收入差距变动所产生的"市场规模效应"会比较大，而"价格效应"会比较小。这是因为当基尼系数比较小时，收入分配比较平均，基尼系数的上升会使较多的人收入下降，而另一部分人收入上升的幅度又不够大，因而"市场规模效应"会比较大。当基尼系数已经比较高时，基尼系数再增加，虽然会使低收入者收入更低，但这时"市场规模效应"就没有那么大了，因为很多低收入者本来就不购买新产品了，收入变得更低也不会再产生"市场规模效应"。"市场规模效应"仅仅源于新的低收入者，因而当"收入效应"(β)较大时，"价格效应"会逐渐超过"市场规模"效应，使得基尼系数与产品创新R&D的关系由单调递减逐渐变为"U"曲线关系，最终演变为单调的正相关关系。

2. 人口规模变化对产品创新及对收入差距与产品创新关系的影响，见图13.2的模拟，该图共有六个子图。根据图13.1的模拟结果，"收入效应"的大小对收入差距和产品创新关系是有影响的，因而模拟人口规模变化的影响时要考虑这一因素，为不失一般性，子图Ⅰ、Ⅱ和Ⅲ中的 $\beta=0.8$，子图Ⅳ、Ⅴ和Ⅵ中的 $\beta=1.3$，分别代表较小的和较大的"收入效应"。其他参数的取值为：$S=1, M=10^{10}, \lambda=0.6, r=0.05, n=$
10，人口规模的变化如图所示。从图13.2前三个子图的模拟中可以看出，给定其他
条件，当"收入效应"较小时$(\beta=0.8)$，人口规模越大，企业的创新投入越多，即企业产
品创新R&D投入与经济系统的人口规模正相关；从子图Ⅳ、Ⅴ和Ⅵ可以看出，当"收
入效应"较大时$(\beta=1.3)$，产品创新R&D投入与人口规模负相关。图13.2中的模
拟只是"收入效应"大小的两个代表，那么"收入效应"大小的分界线究竟是多少呢？
将前面公式(18)整理可以发现，参数L在式中的表达式为$L^{1-\beta}$。由此可知，当$\beta=1$
时参数L的变化对系统没有影响，当$\beta>1$时L与所在的因子正相关，反之负相关。
因此"收入效应"的大小以$\beta=1$为分界线，左边是"收入效应"较小的区域，右边是"收
入效应"较大的区域。综合六个子图可以看出，人口规模的变化对基尼系数与产品创
新之间的关系没有影响。

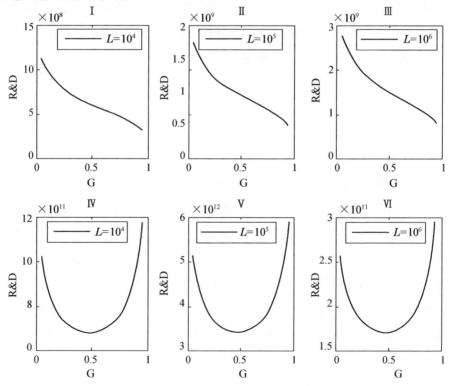

图13.2　人口规模变化对产品创新及对收入差距与产品创新关系的影响

　　命题2：给定其他条件，"收入效应"较小时($\beta < 1$)，产品创新 R&D 投入与人口规模正相关；"收入效应"较大时($\beta > 1$)，产品创新 R&D 投入与人口规模负相关；对于特定的"收入效应"($\beta = 1$)，产品创新 R&D 投入与人口规模不相关；对于所有的"收入效应"，人口规模的变化不影响收入差距与产品创新 R&D 投入之间的关系。

　　命题2实际上是说"收入效应"较小时，人口规模越大越有利于创新，"收入效应"较大时，人口规模越小越有利于创新。出现这种现象的根本原因还是在于收入变化时的"市场规模效应"和"价格效应"之间力量对比情况。对于给定的系统总收入，当基尼系数不变时，人口规模的增加意味着收入被"均化"了，原有居民的收入会减少。从"价格效应"看，创新投入会减少，但与此同时人口的增加会产生"市场规模效应"，这一效应会促进企业进行 R&D 投入。与前面的理论相同，当收入效应较小时，"市场规模效应"会大于"价格效应"，于是人口规模的增加会促进创新，反之则反。

　　3.创新产品性质的变化对企业产品创新及对收入差距与产品创新关系的影响。新产品性质是指新产品可以给消费者带来的效用，从(4)式的效用函数可以看出，这一性质对应的参数是 S，S 越大表明新产品给消费者带来的效用越大。图13.3是对

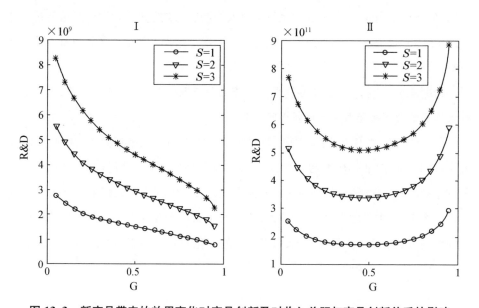

图13.3　新产品带来的效用变化对产品创新及对收入差距与产品创新关系的影响

这一问题的模拟,考虑到"收入效应"的影响,图 13.3 的模拟依然分为低"收入效应"($\beta=0.8$)和高"收入效应"($\beta=1.3$)两种情况,分别对应子图Ⅰ和子图Ⅱ,其他参数的取值分别为:$L=10^6$,$M=10^{10}$,$\lambda=0.6$,$r=0.05$,$n=10$,S 的变化如图所示。观察图13.3,新产品性质变化所产生的影响与"收入效应"无关,新产品带来的效用越大,消费者的购买意愿就越强,因此企业可以制定的价格就越高,因而利润就越大,从而创新动力就越强。同时可以观察到产品性质变化不影响收入差距与产品创新的关系。

命题3：给定其他条件,新产品性质变化产生的影响与"收入效应"无关,产品创新 R&D 投入与新产品带来的效用正相关,新产品性质变化对收入差距与产品创新关系没有影响。

4. 系统总收入变化对产品创新及对收入差距与产品创新关系的影响。系统总收入的变化如图 13.4 所示,其他参数的取值分别为:$S=1$,$L=10^6$,$\lambda=0.6$,$r=0.05$,$n=10$,与图 13.2 相同,子图Ⅰ、Ⅱ、Ⅲ对应较小的"收入效应"($\beta=0.8$),子图Ⅳ、Ⅴ、Ⅵ对应较大的"收入效应"($\beta=1.3$)。给定人口规模,当系统总收入增加时,每个人的收入都会增加,由于"收入效应"总是正的,个人收入的增加会提高其对新产品的支付意愿,增加创新企业的利润,因而系统总收入的增加总会促进企业进行产品创新。总览图 13.4 的六个子图可以发现,系统总收入的增加对收入差距与产品创新关系没有影响。

命题4：给定其他条件,系统总收入与产品创新 R&D 投入成正相关关系,系统总收入不影响收入差距与产品创新之间的关系。

5. 研发效率变化对产品创新以及对收入差距间与产品创新关系的影响。研发效率高的企业在相同 R&D 投入条件下,其完成创新所需的或然时间会比较短,因而其期望利润就会比较高,其创新的投入就会比较多,图 13.5 中的模拟结果证实了这一点。图 13.5 中子图Ⅰ对应的"收入效应"为 0.8,子图Ⅱ为 1.3,其他参数的取值与前面相同,从图 13.5 中可以看出,研发效率的变化对收入差距与产品创新之间的关系也不产生影响。由此可得命题5：

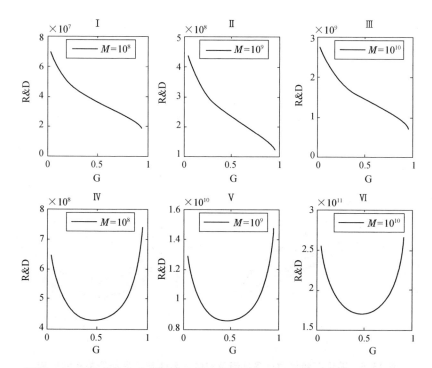

图 13.4　系统总收入变化对产品创新及对收入差距与产品创新关系的影响

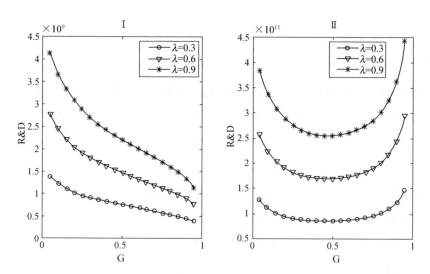

图 13.5　研发效率变化对产品创新及对收入差距与产品创新关系的影响

命题5：给定其他条件，研发效率与产品创新 R&D 投入正相关，研发效率的变化不影响收入差距与产品创新之间的关系。

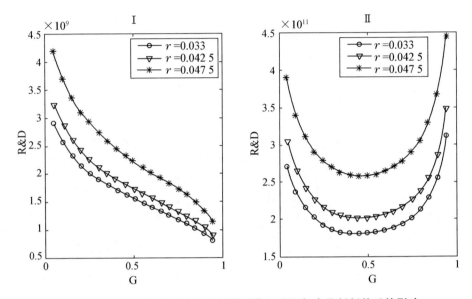

图 13.6　贴现率变化对产品创新及对收入差距与产品创新关系的影响

6. 贴现率变化对产品创新及对收入差距与产品创新关系的影响。贴现率是指将未来值变为现值时所使用的利率，贴现率越高，对于给定的未来收益变为现值时就越少，由于率先完成创新的企业会获得一个永久性的收入流，因而当贴现率升高时，创新所产生的总收益的现值就会变小，因而就会降低企业的创新的动力，创新投入也会相应地减少，图 13.6 的模拟结果就证实了这一点，与图 13.5 相似，图 13.6 分为两个子图，除贴现率有所变化外，其他参数也相同，从图 13.6 还可以看出，贴现率的变化也不影响收入差距与产品创新的关系。

命题6：给定其他条件，贴现率与产品创新 R&D 投入负相关，贴现率的变化不影响收入差距与产品创新之间的关系。

7. 市场结构变化对产品创新及对收入差距与产品创新关系的影响。市场结构是指市场的竞争程度，本模型中用行业中企业的个数 n 来表示，企业数越多表明行业竞争越激烈。与前面的分析不同，前面分析中参数变化时行业中企业数目是不变的，因而企业 R&D 投入与行业 R&D 投入是同方向变化的,行业完成创新的期望时间与企业 R&D 是同步反方向变化的。而当市场结构发生变化时,企业 R&D 投入、行业 R&D 投入、行业完成创新的期望时间的变化方向将是不确定的。为全面反映市场结构变化对创新的影响,这里需要同时模拟出行业 R&D,以及行业完成创新的期望时间。行业的创新总投入可以由企业投入加总得到,下面需要计算出行业完成创新的期望时间。若有一个企业率先实现了创新,则整个行业就完成了创新,即行业完成创新的时间为率先完成创新企业的所用时间,若行业完成创新时间为 T,则 T 的分布函数为:

$$P(T \leqslant t) = P(\min(t_i(d_i)) \leqslant t) = 1 - e^{-t\sum d_i^{\lambda}} \tag{19}$$

则行业完成创新的期望时间为:

$$E(T) = \int_0^{+\infty} t d(1 - e^{-t\sum d_i}) = \frac{1}{\sum d_i^{\lambda}} \tag{20}$$

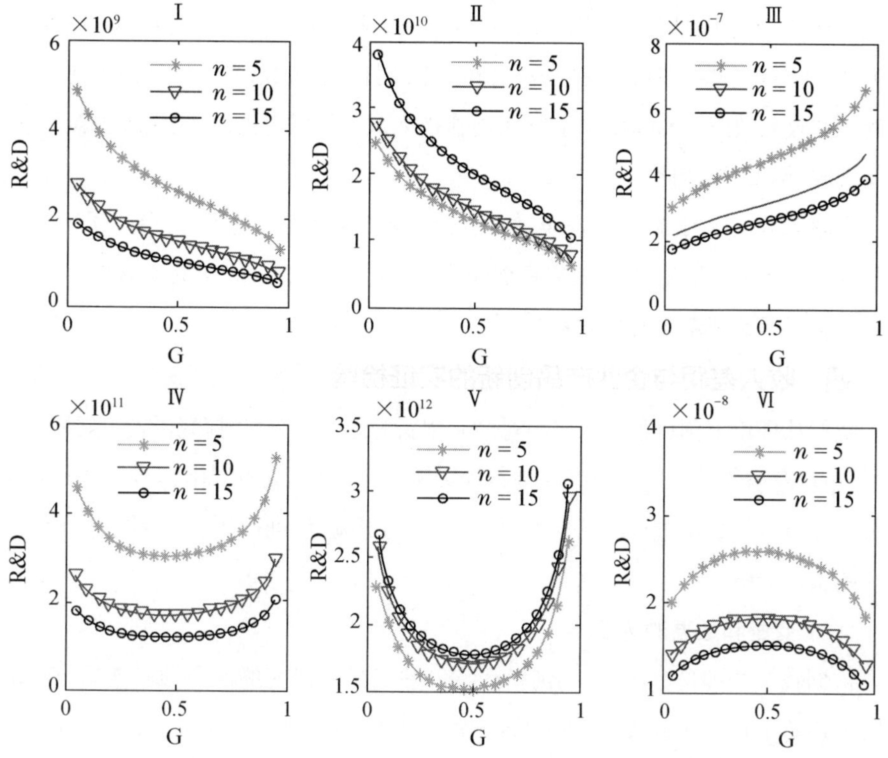

图 13.7　市场结构对产品创新及对收入差距与产品创新关系的影响

根据(20)式，以及前面的(18)式可以详细地模拟市场结构变化对企业创新投入、行业总投入，以及行业完成创新的期望时间的影响。在图 13.7 的模拟中，子图Ⅰ、Ⅱ、Ⅲ对应的"收入效应"是 0.8，子图Ⅳ、Ⅴ、Ⅵ对应的"收入效应"是 1.3，另外子图Ⅰ和Ⅳ模拟的是市场结构对企业产品创新 R&D 投入的影响，子图Ⅱ和Ⅴ相应的是行业 R&D 总投入，子图Ⅲ和Ⅵ行业对应的是完成创新的期望时间，其他参数取值分别为：$S=1, L=10^6, M=10^{10}, \lambda=0.6, r=0.05$。从总体上看，市场结构的变化对收入差距与产品创新的关系没有影响。由子图Ⅰ和Ⅳ可以看出，当行业中企业数目增多时，单个企业率先完成创新的概率必然下降，继而其 R&D 投入的期望收益必然减少，因而企业的 R&D 投入会下降；从子图Ⅱ和Ⅴ可以看出，当行业内企业数目增多时，虽然单个企业的 R&D 投入在减少，但整个行业的 R&D 投入却是在增加的，这表明企业数目增加产生的"加总效应"超过了竞争增强使单个企业 R&D 投入减少的"竞争效应"；由子图Ⅲ和Ⅵ可以看出，行业完成创新的期望时间与行业 R&D 投入负相关，因而当竞争增强时，行业完成创新的期望时间是在减少的。由子图Ⅵ还可以观察到，当"收入效应"较大时，由于行业创新投入成"U"型变化，行业完成创新的期望时间就成"倒 U"型变化。

命题 7：给定其他条件，市场竞争与企业产品创新 R&D 投入负相关，与行业产品创新 R&D 投入正相关，与行业完成创新的期望时间负相关；市场竞争的变化不影响收入差距与产品创新之间的关系。

四、收入差距与企业产品创新的实证检验

我们从理论上剖析了收入差距对产品创新的影响，同时也探究了人口规模、收入水平、市场竞争等其他因素对产品创新的影响。下面根据历年《中国科技统计年鉴》等相关经济统计数据进行实证分析，鉴于数据的限制，仅进行基于产业层面的大中型企业的实证分析。

（一）变量和数据的选取

依据我们的理论分析，产品创新和收入差距是本研究的两个核心变量，产品创新我们用行业产品创新投入(新产品开发投入)来表示，当然这里的行业指的是大中型企业的投入，并非行业全部企业的投入。根据数据的可得性与连续性，选取十

个行业 1990—2010 年的数据,十个行业分别是:食品制造业、饮料制造业、烟草制品业、纺织业、家具制造业、文教体育用品制造业、医药用品制造业、橡胶制品业、塑料制品业和通信设备、计算机及其他电子设备制造业。因为本研究理论逻辑是收入差距影响消费者的消费选择,消费选择影响企业产品需求、需求影响利润,最终会影响企业的创新投入,为此这些行业的选择主要为最终消费品行业,或者说主要用于消费者最终消费的行业。收入差距这里用的变量与理论上相同,用基尼系数来表示,1990—2002 年基尼系数的数据来源于程永宏(2007)的估计,2003—2010年的基尼系数源自国家统计局 2013 年 1 月份公布的数据。其他变量和数据的选取如下:市场结构取企业数量,即行业中大中型企业的数量,数量越多表明竞争越激烈;研发效率取行业中 R&D 人员的数量;贴现率取实际利率,剔除了通货膨胀的影响,通货膨胀取历年 CPI 指数,名义利率取中国人民银行公布的 6 个月至 1 年的短期贷款基准利率,一年有多次调整的,取算术平均数;系统总收入取历年 GDP;人口取历年全国人口数量;另外增加两个控制变量,一个是行业的总产值,另一个是新产品产值,行业总产值用于控制其总的 R&D 投资能力,新产品产值用于控制创新效果对创新的影响。

(二)回归分析

前面变量和数据选取所形成的数据结构是十个行业 21 年的面板数据,因而下面要做的回归是面板数据回归。面板回归首先要对变量进行平稳性检验,检验结果表明产品创新投入(新产品开发投入)和系统总收入(GDP)是二阶平稳的,研发效率(R&D 人员)和系统人口规模(人口规模)是零阶平稳的,其余变量是一阶平稳的,对一阶和二阶平稳的变量取对数后则全部变为零阶平稳的,数据平稳后可以对其进行回归分析。在回归之前首先要确定截面之间的差异是固定差异还是随机差异,即固定效应还是随机效应,我们可以通过基于随机效应模型的 Hausman 检验或基于固定效应的似然比检验来确定,表 13.1 是检验的结果。

表 13.1 Hausman 检验和似然比检验

检验方法	统计量	统计量值	自由度	P 值
Hausman 检验	χ^2	0.0000	8	1.0000
似然比检验	F	8.667275	(9,192)	0.0000
	χ^2	71.598843	9	0.0000

从检验结果看,Hausman 检验的统计量是 0,表明 Hausman 检验在此处无效,那么看似然比检验,从 F 统计量和卡方统计量的 P 值可以看出是高度支持固定效应,因而这里进行固定效应的回归。根据上述各种检验,回归模型可设定为:

$$\log(RD_{it}) = \alpha_i + \beta_1 \log(G_t) + \beta_2 \log(STR_{it}) + \beta_3 \log(CAP_{it})$$
$$+ \beta_4 \log(OUT_{it}) + \beta_5 \log(NO_t) + \beta_6 \log(GDP_t)$$
$$+ \beta_7 R_t + \beta_8 N_t + u_i \tag{21}$$

其中 RD 为产品创新 R&D 投入,α_i 是截面间的固定效应,G 是基尼系数,STR 是市场结构,即大中型企业数量,CAP 是研发效率(R&D 人员数量),OUT 是行业产值,NO 是新产品产值,GDP 是全国国内生产总值,R_t 是实际利率,N_t 是全国人口,u_i 是随机干扰项,回归结果见表 13.2。

表 13.2 回归结果[因变量为 LOG(RD)]

解释变量	回归 1	回归 2	回归 3	回归 4
C	2.648930 (0.4861)	2.130332 (0.5623)	3.677767 (0.3156)	3.049804 (0.4028)
LOG(G)	2.477385 (0.0084)	2.313045 (0.0092)	2.761468 (0.0020)	2.547408 (0.0034)
LOG(STR)	0.038312 (0.5828)		0.065553 (0.3099)	
LOG(CAP)	0.458045 (0.0000)	0.471387 (0.0000)	0.471677 (0.0000)	0.502683 (0.0000)
LOG(OUT)	0.073057 (0.2900)	0.088290 (0.1622)		

（续表）

解释变量	回归 1	回归 2	回归 3	回归 4
LOG（NO）	0.367244 (0.0000)	0.364354 (0.0000)	0.391202 (0.0000)	0.394565 (0.0000)
LOG（GDP）	1.358347 (0.0000)	1.362721 (0.0000)	1.416096 (0.0000)	1.449883 (0.0000)
R	0.027559 (0.0016)	0.026549 (0.0019)	0.029946 (0.0004)	0.028897 (0.0006)
N	−0.000130 (0.0063)	−0.000128 (0.0068)	−0.000137 (0.0040)	−0.000136 (0.0046)
AR（1）	0.268104 (0.0001)	0.268139 (0.0001)	0.289142 (0.0000)	0.302460 (0.0000)
	$\bar{R}^2$=0.979200 D−W=2.086375	$\bar{R}^2$=0.979279 D−W=2.080301	$\bar{R}^2$=0.979193 D−W=2.085608	$\bar{R}^2$=0.979193 D−W=2.075709

　　回归中增加 AR（1）是消除残差的序列相关，从后面的 D−W 值可以看出，回归中已经没有序列相关的影响。回归 1 中包含了所有的变量，后面三个回归逐步剔出不显著变量。从回归的结果看，基尼系数的回归系数为正，且高度显著，这似乎表明收入差距扩大有利于中国的产品创新。然而再结合前面的理论，这种结果实际上只是表明我国居民的"收入效应"（β）不是处于较小的阶段，否则产品创新与基尼系数应该为负相关。这也不表明我国基尼系数与产品创新是单调正相关关系，原因有四：第一，收入差距与产品创新的正相关关系要求有很高的"收入效应"，即收入每增加1%，要求居民的支付意愿有 3 倍以上的提高，这在中国这样的大国中很难满足；第二，众多奢侈品在中国的价格要远远高于其他国家，同时近年来中国的奢侈品消费数量急剧增加，截止到 2011 年底中国奢侈品市场年消费总额已经达到 126 亿美元（不包括私人飞机、游艇与豪华车），占据全球份额的 28%，中国已经成为全球占有率最大的奢侈品消费国家，这对人均收入较低的中国来讲，再次证明我国的收入差距已经很大；第三，中国近些年来国内需求不足的问题越来越突出，1987 年至 2007 年中国经济正迅速从"内需依存型"向"出口导向型"转变（刘瑞翔、安同良，2011）；第四，中国现阶段基尼系数已经比较高，根据国家统计局公布的数据，2012 年已经达到 0.474。

这几点表明我国居民的 β 值只能是处于中间阶段，即收入差距与产品创新之间是"U"型关系，而目前我国收入差距已经很大，越过了"U"型曲线的拐点处，因而收入差距与产品创新间表现为正相关关系。中国收入差距与产品间在现实中的正相关关系是收入差距过大的表现。

　　再来观察其他参数对产品创新的影响，首先是市场竞争，从理论上讲市场竞争的增强会促进行业的产品创新，从面板回归的结果看，这一系数为正，但不显著，这表明市场竞争对中国的产品创新影响不大。研发效率的增强可以促进企业的产品创新，这得到了经验上的支持。企业总产值和新产品产值间存在共线性，因而回归中只能保留一个，从回归结果上看这两个变量与产品创新都为正相关，这表明企业经济规模的扩大，或者新产品的市场行情好时会促进产品创新。GDP 的增加会促进产品创新，这是因为国民收入水平的提高会直接提高居民的购买力，增加需求，从而提高企业的创新利润。从理论上讲，贴现率的提高会降低企业的创新利润，从而降低企业的创新投入，但从实际情况来看，中国人民银行提高利率的时候恰恰就是社会投资高涨的时候，创新作为一种投资也会增加，因而从经验上看，实际利率的提高会促进创新。最后是人口变化对产品创新的影响，从回归结果看，其系数高度显著为负，根据前面的理论，这就从另一个角度证明中国的"收入效应"是处于较高的水平。

五、结论与政策启迪

　　当收入增加时，不同的人群对新产品支付意愿增加的幅度不同，这就是所谓的异质性"收入效应"。本章研究了异质性"收入效应"条件下收入差距变化对产品创新的影响机制，研究表明，给定其他条件，收入差距的变化会产生"市场规模效应"和"价格效应"两个相反的作用，前者与产品创新负相关，后者与产品创新正相关。当"收入效应"较小时，"市场规模效应"占主导地位，从而企业的产品创新 R&D 投入随着收入差距的扩大而减少，反之，当"收入效应"非常大时，收入差距与产品创新正相关。当"收入效应"处于中度值时，收入差距与产品创新 R&D 投入呈"U"型关系，并且收入差距与产品创新的关系随着"收入效应"的扩大有一个从单调递减到"U"型，再到单调递增的连续变化过程。中国十个产业大中型企业的实证分析表明，中国居民的"收入效应"处于中间状态，而中国的基尼系数已经越过"U"型曲线的最低点，因而在现实中收入差距与产品创新 R&D 投入表现为正相关关系,但这是以牺牲内需为代价的,产品创新也必然为低水平(安同良等,2005)。为推动中国企业自主创新,使中国经济走上创新驱动的发展道路,本章的研究结论有如下政策启迪:

1. 以收入差距的缩小推动产品创新。在"中国制造"升级的过程中,中国虽然生产的产品逐渐高端,但本地的附加价值与 30 年前相比几乎没有什么变化(黄亚生,2011)。缩小中国的收入差距、扩大内需引致企业产品创新,这一政策在短期内可能会对产品创新形成压力,但压力导致的危机意识正好引领中国的产业升级与产品创新,为创新提供持久的动力机制。

2. 以企业深度研发及研发模式的优化提升其技术能力。企业研发效率的提高会促进产品创新,而企业研发效率的关键是 R&D 人才及其知识(安同良等,2006)。由于现代科技进步与研发活动的复杂性、网络性,单个企业已经很难掌握自己所需的全部创新资源,因而就需要将所有的创新资源整合起来,建立起以企业为主体,政产学研四位一体的协同创新平台,调动一切相关资源进行协同创新。同时优化企业研发的模式,实施开放式创新与技术撬动战略(约翰·马修斯,赵东成,2009),弥补中国制造业企业内生 R&D 人才的不足,并可突破发达国家的技术封锁。

3. 以人口规模的控制倒逼企业创新。从经验上看,由于中国的"收入效应"处于中度水平,给定其他条件,适当控制人口规模可以提高市场的整体需求,以技术替代简单劳动力,从而促进企业创新。事实上,创新能力排名前 10 位的国家和地区依次为瑞士、瑞典、英国、荷兰、美国、芬兰、香港、新加坡、丹麦、爱尔兰 (Cornell University, INSEAD, and WIPO, 2013),它们当中许多国家和地区的人口总量非常少,可见,国家和地区的人口总量不能简单图大,应该追求人口质量与优化的结构。

4. 以竞争促进创新。从理论上讲,市场竞争可以促进行业的总体创新,但本研究的经验数据表明,这一作用在中国不太明显,这也从侧面反映了中国的市场竞争还不充分,企业对市场竞争还不敏感,因而尤有必要进一步深化市场改革,拆除市场分割之藩篱,以制度变迁的红利促进企业间的有序竞争(在 2013 全球创新指数排名中,中国制度因素排名非常落后,排在第 113 位),向竞争求创新之动态效率租金。

5. 以经济发展引领创新。GDP 水平的提高可以促进企业创新,这在理论和经验上都获得了支持，因而，不遗余力地推动经济发展，在发展的持续引领下，以经济总体水平的稳步提高，为创新提供坚强的金融支持以及持续的需求拉力。在发展中、在创新中实现"中国梦"！

参考文献

［1］安同良、王文翌、魏巍.《中国企业的技术创新：模式、动力与障碍》,《当代财经》,2005(12).

［2］安同良、施浩、Ludovico Alcorta.《中国制造业企业 R&D 行为模式的观测与实证》,《经济研究》,2006(2).

［3］程永宏.《改革以来全国总体基尼系数的演变及其城乡分解》,《中国社会科学》,2007(4).

［4］黄亚生.《"中国模式"到底有多独特?》,中信出版社,2011.

［5］李平、李淑云、许家云.《收入差距、有效需求与自主创新》,《财经研究》,2012(2).

［6］刘瑞翔、安同良.《中国经济增长的动力来源与转换展望》,《经济研究》,2011(7).

［7］王俊、刘东.《中国居民收入差距与需求推动下的技术创新》,《中国人口科学》,2009(5).

［8］约翰·马修斯、赵东成.《技术撬动战略》,北京大学出版社,2009.

［9］Aghion, Philippe and Peter Howitt, "A Model of Growth Through Creative Destruction", *Econometrica*, 1992(50)：323 - 351.

［10］Aoki, M. and Yoshikawa, H. , "Demand Saturation-Creation and Economic Growth", *Journal of EconomicBehavior and Organization*, 2002(48)：127 - 154.

［11］Chou, C. F. and G. Talmain, "Redistribution and Growth：Pareto Improvements", *Journal of Economic Growth*, 1996(1)：505 - 523.

［12］Comin, Diego A. and Ferrer, Martí Mestieri, "If Technology has Arrived Everywhere, Why has Income Diverged?", NBER Working Papers 19010, National Bureau of Economic Research, Inc, 2013.

［13］Cornell University, INSEAD and WIPO, 2013, The Global Innovation Index 2013：The Local Dynamics of Innovation, Geneva, Ithaca, and Fontainebleau.

[14] Edquist, C. "Systems of Innovation for Development(SID)", Background Paper for the UNIDO World Industrial Development Report(WIDR), Written for Investment Promotion and Institutional Capacity-building Division, Industrial Policies and Research Branch, United Nations Industrial Development Organization (UNIDO), 2001.

[15] Eswaran, M. and A. Kotwal, "A Theory of Real Wage Growth in LDCs", *Journal of Development Economics*, 1993(42): 243 - 269.

[16] Falkinger, J., "An Engelian Model of Growth and Innovation with Hierarchic Demand and Unequal Incomes", *Ricerche Economiche*, 1994(48): 123 - 139.

[17] Foellmi, Retoand and Zweimüller, Josef, "Income Distribution and Demand-Induced Innovations", *Reviews of Economic Studies*, 2006(73): 941 - 960.

[18] Li, C. W. "Inequality and Growth: A Schumpeterian Perspective", Mimeo, University of Glasgow, 1996.

[19] Loury, Glenn C. "Market Structure and Innovation", *The Quarterly Journal of Economics*, 1979, 93(3): 395 - 410.

[20] Lucas, Robert E. Jr. "On the Mechanics of Economic Development", *Journal of Monetary Economics*, 1988(22): 3 - 42.

[21] Murphy, K. M., Shleifer, A. and Vishny, R. "Income Distribution, Market Size, and Industrialization", *Quarterly Journal of Economics*, 1989(104): 537 - 564.

[22] Myers, Sumner, and Donald G. Marquis, "Successful Industrial Innovation: a Study of Factors Underlying Innovation in Selected Firms", Washington, D. C.: National Science Foundation, 1969.

[23] Romer, Paul M. "Endogenous Technological Change", *Journal of Political Economy*, 1990(98): S71 - S102.

[24] Schmookler, J. "Economic Sources of Inventive Activity", *Journal of Economic History*, 1962, 22(1): 1 - 20.

[25] Solow, Robert M. "A Contribution to the Theory of Economic Growth", *Quarterly Journal of Economics*, 1956(70): 65 - 94.

[26] Zweimüller, J. "Schumpeterian Entrepreneurs Meet Engel's Law: The Impact of Inequality on Innovation-Driven Growth", *Journal of Economic Growth*, 2000(5): 185–206.

[27] Zweimüller, J. and J. K. Brunner, "Heterogeneous Consumers, Vertical Product Differentiation, and the Rate of Innovation", Working Paper No. 9604, Institute for Advanced Studies, Vienna, 1996.

（原文载于：安同良、千慧雄：《中国居民收入差距变化对企业产品创新的影响机制研究》，《经济研究》，2014 年第 9 期）

第十四章　基于金融市场定价的中国制造业上市公司 R&D 价值

内容提要:如何衡量企业 R&D 的价值是创新经济学理论与实证研究的一大难题。本章拓展了由 Griliches(1981)开创的资产——价值模型,并应用于中国证券市场,测算出 2003—2014 年中国制造业上市公司的 R&D 价值。研究发现:(1)资产——价值模型可以较好地解释中国制造业上市公司的企业价值构成;(2)同等投入下,R&D 的价值高于有形资产,低于组织资产;(3)与发达国家相比,中国制造业上市公司 R&D 价值较低;(4)制造业上市公司的 R&D 价值从 2007 年至 2014 年呈下降趋势。本章通过合理估算组织资产和非流通股的价值,并从行为金融视角,创新性地引入半年期动量指标来控制投资者情绪对企业价值的影响,对资产——价值模型作出拓展,为解决如何衡量中国企业 R&D 价值这一难题提供了可行方案。

关键词:创新;资产——价值模型;投资者情绪;市场估值

一、引　言

创新是经济增长的关键源泉与不竭动力,其主要来源是企业的研究与开发(R&D)行为。衡量企业 R&D 活动的价值在公司管理、市场投资、学术研究与政策制定方面具有重要意义,但创新活动的特质(高风险性、收益跨期性、严重信息不对称性)使得如何衡量企业 R&D 的经济价值成为创新经济学理论和实证研究的一大难题。

对此,学术界存在三种主要的研究路径,分别从生产率、业绩指标及市场价值三个方面来估计企业 R&D 价值。最常见的是借助各种生产函数模型来测算 R&D 投入对全要素生产率(TFP)的贡献(Mairesse & Mohnen,1995),主要以内生增长理论为指导,以柯布道格拉斯函数、超越对数函数等建立模型测算。但该方法存在以下缺陷:(1) R&D 活动不确定性很高,即使是富有经验的业内专家在 R&D 过程中也难以估计最终结果;(2) R&D 活动具有滞后性,所以当期指标对 R&D 价值而言非常间接且不完善,而滞后指标又常常意味着数据长度不够,无法精确估计总体效应;(3) 生产函数参数的确定存在较大争议,且对最终结果的影响过大。其次是采用业绩指标,如专利、技术许可证、利润或者产出等来直接衡量 R&D 价值。该方法也存在一定缺陷:(1) 专利数量不够全面。因为专利的价值分布极其偏斜,有些专利非常有价值,许多则一文不值(Harhoff et al. , 1999; Scherer et al. , 2000);(2) 技术许可证的价值仅仅是 R&D 直接回报的一小部分,况且大多数公司创新并不会采取技术许可证的形式来获取收益;(3) 企业或行业层面的利润或产出受到其他许多因素影响,要将 R&D 的影响从其中分离出来相当困难。在以上两种路径之外,市场价值法借用了商品需求文献中的特定方法,即特征价格方程,来衡量不同公司投入 R&D 所形成知识资产的价值。其隐含假设是,上市公司是一系列资产的组合(通常包括厂房和设备、存货、知识资产、商标和声誉等),其价值每天都被金融市场所决定,而知识资产在市场中的边际影子价值(总回报率)可以从回归系数中得到。用市场价值法估计R&D 价值具有自身优势:(1) 前瞻性。因为 R&D 所形成知识资产的影子价格包含了当前所有可能的对于 R&D 投资成功或失败的信息。它依赖的是金融市场对公司资产的估价,与历史回报相比,它更关注预期回报;(2) 合理性。因为资产价格是由市场充分交易所形成的公允定价,不容易被财务人员操纵;(3) 可行性。上市公司的公开财务报表数据是市场投资者为公司定价的依据,也能用于对不同类别资产定价。Griliches(1981)最早采用该方法,通过对组成公司的各项资产回归来确定在 R&D 资产上增加一单位投资的边际价值。跟随 Griliches(1981)的开创性工作,许多研究采用了在资本市场中应用特征价格方程的方法,即资产—价值模型来分析 R&D(既包括 R&D 存量,也包括 R&D 流量)与市场价值之间的关系(Griliches, 1981; Hall, 1993a; Blundell et al. , 1999; Toivanens et al. , 2002; Munari & Oriani, 2005; Nagaoka, 2006; Greenhalgh & Rogers, 2006; Chadha & Oriani, 2010; Sandner &

Block, 2011)。

早期的研究大多围绕美国上市公司,然后逐渐出现针对其他国家与地区的相关研究,如欧洲、澳大利亚、日本、印度、中国台湾和韩国。但这些研究忽视了市场波动、投资者情绪对企业价值的影响;同时也未注意到组织资产对公司市场价值的影响。国内学者只有王文翌和安同良(2014)以资产—价值模型研究了 2003—2011 年中国制造业上市公司企业规模对 R&D 投入绩效的影响,但研究变量较单一。为此,本章从行为金融视角引入投资者情绪变量,并估算组织资产,全面拓展 Griliches(1981)开创的资产—价值模型,采用 2003—2014 年中国制造业上市公司面板财务数据,测度制造业上市公司 R&D 投入的价值及其变化。

二、理论框架与计量模型

(一) 理论框架

在资本市场中应用特征价格方程的基础是托宾 Q 理论:公司资产的长期均衡市场价值应当等于这些资产的重置价值。当市场处于不均衡状态,即托宾 Q 不等于 1时,公司有动力增加或减少投资,否则就应存在未被计量的资产或租金,使得市场价值与账面价值之间存在差异。公司价值被看作是对给定的资产组合选择动态最优化策略,以最大化资产组合所产生未来现金流的折现值。由于资产调整不是无成本的,公司资本的当前状态决定了现有资产组合的最优值。这意味着公司作为一家持续经营实体,其市场价值可以被表示为这一组资产的函数。R&D 投入能产生知识和经验,其积累构成企业的技术知识存量,最终形成知识资产,其价值等于其未来回报的现值。假设 R&D 投资创造的知识资产将在未来产生利润,而且这些利润被股市资本化为公司股价的一部分,那在公司市场价值当中应体现知识资产的贡献。用公司市场价值作为衡量 R&D 未来预期回报的间接指标,是可能且富有经济意义的。

由 R&D 投资创造的知识资产是众多研究关注的焦点,然而同样作为无形资产的重要组成部分,组织资产对公司市场价值的影响并没有得到相应的重视。组织资产(organizational capital)是存在于企业组织中的无形资产,包括组织专有的经验、规则、文化等显性或隐性知识。组织资产虽不见于财务报表,但却是企业无形资产的重要组成部分,影响物质资本、人力资本和知识资本的结合方式,使企业顺利生产产品

或提供服务。组织资产包括三方面：(1) 组织中合理配置权力资源的架构；(2) 组织
形成的运营管理流程、规章和不成文的惯例；(3) 组织中促进知识创造、传播和交流
的机制(刘海建和陈传明,2007)。国外研究表明,组织资产对市场价值具有显著贡献
(Brynjolfsson et al., 2002; Hulten & Hao, 2008; Piekkola, 2014),但笔者未见国内
有类似研究。因此本章尝试估计中国制造业上市公司的组织资产,将其纳入资产—
价值模型,以控制组织资产对公司市场价值的影响。

在由 Griliches(1981)开创并被后人不断拓展的资产—价值模型中,公司的市场
价值被看作是由有形资产和无形资产等构成的公司资产的函数,并纳入了一系列体
现公司承担风险、市场地位和财务业绩的控制变量。但是该框架难以解释公司市场
价值在资本市场牛熊市期间的大幅度上下波动。牛熊市期间上市公司股价的剧烈升
降,往往不是公司自身经营状况出现较大变化,而是市场环境发生了改变。对于影响
所有上市公司的环境因素,如宏观经济条件,可以通过采用时间哑变量来控制。除此
之外,属于市场交易双方的投资者本身,也是市场环境的组成部分,对公司定价有重
大影响。因为行为金融学认为投资者不是理性人而是普通的正常人,认知偏差的存
在使投资者不能客观、公正、无偏的反映和处理信息;市场并非有效,资产价格也非理
性,资产价格不仅仅由资产内在价值决定,还由投资者的心理、情感因素决定(韩泽
县,2005)。诸多研究表明,投资者情绪对股市收益及波动有着重要的影响(Shiller,
1980; Daniel et al., 1998)。特别是在牛市顶峰和熊市低谷期,投资者情绪对股票价
格的影响程度远远超过公司基本面因素对价格的影响,约占到 60%(Darst, 2003)。
因此,本章在资产—价值模型当中创新性地纳入市场情绪因素,用来代表投资者情绪
对公司市场价值的影响。本章的模型框架如图 14.1 所示。

(二) 计量模型

描述公司市场价值的特征价格方程可以表示为公司 i 在时刻 t 所拥有各类资产
的函数:

$$V_{it} = f(A_{it}, K_{it}) \qquad\qquad (1)$$

V_{it} 是公司 i 在时刻 t 的市场价值(所有股东权益的价值加上长期和短期负债,减

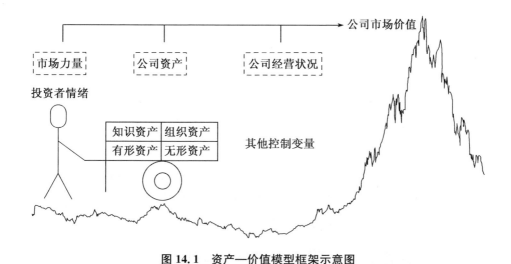

图 14.1　资产—价值模型框架示意图

去现金)。A_{it} 是公司 i 在时刻 t 有形资产的账面价值,如厂房、设备、存货和金融资产等。K_{it} 是公司 i 在时刻 t 的无形资产,包括知识资产,组织资产,以及商誉、品牌等。

在式(1)中本章忽略了劳动和其他投入,因为本章假设它们总能够调整到价值最大,所以它们是各类资产的函数。这表示在研究中得到的相关系数将通过所采用变量的调整来涵括资本和知识存量的间接效应。参照 Hall(2000)的方法,式(1)可写作:

$$V_{it} = q_{it}(A_{it} + \sum_n \gamma_{nit} K_{nit})^\sigma \qquad (2)$$

q_{it} 是公司 i 的总资产在时刻 t 的乘数,反映了市场投资者综合公司各方面经营状况、未来发展前景以及市场牛熊时期等因素对公司总资产的估值系数。A_{it} 是公司有形资产,K_{nit} 代表公司第 n 种无形资产,γ_{nit} 是第 n 种无形资产对于有形资产的影子价值。$q_{it}\gamma_{nit}$ 是第 n 种无形资产的绝对影子价值。实践中,$q_{it}\gamma_{nit}$ 反映了投资者预期的第 n 种无形资产将会给公司现在和未来回报折现后的估值。σ 代表了资产的规模效应,$\sigma>1$ 代表规模效应递增,$\sigma<1$ 代表规模效应递减,$\sigma=1$ 代表规模效应不变。由于公司投资进行 R&D 活动,形成知识资产,因此可以把无形资产写作 $RD+OC+K'$,RD 代表知识资产,OC 代表组织资产,K' 代表除知识资产、组织资产以外的其他

无形资产。所以式(2)可写作:

$$V_{it} = q_{it}(A_{it} + \gamma_{1it}RD_{it} + \gamma_{2it}OC_{it} + \gamma'_{it}K'_{it})^{\sigma} \tag{3}$$

γ_{1it}、γ_{2it}和γ'_{it}分别是知识资产、组织资产和其他无形资产对于有形资产的影子价值。原则上它们应该被允许随时间波动,但由于样本规模较小,时间跨度较短,参考 Hall(2000)、Toivanen 等(2002)对美国和英国数据的相关估计,本章将 γ_{1it}、γ_{2it}和γ'_{it} 设定为不随时间变化的常数,即 γ_{1i}、γ_{2i}和γ'_i。在方程右边括号统一提取 A_{it},并在方程两边取自然对数。由于本章的研究对象为制造业公司,假设公司资产的主要部分为有形资产,则知识资产、组织资产和其他无形资产与有形资产之比均接近于 0,按近似等式$\lim\limits_{x \to 0}\log(1+x) \approx x$,式(3)可写为:

$$\log V_{it} = \sigma\left[\log A_{it} + \gamma_{1i}\left(\frac{RD_{it}}{A_{it}}\right) + \gamma_{2i}\left(\frac{OC_{it}}{A_{it}}\right) + \gamma'_i\left(\frac{K'_{it}}{A_{it}}\right)\right] + m_t + u_i + e_{it} + \varepsilon_{it} \tag{4}$$

m_t 是时间哑变量,代表了股市总体或行业板块价格随时间的变化。它控制的是宏观经济变化的效应,包括了对整体经济增长预期的变化。u_i 是独立于市场的随机误差项,代表了公司层面因素。e_{it}代表了市场投资者情绪的影响,当该项大于 0 时,市场投资者倾向于高估公司价值,当该项小于 0 时,投资者倾向于低估公司价值。ε_{it} 是误差项。

表 14.1　变量定义表

变量名称	符号	计算公式
因变量		
企业价值对数	LogV	股改前 V:流通股＋非流通股＋负债－现金 股改后 V:流通股＋负债－现金
解释变量		
有形资产对数	LogA	A:有形资产,即公司总资产－无形资产＊
无形资产强度＊	K'/A	公司当年无形资产＊除以有形资产
R&D 流量强度	RD/A	公司当年 R&D 投入除以有形资产
组织资产流量强度	OC/A	公司当年组织资产投入除以有形资产

（续表）

变量名称	符号	计算公式
控制变量		
投资者情绪	Mo	即当年 7—12 月的累计月度股票收益
每股收益	EPS	归属于普通股股东的当期净利润除以当期发行在外普通股的加权平均数
资产负债率	Lev	公司当年总负债除以公司总资产
增长前景	$Growth$	主营业务收入年度增长率的三年平均值
现金流量资产比	CF	现金流量除以总资产的两年移动平均值

* 模型中的无形资产指上市公司财务报告当中的无形资产，不包括知识资产和组织资产。

由式（4）建立回归模型如下：

$$\log V_{it} = \sigma \log A_{it} + \sigma \gamma_{1i}\left(\frac{RD_{it}}{A_{it}}\right) + \sigma \gamma_{2i}\left(\frac{OC_{it}}{A_{it}}\right) + \sigma \gamma'_i\left(\frac{K'_{it}}{A_{it}}\right) + [\alpha_1 Mo_{it}$$

$$+ \alpha_2 EPS_{it} + + \alpha_3 Lev_{it} + \alpha_4 Growth_{it} + \alpha_5 CF_{it}] + \sum_{t=1}^{T-1}\delta_t YrDum_t + \varepsilon_{it}$$

$$(5)$$

说明：

1. 模型中的市场价值源于托宾 Q 理论所定义的公司企业价值（enterprise value），可视为收购一家公司的理论代价，因为收购方须承担公司的负债。

2. 本章所讨论的 R&D 价值是指单位 R&D 投入对公司市场价值对数的贡献，即式（5）中的 $\sigma \gamma_{1i}$。其中，根据资产—价值模型回归得到的制造业上市公司知识资产相对于有形资产的影子价值，即 γ_{1i}，可以看作是 R&D 投入的相对价值。如果 γ_{1i} 等于 1，意味着在知识资产上投入一单位货币对市值的贡献等同于在有形资产上投入的一单位货币。当 γ_{1i} 大于（或小于）1，说明股市对知识资产的估值大于（或小于）有形资产。注意 γ_{1i} 是相对值，代表了知识资产对市值的贡献相对于有形资产对市值贡献的倍数。该倍数越高，说明知识资产相对于有形资产的预期收益越高。它代表资本市场预期公司从 R&D 投资获得的经济收益，也反映了知识资产的私人回报率。由于数据所限，这里所指的知识资产仅包括由 R&D 投入转化而来的知识资产。同理,组织资产的价值是指单位组织资产投入对公司市场价值对数的贡献,即 $\sigma\gamma_{2i}$,其中 γ_{2i} 是组织资产的相对价值。

3. 模型选择用 R&D 投入来衡量企业创新,而没有采用常见的研发人员数量和专利数据,是因为:(1) R&D 投入的应用范围更广,进入创新研究的时间要长得多。虽然它常被看作是创新的众多指标之一,但 R&D 的优势在于数据的时间尺度足够长,很多国家都有详细的统计分类,涵盖了产业、大学和研究机构的创新行为(基斯·史密斯等,2004)。它是企业构建知识吸收能力的基础(Cohen & Levinthal,1990),而且体现了企业执行创新战略的决心和力度;(2) 研发人员数量一般用来比较创新能力,也用于与创新相关的回归,其隐含假设是认为研发人员数量与创新能力成正比,但困难的是在将创新能力与研发人员数量联系起来的过程中,简化了研究人员之间和不同组织之间创新效率的差异;(3) 专利的缺陷在于,它们仅表明了一项新技术,不等于商业上的创新。很多专利不具备显著的技术和经济上的意义,而且很多类型的发明无法获得专利(Kleinknecht & Mohnen, 2002);(4) 数据可得性限制。由于监管部门的明文规定,披露 R&D 投入的上市公司最多,而因为研发人员数量和专利数据不在强制披露范围内,仅有少数上市公司披露此项信息。

4. 模型采用公司管理者的薪酬来估计公司的组织资产。公司管理者在建立或改进商业模式、企业文化、组织架构、制度流程、操作规范以及其他隐含知识等的工作,都可以看作是对组织资产的投资。因此本章采用管理层员工的薪酬来估计与组织相关的资本和中间支出。这一方法由 Görzig et al. (2011)开发,Rahko(2014)改进,与 Corrado et al. (2005)在国家层面的估计类似,主要关注了公司自身在组织资产上的会计投入。以上文献假设公司管理者 20%的工作时间用于投入组织资产。基于该假设,将上市公司管理者 20%的薪酬看作是公司对组织资产的投资。

5. 模型的知识资产和组织资产均用当年投入流量代替,即用 R&D 投入流量代替当年知识资产存量,组织资产投入流量代替当年组织资产存量。因为 R&D 投资存量的来源是公司当下和以前的 R&D 投入,但难以确定以往 R&D 投入转化为存量的折旧率,因此本章采取已有文献的方法,用 R&D 流量来代替 R&D 存量,Hall (1993a; 1993b)的研究显示这两类测度在估算中差别极小,而且由于 R&D 流量体现了更高的折旧率和时间上的随机性,解释力更强(Klette & Griliches, 2000)。同理,组织资产也按此处理。

6. 由于样本为 2003—2014 年间的上市公司,必须考虑 2005 年开始的股权分置改革前后企业价值的计算问题。由于股改前的上市公司大多拥有限制流通的国有股、法人股,既不能不考虑这些限制流通股票的价值,也不能将它们等同于全流通股票的价值。根据杨丹等(2008)的研究,根据不同样本公司股改的完成时间,将股改前限制流通股的价格看作是流通股价格的某个百分比,并将该比例设定为 0.43。

7. 控制变量:(1) 根据 Polk & Sapienza(2004)以及花贵如等(2010;2011)的方法,模型采用上市公司当年 7—12 月的累计月度股票收益来控制市场投资者情绪对企业估值的影响;(2) 每股收益,代表盈利能力,是 R&D 投入的潜在保障;(3) 资产负债率,控制公司层面的风险,并衡量融资能力。一般来说,负债比率越高,企业融资的成本就越高,融资投入 R&D 的可能性就越小;(4) 增长前景,代表企业的成长性,如果未来投资将带来高于平均的回报,这将使得企业决策层更有动力投入创新;(5) 现金流量资产比,代表与 R&D 投入无关的市场势力和长期获利能力(Hall, 1993a)。

三、数据来源与描述

(一)数据来源

中国现行的创新资料来源可以分作三类:(1) 由国家统计局、科技部或发改委等官方机构发布的创新数据;(2) 高校、研究所基于企业层面创新所做的小样本问卷调查数据;(3) 上市公司在年报中披露的创新数据。一开始上市公司并没有被要求披露创新数据,只有部分公司自愿披露,直到 2007 年 2 月证监会发布《公开发行证券的公司信息披露编报规定第 15 号——财务报告的一般规定》,才明确要求上市公司必须披露 R&D 等相关创新信息。从年报中取得的创新数据兼有前两类数据的优点:可细化到公司层面,且能比较方便的公开获取。因此本章主要基于上市公司年报,选取 2003—2014 年连续 12 年的上市公司创新数据作为样本。入选的样本公司须满足以下条件:

1. 主业为制造业。股市对制造业、服务业知识资本的估值不同,因为制造业与服务业的创新存在着很大区别:制造业的创新主要以技术创新为重点,包括产品创新、工艺创新两方面,而服务业创新主要以模式创新和流程创新为主。制造业的创新主要体现在新产品的推出、已有产品生产率、技术参数的提高;而服务业的创新则更多体现在商业模式、组织和管理的创新。

2. 财务状况健康。本章的研究对象是正常生产经营的企业。因此在样本公司中剔除有过净资产为负、员工数量小于 30 人、被标注为 ST、曾经被媒体披露出现过造假问题、曾经被证监会调查财务数据问题、曾因财务数据问题被证监会处罚、考察期内借壳上市,以及年报被会计师事务所出具保留意见或不签字的公司。

3. R&D 投入数据无异常。有的公司在某些年份披露的 R&D 投入过高,甚至高于其总资产的 20%,明显不符常理。为避免个别异常数据对整体分析的影响,以 R&D 资本强度为指标,删除了最高和最低 0.5% 的样本。

至 2014 年 12 月 31 日 A 股共含 2587 家上市公司,剔除不符合以上标准的公司后,共得样本公司 946 家。所有上市公司财务数据来自公司年报和万得股票金融数据库。借壳上市公司清单、实施 ST 公司清单、退市公司清单来自同花顺股票金融数据库。ST 特别处理公司名单、上市公司违法违规数据库来自国泰安 CSMAR 数据库。会计师事务所对年报出具的意见来自万得股票金融数据库。表 14.2 列出了回归变量的描述性统计结果。

(二) 样本公司创新的基本情况

1. 样本公司 R&D 投入相差较大。如表 14.2 所示,变异系数达到了 3.7573,但对 R&D 投入用公司有形资产相除之后,R&D 资本强度的差异就小多了。另外样本公司 R&D 资本强度的平均水平和中位数都超过了国际上认可的能够维持生存的 2% 的水平。

2. 披露 R&D 的公司数量和单个公司 R&D 的平均投入量逐年增加。1999 年以前没有上市公司披露 R&D 投入(薛云奎和王志台,2001)。2003 年开始出现上市公司披露 R&D 投入,直到 2006 年财政部发布《企业会计准则》对企业 R&D 投入的会计处理提出明确标准,2007 年 2 月证监会发布规定要求上市公司在 2006 年年报公开披露 R&D 投入。因此如表 14.3 所示,披露 R&D 的公司数量在 2006 年后迅速增长。

3. 2012 年后样本公司 R&D 投入强度高于全国平均水平。如表 14.4 所示,上市公司作为全国制造业的代表,R&D 投入强度与全国平均水平大致相当,并未显示出特别的领先。直到从 2012 年开始,制造业上市公司的 R&D 投入强度才表现出高于全国的平均水平。

表 14.2　回归变量的描述性统计结果

	变量	样本量	均值	标准差	变异系数	〈分位数〉				
						最小值	0.25	中值	0.75	最大值
企业价值(亿元)	V	6629	93.7291	220.1989	2.3493	3.2729	23.4794	40.9352	80.1073	4665.9051
企业价值(元)的自然对数	$LogV$	6629	22.2595	1.0153	0.0456	19.6063	21.5768	22.1327	22.8040	26.8687
有形资产(亿元)	A	8928	44.1297	153.5159	3.4787	0.1898	6.2542	13.5082	29.4749	4083.9287
有形资产(元)的自然对数	$LogA$	8928	21.0792	1.3088	0.0621	16.7591	20.2539	21.0240	21.8042	26.7355
无形资产(亿元)	K'	8683	1.6927	5.7270	3.3833	0.0000	0.1835	0.4988	1.2251	127.1548
无形资产/资产	K'/A	8918	0.0462	0.0447	0.9667	0.0000	0.0190	0.0360	0.0600	0.8269
资产负债率	Lev	8930	0.4163	0.1938	0.4657	0.0075	0.2646	0.4254	0.5665	0.9569
增长前景	$Growth$	8930	0.2640	2.2513	8.5261	−0.3464	0.0739	0.1866	0.3119	181.2022
现金流量资产比	EPS	8930	0.0669	0.0747	1.1168	−0.3749	0.0211	0.0583	0.1034	0.8420
每股收益(元)	CF	8929	0.4625	0.4802	1.0382	−2.6500	0.1800	0.3900	0.6453	9.3300
半年期动量	Mo	6625	0.0854	0.3637	4.2603	−0.7795	−0.1634	0.0378	0.2804	3.1087
R&D 投入(亿元)	$RDinv$	7139	0.7937	2.9821	3.7573	0.0009	0.1045	0.2281	0.5480	68.6451
R&D 强度	RD/A	7026	0.0246	0.0184	0.7472	0.0003	0.0110	0.0210	0.0335	0.1024
组织资产投入(亿元)	$OCinv$	8934	0.1218	0.4014	3.2971	0.0001	0.0177	0.0395	0.0940	12.6998
组织资产强度	OC/A	8934	0.0037	0.0024	0.6572	0.0000	0.0020	0.0031	0.0048	0.0328

注:资产的样本数大于企业价值的样本数,是因为这些公司上市前披露了资产,但此时不存在市场价值。

表 14.3　R&D 指标的分布

	2003	2004	2005	2006	2007	2008	2009	2010	2011	2012	2013	2014
样本量(个)	3	36	48	294	533	722	868	900	916	939	940	940
RDinv 平均值(亿元)	0.0846	0.2158	0.1596	0.1347	0.2345	0.3217	0.4061	0.5603	0.7657	1.1716	1.2899	1.4712
RD/A 平均值	0.0068	0.0105	0.0089	0.0228	0.0274	0.0315	0.0284	0.0234	0.0217	0.0229	0.0237	0.0230

表 14.4　样本公司 R&D 投入与全国科技活动经费支出

	2003	2004	2005	2006	2007	2008
全国科技活动经费支出总额(亿元)	1540	1966	2450	3003	3710	4616
占国内生产总值的比重	1.31%	1.23%	1.34%	1.42%	1.49%	1.54%
样本公司 R&D 投入总额(亿元)	0.25	7.78	7.66	41.69	171.87	247.61
占主营业务收入的比重	1.38%	1.15%	0.90%	1.15%	1.93%	1.87%
	2009	2010	2011	2012	2013	2014
全国科技活动经费支出总额(亿元)	5802	7063	8687	10298	11846	13015.6
占国内生产总值的比重	1.70%	1.76%	1.84%	1.98%	2.08%	2.05%
样本公司 R&D 投入总额(亿元)	366	509.23	707.6	1106.54	1222.68	1396.84
占主营业务收入的比重	1.71%	1.53%	1.66%	2.39%	2.37%	2.57%

四、中国制造业上市公司的 R&D 价值

(一) 实证前提

要以资产—价值模型来研究中国制造业上市公司的 R&D 价值,必须注意到模型成立的条件:只能用于在完善运行的金融市场中交易的公众公司(Hall,1999)——市场是有效的,投资者能识别公司的知识资本和组织资本,并将其作为公司估值的依据。尽管如此,利用资本市场估值可以利用市场的公允定价进行面向未来的估值,并避免成本收益的跨期问题,这是传统的生产率方法和间接指标方法无法实现的。但

一直以来都有研究者认为中国股市有很严重的投机性,其政策市、消息市的特点更加助长了普通投资者的投机心理,大多数投资者都不会把上市公司财务报表数据作为公司估值的基础,如果这种看法成立的话,那么资产—价值模型就无法应用于中国股市。

表 14.5　解释变量和因变量的相关系数

		1	2	3	4	5	6	7	8	9	10
$LogV$	1		0.8465	−0.0253#	−0.0678	−0.1029	0.2133	0.2073	0.3978	0.0717	0.1360
$LogA$	2	0.8917		−0.0416	−0.1538	−0.1299	0.0344#	0.0501	0.5663	−0.0131#	0.0040#
K'/A	3	−0.0261#	−0.0578		0.0644	0.1984	0.0290#	−0.0973	0.0682	−0.0731	−0.0482
RD/A	4	−0.0384	−0.1159	0.0267#		0.2323	0.0249#	0.1459	−0.2003	0.0539	0.0639
OC/A	5	−0.1062	−0.1405	0.1542	0.2110		0.0356	−0.0678	0.0309#	−0.0661	0.1067
Mo	6	0.1909	0.0307#	0.0107#	0.0248#	0.0248#		0.0274#	0.0665	−0.1415	0.0921
EPS	7	0.2390	0.0866	−0.1017	0.0807	−0.0733	0.0309#		−0.2718	0.4154	0.3609
Lev	8	0.4294	0.5818	0.0588	−0.1431	0.0160	0.0648	−0.2350		−0.0032#	−0.1642
$Growth$	9	0.0916	0.0208#	−0.0498	0.0205#	−0.0674#	−0.1028	0.3135	0.0186#		0.0455
CF	10	0.1438	0.0101#	−0.0163#	0.0653	0.0983	0.0761	0.3713	−0.1848	0.0297#	

注:表格的右上部分是变量之间的 Spearman 相关系数,左下部分是变量之间的 Pearson 相关系数。不带#的相关系数表示已达到 1% 显著性。阴影单元格表示两变量之间可能存在较高的共线性(≥0.3)。

虽然学者们在很长一段时间内也都认为中国上市公司的股票业绩信号扭曲,市场不具备有效性,但幸运的是,随着中国证券市场的逐步发展,这种情况已有所改善。张兵和李晓明(2003)用时变系数的 AR(2)自回归模型,同时考虑到"波动集群"的异方差影响,确定 1997 年以后中国股市呈现弱式有效。王少平和杨继生(2006)将上海和深圳证券交易所 2000 年 6 月至 2005 年 2 月各组成部分的价格指数进行综列单位根检验,结果表明中国证券市场各主要价格指数服从综列单位根过程,这一结论隐含了中国证券市场在研究期内具有微观弱有效性。朱孔来和李静静(2013)以 2000 年 1 月 4 日至 2011 年 4 月 1 日的上证综指(000001)和深圳综指(399106)的日收盘价和日收益率为研究对象,根据随机游走假设,采用对数动态自回归模型、游程检验和单位根检验,对上海股票交易所和深圳股票交易所的市场有效性分别进行检验,结果表明沪深两市都基本达到弱式有效。同时作者在样本筛选过程中还剔除了财务状况不健康、投机性严重的公司,因此可以认为研究的样本基本满足资产—价值模型的假设前提。

(二)回归前检验

1. 相关系数检验。如果回归模型中的多个解释变量之间高度相关,就意味着这些变量包含的用来解释因变量变化的信息存在重叠,不适合把它们都纳入模型回归,否则将导致严重的多重共线性。其直接后果就是回归系数参数估计的标准误差变大,置信区间变宽,估计值的稳定性降低,导致接受备择假设犯错的概率增加,系数无法通过 t 检验的概率增大,常常不能得到正确的系数估计值。因此回归前必须计算解释变量和因变量的相关系数(见表14.5)。结果显示解释变量之间的共线性问题并不严重。资产负债率 Lev 与企业规模 $LogA$ 的相关系数较大。每股收益 EPS 与增长前景 $Growth$、现金流量资产比 CF 的相关系数较大。在实证中会将这些控制变量单独纳入模型回归,而对包含了所有控制变量的回归结果则需要小心解释。

表 14.6　面板最小二乘估计结果和内生性检验结果

	(一)	(二)	(三)	(四)	(五)	(六)	(七)	(八)
C	5.4216 (0.3409)	6.8076 (0.3445)	5.9197 (0.3769)	6.9833 (0.3626)	6.0977 (0.3531)	6.0354 (0.3510)	13.9092 (0.6280)	4.5720† (3.2307)
$LogA$	0.7802 (0.0156)	0.7127 (0.0158)	0.7611 (0.0176)	0.7070 (0.0167)	0.7484 (0.0162)	0.7485 (0.0164)	0.3845 (0.0292)	0.8100 (0.1368)
K'/A	0.4315 (0.1280)	0.5847 (0.1367)	0.4403 (0.1310)	0.4406 (0.1423)	0.4331 (0.1281)	0.6418 (0.1508)	0.9302 (0.1973)	0.2368† (0.5587)
RD/A	1.8386 (0.3930)	1.2079 (0.3924)	1.7442 (0.4149)	1.6705 (0.4086)	1.7546 (0.4125)	1.2125 (0.3658)	0.2409† (0.5488)	1.4120† (3.8569)
OC/A	16.3336 (3.6835)	18.1262 (3.7374)	18.3460 (3.9148)	13.4628 (3.8306)	16.1646 (3.7959)	16.2073 (3.5079)	25.4655 (5.1813)	72.6161† (87.6821)

（续表）

	（一）	（二）	（三）	（四）	（五）	（六）	（七）	（八）
Mo	0.2049 (0.0117)					0.1985 (0.0113)	0.1535 (0.0180)	0.2042 (0.0138)
EPS		0.2085 (0.0115)				0.1572 (0.0117)	0.0921 (0.0173)	0.1491 (0.0137)
Lev			−0.1945 (0.0511)			−0.1232 (0.0475)	0.1244* (0.0708)	−0.2307† (0.1537)
Growth				0.2465 (0.0254)		0.1906 (0.0246)	0.0676** (0.0331)	0.2214 (0.0486)
CF					0.6647 (0.0871)	0.2758 (0.0830)	0.0580† (0.1118)	0.1820** (0.0924)
样本数	5259	5264	5264	5264	5264	5259	4258	4823
公司数	946	946	946	946	946	946	944	946
标准差	0.2098	0.2085	0.2180	0.2150	0.2169	0.1986	0.2392	0.1977
修正 R^2	0.9522	0.9528	0.9484	0.9499	0.9490	0.9572	0.9378	0.9564
Prob(F)	0.0000	0.0000	0.0000	0.0000	0.0000	0.0000	0.0000	0.0000
D−W	1.3441	1.5492	1.4754	1.4905	1.4706	1.4293	1.8080	1.5589
γ_{1i}	2.3566	1.6948	2.2917	2.3628	2.3445	1.6199	0.6265	1.7432
γ_{2i}	20.935	25.433	24.104	19.042	21.598	21.653	66.2302	89.6495

注:†表示不显著。*、** 分别表示在 10%、5% 的水平下显著。其他所有结果均在 1% 水平下显著。回归均控制了时间和企业固定效应。

2. 单位根与协整检验。单位根检验是为了检查变量是否为平稳序列,如果不检验序列的平稳性,直接做线性回归容易导致伪回归。对回归变量进行单位根检验,发现 $LogA$、K'/A、RD/A、OC/A、Mo、EPS、Lev、$Growth$ 和 CF 不存在单位根,为平稳序列,因此可以将它们纳入模型回归(检验结果略,可向作者索取)。

（三）普通回归结果

表 14.6 报告了式(5)的面板最小二乘估计结果(一至六)和内生性检验结果(七、八)。为控制年份之间和上市公司之间的动态差异,本章选择截面固定效应模型。固

定效应模型可以控制方程里漏掉的可能对回归产生影响的公司层面变量(例如,具有高生产率或高管理能力的公司将投入更多 R&D 投资,并具有更高的市场估值)。模型回归结果通过了 F 检验和 Hausman 检验。RD/A 的回归系数 $\sigma\gamma_{1i}$ 代表 R&D 投入对公司市场价值的贡献,$logA$ 的回归系数 σ 代表有形资产投入的贡献,γ_{1i} 是 R&D 相对于有形资产的影子价格;同理,在 OC/A 的回归系数 $\sigma\gamma_{2i}$ 当中,γ_{2i} 代表组织资产相对于有形资产的影子价格。为便于比较,表 6 用最后两行报告 γ_{1i}、γ_{2i}。

回归结果显示:

1. 在纳入多项与 R&D 价值相关的因素之后,R&D 价值,即 $\sigma\gamma_{1i}$ 值均大于 1 且较显著。这说明 R&D 投入将带来市场价值提升,中国资本市场对制造业上市公司的 R&D 投入有较高评价。虽然纳入更多控制变量使得 RD/A 的回归系数上下波动,但显著性和符号未出现剧烈变化,这说明以上结论是稳健的。这与国外研究者以同样方法衡量其他国家上市公司 R&D 价值得到的结果一致。Czarnitzki 等(2006)整理了 1981—2005 年间共 16 项采用资产—价值模型估计上市公司 R&D 价值的研究。结果发现,对于美国、英国、欧洲大陆和澳大利亚等地上市公开交易的公司,在资产—价值模型中得到的 R&D 价值基本上均为正且显著。这说明在完善运行的资本市场当中,上市公司对 R&D 投入会提高公司市场价值。

2. 组织资产投入得到了资本市场的较高估值,组织资产强度(OC/A)的回归系数 $\sigma\gamma_{2i}$ 大大高于 R&D 资本强度(RD/A)的回归系数 $\sigma\gamma_{1i}$,而且在纳入不同控制变量的模型中均显著。其原因可能在于:(1) 相对于技术创新而言,组织资产更加难以复制。它是知识、经验通过共同化(socialization)、外化(externalization)和整合(combination),内化于个人、团队和组织的内隐知识,仅仅通过对有形资产、人力资本、组织架构乃至其他无形资产的投资,也不可能完全复制其组织资产;(2) 在以审批决定企业上市的制度下,上市本身就是公司管理层能力的证明,一旦上市,资本市场将对其组织资产给予更高的溢价;(3) 中国企业大多还依靠人治,企业创始人对企业经营拥有至关重要的影响力,职业经理人难以代替原有的管理团队。组织资产的高估值代表了资本市场对管理团队的重视。

3. 中国制造业上市公司 R&D 价值较低。纳入全部控制变量的 R&D 资本强度

（RD/A）的回归系数 $\sigma\gamma_{1i}$ 低于美国制造业公司在 1973—1990 年间的系数 3.10(Hall,
1993b)，也低于英国制造业公司在 1989—2002 年间的系数 3.51(Greenhalgh &
Rogers，2006)，也低于中国台湾和韩国电子公司在 2000—2008 年间的系数 3.83 和
8.80(陈凫仔，2010)。其原因可能有二:(1) 发展中国家与地区企业技术能力发展路
径与发达国家不同，像中国这些技术后进国家企业技术发展多起源于选择、获取、消
化吸收和改进国外技术(安同良，2003);(2) 中国对知识产权的保护不足，即使企业
投入大量资源用于研发，所得的技术创新也会很快被抄袭，而抄袭者也不会因此受到
严厉的制裁。

4. 投资者情绪指数的回归系数均大于 0 且显著。这证明投资者的情绪将影响
市场对上市公司资产价值的估计。为了比较市场牛熊阶段上市公司 R&D 价值的相
对大小，应在资产—价值模型中控制投资者情绪对企业价值的影响。

5. 对模型内生性的讨论:

在上述的基本回归中，需要考虑内生性的问题。这也许有两方面的原因:其一是
如果 R&D 投入、组织资本与随机扰动项之间存在相关性，那么对 $\sigma\gamma_{1i}$、$\sigma\gamma_{2i}$ 的估计就
是有偏的。为处理该问题，以模型(六)为检验模型，将模型中 R&D 投入、组织资本
及各控制变量的当期项替换为对应的滞后一期项，仍然采用固定效应模型对模型
(六)重新进行估计，主要的估计结果见表 6 第(七)列。由于滞后一期的变量与当期
项相关，有效避免了当期变量与当期残差项相关所引致的内生性问题。估计结果与
模型(六)基本一致，R&D 投入的相对价值仍大于 0，只是绝对值比模型(六)低一些，
但不够显著;组织资本的相对估值仍为正，略高于模型(六)的结果。

产生内生性的第二个可能原因是企业价值的高低也会影响企业对 R&D 和组织
资本的投入，企业价值更高的上市公司可能投入更多的 R&D 和组织资本，即可能存
在企业价值与 R&D 和组织资本投入之间的逆向因果关系。处理这种内生性问题的
标准做法是寻找与内生解释变量相关，但不受企业价值影响的工具变量。实践中，大
多数经验文献通常选择解释变量的滞后一期变量，如 Wang(2005)。本章也考虑将
R&D 和组织资本的滞后一期项作为 R&D 和组织资本的工具变量。运用二阶段最
小二乘法(TSLS)对模型(六)进行估计，主要的估计结果见表 6 第(八)列。与模型

(六)的估计结果相比,R&D和组织资本的估计系数同样为正,绝对值也比较接近,只是不如前者显著。可见,企业价值与R&D、组织资本投入之间存在一定的内生性,但不影响估计结果。

(四) 按时间分段的回归结果

前面得到的结果是从2003—2014年全部样本得到的R&D价值,代表了这一时间段的中国制造业上市公司R&D的市场估值。那么,制造业上市公司R&D价值在这段时间内有没有发生变化,其变化趋势又会是什么? 由于截面固定效应模型必须在某一时间段里计算,时间段过短将无法得到回归结果,为观察中国制造业上市公司R&D价值随时间的变化,作者将2003—2014年的样本划分为较小的时间段。考虑到分段的时间既不能太短,也不能太长,因此将分段回归的时间段设定为3或4年。为防止简单等分造成的回归偏误,本章从2003年开始,时间段每向后移动一年就计算一次,直到时间段末端抵达2014年。得到的结果如下(见表14.7,图14.2):

表14.7 不同时间分段方案的回归结果

时间段:3 年	2003—2005	2004—2006	2005—2007	2006—2008	2007—2009
RD/A	-2.7601 (5.7759)	2.0397 (6.0000)	-0.4857 (2.7006)	-0.9113 (1.3697)	1.4061 (1.0726)
样本数	79	184	324	511	794
公司数	45	110	191	265	404
Adjusted R^2	0.9436	0.9386	0.9624	0.9617	0.9678
γ_{1i}	-2.0721	1.6431	-0.6712	-1.4220	2.1259
时间段:3 年	2008—2010	2009—2011	2010—2012	2011—2013	2012—2014
RD/A	2.4789*** (0.9172)	0.3694 (0.8133)	1.0023* (0.5809)	1.2061** (0.5150)	1.3833** (0.6826)
样本数	1263	1853	2400	2697	2816
公司数	652	833	942	944	946
Adjusted R^2	0.9678	0.9708	0.9749	0.9735	0.9678
γ_{1i}	3.3999	0.4943	1.3919	1.3776	1.9051

时间段：4 年	2003—2006	2004—2007	2005—2008	2006—2009	2007—2010
RD/A	1.8466 （5.5436）	−1.0993 （2.3680）	−1.1999 （1.3135）	0.6824 （1.0475）	2.3788*** （0.8253）
样本数	187	357	554	902	1436
公司数	110	192	265	406	656
Adjusted R²	0.9398	0.9609	0.9614	0.9619	0.9626
γ_{1i}	1.4924	−1.3392	−1.6604	0.9950	3.4813
时间段：4 年	2008—2011	2009—2012	2010—2013	2011—2014	
RD/A	1.0302 （0.7187）	0.8614* （0.5204）	1.3882*** （0.4680）	1.0859** （0.4756）	
样本数	2083	2791	3339	3636	
公司数	836	942	944	946	
Adjusted R²	0.9684	0.9713	0.9676	0.9667	
γ_{1i}	1.4157	1.1394	1.7292	1.4232	

注 1：*、**、***分别表示在 10%、5%、1%的水平下显著。回归控制了时间和企业固定效应。

注 2：分段回归与普通回归模型（六）采用了相同的模型，但为节省篇幅，只报告了 RD/A 的回归系数。

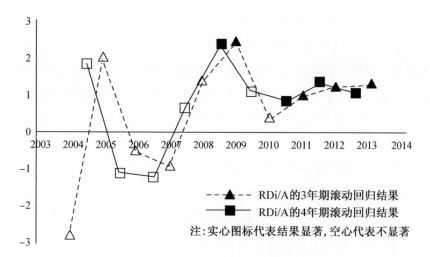

图 14.2　按时间分段的滚动回归结果

比较不同时间段 RD/A 回归系数之间的大小。2003—2014 年这一时间段大致可分为前、中、后三段，前段的回归结果不显著，不做讨论；但可以发现中段的 R&D 价值总是高于后段，也就是说在 2007—2010 年间，制造业上市公司的 R&D 价值较高，随后 R&D 价值出现了下降。R&D 价值代表知识资本相对于有形资产的预期收益，其价值下降代表了 R&D 投入对企业价值的相对贡献降低，使得上市公司相对降低 R&D 的投入。Hall(1993a)对美国 1973—1990 年间 2500 家制造业公司 R&D 投资股市估值的研究，同样发现在 1986—1990 年间其股市估值相对于 1973—1982 年间出现了 20%～30%的剧烈下降。对于这个现象，Hall 提出了几个可能的解释：(1) R&D 投入的回报确实降低了；(2) R&D 资本折旧的速度比原来大大加快了；(3) 资本市场变得更加短视，低估了 R&D 投入所可能带来的未来现金流。本章暂不深入讨论这一发现的复杂内在原因，更确定的答案需等待未来的进一步研究。

五、结论与启示

如何衡量企业 R&D 的价值是创新经济学理论与实证研究的一大难题。本章通过合理估算组织资产的价值，从行为金融视角，创新性地引入半年期动量指标来控制市场上投资者情绪对企业价值的影响，拓展了由 Griliches(1981)开创的资产—价值模型，并应用于中国的证券市场，测算出 2003—2014 年中国制造业上市公司 R&D 投入的相对价值，并发现 R&D 价值随时间演化的特征。国内以往对 R&D 价值的研究多集中在企业生产率、财务业绩和产出指标等领域，从市场定价角度入手分析 R&D 的文献目前尚不多见，而通过资本市场对上市公司的定价，可以测算 R&D 的预期收益，避免人为估算可能带来的偏差，因此本章的研究具有创新性的理论与实践意义。本章为解决如何衡量中国企业 R&D 价值这一难题提供了可行的方案。本章的研究表明：

1. 资产—价值模型较好地解释了制造业上市公司的企业价值构成。将该模型应用于 2003—2014 年的中国制造业上市公司，其结果稳健。实证结果说明：有形资产、知识资产、组织资产和其他无形资产是中国制造业上市公司市场价值的主要组成因素，而市场投资者情绪、每股收益、公司债务风险、成功公司的成长性以及与 R&D 投资无关的长期获利能力也是有效的控制变量。

2. 模型回归的结果说明:R&D 价值大于 1 且显著。R&D 投入将加倍提升上市公司市场价值,即资本市场认同 R&D 投入将增加企业的知识存量,且其影子价格高于对有形资产的同等投入。这充分说明资本市场将 R&D 投入看作是企业取得竞争优势的有力手段,鼓励上市公司创新。上市公司应大力投入 R&D,一方面应将 R&D 活动看作对企业实体经营发展的投资,另一方面应将 R&D 活动作为获得投资者认可,赢得资本市场信任的手段。事实上,在成熟的资本市场,上市公司的 R&D 投入越多,企业获得的估值更高。

3. 与发达国家相比,中国制造业上市公司 R&D 价值较低。因为中国技术创新的路径一般为从模仿到创新(安同良,2003)。若以短期利润最大化为目标,作为有限理性的技术后进国家的企业,在技术选择上,自然选择拿来主义战略,因其技术发展成功率最高,然后通过复制性模仿将国外先进技术吸收内化为企业自身技术能力,再通过创新性模仿改进国外先进技术,最后才会逐步走向自主创新。为此,中国制造业上市公司较低的 R&D 价值,应该是技术模仿性的自然映射。与此同时,在改革开放初期,中国制造业技术基础薄弱,鼓励企业大力引进国外先进技术并模仿吸收,宽松的知识产权保护政策符合当时国情;但如今改革开放已经 30 余年,已经有相当数量的国内企业建立起自身的技术创新体系,走上了自主创新的道路,此时政府应当加大知识产权保护力度,以鼓励中国企业通过自主创新来获取竞争新优势。

4. 制造业上市公司的 R&D 价值从 2007 年至 2014 年呈下降趋势,但同时期制造业上市公司却增加了 R&D 的相对投入。R&D 价值下降这一类似现象在美国 1986—1990 年期间也同样出现,对此可能存在多种解释,但更重要的是首先从更多角度确认这一令人吃惊的现象。这对中国制造业的未来演化提供新的视角,它将是学者们进一步研究的重要方向。

参考文献

[1] 安同良.“中国企业的技术选择”,《经济研究》,第 7 期,2003:76-84.

[2] 陈夗仔.“创新活动与市场价值—以中国台湾及韩电子产业为例”,台湾“中央”大学硕士学位论文,2010.

［3］韩泽县."投资者情绪与中国证券市场的实证研究",天津大学博士学位论文,2005.

［4］花贵如、刘志远、许骞."投资者情绪、企业投资行为与资源配置效率",《会计研究》,第 11 期,2010:49－55.

［5］花贵如、刘志远、许骞."投资者情绪、管理者乐观主义与企业投资行为",《金融研究》, 第 9 期,2011:178－191.

［6］基斯・史密斯等.《牛津创新手册》,柳卸林等译,北京:知识产权出版社,2004.

［7］刘海建、陈传明."企业组织资本、战略前瞻性与企业绩效:基于中国企业的实证研 究",《管理世界》,第 5 期,2007:83－93.

［8］王少平、杨继生."联合 p 值综列单位根检验的扩展及其对中国股市的弱有效性检验", 《统计研究》,第 4 期,2006:69－72.

［9］王文翌、安同良."中国制造业上市公司规模与 R&D 绩效",《中国科技论坛》,第 5 期, 2014:62－67.

［10］薛云奎、王志台."R&D 的重要性及其信息披露方式的改进",《会计研究》,第 3 期, 2001:20－26.

［11］杨丹、魏韫新、叶建明."股权分置对中国资本市场实证研究的影响及模型修正",《经 济研究》,第 3 期,2008:73－85.

［12］张兵、李晓明."中国股票市场的渐进有效性研究",《经济研究》,第 1 期,2003:54－61.

［13］朱孔来、李静静."中国股票市场有效性的复合评价",《数理统计与管理》,第 32 卷 1 期,2013:145－154.

［14］Blundell R. , R. Griffiths, and J. Van Reenen, "Market Share, Market Value and Innovation in a Panel of British Manufacturing Firms," *The Review of Economic Studies*, 1999, 66(3): 529－554.

［15］Brynjolfsson E. , L. M. Hitt, and S. Yang, "Intangible Assets: Computers and Organizational Capital," *Brookings Papers on Economic Activity*, 2002(1): 137－198.

［16］Chadha A. , and R. Oriani, "R&D Market Value under Weak Intellectual Property Rights Protection: the Case of India," *Scientomerics*, 2010, 82(1): 59－74.

［17］Cohen W. M. , and D. A. Levinthal, "Absorptive Capacity: A New Perspective on Learning and Innovation," *Administrative Science Quarterly*, 1990, 35(1): 128－152.

[18] Corrado C. , C. Hulten, and D. Sichel, *Measuring Capital and Technology: An Expanded Framework*, in Corrado C. , J. Haltiwanger, and D. Sichel (eds.), *Studies in Income and Wealth*, Chicago: University Chicago Press, 2005.

[19] Czarnitzki D. , B. H. Hall, and R. Oriani, *The Market Valuation of Knowledge Assets in US and European Firms*, in Bosworth D (eds.), *The Management of Intellectual Property*, Northampton, MA: Edward Elgar Publishing, Inc, 2006.

[20] Daniel K. , D. Hirshleifer, and A. Subrahmanyam, "Investor Psychology and Security Market Under-and Overreactions," *The Journal of Finance*, 1998, 53(6): 1839 - 1885.

[21] Darst D. M. , *The Art of Asset Allocation: Asset Allocation Principles and Investment Strategies for Any Market*, New York: McGraw-Hill, 2003.

[22] Görzig B. , H. Piekkola, and R. Riley, "Production of Intangible Investment and Growth: Methodology in INNODRIVE," INNODRIVE Working Paper No 1, 2011.

[23] Greenhalgh C. , and M. Rogers, "The Value of Innovation: the Interaction of Competition, R&D and IP," *Research Policy*, 2006, 35(4): 562 - 580.

[24] Griliches Z. , "Market Value, R&D, and Patents," *Economic Letters*, 1981, 7(2): 183 - 187.

[25] Hall B. H. , "The Stock Market's Valuation of R&D Investment during the 1980's," *American Economic Review*, 1993a, 83(2): 259 - 264.

[26] Hall B. H. , "Industrial Research during the 1980s: Did the Rate of Return Fall?" *Brookings Papers: Microeconomics*, 1993b, 1993(2): 289 - 343.

[27] Hall B. H. , "Innovation and Market Value," National Bureau of Economic Research, Working Paper No. w6984, 1999.

[28] Hall B. H. , *Innovation and Market Value*, in Ray B. , G. Mason, and M. O' Mahoney (eds.), *Productivity, Innovation and Economic Performance*, Cambridge: Cambridge University Press, 2000.

[29] Harhoff D. , F. Narin, and F. M. Scherer, et al, "Citation Frequency and the Value of Patented Inventions," *Review of Economics and statistics*, 1999, 81(3): 511 - 515.

［30］Hulten C. R. , and X. Hao, "What is a Company Really Worth? Intangible Capital and the 'Market to Book Value' Puzzle," National Bureau of Economic Research, Working Paper No. 14548, 2008.

［31］Kleinknecht A. H. , and P. A. Mohnen, *Innovation and Firm Performance: Econometric Explorations of Survey Data*, Basingstoke, Hampshire: Palgrave, 2002.

［32］Klette T. J. , and Z. Griliches, "Empirical Patterns of Firm Growth and R&D Investment: A Quality Latter Model Interpretation," *The Economic Journal*, 2000, 110(463): 363 - 387.

［33］Mairesse J. , and P. Mohnen, "R&D and Productivity: a Reexamination in Light of the Innovation Surveys," Strasbourg, France: the EUNETICS Conference on Evolutionary Economics of Technological Change: Assessment of Results and New Frontiers, 1995.

［34］Munari F. , and R. Oriani, "Privatization and Economic Returns to R&D Investments," *Industrial and Corporate Change*, 2005, 14(1): 61 - 91.

［35］Nagaoka S. , "R&D and Market Value of Japanese Firms in the 1990s," *Journal of the Japanese and International Economies*, 2006, 20(2): 155 - 176.

［36］Piekkola H. , "Intangible Investment and Market Valuation," *Review of Income and Wealth*, DOI 10. 1111/roiw. 12149, 2014.

［37］Polk C. , and P. Sapienza, "The Real Effect of Investor Sentiment," National Bureau of Economic Research, Working Paper No. 10563, 2004.

［38］Rahko J. , "Market Value of R&D, Patents, and Organizational Capital: Finnish Evidence," *Economics of Innovation and New Technology*, 2014, 23(4): 353 -377.

［39］Sandner P. G. , and J. Block, "The Market Value of R&D, Patents, and Trademarks," *Research Policy*, 2011, 40(7): 969 - 985.

［40］Scherer F. M. , D. Harhoff, and J. Kukies, "Uncertainty and the Size Distribution of Rewards from Technological Innovation," *Journal of Evolutionary Economics*, 2000, 10(1 - 2): 175 - 200.

［41］Shiller R. J., "Do Stock Prices Move Too Much to be Justified by Subsequent Changes in Dividends?" National Bureau of Economic Research, Working Paper No. 456, 1980.

［42］Toivanens O., P. Stoneman, and D. Bosworth, "Innovation and the Market Value of UK Firms, 1989—1995," *Oxford Bulletin of Economics and Statistics*, 2002, 64 (1): 39 - 61.

［43］Wang, Y., "North-South Technology Diffusion: How Important Are Trade, FDI and International Telecommunications!" Carleton University, Working Paper, 2005.

（原文载于：安同良、王文翌.《基于金融市场定价的中国制造业上市公司 R&D 价值》,《中国经济问题》2017 年第 2 期）

第十五章　中国长江三角洲地区
技术转移的渠道与模式

　　内容提要：技术转移既是企业实现技术能力提升的重要方式，也是区域竞争力的重要源泉。本章从扩散源及技术属性出发，构建了技术转移渠道研究的一般性理论框架，区分了国际贸易、FDI、合作 R&D、产业集群和科技中介等五种技术转移渠道。在此基础上，本章选取了长三角洲地区（上海、江苏、浙江）1990—2008 年的数据，系统地检验了各渠道的技术转移绩效，并进行比较分析。研究表明，五种技术转移渠道均对长三角地区的技术进步起到了推动作用，但不同渠道在不同省市产生的技术转移效应存在差别。据此，本章总结出长三角两省一市各具特色的技术转移模式，为我国其他地区技术转移体系的构建提供了有益的借鉴。

　　关键词：长江三角洲；技术转移；技术能力

一、引　言

　　许多国外学者发现，区域经济发展非常成功的地区，如德国的巴登—符腾堡州、韩国的京畿道地区都拥有大量的科研院所、密集的科技型中小企业、发达的技术转移中介机构和开放的技术引进体系，可以说区域经济发展的成功与这些地区完善的技术转移体系密切相关（Storper, 1995; Porter, 1998; Cooke, 2004）。长江三角洲地区作为中国经济改革与发展的前沿地带，以制造业为主驱动并参与国际分工，在"中国制造"的过程中，起到了排头兵的作用。该地区拥有高度密集的科技资源，技术转移活动非常活跃。

　　广义而言，技术转移可以被定义为一种基于某种技术类型、代表着某种技术水平的知识群的动态扩散过程,即科学技术通过其载体(人、物、信息)从供方向受方的运动。这一扩散运动既可以在地理空间上(区域→区域)进行,也包括从技术生成部门向使用部门(研究机构→企业)的转移,或者是使用部门之间(企业→企业)的转移,其实质是技术能力的转移。当技术转移活动跨越国界时,就称为国际技术转移。需要指出的是,技术转移并不是简单的平移,它强调技术输入方主动学习的过程。对企业而言,技术转移,是指存在于企业外部的知识与技术(包括国家实验室、科研院所、大学等公共机构、其他企业及个人所拥有的新技术),通过一定的发生路径转移到企业内部的过程,而技术转移的路径就称为技术转移渠道。这些扩散源广泛存在于企业所处的外部技术创新网络中,它与源自企业内部研发的新技术相对应,构成企业技术能力提升的两大支撑。

20世纪90年代以来,有关技术转移方式和偏好决定因素的文献正迅速增长,这些研究分别从微观视角、宏观层面以及产业层面展开。微观视角的研究着眼于技术转移的行为主体以及不同国家和地区技术获取的模式(林武,1986;斋藤优,1988;Gemünden、Ritter & Heydebreck, 1996; Linsu Kim, 1997; Phillips, 2001; Bernard Hoekman、Beata Smarzynska Javorcik, 2006),国内学者陈劲(1994)、谢伟、吴贵生(2000)等人从企业技术学习的角度,结合中国企业的成长经验,把技术转移的模式分为技术引进、模仿创新两大类。

更多的学者从国际贸易、外商直接投资(FDI)等宏观层面研究技术转移的渠道及其对东道国的影响。这些文献借助于内生增长理论(Romer, 1986; Lucas, 1988)的建模思路,研究在开放经济条件下的长期经济增长,其核心是考察国际贸易、FDI如何通过技术转移效应影响国内技术进步,从而最终作用于经济的长期增长率,如Segerstrom、Anant 和 Dinopoulos(1990), Batiz 和 Romer(1991), Grossman 和 Helpman(1991), Borensztein(1995)以及 Aghion 和 Howitt(1998)等。国际贸易的技术转移效应也为大量实证研究所证实,Coe、Helpman(1995)的研究佐证了贸易对国际技术转移的重要作用,并进一步指出固化在贸易品中的外国知识(R&D)对进口国的全要素生产率(TFP)有着显著的积极影响。对于中国而言,外资的引入在很大程度上弥补了我国的"技术缺口",沈坤荣(1999)、张建华(2003)、李金昌等(2009)的实证分析也验证了国外学者早前提出的观点。

产业层面对技术转移渠道的研究主要集中在产业集群内部的技术转移上。Keller(2002)指出距离是影响技术微观尺度扩散最主要的因素,集群内企业在空间距离上的互相接近,为各企业间的技术转移提供了便利。来自国内外的经验证据也显示,产业集群的地理接近特征有利于技术知识的生产、获取和利用,并使各种技术知识源密度较高的空间地区内发生快速的扩散(Sjoholm, 1999;Geroski, 2000;王缉慈,2004;曾刚,2006)。

关于技术转移的研究洋洋大观,国内外的学者均从特定的视角出发,分析技术转移的发生机制,检验技术转移的效应,但这些研究过于分散,缺乏一个完整的理论框架。本章试图在前人研究的基础上,建立关于技术转移渠道分析的一般性理论框架,综合性、多视角地对技术转移的发生模式进行研究。我们采用长三角地区两省一市的面板数据进行实证检验,深入探讨长三角技术升级过程中技术转移的多极渠道以及不同路径在区域技术转移中的不同影响。以期发现中国制造业企业技术转移与技术学习的内在规律,指导中国企业做出明智的 R&D 发展决策,避免企业被锁定在技术能力发展的低级化道路上(安同良,2003)。

二、技术转移渠道的理论框架

技术转移是一个复杂的过程,因此技术转移渠道也是多层面和多元的。我们在总结技术转移一般路径的基础上,从技术转移的扩散源和技术的属性入手,以建立对企业获取外部新技术的情景进行分析的理论框架。

1. 行为主体

如图 15.1 所示,技术转移的行为主体一般包括跨国公司、大学、国内企业、科研机构和政府。随着技术转移体系的不断完善,近年来,金融机构、风险投资、孵化器以及各类科技中介组织的介入,技术转移的渠道结构日趋完善。因此,在一个全方位、多层次的技术转移网络系统中,国内外企业、科研院所及大学、中介服务机构和政府是最主要的行为主体,他们在知识生产、扩散和使用新知识方面相互作用(Lundvall, 1992)。

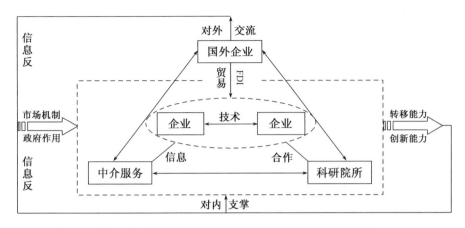

图 15.1　技术转移网络系统的行为主体及其互动渠道

2. 技术属性

技术有显性技术和隐性技术之分。技术转移中的显性技术,是技术转移过程中有关技术成果的说明性或操作使用性材料中所表达的知识。技术转移中的隐性技术,是技术成果转移中不能用语言文字符号表达出来的有关技术成果的构思、设计、试制及其生产的技术诀窍类知识,以及技术成果研发单位及其员工的理念、精神、价值观等文化层面知识。显性技术易于传播,而隐性技术则不能有效地编码化,因此不易传播,其共享与扩散只能在近距离内通过非正式交流或面对面的接触来实现。由此可见,技术属性直接决定了技术转移所采用的形式,即显性技术的转移可以通过采用市场化的交易来实现,而隐性技术更多地只能借助非市场化的通道获取。

3. 技术转移渠道的理论框架

本章按照转移过程中不同的扩散主体(国外、国内)和技术属性(显性、隐性)两个维度,将技术转移的一般渠道概括为国际贸易、FDI、合作 R&D、产业集群和科技中介五种基本类型(如图15.2所示)。

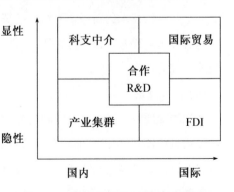

图 15.2　技术转移渠道的理论框架

（1）国际贸易

国际贸易是物化型技术外溢的一种主要传递渠道，主要是指机器、设备、工具和中间产品等物质性资源的转移，它所涉及的基本是显性知识的转移，而这种技术对技术转移受体本身的技术能力和地区技术水平的要求也不高，使得这种技术转移易于发生，同时能够获得一定的成效。总体来看，国际技术转移借助于进口贸易促进国内生产力的提高主要通过"中间品的进口"和"国际技术贸易"两种途径。

（2）FDI

跨国公司直接投资也是国际间技术转移的主要渠道之一，大量的研究表明，在跨国公司与本地企业的频繁接触当中，就有可能使跨国公司的缄默知识和专有技能不通过市场交易转移到东道国的本地企业当中，即发生技术溢出效应，从而在很大程度上提高了当地企业的技术能力。从 FDI 技术外溢的微观机制来看，技术从跨国公司转移到东道国企业有四条路径：示范—模仿效应、竞争效应、联系效应以及人员流动和培训效应（Kokko，1994）。

（3）合作 R&D

合作 R&D 作为一种技术转移渠道，强调供需双方基于学习联盟的双向互动作用，主要包括产学研合作、战略联盟两种形式。产学研合作是指企业与大学（或科研院所）之间的合作，它既包括通过技术市场实现的显性知识的转移（如技术转让、技术帮助以及技术许可等），同时又包含了研发知识的溢出、技术诀窍的转移（如研究成果免费发布、创办企业等）。战略技术联盟，大多形成于高新技术领域，在合作企业之间建立一个共享的技术创新与学习组织或契约安排，可以充分利用合作企业的创新资源。这种技术转移方式，既包括了国内企业之间的技术联盟，也包括了国内企业与国外机构之间的合作。

（4）产业集群

知识的地理媒介溢出具有空间边界，而处在产业集群内的众多小企业之间结成紧密的信息传播网络，广泛而频繁的信息交流大大提高了小企业对新技术的认知能力、增加了技术在集群企业间的扩散和转移机会。产业集群的优势一方面源自地理位置集聚内生的市场、生产、技术、人才的迅速可外溢性和低模仿壁垒；另一方面，产业集群内企业因为有着相似的企业文化、行为方式、技术轨道和多种多样的沟通联系渠道,使专注于在集群内开展技术学习的企业都具备了较强的技术吸收能力,从而大大提高了集群内多边学习和技术扩散的效率。

（5）科技中介

技术转移过程中,除了技术供方、技术受方外,还可能有第三方的参与,这就是技术转移中介（Technology Transfer Offices,简称 TTOs）,科技中介构成了技术转移体系当中一个非常重要的渠道。科技中介机构的功能主要包括整合科技资源、推动技术转移、加速技术信息传递、连接技术供需双方等,中介服务机构分担了技术供方复杂的技术转移工作,使技术转移趋于专业化和程序化,在很大程度上协助供求双方有效地克服市场阻碍、促进区域技术创新和技术扩散。

本章建立的技术转移渠道分析的理论框架与我国目前的技术转移实践也相一致,我国的技术转移一般存在如下三条路径:国际间（国外向国内）、部门间（科研院所或科技中介向企业）、企业间（集群内）,具体包括了国际贸易、FDI、合作 R&D、产业集群和科技中介五类基本渠道。本章将在上述理论框架的基础上,选取我国技术转移行为最为活跃的长江三角洲地区为研究对象,实证检验以上各种渠道的技术转移绩效,并对江苏、浙江和上海两省一市在技术转移渠道上的差异进行比较分析,总结其不同的技术转移模式。

三、长三角技术转移渠道与模式

（一）计量模型构建与变量设定

对不同渠道的技术转移进行观测、量化和检验,是对区域技术转移进行综合引导和调控的前提,它可以综合反映一个地区的技术转移能力。对于技术转移渠道的流向与流量,可以采取经验统计的方法,从不同部门、行业的角度进行观测,测求出单项的与综合的、宏观的与微观的、直接的与间接的,不同层次、不同环节的技术转移状态及其效应。

1. 计量模型构建

目前国内对技术转移体系的研究仍停留于国际技术转移的框架内,对单一渠道进行宏观层面的检验,其中以对基于 FDI 溢出的国际技术转移分析居多,忽视了国内不同创新主体对企业技术转移的贡献及微观机制的影响。本章以技术转移渠道分析的理论框架为基础,构建了计量模型(1)来系统分析基于 FDI、进出口、科技中介、企业集聚和科研机构五大主要渠道的技术转移对长三角各省市技术进步的效应。

$$\ln TFP_{it} = \alpha + \beta \ln FDI_{it} + \gamma \ln OPEN_{it} + \lambda \ln SERV_{it} + \delta \ln IC_{it} + \theta \ln UNIV_{it} + \varepsilon_{it}$$
$$(1)$$

其中,TFP(全要素生产率)为被解释变量,代表的是各地区的技术进步状况;FDI、$OPEN$、$SERV$、IC、$UNIV$ 为解释变量,计量模型对各变量取自然对数,其系数分别衡量的是外商直接投资、进出口贸易、科技中介、产业集群、大学和科研院所这 5 大渠道的技术转移效应;$i = 1, 2, 3$ 依次代表沪、苏、浙三地,t 代表从 1990 年到 2008 年的时间跨度,取值为 1 到 19,从而构成长三角地区技术转移指标的面板数据。

为了衡量这 5 种技术转移渠道在各地区的差异,本章定义两个虚拟变量 D1、D2 以反映地区差别:

$$D_1 = \begin{cases} 1, & 江苏省 \\ 0, & 上海市、浙江省 \end{cases} \qquad D_2 = \begin{cases} 1, & 浙江省 \\ 0, & 上海市、江苏省 \end{cases}$$

将虚拟变量与各解释变量的交叉项引入(1)式,从而得到如下模型:

$$\begin{aligned} \ln TFP_{it} = & \alpha + \beta \ln FDI_{it} + \gamma \ln OPEN_{it} + \lambda \ln SEV_{it} + \delta \ln IC_{it} + \theta \ln UNIV_{it} \\ & + \beta_1 D_1 * \ln FDI_{it} + \gamma D_1 * \ln OPEN_{it} + \lambda D_1 * \ln SERV_{it} \\ & + \delta_1 D_1 * \ln IC_{it} + \theta_1 D_1 * \ln UNIV_{it} + \beta_2 D_2 * \ln FDI_{it} \\ & + \gamma_2 D_2 * \ln OPEN_{it} + \lambda_2 D_2 * \ln SERV_{it} \\ & + \delta_2 D_2 * \ln IC_{it} + \theta_2 D_2 * \ln UNIV_{it} + \varepsilon_{it} \end{aligned} \qquad (2)$$

(2)式中,虚拟变量交叉项的系数衡量了这 5 种技术转移渠道在长三角两省一市技术转移效应上存在的差异。因此,本章采用(2)式为最终的估计模型。

2. 变量的选取与数据来源说明

本章选取 1990 到 2008 年长三角地区的面板数据,各项技术转移渠道的度量指标如表 15.1 所示,这些指标对应于上文的技术转移渠道理论框架,与我国的技术转移体系相吻合。数据来源于相应年份的《江苏统计年鉴》《浙江统计年鉴》《上海统计年鉴》全国以及沪苏浙三地的科技统计年鉴;为了统一计量单位,以美元计价的 FDI、进出口总额均用外汇管理局公布的对应年份的汇率换算为以人民币计价的相应值。

表 15.1　技术转移渠道的度量指标

技术转移层次		指标
国际间技术转移	国际→国内	(1) 外商直接投资相对指标(FDI)
		(2) 贸易开放度(OPEN)
国内技术转移	科技中介部门→企业	(3) 科技服务业增加值比重(SERV)
	企业→企业	(4) 小型企业产业集群(IC)
	大专院校、科研单位→企业	(5) 获授权的专利数(UNIV)

(1) TFP:全要素生产率衡量了技术进步对一国总体生产率的影响,反映了一国的技术水平。本章参照张小蒂、李晓钟(2005)对长三角地区 TFP 的估算方法和成果,计算 1978 年以来长三角地区的全要素生产率,并以 1978 年为基期(100),提取 1990 到 2008 年上海、江苏、浙江三地的 TFP 指数。

(2) FDI:传统的评价一个地区实际利用外商直接投资的指标,往往是看该地区吸收了多少 FDI 的绝对量,忽视了不同地区经济规模对吸引外资的影响。现实中,一个地区的经济总量越大,对 FDI 的吸引力往往也越大,为了消除经济规模的影响,这里采用 FDI/GDP 来更好地衡量基于 FDI 渠道的技术转移效应。

(3) OPEN:国际贸易通过"中间品的进口"和"国际技术贸易"两种途径参与技术转移体系。本章采用贸易开放度(进出口总额占 GDP 的比重)这一指标来衡量国际贸易渠道对技术转移效应的影响。

(4) SERV:科技中介服务机构属于知识密集型服务行业,但目前我国还没有关于科技服务业的明确定义,这主要是因为科技服务业本身不是一个具体的产业或行业,科技服务业所涉及的范围很广,一般的统计调查很难完全覆盖。考虑到学者们最近的观点,认为企业间的非贸易联系如与金融机构、教育培训机构及政府等的联系对技术转移也十分重要(Storper, 1995;王缉慈,2001),而将这些因素抽出来单独量化很难,因而本章以第三产业产值比重作为科技服务业的近似指标。

(5) IC:关于产业集群边界的定义一直无法达成统一。Sforzi(1992)利用中小企业的比例和专业企业的密度来定量地识别集群,Becchetti 和 Rossi(2000)在分析意大利企业集群对于出口绩效的影响时,也采用了 Sforzi 的定量方法。在此,本章延续这一思路,用小型工业企业的集中度来测度地区产业集聚指数。

(6) UNIV:大学技术转移的一个重要途径是通过发明专利的转让。本章选择了按授权对象分类的沪、苏、浙地区大专院校和科研单位申请获得授权的专利数(包括三种专利的总和)作为科研院校技术转移的指标,衡量基于产学研合作创新渠道的技术转移绩效。

(二) 实证结果与分析

1. 长三角地区技术转移渠道分析的计量结果

以(2)式的计量模型为基础,本章对长三角地区两省一市 1990—2008 年的面板数据进行回归分析,数据的计量分析使用 Stata 10.0 软件完成,回归结果由表 15.2 给出。

模型 1 未考虑长三角地区两省一市在技术转移渠道上的差异,对整体样本和数据进行回归;另外,根据 Hausman 检验提供的结果,模型 1 选择了随机效应模型。模型 2 仅仅引入代表国际间技术转移渠道的两个变量,同时引入反映地区差别的虚拟变量交叉项,检验 FDI 和国际贸易两个宏观渠道对长三角不同省市的技术转移效应。模型 3 与模型 2 相对,引入国内技术转移渠道的三个变量以及虚拟变量交叉项,考虑科技中介、产业集群以及科研院校等微观机制对三地技术转移效应的差别。模型 4 为分析的重点,模型 4 中将技术转移渠道中的国际、国内变量均引入,从宏观视角、产业层面以及技术转移的微观机制全面反映技术转移体系,同时引入虚拟变量交叉项,系统反映上海、江苏、浙江在技术转移渠道方面的差异。

从表 15.2 中可以看出,模型 1 的估计结果并不理想,其调整 R^2 仅为 0.2686,这说明该回归模型对数据的拟合程度较低;模型 1 与模型 4 形成了鲜明的对比,模型 4 的调整 R^2 高达 0.9953,进一步验证了在研究长三角地区技术转移渠道效应时,考虑地区性差异的必要性。

模型 2 在仅仅考察国际间技术转移效应时,调整 R^2 为 0.8066,各项系数中除贸易开放度对浙江省的技术转移效应显著外,其余均不显著;而模型 4 在引入其他三个变量之后,衡量国际技术转移的系数均在 1% 的统计水平上显著。这在一定程度上表明,技术转移是一项系统性工程,单方面从 FDI 以及国际贸易的角度进行研究有失合理性,FDI 的技术溢出以及国际贸易中包含的知识、技术等需要国内完备的技术转移机制(如科技服务机构、产业集群以及合作 R&D 等)予以配合,才能为东道国企业真正的消化吸收,国际间技术转移的效应也将因此提高。

模型 3 检验了科技中介、产业集群以及科研院校的技术转移效应,其估计结果较模型 2 更为理想,除反映上海的产业集群以及浙江的科研院校这两个渠道的技术效应不显著外,其余各项系数均在较高的统计水平上显著,但总体表现仍然不如模型 4。模型 3 与模型 2 在估计结果上的差别表明,将一国作为一个封闭的经济体考虑,其内部的技术转移体系仍可以发挥较高的绩效。但在现实中,这样的假设显然不成立,这样的做法也显然不可取。尤其对中国这样的发展中国家而言,技术水平与发达国家存在很大的差距,国内的技术储备无法满足经济发展的需要,闭门造车式的经济发展路径对整体的技术进步是有百害而无一利的。

模型 4 系统地考察了技术转移体系中的 5 种渠道,并通过虚拟变量交叉项的引入,考察各个渠道在上海、江苏、浙江三地技术转移效应的差异。总体来看,模型 4 的拟合结果非常好,调整 R^2 高达 0.9953,各变量的系数也大多在较高的统计水平上显著,这表明技术转移的 5 种渠道对长三角地区的技术进步均发挥了显著的作用,而且其在不同地区所产生的技术转移效应也存在着显著的差别,因此有必要进行更深入的比较分析。

表 15.2　长三角地区技术转移渠道效应的回归结果

自变量	模型 1	模型 2	模型 3	模型 4
截距项	1.733884 (3.598373)	4.641493*** (0.0808696)	3.359717*** (1.073433)	3.960326*** (0.4476702)
lnFDI	0.0235142 (0.0333782)	0.0083131 (0.0279747)		0.0324017*** (0.0073362)
lnOPEN	−0.3480652*** (0.0927932)	0.0145495 (0.0209267)		0.098052*** (0.0283203)

（续表）

自变量	模型 1	模型 2	模型 3	模型 4
lnSERV	0. 4549006 * (0. 2344972)		0. 4204832 *** (0. 0675465)	0. 185923 *** (0. 0461916)
lnIC	0. 4303508 (0. 7491958)		−0. 1171987 (0. 2152823)	−0. 1441724 (0. 087322)
lnUNIV	0. 1507381 *** (0. 035749)		0. 0449364 *** (0. 0090134)	0. 0315728 *** (0. 0089865)
D_1 * lnFDI		0. 033453 (0. 0397957)		0. 0162452 * (0. 0096071)
D_1 * lnOPEN		0. 0235508 (0. 0188244)		−0. 1250916 *** (0. 032305)
D_1 * lnSERV			−0. 1037304 (0. 1071412)	−0. 0711454 (. 0722798)
D_1 * lnIC			0. 2073972 *** (0. 0749969)	0. 2326281 *** (0. 0451907)
D_1 * lnUNIV			−0. 0489519 *** (0. 0152878)	−0. 0124369 (0. 0122114)
D_2 * lnFDI		−0. 0183596 (0. 0412257)		0. 0133911 *** (0. 0109125)
D_2 * lnOPEN		0. 1193371 *** (0. 0170144)		−0. 0762556 * (0. 0466557)
D_2 * lnSERV			−0. 2924519 ** (0. 1351088)	−0. 4139058 *** (0. 1053172)
D_2 * lnIC			0. 4132813 *** (0. 0922723)	0. 5662218 *** (0. 0613289)
D_2 * lnUNIV			−0. 0533665 *** (0. 0177063)	−0. 0473147 *** (0. 0128832)
Adj. R^2	0. 2686	0. 8066	0. 9574	0. 9953
Prob＞F	0. 000	0. 000	0. 000	0. 000

注：括号内数值为标准差，＊、＊＊、＊＊＊分别表示参数估计值在 10％、5％、1％水平上显著。

2. 沪、苏、浙三地技术转移渠道效应的比较分析

根据模型 4 的估计结果,我们横向比较同一渠道在不同地区的技术转移效应,并按照效应大小进行打分,+++ 表示很高、++ 表示中等、+ 表示较低,如果计量结果显示为负值,我们同样用—在评分表中予以标出。表 15.3 给出了地区间技术转移效应差别的评分表。我们以产业集群为例,描述评分表的编制过程:lnIC 的系数不显著,表明产业集群对上海市的技术转移效应在统计意义上为 0,而 D1 * lnIC 的系数在 1% 的水平上显著且为正,这表明产业集群在江苏发挥的技术转移效应显著地异于上海,而且这种差异是正向的;D2 * lnIC 同样在 1% 的水平上显著,且系数大于 D1 * lnIC,这表明产业集群在浙江的技术转移效应高于江苏,因而产业集群的技术转移效应在上海、江苏、浙江的评分为 +、++、+++。

表 15.3　沪、苏、浙三地技术转移渠道效应的比较分析

地区	FDI	国际贸易	科技中介服务	产业集群	高校和科研院所
上海	+	+++	+++	+	+++
江苏	+++	—	+	++	+++
浙江	++	+	—	+++	—

(1) FDI 的技术溢出效应

在上表中,FDI 对江苏的技术溢出最高,浙江其次,而上海较弱,表明长三角地区引进外商投资在总体上对地区技术进步起到了积极的促进作用。这一技术溢出效应在江苏表现得尤其明显,江苏一直是我国吸收外商直接投资最多的地区。据江苏省外经贸厅统计,截至 2009 年 8 月,一大批世界著名跨国企业在江苏投资设立了 97 家独立法人外资研发中心。可见,江苏利用外资的质量和水平在不断提高,呈现出规模化、集约化、高端化的趋势。相比而言,浙江地区的 FDI 溢出效应低于江苏,这可能源于过大的"内外资企业能力差距",即浙江民营企业与外资企业之间过大的"规模差距""资本密集度差距"以及"技术差距"阻碍了技术溢出效应的产生(陈涛涛,2003)。而相对于苏浙两地制造业为主的产业结构,上海市的外商直接投资可能有相当部分体现在第三产业增加值的提高上,从而在反映技术进步的全要素生产率上的表现弱

于苏浙两省。

（2）国际贸易的技术转移效应

国际贸易渠道的技术转移效应在上海为＋＋＋，而在浙江的技术转移效应较低，在江苏甚至表现为负值，这一结果恰恰反映出了长三角地区甚至全国的技术引进陷阱。从微观基础上看，迄今为止，我国的大部分企业仍然没有逾越引进技术的消化吸收阶段，只是通过技术引进提高了生产能力和非关键零部件的国产化制造能力，许多关键设备、工艺往往并没有被消化吸收，呈现出"空芯化"（安同良，2004）。2008 年，江苏、浙江地区大中型工业企业引进技术与消化吸收投入之比分别为 1：0.42 和 1：0.46，与日本的 1：4 和韩国的 1：8 相差甚大。从出口来看，苏浙两地众多企业仍停留在模仿创新、价格竞争为主的阶段，使得该地区在全球产业分工中处于价值链的末端。可见，对于技术转移而言，开放的态度仅是必要而非充分的，在技术引进的同时还需要有适当的吸收能力对国外技术做出本土化的改造。相比上海而言，正是苏浙两地企业忽视研发投入和对技术的消化吸收，影响了自身技术能力的提升，从而也抑制了国际贸易的技术转移效应。据浙江省工商联对浙江民企的一项调查显示，57.52％的企业没有投入科研经费，仅 18.10％的企业拥有自主的知识产权产品，这从侧面折射出了中国企业在获取技术增长的方式上重引进、轻吸收、轻自主研发的通病。

（3）科技中介服务与技术转移

在 SERV 这一指标上，上海科技中介服务渠道的技术转移效应显著为正，并且对技术进步的促进作用明显（＋＋＋）。作为全国及长三角的创新中心，上海不断发展和完善的四大市场（资本市场、技术市场、产权市场、人才市场）进一步增强了其作为技术中介中心在长三角地区的服务功能。2009 年上海共签订技术咨询和技术服务 19810 项，共计 42.99 亿元。相比之下，苏浙地区的科技中介机构专业化程度较低、规模偏小、效益较低、服务功能单一、交易手段落后，能提供研究决策与咨询、科技资产评估与风险投资服务的机构非常之少，从而很难从实质上为制造业的技术进步提供支撑。但是，长三角作为一个区域经济的联合体，江苏、浙江的企业可以通过上海发达的科技中介服务，提高自身的技术水平。

(4) 产业集群内的技术转移效应

上海、江苏、浙江三地产业集群的技术转移效应依次达到＋、＋＋、＋＋＋，说明产业集群渠道产生的技术转移效应对该地区的技术进步产生了巨大的促进作用。长三角尤其浙江省是我国"集群经济"最活跃的地区；目前，上海已经初步形成松江、青浦、张江、漕河泾的微电子，嘉定的汽车制造，宝山的精品钢材，金山的石油化工等大规模的产业集群；在江苏，正逐步形成以苏锡常为核心的电子信息，无锡、南通的纺织服装，苏州、南京、徐州、连云港一带的精密机械等产业集群；在浙江，环杭州湾的电子信息，杭州、台州、金华、绍兴的现代医药，绍兴、萧山一带的纺织，宁波、杭州、温州的服装，乐清的电工电器，台州的塑料模具和制品，永康的五金机械，义乌的小商品等标志性产业集群已经在全世界享有盛名。由此可见，长三角地区已经拥有相当数量的集群，产业集群在技术、市场、信息三个方面的溢出提高了技术转移的效率，推动了集群内中小企业的技术进步。

(5) 产学研结合下的技术转移效应

作为全国重要的高教、科研基地，上海和江苏产学研合作的条件得天独厚，高校和科研机构对地区技术进步的影响显著（＋＋＋）。以江苏为例，2008 年全省高校共转让科技成果 1321 项，比上年增加 63.5％；已建国家和省级高技术研究重点实验室、重大研发机构、工程技术研究中心、科技公共服务平台 1061 个，比上年增加 520 个，经国家认定企业技术中心 37 个。相比之下，浙江的高等教育以及科研院所资源明显弱于上海和江苏两地。另一方面，偏宏观的分析可能会掩盖微观机制的不同效应，Anselin(2000)的研究曾证实在电子与机械工业存在显著的高校研究溢出，而在其他行业（如汽车、化工及低附加值行业）则不显著。因此，上述结果与沪、苏、浙三地的主导产业选择相一致。不容忽视的是，我国的高校、科研机构与企业之间缺乏良好的技术转移机制，技术转移中各行为主体的职能分工模糊且缺乏互动、技术的供给与市场需求匹配度较低、转移过程缺乏有效的激励和监督机制。据不完全统计，长三角每年产出近万项科研成果，约占全国总数的 20％，但每年约有一半左右的科技成果找不到"婆家"，另一方面却有近 70％的创新投资基金找不到合适的技术和项目进行投资，使得大量的科技成果"沉淀"在高校科研系统中。

　　通过对模型 4 的结果进行分析,我们发现,沪苏浙三地虽然市场化程度趋近,但技术转移的模式却存在较大差别。其中,上海形成了"开放型经济＋专业化科技服务市场＋产学研合作"的技术进步模式,技术转移渠道比较多元化,对周边的辐射带动作用明显;江苏技术转移的渠道以 FDI 技术溢出和科研院校为主,FDI 与自主研发技术的优势互补,形成了"FDI＋产学研合作"的良性技术发展路径,而江苏发达的产业集群也大大提高了技术扩散的效率;浙江以标志性的"集群经济"为技术进步的主要推动力量,形成了"特色产业集群＋FDI"的经济生态圈,这种内外结合的技术转移模式加速了技术在本土中小企业间的流动,并促进了对国外技术的消化吸收。长三角地区三种技术转移模式的分工和互补,使该区域产生了市场化、产业化和国际化的联动效应,技术水平得到提升,从而形成了新的区域竞争优势。

四、结论与政策建议

　　技术转移是一项复杂的系统工程,完备的技术转移体系涵盖了外商直接投资、国际贸易、产业集群、合作 R&D(产学研合作)以及科技中介等 5 大渠道。从研究对象的空间层次看,迄今为止的技术转移研究成果大多局限在国家层面上,对国家内部具体区域技术转移的比较研究很少,同时很多的研究仅局限于单一渠道的检验,本章弥补了这两方面的不足。

　　我们对长三角地区技术转移渠道的实证研究表明:(1) 对技术转移的研究,需要从多视角出发,同步考虑国际国内的技术转移渠道,对宏观层面、微观机制以及产业层面的技术转移渠道效应综合考察;(2) 在长三角地区的上海、江苏、浙江三地,技术转移的渠道效应存在差异,其中上海形成了"开放型经济＋专业化科技服务市场＋产学研合作"技术进步模式;江苏形成了"FDI＋产学研合作"的良性技术发展路径;而浙江"特色产业集群＋FDI"的技术转移模式对浙江中小企业的技术进步发挥了巨大的贡献。

　　本章的政策启示如下:(1) 在坚持通过引入外商直接投资以及通过国际贸易的方式吸收外国先进技术的同时,各地区应当加强国内技术转移体系的建立与完善,如壮大本地区的技术中介服务机构、培育与区域经济发展相适应的特色产业集群以及推进大专院校、科研单位的技术成果转化;(2) 各地区的资源禀赋存在不同,经济发展程度以及产业结构也不尽相同,各地应当重点发展特定的技术转移渠道,建立符合地区发展特征的技术转移模式,从而使得技术转移对地区技术进步以及经济发展的推动作用达到最大化。

在国际视野下,技术转移已演变为一个规模从小到大、行为主体从单一到多元化的过程,并已成为企业、政府、大学和中介组织都广泛参与的发展战略。发达国家的经验也证明,技术转移是推动技术创新和技术进步的重要手段之一。通过促进技术转移来催化科技创新、发展高技术产业调整、优化产业结构、加速区域经济和科技发展正在成为我国经济的大势和主流之一。因此,在大力倡导自主创新的同时,应充分重视和促进技术转移,以技术转移战略全面提升长三角城市群及中国的竞争能力。

参考文献

[1] Aghion and Howitt. Endogenous Growth Theory. Cambridge, MA: MIT Press, 1998.

[2] Anselin, L., Varga, A., and Acs, Z. J. Geographic Spillovers and University Research: A Spatial Econometric Perspective. Growth and Change, 2000, 31(4).

[3] Becchetti, L., and Rossi, S. The Positive Effect of Industrial District on the Export Performance of Italian Firms. Review of Industrial Organization, 2000, 16(1).

[4] Blomström, M., and Kokko, A. Multinational Corporations and Spillovers. Journal of Economic Surveys, 1998, 12(3).

[5] Blomström, M., and Sjöholm, F. Technology Transfer and Spillovers: Does Local Participation with Multinationals Matter? European Economic Review, 1999, 43(5).

[6] Borensztein, E. How Does Foreign Direct Investment Affect Economic Growth? NBER Working Papers, 1995, No. 5057.

[7] Coe, D. T., and Helpman, E. International R&D Spillovers. European Economic Review, 1995, 39(5).

[8] Cooke, P. N., Heidenreich, M., and Braczyk, H. J. Regional Innovation Systems: the Role of Governance in a Globalized World. London: Routledge, 2004.

[9] Gemünden, H. G., Ritter, T. and Heydebreck, P. Network Configuration and

Innovation Success: An Empirical Analysis in German High-tech Industries. International Journal of Research in Marketing, 1996, 13(5).

[10] Geroski, P. A. Models of Technology Diffusion. Research Policy, 2000, 29(4).

[11] Grossman, and Helpman. Trade, Knowledge Spillovers, and Growth. NBER Working Paper, 1991, No. 3485.

[12] Hoekman, B., and Javorcik, B. S. Global Integration and Technology Transfer. London: Palgrave, 2006.

[13] Keller, W. Geographic Localization of International Technology Diffusion. The American Economic Review, 2002, 92(1).

[14] Kim, Linsu. Imitation to Innovation: The Dynamics of Korea's Technological Learning. Boston: Harvard Business School Press, 1997.

[15] Kokko, A. Technology, Market Characteristics, and Spillovers. Journal of Development Economics, 1994, 43(2).

[16] Lucas, R. E. On the Mechanics of Economic Development. Journal of Monetary Economics, 1988, 22(1).

[17] Lundvall, B. A. National Systems of Innovation: Towards a Theory of Innovation and Interactive Learning. London: Pinter, 1992.

[18] Phillips, Y. Market-oriented Technology Management: Innovating for Profit in Entrepreneurial Times. New York: Springer, 2001.

[19] Porter, M. E. Clusters and the New Economics of Competition. Harvard Business Review, 1998, 76(12).

[20] Rivera-Batiz, L. A., and Romer, P. M. Economic Integration and Endogenous Growth. The Quarterly Journal of Economics, 1991, 106(2).

[21] Romer, P. M. Increasing Returns and Long-run Growth. The Journal of Political Economy, 1986, 94(5).

[22] Sforzi, F. The Quantitative Importance of Marshallian Industrial Districts in the Italian Economy. Geneva: International Institute for Labour Studies, 1992.

[23] Segerstrom, P. S., Anant, T. C. A., and Dinopoulos, E. Schumpeterian Model of

the Product Life Cycle. The American Economic Review，1990，80(5).

[24] Storper，M. The Resurgence of Regional Economics. European Urban and Regional Studies，1995，2(3).

[25] 安同良. 企业技术能力发展论. 北京：人民出版社，2004.

[26] 安同良. 中国企业的技术选择. 经济研究，2003，(7).

[27] 陈劲. 从技术引进到自主创新的学习模式. 科研管理，1994，(2).

[28] 陈涛涛. 中国 FDI 行业内溢出效应的内在机制. 世界经济，2003，(9).

[29] 李金昌，曾慧. 基于金融市场发展的 FDI 溢出与经济增长关系. 统计研究，2009，(3)

[30] 林武. 技术与社会——日本技术发展的考察. 北京：东方出版社，1989.

[31] 沈坤荣. 外国直接投资与中国经济增长. 管理世界，1999，(3).

[32] 王辑慈. 创新的空间. 北京：北京大学出版社，2001.

[33] 王辑慈. 关于中国产业集群研究的若干概念辨析. 地理学报，2004，(10).

[34] 谢伟，吴贵生. 技术学习的功能和来源. 科研管理，2000，(1).

[35] 曾刚，林兰. 不同空间尺度的技术扩散影响因子研究. 科学学与科学技术管理，2006，(2).

[36] 斋藤优. 技术开发论. 北京：科学技术文献出版社，1996.

[37] 张建华，欧阳轶雯. 外商直接投资、技术外溢与经济增长. 经济学(季刊).2003，3.

[38] 张小蒂，李晓钟. 对我国长三角地区全要素生产率的估算及分析. 管理世界，2005，(11).

（原文载于：安同良、刘伟伟、田莉娜，《中国长江三角洲地区技术转移的渠道分析》,《南京大学学报》2011 年第 4 期）

第十六章　中国传统产业自主创新模式研究

一、传统产业自主创新的必要性

二次世界大战以来,以电子信息、生物技术和新材料为支柱的一系列高新技术取得了重大突破和飞速发展,受到全球各国的普遍重视。20 世纪 90 年代中后期,随着"知识经济"的兴起,高新技术产业更是成为许多国家和地区在制定科技和经济政策时的重点关注对象。目前,高新技术产业自主创新受到盲目推崇,高新技术产业被认为在各国经济领域发挥着"制高点"的作用。但是传统产业自主创新却被各国政府以及学界严重忽视。本章的研究是要明确传统产业可以通过创新进入现代产业体系。

国内习惯将产业划分为"高新技术产业"和"传统产业",而国外通常以"高技术产业"与"中低技术产业"进行分类。在许多科技政策制定者眼中,经济的高增长就等于发达的高技术产业。而实际上高技术产业并不简单等同于高经济增长,即使是在发达经济体中,中低技术产业对经济的贡献率也远远高于高技术产业。Nick Von Tunzelmam and Virginia Acha 在《牛津创新手册》(2004)中的文章认为,对高技术产业政策的过分关注分散了政策制定者和学者们的注意力,而忽略了高技术产业以外的一些产业的可持续发展,这些产业在一些国家中已被证明行之有效。

根据 OECD 的报告,高技术产业的产出只占国民经济增加值的 3%,若将汽车等中高技术产业包含进来,该比例也只会增加至 8.5%(Hartmut Hirsch-Kreinsen, et al. , 2003)。在实践方面,丹麦、瑞士、澳大利亚等许多国家的发展都始于食品加工业、纺织业等低技术产业。其中,瑞士的发展模式是低技术制造业发展路径的经典范例。瑞士的经济发展从纺织业起步,然后发展印染业和化学工业,最后进入制药业以及机械与高级工程业,国家的经济实力不断增强。因此,即使中高技术产业对 GDP 的贡献增大,其总体比例仍然较小。由欧盟委员会资助的"低技术产业的创新与政策"(PILOT)研究项目也为这一结论提供了全新的研究视角与有力的分析框架：R&D 投入只是创新众多源泉中的一个方面，且并非是最重要的方面，OECD 将 R&D 投入作为产业技术层次划分的唯一指标存在严重缺陷。根据 1992 年全欧洲范围的 CIS(Community Innovation Survey)调查数据，欧洲各产业在创新的支出中，R&D 的投入普遍低于非 R&D 投入和与开发新产品相关的资本投资。因此，即便在知识经济时代，中低技术产业创新对经济发展仍具有重大意义：因为中低技术产业依靠其不同于高技术产业的创新方式，不仅始终保持着较高的创新频率，而且在很大程度上促进了高技术产业的持续创新(白玲、邓玮，2008)。PILOT 研究项目认为，经济结构调整并非完全来自新兴产业，而是现存产业在很大程度上的持续转化，因此，传统产业的增长速度将影响一国经济增长的整体状况，而本研究亦期望通过分析能够提高各界对传统产业的重视。

作为发展中的大国，中国近 30 年的高速发展取得了举世瞩目的伟大成就，中国已经成为全球公认的"世界工厂"，"中国制造"的品牌在全球产品市场成功树立。在这个过程中，传统产业在我国工业经济体系中扮演了相当重要的角色，并将长期居于主导地位。

传统产业是中国产业的基础，对于中国经济的发展起着举足轻重的作用。首先，虽然传统产业在整个经济中所占权重有所下降，但传统产业的主导地位始终未改变。其次，传统产业是我国解决就业压力的主要产业载体，对各层次各类型的人才提供多样化的需求，传统产业就业人数占工业就业人数的比重明显高于高新技术产业。因此我国就业压力的缓解和社会的稳定在一定程度上依赖于传统产业。再次，从产业演化的角度，产业革命最重要的任务不仅是建立新产业，更是使传统产业发生革命性的改造和发展，这是高新技术产业产生和发展的条件。

数据显示，2011 年，中国主要出口商品仍然为纺织纱线、织物及制品、服装及衣着附件、鞋类等。传统产业的重要性不单是指传统产业在中国工业经济总量中所占的比重，而且当前中国经济发展所面临的很多关键问题，诸如农村剩余劳动力转移、节能环保和国际贸易摩擦等都与传统产业的发展水平和创新效率密切相关。中国的产业结构优化升级战略不是高新技术产业对传统产业的简单替代，而是通过自主创

新实现的高新技术产业与传统产业的相互渗透和协同进化,传统产业的自主创新是
实现产业结构优化升级的必由之路。

表 16.1　2011 年中国主要商品出口数量、金额及其增长速度

商品名称	单位	数量	比上年增长%	金额(亿美元)	比上年增长%
煤	万吨	1466	−23.0	27	20.6
钢材	万吨	4888	14.9	513	39.2
纺织纱线、织物及制品	—	—	—	947	22.9
服装及衣着附件	—	—	—	1532	18.3
鞋类	—	—	—	417	17.1
家具及其零件	—	—	—	379	15.0
自动数据处理设备及其部件	万台	183427	10.1	1763	7.5
手持或车载无线电话	万台	87509	15.5	628	34.3
集装箱	万个	324	29.6	114	57.7
液晶显示板	万个	244141	8.5	295	11.5
汽车(包括整套散件)	万辆	82	52.2	99	60.5

数据来源:中国国家统计局网站

　　改革开放 30 多年来,中国经济以制造业为主驱动并参与国际分工,成功地打造
出"中国制造"的品牌。但我们的制造业企业仍未摆脱技术依赖症,并未获得技术领
先与产业领先。中国本土企业存在技术劣势,外国公司比国内的本土公司表现出更
为活跃的自主创新行为。在世界分工体系和全球产业链中,中国企业只处在中低端。
从技术能力上看,中国与发达国家还有很大差距,企业技术能力发展存在巨大缺口。
中国经济要实现持续高速增长,不能仅仅依靠不断增加的要素投入,更为关键的是要
依靠创造新产品和新工艺的能力,推动和加速企业技术能力的高度化进程(安同良,
2004)。

　　技术创新是从新产品或新工艺设想的产生,经过研究开发、工程化、商业化生产,
到市场应用的一系列技术经济活动的总和。自主创新则是国内学者按照中国技术创

新的相对落后现状自创的概念,安同良等(2012)把自主创新定义为:创新主体主导下的具有自主知识产权的创新。中国从 2010 年起在 GDP 总量上已成为全球第二大经济体,作为世界经济大国在科技和产业创新上不能再像过去那样实施跟随战略,需要依靠自主创新与其他发达国家进入同一创新起跑线,在重点领域取得突破。

传统产业创新对于传统产业在国民经济中占据主要地位且正处于经济转型与产业升级关键时期的以中国为代表的新兴经济国家而言,更具借鉴意义。在经济全球化背景下,由于传统产业与高新技术产业处于两条有较大区别的创新轨道,深入探究中国传统产业特有的创新模式,并据此在自主创新政策的制定上给予足够的重视,对我国建设创新型国家具有十分重要的战略意义。

二、传统产业创新的理论基础

"高技术产业"与"中低技术产业"的相对概念是国外的通行说法,起源于美国,1981 年美国出现了以"高技术"命名的月刊。1983 年,"高技术"概念被收入《韦氏第三版新国际辞典增补 9000 词》中(李艳林,1995)。1986 年,OECD 提出以产业的研发强度为依据对高、中、低技术产业进行分类,由于这一标准直观易用,逐渐为许多国家和地区所接受。根据 OECD 的标准,中低技术产业,主要指研发强度小于 3% 的产业。而随着科技的不断发展,OECD 的相关标准也发生了变化,他们将 5% 以上称为高技术产业,1% 以下称为低技术产业,3% 到 5% 之间称为中高技术,3% 以下被称为中低技术产业,如纺织、食品、印刷、木材加工、五金、塑料等都属于中低技术产业。

而在国内,根据宏观上的经济阶段和微观上的技术工艺相似性,习惯将产业划分为高新技术产业和传统产业,以体现其在时间上的产业演化发展及其在空间上的各种技术工艺并存的特性,这也是目前我国学术研究和媒体领域最常见的分类。高新技术产业是指具有较高的知识密集度、科技投入和经济产出,以生产高新技术产品为主的产业。传统产业则是泛指应用传统技术为主体,并以生产传统产品为主的产业,包括历史悠久的农业及纺织、机械、轻工、煤炭、钢铁等传统工业,这些产业实际上就是西方经济学文献所称的中低技术产业。

中国目前在国际产业分工中尚处于下游地位,而传统产业是自主创新的主力、是构建创新型国家的主体力量。自主创新可发挥传统产业的资源优势,增强其核心竞争力,改变在国际分工中的下游地位。大多数传统产业能耗较高,不符合低碳环保的要求,自主创新是其可持续发展的需要。不仅如此,传统产业自主创新对提升中国产业自主创新的整体实力,乃至提升中国国家创新体系的综合竞争力都有着极其重要的意义。传统产业创新主要是通过将各种可用资源进行再组合或改造而产生的创新,是一种渐进式的过程创新(Hartmut Hirsch-Kreinsen, et al. , 2003)。传统产业不仅是高新技术产业产品的主要市场,还可以通过与高新技术产业的合作,促进高新技术产业的持续创新。而传统产业同样离不开高新技术产业所提供的各种发明创新和科学知识,以改进自身的产品、生产技术、流程工艺,并以高新技术产业所提供的创新成果为基础实现再创新。因此,PILOT 研究项目借用生物学上的"共生"术语来描述传统产业与高技术产业之间的关系,这是一种相互依存、缺一不可的共生关系(Gerd B ender,2003)。

不同产业部门之间的创新方式存在着巨大的差异,对这些差异的探讨已经成为创新研究中的一个主要领域(Jan Fagerberg, David C. Mowery, Richard R. Nelson. 2004)。西方的创新学者们研究探讨了各产业部门在其内部动态系统上的不同特征,尤其关注各产业部门之间在知识基础、行为主体、网络和制度方面的差异。

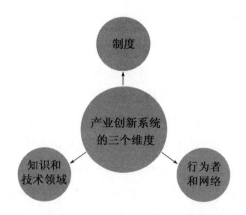

图 16.1　产业创新系统的三个维度

根据 Franco Malerba 在《牛津创新手册》(2004)中的定义,一个产业创新系统的框架包括以下三个维度(如图 16.1 所示):

1. 知识和技术领域。任何产业都有自身特定的知识基础、技术和相关投入。运用一种动态观点进行分析,对知识和技术领域的关注将产业边界置于中心位置,而产业边界通常是不固定的,它随时间呈现动态变化。

2. 行为者和网络。一个产业由包括各类组织和个人在内的异质性的行为者所组成。组织中既包括企业,也包括非企业组织,还包括很多大型组织中的子单元,以及组织群等。产业中的行为者具有特定的学习过程、能力、信仰、目标、组织结构和行为,并通过沟通、交换、合作、竞争和命令等过程发生相互作用。

在一个产业创新系统的框架中,创新可以被看作是包含在众多行为者当中,以创造、交换与创新有关的知识及其商业化为目的的一种系统性的交互作用过程。其中,交互作用包括市场和非市场关系,它比包含技术许可和知识、企业联盟、正式的企业间网络的市场关系更为宽泛,其结果常常不能完全被现有的经济产出测量系统捕捉到。

3. 制度。产业中行为者的认知、行为和交互作用受到制度的影响,制度包含规范、惯例、共同习惯、已有做法、法规、法律和标准等。制度涉及对行为者的强制性约束和通过行为者间的交互作用而施加的约束;还包括从较多的约束转变为较少的约束;从正式制度到非正式制度。大量的制度是国家性的,其他一些则是针对特定产业的。

Wesley M. Cohen(2010)在《关于创新行为与绩效的五十年经验研究》一文中,专门研究了关于影响产业间创新行为和表现的三类因素:市场需求、独占性和技术机会。文中提到,为了了解产业为什么在参与创新活动中存在差异,实证研究者 Pakes 和 Schankerman(1984)明确了三类解释变量:市场需求、技术机会和独占性。尽管历史文献、案例分析和实证分析都指出这三类变量的重要性,但这方面的研究直到 20 世纪 80 年代中期才被重视,一是因为研究者之前大多关注企业规模和市场结构的效应,二是缺乏对这三类变量清晰的理解,三是即使很好地定义了某个变量且给出明确的假设,实证工作中也缺乏可信的数据。

在过去 50 年里,Schmookler、Arrow、Nelson、Griliches、Rosenberg、Mansfield、Scherer 及其他先驱者的目光已不再局限于公司规模和市场集中度,而是转向更加广阔的领域,包括需求、可适用性、技术机会以及关键的公司特性,对产业研发来说,这些是更"根本性"的决定因素。直观看来,这三类变量对创新行为及绩效存在一定影响,然而,目前对这些影响的存在性及重要性的检验总是间接的。

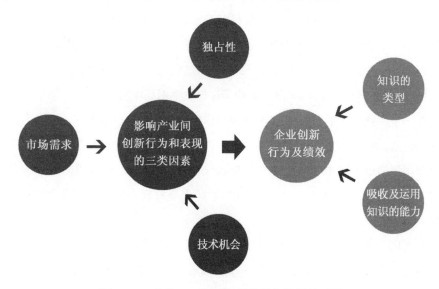

图 16.2　产业——企业创新差异的逻辑关系图

　　在公司层面,由于每一家公司都有不同的专长,有不同的创新途径和创新方式,因此,产业层面的因素,无论是技术机会、需求、R&D 溢出及可适用性,它们的影响可能随着产业内公司的差异而不同。与公司创新能力的重要性紧密相连的是技术信息的获取成本高昂,成本高低与信息的性质以及公司评估和使用信息的能力相关。这说明三种产业因素对创新行为及绩效的影响依赖于公司吸收及运用知识的能力,同时还依赖于知识的类型——需求方面、其他竞争者以及科技进步,而公司在学习知识方面的能力取决于在这方面的前期投资。产业——企业创新差异的逻辑关系可以从图 16.2 看出。然而这个机会对某个特定公司的影响却有赖于该公司是否拥有评估、吸收和开发相关知识的能力。

　　西方学者在中低技术产业(传统产业)创新的独特性方面展开了丰富的研究,取得了大量的研究成果,主流的研究理论框架认为,中低技术产业(传统产业)主要有以下三个特点:一是以优化工艺、改进设计、提高灵活性和客户满意度为主要目标;二是以渐进式创新为主要模式;三是以"干中学"和"用中学"的实践积累为主要驱动力。具体而言为以下一些方面,如图 16.3 所示:

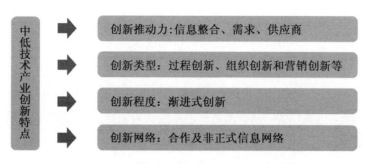

图 16.3　中低技术产业(传统产业)创新的特点

1. 创新推动力。Lall(1987)总结了印度一些产业(如水泥、钢铁和纺织等)的创新能力积累路径。他的研究发现,不同产业之间创新积累路径是多种多样的,每一条路径都反映了创新能力从低端到高端发展的一个复杂移动过程。Alfred R, Jrgen S (2006)认为科技进步是高技术产业创新的主要推动力量,也是高技术产业创新的成果体现;而推动中低技术产业创新的并不是科技研究的最新成果,而是以"干中学"和"用中学"为基础的渐进式知识积累。这集中体现在研发活动对于两类产业重要性上的差异。与高技术产业相比,研发对中低技术产业创新的作用并不显著,Luis D B, Casimiro A H, Margarita M, Jacinto G P. (2006)对西班牙林木工业的实证研究表明,研发投入与企业绩效间的相关性并不显著,而如何有效地获取并整合外部信息与技术对中低技术产业更为重要。正因为如此,中低技术产业创新活动的开放性和网络性特征日趋明显。Taplin, I. M, Frege, C. M. (1999)对匈牙利服装产业的研究发现,私有化的过程使得企业开始激励内部员工用知识和经验来克服技术瓶颈,并重视技术引进。PILOT 研究项目通过案例研究,将中低技术企业的创新源泉归纳为企业的"创新实现能力"。创新实现能力不是全新的创新范式,而是实现创新的几个组合。

相比高技术产业,需求的力量对中低技术产业在创新过程中的作用更直接、更显著。同时,供应商在中低技术产业创新过程中的作用不可替代,因为相对于高技术产业,中低技术产业内部创新能力较弱,造成中低技术产业的创新严重依靠外部供应商,供应商往往比知识、信息、需求更重要。Laestadius, S. (1998)对 OECD 成员国纸浆与造纸行业的研究表明,大约半数的创新来源于设备供应商,半数来源于用户,供应商、企业、用户三者高度整合已超越了一个产业范畴。

2. 创新类型。Pavitt(1984)早就认为中低技术产业创新是被供应商主导的,经典的"线性"创新模型并不适合于该产业的创新。Heidenreich(2005)的研究也证实了这个观点,并进一步指出这些企业的创新类型主要是过程创新、组织创新和营销创新。Santamaría 等人(2009)从产品创新的角度认为设计、使用先进机器设备和员工培训等非研发活动是中低技术产业创新成功与否的决定性因素。PILOT 研究项目对企业创新实现能力的研究中指出,重组能力包括三部分:一是认识,指企业对于不同类型的分散知识的重组能力;二是组织,指企业对区域内各参与主体的重组能力;三是设计,即不同功能、特点、方法的重组能力。对于创新,并非指在全世界范围内的首创行为,对于某地区,甚至某一企业来说是全新的知识、技术、材料等的使用均为创新行为。中低技术产业正是以过程创新不断地挖掘高技术产业的研究成果,从而不断地创造价值和利润。

3. 创新程度。Hansen PA, Serin G(1997)的研究得出,高技术产业的创新是为了实现全新的功能,即为市场提供功能上属于全新的或者有重大改进的产品,而中低技术产业创新则是通过优化工艺以降低成本和提高质量、改进设计、提高灵活性和客户满足度等。高技术产业的创新是通过以 R&D 投入为重点开发全新的科技产品,属于激进式创新;而中低技术产业主要是通过将各种可用资源进行独创性的再组合或改造而产生的创新,是一种渐进式的过程创新(Hartmut Hirsch-Kreinsen, et al. 2003)。Alfred R, Jrgen S(2006)所研究的结果也支持以上论述。

4. 创新网络。高技术产业凭借自身的技术基础以及大规模研发资金投入,可以建立正式的创新信息网络而实现重大创新,但中低技术产业创新大多依赖于外界信息资源以弥补企业内部创新资源不足。因此,通过合作创新和研发外包等形式从外界信息网络中获取创新知识的网络模式是中低技术产业创新的主要模式。Chen(2009)对台湾机床行业的研究证实,与本地消费者的互动、分享供应商的技术知识和利用公共研究机构等地区性的非正式信息网络,与参加国际贸易展、咨询国外经销商以及建立跨国战略联盟等全球性的非正式信息网络,两者极大地促进了该行业的技术创新,实现了技术跨越。Taplin, I. M., Winterton, J.(1995)对英国和美国的纺织服装业的研究也发现,某些企业形成了以小组为单位的制造系统以应对市场的变化,且部分小型企业实行了业务外包。但是 Maskell(1996)对丹麦家具行业的研究认为创新基于长期信任的合作伙伴关系,合作伙伴之间高信任、理解、共享价值观及文化,这与主流研究之间差别的主要原因是不同研究对象的文化背景差异。

　　PILOT 研究项目也从两个方面论述了合作对于中低技术产业创新能力的重要性。一是处于产业链中的企业与各上游供货商或技术提供者间的合作。前者的特定需求是后者创新的最直接有效的刺激,后者通过满足前者的需求改进已有的产品或技术;二是区域合作。地理上的临近对于知识(尤其是难以编码的意会性知识)外溢有着积极作用。中低技术产业需要吸收高技术产业的研究成果和各类知识,可以通过与各类研究机构、学校实验室等知识创造主体建立合作关系,加强知识吸收与反馈,促进创新的实现。

三、传统产业的自主创新模式

　　Pavitt(1984)提出了四类产业创新的模式,如图 16.4 所示:在"供应商主导的产业"中(如纺织业和服务业),新技术嵌入新的要素和设备中,新技术的扩散和学习主要通过"干中学""干中用"实现。在"规模密集型产业"中(如汽车业和钢铁业),过程创新占主导,创新来源包括内部来源(R&D 和干中学)和外部来源(设备生产商),专有性主要通过专利和"技术诀窍"加以获取。在"专业化供应商产业"中(如设备生产商),创新主要针对绩效改进、可靠性和"定制化",创新来源包括内部来源(隐性知识和熟练工人的经验)和外部来源("顾客—生产者"交互作用),专有性主要来自知识的本地化和在相互作用中产生的特性;以"科学知识为基础"的产业(如制药业和电子业)中的产品和流程创新频率较高,这些创新主要通过公共研究实验室中的内部研发和科学发现而实现,科学是创新的来源,专有性则来自专利、学习曲线以及"技术秘密"等。其中,供应商主导的产业、规模密集型产业、专业化供应商产业即为本研究定义中的传统产业,以科学知识为基础的产业即为高新技术产业。

本章依据 Pavitt 的经典分类,选取中国两大典型传统产业,纺织工业、钢铁工业来对中国传统产业的自主创新模式进行案例研究。在传统产业中,我们分别选取了江苏阳光集团、江苏沙钢集团作为传统产业中创新成果显著的企业代表进行研究。阳光集团和沙钢集团均是科技部、国资委、中华全国总工会认定的"国家创新型企业",且均被科技部企业创新之道研究项目作为典型案例进行收录。这两个企业分别代表两大传统产业。其创新模式分别为:江苏阳光集团以供应商为自主创新的主要知识源,形成了独具特色的供应商为主导的自主创新模式。钢铁工业流程制造的特殊性决定了过程创新成为沙钢集团自主创新的主要模式。

图 16.4 Pavitt 四类产业创新模式

案例一:江苏阳光模式:供应商主导的区域战略联盟

江苏阳光集团是国内首家承担国际标准化组织/纺织品技术委员会(ISO/TC38)国际秘书处工作的企业单位,纺织技术水平达到了国际领先水平。

纺织工业作为国民经济传统支柱产业、重要的民生产业和国际竞争优势明显的产业,中国纺织工业要实现建设纺织强国的目标,必须依赖技术装备的重大进步。尽可能地采用先进技术装备,提高科技和品牌贡献率。纺织行业依靠科技创新,多项高新技术取得实质性突破,一批自主研发的科技成果和先进装备在行业中得到广泛应用。全行业有 22 项科技成果获得国家科学技术奖。国产纺织机械产品市场份额由2005 年的 61.7% 提高到 2010 年的 78.1%。截至 2010 年底,纺织行业国家认定企业技术中心达到 38 个。技术装备更新速度加快,落后产能在市场机制作用下逐步退出,全行业工艺技术装备水平和生产效率稳步提高。三分之一规模以上企业的技术装备达到国际先进水平,2010 年规模以上企业新产品产值比 2005 年提高了 2.4 倍,高于产值增长率,全员劳动生产率达到 11 万元/人·年,比 2005 年增长 1.1 倍。

创建于 1986 年的江苏阳光集团,拥有员工 15000 多人。纺织行业年产高档男女服装 350 万套、高档精纺呢绒 3500 万米,是全球最大的毛纺生产企业和高档服装生产基地,在中国乃至世界的毛纺行业中,江苏阳光集团都占有举足轻重的地位。"阳光"商标是我国精毛纺行业第一个中国驰名商标,"阳光"品牌被评为商务部重点培育和发展的出口名牌。2007 年,国际标准化组织/纺织品技术委员会(ISO/TC38)国际秘书处落户阳光,成为国内首家承担 ISO/TC38 国际秘书处工作的企业单位,标志着阳光纺织技术水平达到了国际领先水平。作为中国纺织行业唯一同时获得"世界名牌"和"出口服装免验"荣誉的企业,阳光集团在 2010—2011 年度中国纺织服装行业竞争力 500 强总排名评选中位列第 8 位,毛纺行业排名第 4 位,如今已经成为一个从纺织到服装的多产业国际品牌集团。

作为满足人民衣着消费的基础产业,市场需求对于纺织工业的重要性不言而喻。阳光集团一直坚持以市场需求为导向研发产品,其热衷于通过参加国内外展会来展示自己自主创新的技术和产品,同时借此机会最大限度地贴近客户的需求。2000年,一直被欧洲高端品牌企业所垄断的顶级的纺织面料展览会——法国 PV 展上,作为全国仅有的 2 家取得参展资质的毛纺企业之一,阳光集团凭借着雄厚的自主创新能力,成功跻身于全球顶尖面料博览会殿堂。阳光集团精心推出的机可洗易护理面料,双层、双面面料等系列产品受到广大客商的热烈追捧,并成功代表中国纺织企业向全球发布最新面料信息和流行趋势,获得 ARMANI、BOSS、Pierre Cardin 等著名品牌客商的称赞。

"十二五"开局至今,阳光集团的转型升级已取得重大进展,先前已经确立了"传统产业高新化、高新产业规模化、品牌经营专业化、资本运作产业化"的发展思路,并实现了"产业规模、科技含量、品牌、产品附加值、节能降耗、竞争力"六大提升,在产业格局上,以走高端路线,开发高档、高附加值产品的品牌战略为主导,力图实现产业多元化的全面发展,阳光集团已经成为江苏创新型经济的"领跑者"。江苏阳光集团自主创新的模式可以由图 16.5 集中展示:

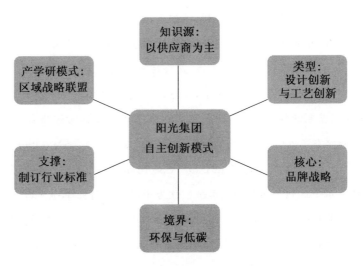

图 16.5　阳光集团自主创新模式

1. 自主创新的知识源：以供应商为主

　　供应商在中低技术产业创新过程中的作用不可替代，因为相对于高技术产业，中低技术产业内部创新能力较弱，造成中低技术产业的创新严重依靠外部供应商，供应商往往比知识、信息、需求更重要。而纺织工业作为劳动密集程度很高的产业，劳动生产率的提高极度依赖上游的纺织设备供应商。

　　阳光集团成立当初的第一台机器是自己组装的，乘着 20 世纪 80 年代国有企业普遍进行技术改造，购买国企淘汰产品，组成了阳光集团的纺织生产线。1993 年，上海某企业做了 100 支面料，国外拍卖价格达到 888 元一米，阳光集团试图"依葫芦画瓢"，结果因为设备的问题导致产品都是报废品。从此以后，阳光集团便加快了技术装备更新换代的步伐，大力引进设备，全面进行技术改造，生产高质高档的产品，国内外纺织设备的供应商成为其自主创新的第一知识源泉。阳光集团先后投入近 30 亿元完成了 4 次大规模的技术改造，从意大利、德国、比利时、法国、瑞士等国家引进了世界最先进的纺、织、染、成衣制作等生产及检测设备，并加以消化吸收再创新。

　　近年来，他们每年都在国际纺机展上订购最先进的纺织机器设备，引进了世界先进、国内一流的针梳机、粗纱机、细纱机、络筒机、倍捻机、并线机等生产装备及检测设备,阳光集团的设备进口率已达到 95％以上,与国际先进企业同步,有些设备还处于国际领先水平。阳光的生产车间被同行誉为"国际纺织设备博览会"。从上游设备供应商汲取自主创新知识源保证了其创新体系的不断完善,为企业发展奠定了强有力的基础。

阳光集团还通过与外资合作拓展供应商来源,1991 年,江苏阳光第一家中外合资企业江苏施威特毛纺织有限公司成立,由江苏阳光股份有限公司和香港东升有限公司合资,注册资本 1500 万美元,合资公司主营业务为毛条以及精纺呢绒,年生产面料约 1500 千米,毛纱 600 吨左右,拥有从国外引进的生产设备,如进口剑杆机等。1996 年,中外合资江阴阳光中传毛纺织有限公司成立,由江苏阳光集团有限公司、日本中传毛织株式会社、日本丸口株式会社、丸口(中国)有限公司合资,注册资本 600 万美元,主营业务为毛条以及精纺呢绒的生产。2003 年,中外合资江苏阳光服饰有限公司成立,由江苏阳光股份有限公司、香港东升有限公司、奇恩特有限公司以及依时有限公司合资,注册资本为 2950.5 万美元。

在接收供应商知识源的同时,阳光集团还面向整个行业建立了技术服务公共平台,携手世界著名纺机企业意大利吉玛高公司,研制成功国际领先的毛纺浆纱机,使过去仅用于棉纺的浆纱技术延伸到毛纺领域,成为消化吸收后自主创新的典范。

2. 自主创新的类型:设计创新与工艺创新

为了在设计创新上取得突破,阳光集团成立了"新产品开发部",培养自有设计人才,他们将面料设计师与服装设计师进行融合培养。设计师既有专业院校毕业、思想较为前卫、对流行趋势敏感度较高的"学院派";也有相当多的对市场需求分析眼光精准、多年来游走于各大服装流行趋势发布会、经验老到的资深设计师。这样的设计人才队伍设计,就是为了使得"创意想法"与"市场需求"做进一步融合。技术路线与时尚手法,理性功能与感性符号,是阳光塑造未来领导型品牌的两个重要战略基点。

阳光的设计风格上还吸纳了国际顶尖设计思想,每个季度聘请不同风格的设计师为核心团队,与企业自己的设计团队合作,相互融合。设计的服装既有异国情调,又有不少中式亮点和时尚元素。比如,已在原有的高档工业化生产男西服工艺基础上,开辟了一条纯手工的西服流水线、一条具有意大利风格的高档衬衣流水线,有意大利专家亲自做技术辅导,开设量体定做业务。与国际一线品牌的深度合作,对提升阳光服装品牌的设计功力具有显著的作用,阳光由此进入国际名牌的供应链。

阳光集团还大胆实施工艺创新,常常打破传统原料配比,积极应用新材料、新技术,融入纳米技术、新材料制造技术、新装备制造技术,将毛、丝、棉等各种原料进行'魔方'式组合,开发生产了能够替代进口面料的高档、高技术含量的毛纺织产品,使产品不仅技术领先,还富有创意。阳光集团曾邀请世界顶级男装设计师、乔治·阿玛尼首席设计师伊万诺·卡特林先生亲自为服装生产部门的相关人员传授高级男装制作技艺,在与顶级男装品牌的战略合作中,阳光人学到了欧洲全新的服装制作理念:"把服装当作精密仪器来做"。这个理念体现在所有工艺环节上。依据欧洲名牌服装严密的工艺管理,阳光高档正装的生产效率非但没有下降,反而大大提高。在生产的各环节中,严格工艺质量管理,制订了"前道指导后道"制度:从羊毛到服装,生产过程中的每一个环节,都要经过检测中心进行对应的产品检测,检测数据供后道工序参考,并在实际操作过程中调整相应的工艺手段,确保每道工艺的产品质量符合标准要求,不合格产品绝不进入下一道工序。

3. 自主创新的核心:品牌战略

在国际金融危机中,我国许多贴牌生产的企业由于没有自己的核心技术,接不到国外订单,资金链、现金流断裂而宣告停产关门,而一些拥有自主品牌和自主创新能力的企业却有明显的免疫力,在风浪中脱颖而出。因为品牌是企业进入和占领市场的通行证,只有改变以产能扩张为主的发展模式,依靠培育自主品牌提高产品的附加值,才能促进发展方式加快转变、提高企业的市场竞争力。自主创新是企业打造品牌、提高竞争力的必要条件,然而品牌同样也是自主创新的强大基石。

一直以来,阳光集团为 51 个国家的 100 个品牌贴牌生产服装,包括阿玛尼、BOSS 等奢侈品牌,85％的利润被品牌持有者和零售渠道拿走。产业链高低区段的巨大落差,以无形之手推动着阳光的转型发展。阳光集团在通过自主创新提升技术水平的同时,积极实施品牌战略,加强商标和知识产权管理,以"新"创品牌,以"优"争品牌,以"法"保品牌。

通过多年的努力,阳光产品在国内外市场已享有较高声誉。"阳光"商标早在

1996 年就在世界 14 个发达国家进行了全类注册;2000 年,"阳光"商标成为我国毛纺行业第一个中国驰名商标,成为国际商标注册马德里协定认定的保护商标。"阳光"(SUNSHINE)分别被国家工商总局、江苏省工商局认定为"中国驰名商标""江苏省著名商标"。阳光集团推出了"威尼帝"高档男装和"庞贝"高档职业装两大品牌,前者在全国开了 30 余家专卖店,后者占市场份额 40%。在此基础上,阳光集团又成功推出了"阳光时尚"中高档商务时装,形成了三大品牌并驾齐驱的格局。"阳光时尚"已在京沪等一二线城市全面打开市场,开设了 100 多家专卖店。从贴牌生产到品牌经营的跨越,使阳光的自主品牌在销售中占据半壁江山。

4. 自主创新的境界:环保与低碳

当前,国内外对环境保护的要求越来越高。欧盟 REACH 法规以及欧美针对纺织品的"绿色认证"措施的实施,对我国纺织服装产品的质量提出的更高、更严格的要求。进入国际市场的纺织品服装能否满足生态或"绿色"要求是能否获得订单的先决条件。

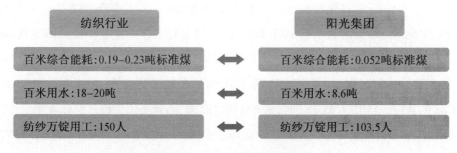

图 16.6　阳光集团能耗情况图

为推动低碳经济,阳光集团提出了"绿色阳光"计划,实施了低碳管理等措施。一方面,通过开发生态纺织品,冲破了绿色非关税技术壁垒的束缚,达到合理利用资源的目的,避免了工业发展对环境造成的毁灭性破坏。阳光集团将污染预防战略应用于毛纺生产的全过程,从产品的开发、设计,原材料的选用、生产过程,到最终产品的包装、使用和服务等环节,都符合环保法规和标准的要求,以高质量的环保产品参与国际市场竞争,并与所有供应商、原料商签订《生态环保质量保证声明书》。另一方面,在生产过程中严格按照 ISO14001 环境管理体系标准进行环境绩效改进,全部采用绿色环保染料,实行清洁生产。2005 年,阳光集团对集团内所有助剂、染料进行筛选,淘汰了不符合环保要求的助剂和染料,并自行研发生产了 4 种环保助剂。至 2008 年,由阳光集团生产的所有面料已全部符合欧盟环保要求。

通过自主创新,阳光集团于 2007 年获得国际纺织品检测协会生态纺织品 ECO 标准证书;通过了全球著名的质量和安全服务机构——天祥(Intertek)的检测评估。目前,纺织行业百米综合能耗是 0.19～0.23 吨标准煤,百米用水 18～20 吨,纺纱万锭用工是 150 人,而阳光集团百米综合能耗是 0.052 吨标准煤,百米用水 8.6 吨,纺纱万锭用工是 103.5 人,对比情况如图 16.6 所示,远远领先于业内同行,成为行业标杆。

5. 自主创新的支撑:制订行业标准

"一流公司做标准,二流公司做技术,三流公司做生产。"行业话语权的树立,同时体现在"标准话语权"的建立之上。历经 25 年的发展,阳光集团已经实现了由遵循标准向制订标准的完美跃升。

2007 年,国际标准化组织/纺织品技术委员会(ISO/TC38)国际秘书处落户阳光集团,阳光率先成为国内承担 ISO/TC38 国际秘书处工作的企业单位。ISO/TC38 的工作范围涵盖了与纺织品有关的所有技术内容,包括产品规范、测试方法、术语定义等领域。任何国家或国际组织起草有关纺织品的国际标准,必须要得到 ISO/TC38 的认可。自 ISO/TC38 国际秘书处落户以来,阳光集团积极开展标准化工作,目前已成功培育 6 家企业(5 家纺织企业)成为国际标准秘书处、分秘书处、工作组的承担单位,并在 ISO 网站上发布了 197 个文件,组织了 45 项国际标准项目投票,发表了 10 个 ISO 国际标准,完成了 53 项 ISO 标准复审,工作范围涵盖了与纺织品有关的所有技术内容,阳光集团由此被国家标准化管理委员会誉为中国企业参与国际标准的"黄埔军校"。通过参与标准制修订工作,让我国纺织企业能够把握标准动向,掌握标准发展趋势,施加积极的影响,在国际标准工作中掌握主动,建立起中国企业国际标准话语权。同时,也大大地提高了阳光集团产品品质及产品在国内外市场的竞争能力。

2008 年,全国纺织品标准化技术委员会毛精纺分技术委员会在阳光集团建立。

阳光集团制订的《半精纺毛织品》《精粗梳交织毛织品》两项国家标准及《丝光防缩羊毛条》《精梳丝毛织品》两项行业标准都已颁布实施。同时，阳光集团还与有关单位联合申报了"国家纺织产业技术创新服务平台"，承建了"标准与检测公共服务平台"和"先进纺织加工技术公共服务平台"两个子平台，该服务平台的建设，将促进纺织企业创新能力的快速提升。

6. 自主创新的产学研模式：区域战略联盟

2006 年 10 月，江阴区域产学研战略联盟成立，这是江苏省成立的第一个区域产学研战略联盟。来自全国的 30 多所著名高等院校、科研院所和江阴的 58 家重点骨干企业及高新技术创业园，共同成为联盟的首批成员。通过组建产业技术联盟，建设联合创新平台，与院校共建大学研究分院，传统产学研合作途径与现代信息化、智能化手段相结合等合作模式，先后设立了江苏阳光集团、江苏怡达化工有限公司等多家企业研究生实践基地，组建了江阴化工、纺织等产业技术联盟。江阴的区域产学研战略联盟有组织机构、有长期规划、有专项资金、有政策扶持，已经赋予了产学研结合全新的内涵，为深化区域性的产学研合作做出了积极有效的探索，产学研联盟实施"三新"战略（新合作、新技术、新产业）推进经济转型升级的成功做法被中国产学研合作促进会誉为"江阴经验"。

江苏阳光集团充分依托区域产学研战略联盟，与东华大学、中科院化学研究所、上海交通大学、中国纺织科学技术研究院等单位合作创立了国家级企业技术中心、博士后科研工作站、国家毛纺新材料工程技术研究中心、江苏省毛纺工程技术研究中心。阳光集团不断加强与东华大学、中国纺织科学研究院等 20 余家大专院校的产学研合作，每年开发出 1 万余个具有高科技含量、高附加值的新功能、新风格产品，健全了产品结构，提高了产品层次，很好地满足了市场需求。2011 年，江苏阳光股份有限公司、原总后勤部军需装备研究所、东华大学等单位联合针对 PTT 系列纤维及其高附加值面料进行研发，不仅成功开发出 PTT 及其复合纤维的高附加值系列面料，使 PTT 纤维的售价降低了一半，还成功研发出 PTT 纤维的原液着色加工技术，该项技术属于国际首创，填补了国际空白，大大提升了我国 PTT 产业水平。PTT 系列纤维被业内称为"第一纤维"，长期以来，PTT 纤维的生产关键技术由国外掌握，因此售价高昂。PTT 系列纤维的成功研发,提高了中国毛纺制品在国际上的地位和竞争力。

江苏阳光集团的产学研合作模式是以区域产学研战略联盟为载体,充分发挥企业规模大、实力强,自主创新基础好、能力优的优势,形成企业与高校、研究所产学研分工、优势互补、利益共享、风险共担的合作机制,以引进、消化、吸收、再自主创新为主要渠道,带动原始创新和集成创新,走出一条以应用开发为特色的科技发展之路。

案例二:沙钢集团模式:信息化与工业化相融合的过程创新

钢铁工业是国民经济的基础产业,属于资源密集型行业。其产品是众多工业行业的中间产品,所以钢铁工业被称为"工业骨髓",因此是支撑工业化进程,特别是经济起飞时期不可替代的基础产业,钢铁工业的发展水平已经成为衡量一国工业化水平与综合国力的重要标志之一。

江苏沙钢集团是江苏省重点企业集团、国家特大型工业企业,全国最大的民营钢铁企业。目前沙钢集团拥有总资产 1700 多亿元,职工 4 万余名。年生产能力炼铁2900 万吨、炼钢 3500 万吨、轧材 3300 万吨。沙钢先后荣获"全国用户满意企业""中国质量服务信誉 AAA 级企业""国家创新型企业""中国环境保护示范单位""江苏省高新技术企业""江苏省循环经济建设示范单位""江苏省信息化和工业化融合示范企业"等荣誉称号。主导产品中高速线材、带肋钢筋等产品荣获"实物质量达国际先进水平金杯奖""全国用户满意产品"等称号。优质高线荣获"中国名牌"产品和"出口免验"商品,热轧板卷通过了欧盟 CE 认证,船板钢通过了九国船级社认证。"沙钢"牌商标还获得"中国驰名商标",并以品牌价值 85.43 亿元荣列中国品牌 500 强第 69位。在 2011 年中国企业 500 强中名列第 42 位,中国制造业 500 强中名列第 15 位,全国民企中名列第 2 位,连续 3 年进入世界 500 强,2011 年世界 500 强名列第 366位,排名较上年递进 49 位。

多年来,沙钢集团坚持走创新发展之路,不断优化产品结构,深化节能减排,发展循环经济,企业实现了持续、稳健、高效发展。2001 年以来,沙钢在节能减排、发展循环经济方面投入超过 40 亿元,自主创新实施了 100 多个节能减排技改项目,对企业效益贡献率超过 20%。2011 年,沙钢集团充分发挥了工艺装备、产品结构、企业品牌、现代物流等综合优势,优化产品结构,推进自主创新,狠抓降本增效,创新营销机制,全力拓展市场,积极应对挑战和考验,生产经营保持了良好的发展态势。全年共完成炼铁 2689 万吨,炼钢 3192 万吨,轧材 3107 万吨,销售收入 2075 亿元,利税 104 亿元,成为全国首家年销售超 2000 亿元的民营钢铁企业。

沙钢集团的自主创新在钢铁制造流程上狠下功夫,把构建新一代钢铁制造流程作为其科学技术发展的战略问题,通过高效的精细化管理来提升和发展过程创新的能力,把节能减排、资源回收综合利用、发展低碳经济和循环经济作为自主创新的重要内容,通过独具风格的政产学研"共生"模式,对资源整合与集成创新进行优势互补。其自主创新模式如图 16.7 所示:

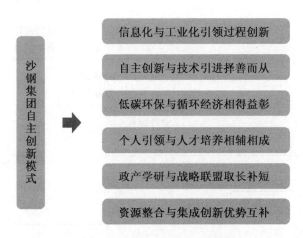

图 16.7 沙钢集团自主创新模式

1. 信息化与工业化引领过程创新

钢铁工业包括采矿、选矿、烧结(球团)、焦化、炼铁、炼钢、轧钢、金属制品及辅料等生产工序,属于典型的流程制造业,即上工序的输出式是下工序的输入,从原料到成品是串联式的。任何一个工序出现的问题都会反映到最终产品上。制造流程对钢铁工业具有决定性的影响,既影响企业产品的质量、成本和效率等市场竞争力因素,又影响企业的资源、能源等可供性因素,更影响企业的排放、环境负荷等与工业生态、可持续发展有关的因素。因此,钢铁工业本身的特殊性决定了过程创新成为沙钢集团自主创新的主要模式。

　　钢铁企业一般规模大,流程工序多,必须依托信息化与工业化相融合才能有效地实施业务流程优化,实现过程创新,因为信息化与工业化相融合对于过程创新的重要性尤为突出。根据 Venkatraman(1994)的研究,企业信息化的发展阶段可划分为五个阶段:阶段 1:局部应用,可以改善作业的效率;阶段 2:内部集成,促进技术与组织整合;阶段 3:业务流程重新设计,建立信息化基础架构与企业程序的一致性;阶段 4:经营网络重新设计,促成网络参与者电子整合;阶段 5:经营范围重新设计,扩大企业使用并转移企业范围,如图 16.8 所示。其中,阶段 1 与阶段 2 为演进层次的信息化应用,阶段 3、阶段 4 与阶段 5 为改革层次的信息化应用。

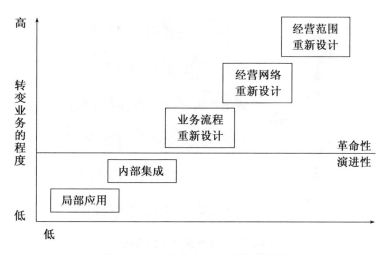

图 16.8　企业信息化五阶段模型图

　　把信息技术融入企业生产和管理之中,使传统钢铁产业焕发出新的生机。沙钢集团始终坚持"信息化带动工业化,工业化促进信息化"的发展道路,早在 1996 年,沙钢就投入 1500 多万元,在国内同行中率先实施 CIMS 信息化管理系统,统一和规范生产、采购、销售各个流程,使技术创新与管理创新相辅相成。进入新世纪,沙钢又积极实行办公自动化,推动企业经营管理、行政服务等工作科学运行,实现了企业数据自动采集、生产营销有序调度、物流业务流程高效集成、产品质量信息快速反馈,不仅创造了巨大的经济效益,而且加快了传统钢铁产业高新化和国际化步伐。沙钢集团实施了以投资、购销、人力、财务、技术等为要素的"三整合、五统一",开展了以建章立制和信息化建设为重点的管理创新工程,促进了各项管理工作规范化、程序化、标准化,进一步提高了管理现代化和作业标准化的水平。

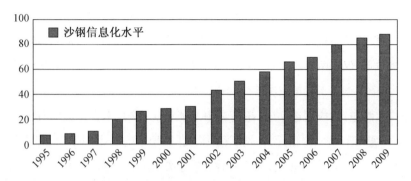

图 16.9　沙钢信息化水平发展柱状图

相关研究显示(沈和,2011),沙钢信息化建设经历了"五阶段模型"中的前三个阶段:第一阶段(1995—2001),其信息化得分在 0 到 30 之间,属于信息化初始投入阶段,在五阶段模型里属于局部应用阶段;第二阶段(2002—2006),其信息化得分在 30到 70 之间,属于信息化水平快速提高阶段,在五阶段模型中属于内部集成阶段;第三阶段(2007—至今),其信息化得分在 80 到 90 之间,已进入业务流程改造阶段。通过对沙钢集团的研究,可以看到信息化建设对沙钢集团的发展起到有力的促进作用。沙钢集团在第一阶段的信息化发展过程中,通过信息化在各个部门的应用,改善了作业的效率;第二阶段中,沙钢集团对各部门的信息化进行了内部集成,促进了技术与组织的整合;第三阶段中,沙钢集团在信息化的基础上,通过重新设计业务流程,使得信息化基础架构与企业程序同步。

2. 自主创新与技术引进择善而从

改革开放以来,沙钢紧紧跟踪世界钢铁前沿技术,多次实施大规模的科技创新工程。他们实行技术引进与自主创新有机结合,在引进国外先进技术和设备的基础上,通过自主创新,对引进的设备进行改造升级。沙钢集团通过引进高新技术改造传统产业,不断追赶世界先进水平,抢占发展制高点的过程中,实现了三次跨越吗,如图16.10 所示。

　　第一次跨越：率先引进 75 吨电炉短流程生产线，引领中国钢铁工业新潮流。沙钢于 1975 年 3 月诞生于一家轧花厂，仅靠企业自筹 45 万元资金起家。20 世纪 80 年代末，沙钢的主打产品窗框钢在国内市场的占有率已达到 70％左右，"要窗钢找沙钢"的美誉几乎家喻户晓。1989 年，沙钢从英国引进一条 75 吨超高功率短流程电炉生产线，不仅使装备技术一下子达到国际流行、国内一流，而且大幅度提高了钢铁产能和经济效益，仅用两年时间就全部收回投资，沙钢这条生产线的成功也被国内钢铁行业称为"中国钢铁工业第三次革命的样板"。

　　第二次跨越：集成建造 90 吨超高功率节能型生产线，率先建成"亚洲第一炉"。1993 年沙钢果断投资 13 亿元，分别从德国、美国、瑞士的四家国际知名公司引进先进技术装备，并集世界最先进技术于一体，建造 90 吨超高功率节能型生产线，被誉为"亚洲第一炉"。沙钢技术装备和生产效率迅速与国际接轨，经济指标爆发性增长，人均年产钢比国际平均水平高出 46％。

　　第三次跨越：改造提升 650 万吨热卷板搬迁项目，跻身世界钢铁工业第一方阵。在实现生产技术与国际接轨的同时，沙钢把提高规模效益作为新的追赶目标。2002 年，沙钢人以全球的视野和惊人的胆略，投资 150 亿元，将德国蒂森克虏伯"凤凰"钢厂 650 万吨热卷板项目整体搬迁至扬子江畔，并组织国内外一流专家和技术人才，用世界最先进的理念和技术进行全面改造提升，达到世界领先水平。仅用三年时间，这一项目就全线贯通投产，实现生产结构长短结合、产品结构优化升级、产品种类多元拓展，钢产量一举突破 1000 万吨大关。

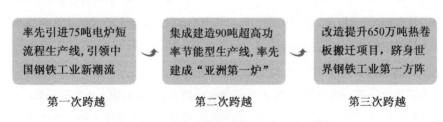

图 16.10　沙钢集团技术引进的三次跨越图

　　在技术引进的同时，沙钢更加注重自主创新。沙钢集团牢固树立"科技领航，科技是取之不尽的资源"的全新理念。1998 年成立了企业技术中心，2007 年被认定为国家级技术中心。技术中心下设的理化检测中心于 2004 年被认定为国家级实验室，设力学检测、金相检测、化学检测、煤焦检测、环保检测五个专业检测室。2008 年 9 月，企业技术中心下设的沙钢钢铁研究院正式运行，研发设备包括场发射透射电镜、场发射扫描电镜、双束扫描电镜、电子探针、X 射线衍射仪等，全都是当前世界最先进的设备，为先进钢铁材料和工艺技术的自主研发创造了良好条件。

近年来，沙钢在自主创新上继续加快步伐，与北科大共同研发的在国际钢铁行业首创的"电炉热装铁水"工艺路线，获得了国家发明专利。2011 年，共开发 20 大系列、50 多个品种的高科技含量、高附加值新产品。自主开发了 OHTP 工艺及低 C 高 Nb 微合金化的成分体系，研发出西气东输二线用 X80 热轧宽厚板，成为我国西气东输二线热轧 X80 管线宽厚板主力供应商；研发的超大壁厚、高强韧性 X60\X70\X80 管线钢，实现了高压、超低温环境下管线输送气压站用钢板的国产化，产品填补国内空白。沈文荣亲自组织课题，在全国冶金行业率先实施了"炼钢电炉全热装铁水"的新工艺，获得了国家发明专利，并在全国推广，产生了巨大的节能增效社会效益。正是靠这种"引进、消化、吸收"的自主创新之路，沙钢不断缩短与世界先进水平的差距，最终走在世界钢铁技术的前沿。

3. 低碳环保与循环经济相得益彰

钢铁行业是典型的污染高、能耗高的行业。为此，沙钢确立了"打造精品基地，建设绿色钢城"的发展理念，坚定不移地实施信息化与工业化相融合的发展战略，把节能减排、资源回收综合利用、发展低碳经济作为自主创新和转型升级的重要内容，将钢铁制造流程转变为"资源——产品——再生资源"的循环性低碳经济新模式。"十一五"以来，沙钢在节能减排、发展低碳经济方面的投入超过 50 亿元，依靠科技创新，形成了煤气、蒸汽、炉渣、工业污水和焦化副产品回收利用等五大循环经济圈，实现了经济效益与环境效益的有机统一。5 年共完成节能量 111. 44 万吨标准煤，超额完成省政府"十一五"期间下达给沙钢的节能任务(71. 17 万吨标准煤)，减排二氧化碳 378. 78 万吨。2011 年，沙钢被评为苏州市"能效之星"四星级企业、江苏省节能工作先进企业。

沙钢集团不断引进国内外当代最先进的清洁生产、环保及节能技术和设备，改革生产工艺,实施全过程控制,同时再加上必要的末端治理措施,确保污染物排放达标,实现节能、降耗、减污、增效的有机统一,有效保护了企业及周边的生态环境。以焦化工序为例,焦化工序是钢铁行业中消耗资源最多、污染最严重的工序,而干熄焦工艺是当今世界公认的节能、环保的先进工艺。在焦化实现全干熄方面,沙钢在建设焦炉过程中,投资6亿多元,同时引进三套国内最大的干熄焦装置,焦化实现全干熄。干熄焦产生的蒸汽全部回收用于发电,年发电达3.8亿千瓦时,焦化工序能耗从"十五"末的176公斤标煤/吨焦下降到目前的98.8公斤标煤/吨焦,下降43.86%。既提高了焦炭质量、降低炼铁入炉焦比,又减少了对环境的污染,焦化工序能耗也大幅度下降。通过实施节能减排技改项目,既提升了工艺装备的节能减排水平,又降低了产品工序单位能耗,提高了能源利用效率,增强了企业的竞争力。

国内外污染防治经验表明,发展循环经济既是节约资源的有效手段,也是工业污染防治的最佳模式,是实现可持续发展的必然选择。多年来,沙钢坚持通过延长和拓宽生产技术链,将污染物尽可能地在企业内部进行处理消化。同时把节能、环保、清洁生产和发展循环经济有机地结合起来,实现各分厂内部的小循环、企业分厂之间的中循环和企业与社会之间的大循环。以污水处理为例,沙钢目前建有40套水处理系统,将焦化、烧结、炼铁、炼钢、轧钢、制氧、发电等工序产生的工业废水全部回收,加药处理,生成净循环水、浊循环水等不同水种,再供各生产工序重复利用,工业用水重复利用率达97.3%。目前,沙钢集团每年利用煤气、蒸汽就能够发电35亿度,可解决40%左右的生产用电量。沙钢96%以上工业"三废"实现循环利用,成为可持续发展的新动力。为沙钢"十二五"节能减排、发展循环经济打下了坚实的基础。循环经济已成为沙钢新的经济增长点,成为沙钢可持续发展的新动力。

4.个人引领与人才培养相辅相成

人才是企业走向世界并保持长盛不衰的重要支撑。应对国际市场竞争的风云变幻,沙钢着力构筑企业人才高地。始终坚持"以人为本",以创建学习型企业为方向,以增强企业的凝聚力和创新力为主线,全面开展职工教育培训,构筑人才创新平台。

江苏沙钢集团董事局主席、总裁、党委书记沈文荣是党的十七大代表、中国钢铁工业协会副会长、全国工商联冶金业商会会长。在他的引领下,1975年靠45万元自筹资金起家的沙钢,如今已成为拥有总资产 1100 多亿元,主要工艺装备均具有国际先进水平、年产钢能力 3000 万吨的现代化钢铁联合企业,中国最大的民营钢铁企业,并跻身于世界企业 500 强。

在沈文荣的带领下,沙钢集团树立起"科技领航,科技是取之不尽的资源"的理念,紧紧跟踪世界钢铁前沿技术,坚持走创新创优发展之路。沈文荣运筹帷幄,推进企业自主创新,加速产品结构调整。沙钢集团创造的诸多"第一",是沈文荣超人的睿智和胆识的最为雄辩和最为完整的演绎,彰显了沈文荣永不满足,追求卓越的秉性和风格。

沙钢集团坚持人才培养与引进紧密结合,在积极做好企业内部人才挖掘、培养和使用的同时,大力引进海内外人才特别是创新型技术人才,使企业始终充满生机活力。发挥人才创新能力与完善人才服务机制紧密结合,着力营造有利于人才创新创业的良好环境,大范围、高强度地表彰和激励员工的各类创新活动,形成了全体员工勇于创新、不甘落后的良好氛围。推动企业人才优势与高校科研院所人才优势紧密结合,先后与 10 多家高校和科研院所建立产学研联合体、博士后流动站。2007 年初斥资 8 亿元,成立江苏省钢铁研究院,形成了相对完善的技术创新体系和人才保障机制,实现了科研和生产要素的优化组合。

目前,沙钢集团技术中心各类研发人员有 351 人,其中具有高中级技术职称 64人,本科及以上学历人员 233 人,外聘专家 6 人。包括日本冶金专家江见俊彦在内的22 位博士、73 位硕士已加盟企业技术中心,硕士以上研究人员占企业技术中心总人数 20% 以上。同时企业与江苏大学、南京工业大学共同开办工程硕士班,先后有 62名技术骨干进行深造。通过内部培训、合作培养、送外深造等多种形式,培养具有自主创新能力的高层次科技创新人才,为企业实现新的发展战略目标提供强有力的人才保障。

5. 政产学研与战略联盟取长补短

沙钢在加强研发体系建设、提高自身研发能力的同时,还积极利用国内外科技人才资源和技术资源,借助国内外一批实力雄厚的高等学校、科研院所和专家学者的力量,通过政产学研合作推进科技创新。自 1990 年代以来,沙钢先后与北京科技大学、国家钢铁研究总院、东南大学、东北大学、武汉科技大学、江苏大学等高等院校,建立高层次合作平台,开展新工艺、新技术、新产品科研攻关活动。产学研经费投入超过10亿元,项目覆盖了信息化、自动化、新型工艺流程、产品研发、节能减排等多个领域,为企业自主创新能力的提升和效益的增长注入了持续的动力。

　　长期起来,沙钢集团以具有自主知识产权的创新性技术研发为基础,采取政产学研相结合的方式,与多领域专家共同开发新产品、新技术和新工艺,形成了独具风格的政产学研"共生"模式。以沙钢集团与苏州大学合作共建的苏州大学沙钢钢铁学院、江苏(沙钢)钢铁研究院苏大分院为例,随着技术装备和产品结构调整步伐的加快,沙钢急需吸引一流的人才加盟,建设一支高素质的研发队伍,因此与高校合作培养和储备高层次人才成为沙钢的当务之急。苏州大学凭借规模强大、基础雄厚、办学效益显著的优势,将为沙钢重点培养出一批"高、精、尖、专"的复合型冶金专家,在冶金领域培养出一批国内具有领先水平的学科带头人,为企业自主创新和高效发展提供智力和人才支撑。而与沙钢合作办学,也有利于苏州大学提高科研开发水平和成果转化能力。

　　沙钢集团与苏州大学校企强强联合、合作办学不仅是钢铁企业充分发挥品牌优势,优化教育、人才资源和构建高层次产学研的创举,实现沙钢和苏州大学的"共生、双赢",更形成了与现代钢铁产业发展相适应的学科专业和人才培养体系,开创了我国钢铁企业和著名高校携手共进的先河,为推动中国由钢铁大国向钢铁强国的转变做出了贡献。

　　在加强政产学研合作的同时,沙钢特别注重高端的战略联盟,一方面,沙钢与奥钢联、德国蒂森-克虏伯、韩国浦项、德国福克斯、瑞士康卡斯特公司、美国摩根公司等世界著名冶金公司建立起广泛的联系和技术交流。另一方面,沙钢与宝钢签订了战略协同合作意向协议,高端携手、强强联合。双方决定在技术与管理、产品与市场、资源与物流等方面开展广泛的战略协同合作。宝钢向沙钢输出技术和管理,提升双方的市场竞争力;宝钢向沙钢借鉴在市场中形成的独特竞争优势,实现合作共赢。宝钢与沙钢战略协同合作是国有和民营不同所有制龙头钢铁企业的历史性合作。两大钢铁企业的合作代表着当前钢铁企业整合的大趋势,有利于共同打造中国钢铁企业的整体竞争力,有利于提升行业应对挑战的能力。

6. 资源整合与集成创新优势互补

世界 500 强的发展经验表明,资源整合能力已经成为企业的核心竞争力之一,兼并、收购和重组是企业做大做强的必由之路。面对市场竞争日趋激烈的局面,沙钢积极利用外部资源,不断增强综合实力和发展后劲。

2006 年,沙钢按照"先易后难、先近后远、先内后外"的原则,择优确定并购对象,稳步推进联合重组。先后并购重组了江苏淮钢特钢、江苏鑫瑞特钢和河南安阳永兴钢铁,并与江苏永钢集团签订了联合重组协议,成为永钢的第一大股东。目前,在沙钢集团的铁、钢、材年生产能力中,联合重组企业的产量分别占 40%、41%和 33%。

沙钢推进企业兼并重组,不仅是为了做大规模,更重要的是提高联合企业的整体实力。沙钢淮钢重组后,沙钢采用以本部管理体系为主体,规范和完善信息交流与资源共享运行机制,使淮钢迅速获得资金、技术、市场和管理方面的支持,原材料统一采购、产品统一销售、技术实现共享,联合重组的优势快速显现。2007 年,淮钢销售收入突破 100 亿元,利税达到 11.47 亿元,同比分别增长 20.8%和 89.7%,创下历史最好水平,一举扭转发展窘境。

兼并重组使得企业规模不断扩张,如何最大限度地锁定上游资源、确保长期稳定供给,成为沙钢迫在眉睫的现实要求。沙钢铁矿完全需要外购,国外进口比例高达90%,沙钢启动原料供应全球战略,采用收购、参股、合资合作等形式,先后在巴西、澳大利亚等地收购矿山,储备了 10 亿吨矿产资源。与国内企业参股澳大利亚 BHP 铁矿山,合营西澳洲津布巴铁矿山,每年获得优价矿粉 300 万吨。在国内,沙钢与山东、山西等地建立了自己的焦炭和煤基地。沙钢建立海内外资源基地的一系列举措,有效保障了资源供应,降低了生产成本,提高了企业规避市场风险的能力。

资源整合促使沙钢日益成为一个大企业集团,集团化的优势十分明显,而集团化容易流于形式,往往停留在表观的联合而未实质性地融合。集团各成员单位必须形成内在的有机联系,在组织上必须重构,在流程上再造,在资源上统筹配置,在文化上融为一体,达到从集团到集成的境界。

沙钢的集成创新主要体现在三个方面:一是业务集成创新:沙钢开展了一系列的

连环收购，例如，收购永兴钢铁意在取得永兴新区 250 万吨项目的批文；控股相邻 15 公里的江苏永钢集团有限公司意在协调产业布局，避免同城恶性竞争；收购江苏鑫瑞特钢有限公司的目的则是其代管的拥有 120 万吨以上钢铁产能的铁本老厂，借以掌控铁本的万亩土地资源，无异于用 40 亿元的区区代价换得 800 万吨的产能框架。不仅迅速扩张了规模、取得了成本优势，更重要的是丰富了上下游产业链，获得低成本、高附加值的行业优势。二是资源和平台集成创新：集团化最明显的优势就是资源和平台的共享。除了上游的矿产煤炭资源等，人力、信息、关系等资源对钢铁集团的发展都非常重要。集团为所属成员单位提供共同运作的资金、销售、采购、研发、物流等平台。特别是研发平台，需要支出巨额的研发费，一般企业根本无法独力承担。集中全集团的研发资源，毕其功于创新之役，可达钱半功倍之效。三是软实力集成创新：集团内企业文化的融合、运营的磨合非一朝一夕之功。沙钢的管理文化凝练为"严、细、实"三个字。这是沙钢人几十年的深厚积淀，是内学宝钢、外学浦项的结晶。沙钢集团将刚性的管理制度和柔性的企业文化相结合，刚柔相济而形成能长期传承的"软制度"，用制度哺育企业文化，用企业文化引导企业行为，使得沙钢优良的企业文化深入人心。

四、结论与政策

（一）传统产业自主创新的一般模式

通过对中国传统产业中三个典型企业的自主创新模式进行案例分析，可以得到中国传统产业自主创新的一般模式：

1. 开放式知识源是中国传统产业自主创新的基础。与高新技术产业相比，传统产业创新的主体大部分是中小企业，其创新源泉是基于企业内部的高度相关的隐性知识和外部的显性知识。传统产业内公司所达到的生产率水平不仅依赖于它在研发方面所做出的努力，而且还依赖于可获得的一般知识的共享程度。

2. 供应商和需求是中国传统产业自主创新的重要来源。Pavitt(1984)早就认为中低技术产业创新是被供应商主导的，经典的"线性"创新模型并不适合于中低技术产业的创新。供应商在中国传统产业创新过程中的作用不可替代，因为相对于高新技术产业，传统产业内部创新能力较弱，造成传统产业的创新严重依靠外部供应商，供应商往往比知识、信息更重要。与此同时,相比高新技术产业,需求的力量对传统产业在创新过程中的作用更直接、更显著。创新的关键驱动因素是新技术和市场需求。需求在其中扮演了重要角色,市场机会与技术机会同样重要,并且在程度和本质上有很大差异。

3. 渐进式创新是中国传统产业自主创新的主要方式。中国传统产业自主创新大多是通过优化工艺以降低成本和提高质量、改进设计、提高灵活性和客户满足度等,主要是通过将各种可用资源进行独创性的再组合或改造而产生的创新,是一种渐进式的过程创新。Hartmut Hirsch-Kreinsen.(2008)认为,在技术创新方式上,中低技术产业适合在现有技术成果的基础上进行应用开发而不是探究全新技术;进行模块化组合创新,而不是激进式创新;企业增加值的多少取决于生产能力而不是研发。

4. 重视产品与市场是中国传统产业自主创新的基本战略。传统产业的市场相对稳定,产出主要是必需品,且大部分传统产业部门都是中小企业因此产品需求缺乏弹性。该类产业主要使用已有的技术进行生产,技术不是企业获取收益的主要渠道,技术投入与经济绩效也不直接相关,因此传统产业中的企业很少关注技术功能而更多重视产品与市场,竞争优势的获得依赖于产品差异、成本优势和对补充性资产的控制。因此,一般而言,传统产业一是通过市场而非技术获得动态规模经济和范围经济以降低价格,二是通过改善质量、开发新产品、实现产品差异化来吸引需求。

5. 合作创新是中国传统产业自主创新的主流模式。高新技术产业凭借自身的技术基础以及大规模研发资金投入,可以建立正式的创新信息网络而实现重大创新,但传统产业创新大多依赖于外界信息资源以弥补企业内部创新资源不足的问题。因此,与高新技术产业相比,通过合作创新等形式从外界信息网络获取创新知识源泉的网络模式是目前中国传统产业创新的主流模式。同时,政府、大学、研究所对产业内技术机会研究影响越来越广泛,政产学研各主体在创新上的依赖越来越大,合作也越来越多。

6. 领军人物是中国传统产业自主创新的强大动力。企业家的引领是企业始终保持竞争优势的关键因素。企业家是发展市场经济最宝贵的资源。企业间的竞争说到底是人才的竞争,人才竞争的焦点是领军人物的竞争。必须发掘和培养大批拥有创新成果、通晓国际惯例、善于运作资源的领军人物,为他们提供展示才华、实现抱负的大舞台。

7. "两化"融合是中国传统产业自主创新的必要手段。推进信息化与工业化的融合,采用先进技术装备,有效扭转了我国传统产业技术装备水平低的局面,促进经济增长由主要依靠增加物质资源消耗向主要依靠科技进步、劳动者素质提高、管理创新转变。"两化"融合所带来的竞争优势,不仅是企业不断提高获利能力、实现创新发展的重要源泉,更是加快传统产业转型升级、建立现代产业体系的根本途径,有利于走科技含量高、经济效益好、资源消耗低、环境污染少的中国特色新型工业化道路。

(二)传统产业自主创新的政策启示

创新成果具有公共产品的性质,研发活动如果完全交给市场,研发活动的资源投入就会表现不足(Arrow,1962),这使创新政策不可或缺。高新技术产业创新很容易获得公共资金的支持,而政策对传统产业创新重视不足。虽然传统产业内部研发不多,但它们已经嵌入到特定的地区结构中,是地区创新网络的重要组成部分,作为高新技术产业创新产品的用户,一方面有利于自身在获取的创新成果基础上进行创新,另一方面也给高新技术产业带来丰厚回报。所以加强中国传统产业自主创新的重视程度迫在眉睫。正如 Lundvall et al. (1992)所说,渐进性创新的累积影响与根本性创新的影响一样,忽略渐进性创新将导致不能正确看待长期经济和社会变迁。

1. 提高对中国传统产业自主创新的重视。由于对知识经济的片面理解以及产业划分标准的限制,造成传统产业的社会地位下降,这给传统产业自主创新带来了一系列不良影响,直接导致传统产业创新人才短缺等后果。同时,根据国外研究结果,不少传统企业的管理层即使在有政策可以利用的情况下,也没有意识到政策对于自身的支持。政策制定者应通过宣传媒介、培训、指导等途径,引导传统产业中企业合理利用相关政策。强调传统产业对于国民经济发展的重要性,并不意味着改变对于高新技术产业的重视,而是为了尽力避免对传统产业所做贡献的忽视。同时,在科技政策制定过程中,要深入地了解不同产业技术层次的特点,进一步发挥高新技术与传统产业相结合的优势,为国民经济未来的发展与繁荣奠定更加坚实的基础。

2. 引导中国传统产业发展创新实现能力。首先,增加企业知识储备和培育企业从外部网络获取知识的能力,为员工提供培训课程,提高其接触各种知识的机会,将不同类型的可整理知识转化为企业内部知识;建立和完善社会化的中介机构,如信息中心、会计师事务所、律师事务所和咨询公司等中介服务机构,尽快形成促进企业自主创新的服务网络体系,在高新技术产业与传统产业间建立知识共享关系,加速高新技术产业各种创新成果在全社会的流动,这也使高新技术产业可迅速盈利。其次,引导传统产业内企业内部知识加速流动,如企业内部的集体学习行为等,可将企业员工的各种类型的意会性知识转化为企业的竞争力。

3. 加强政产学研合作,有效整合科教资源。高等院校和科研院所具有专家多、学科门类齐全、人才密集、科研基础雄厚、成果产出多、国内外信息灵通等优势,这正是传统产业中企业实施自主创新所需要的但是自身又不具备的。必须重视发挥高等院校和科研院所在自主创新中的作用,积极推进经济体制、教育体制和科技体制的改革,大力推行产学研的紧密结合。政府要发挥政府的引导作用和科技信贷、风险投资等的支撑作用,在政策上引导企业与高校和科研院所联合,实行政产学研一体化,促进自主创新的顺利进行,有效整合科技创新资源,提高技术成果的转化率。企业在调动和发挥自身人才的优势和积极性的同时,本身也应加强对外科技合作力度,充分发挥高校、科研院所在科技创新上的支持作用,加强合作,强强联手。在保持企业在自主创新体系中主体地位的同时,促进政产学研的联结合作。

4. 在自主创新过程中树立技术领先的雄心壮志。企业家是企业从事创新活动的灵魂。按照熊彼特的观点,创新是企业家的本质,一个企业的企业家是否具有创新精神至关重要,企业家的理性预期以及创新的偏好同样会对自主创新产生重要影响。企业经营者的技术抱负决定了企业自主创新的战略,中国许多企业经营者满足于技术获取的拿来主义及复制性模仿,满足于产品的短期竞争力,在技术学习中不思进取。为此,在自主创新战略制定过程中,激发企业家精神,以技术能力高度化与“技术立国”的远大抱负为导向,提高决策质量及快速反应能力。对企业经营者进行本行业、本企业技术发展前景知识缺口的弥补,使其洞悉行业技术(产品)前景,避免知识缺乏或盲从,尤为重要的是要树立技术领先的雄心壮志。

5. 开发能承受较高风险的金融支持工具。传统产业在技术基础及研发资金上的力量通常很薄弱,它们的自主创新活动需要能够承受更长期和更高风险的金融支持形式。而普通的商业银行不擅长此业务,它们作为吸纳存款和发放贷款的中介必须保持流动性的审慎原则。其他的一些风险融资方式,例如公司债市场、股票市场或者私人风险资本,通常也难以在传统产业中发挥作用。因此,需要开发不同类型的能够承受较高风险的金融支持手段。

6. 改善传统的合资模式,促进民族产业发展。在纺织、钢铁等传统产业中,合资模式非常普遍。合资模式有很多优点,如拓宽资金筹集的渠道,引进先进技术等,但同样可能带来很多负面影响,以中国汽车工业为例,当初合资模式的飞速发展并没有如期望的那样带来汽车产业竞争力的提升。由于缺乏自主的品牌和关键技术,研发能力低,国内汽车产品的核心技术大多数掌握在合资企业手中,在合作中中方完全没有发言权。在过去较长时期内,我国大部分传统产业的技术来源主要依靠引进技术和模仿制造。而且,传统产业习惯在原有技术水平下不断地通过外延的方式扩大再生产,忽略自主创新,其结果是产业集中度低,生产装备技术落后,产品科技含量低,自主开发能力薄弱,导致中国传统产业一直处于全球价值链的低端。因此,在传统产业的发展过程中,不能完全依赖于传统的合资模式,在引进外国先进生产技术的同时,更要进行自主研发,促进民族产业独立发展,这也是自主创新的要义所在。

7. 加快推进"两化"深度融合以改造提升传统产业。积极吸收和借鉴国外利用信息技术改造传统产业的新理念、新做法和新模式,加快推进信息技术与传统制造技术的紧密结合,重视用信息技术改造传统产业,重点支持传统产业应用信息技术、产品和装备,在生产和服务的各个环节提高自动化、智能化和现代化管理水平,以提高产品质量、降低生产成本、缩短生产周期、提高劳动效率及产业综合竞争能力,使之获得新的发展动力和市场空间、创造新的竞争优势,加速推进传统产业升级,这是加快"两化"融合发展的着力点,也是实现经济增长方式转变的关键环节。

（原文载于：洪银兴、安同良等：《产学研协同创新研究》,人民出版社,2015 年;作者：安同良、王磊）

第十七章　易发生价格竞争的
产业特征及其企业策略行为

　　内容提要:价格竞争已是我国企业惯常采用的策略行为。本章以彩电行业为案例,从其产品特征、产业生命周期等六大方面揭示了易发生价格竞争的产业特征,并指出产业内在位企业可行的价格战应对策略,其结论可具一般性,并为预测价格竞争的发生提供了微观基础。

　　关键词:产品差别;价格联盟;价格竞争

　　在市场竞争的条件下,价格竞争(俗称价格战)成为倍受企业喜爱的手段。随着我国市场化改革的不断深入,价格竞争也逐渐成为许多企业主动或被动频繁使用的策略。为此,近年来价格战成为各行各业、特别是家电行业企业间不断上演的产业舞台戏剧。我们根据产业生态、市场结构与企业行为的动态相互作用关系,采用新产业组织(NIO)的行为主义分析框架,以价格竞争最为激烈的彩电行业为案例,讨论易发生价格竞争行业的产业特征,并在此基础上分析处于该环境中企业的战略行为,以期给出一些避免恶性价格大战(恶性价格大战已使许多企业濒临绝境,美国零售巨头之一 Kmart 公司因陷入恶性打折让利销售怪圈而于 2002 年 1 月 22 日宣布破产保护)的可行战略建议。

一、问题的提出与文献回顾

　　价格竞争包括旨在争取市场的降价竞争和旨在限制企业进入市场的阻止进入价格的制定,本章的价格竞争主要以市场内在位企业降价竞争为分析对象(下面分析中的价格竞争专指降价竞争,而且不严格区分全面降价和价格差别,因为现实中企业某一产品的降价是在产品系列中发生的,它既有单一产品全面降价之意,又有在产品系列中的价格差别之意,两者相互交织和融合)。在经济生活中,我们观察到:在不同行业间,价格竞争发生的频率及其对行业的整体冲击不是均质的。也就是说,价格竞争在行业间的发生与影响具有差异性;而且从时间序列看,即使是同一行业,在不同的发展阶段,价格竞争的发生与影响也是不均匀的。其发生机理,理论界未能给出令人信服的答案,而是众说纷纭。如果我们能揭示其内在机理,其结论不仅具有重大理论意义,而且在实践方面应该对企业的价格策略及政府的规制而言都极具现实指导意义。

价格竞争研究一般包含在微观经济学、产业组织学的寡头理论中,Joseph Bertrand(1883)作了标准化的开创性研究,为此,学术界常把价格竞争称为 Bertrand 竞争(Jeffrey Church Roger Ware, 2000)。Bertrand 竞争的理论描述在国内许多行业可见其行为踪影,张维迎、马捷(1999)根据 Brander and Krugman(1983)处理寡头竞争的方法,从产权角度分析了恶性竞争发生的具体条件和福利效应;王伟光(2001)以彩电业为实证,认为价格竞争是结构性"过剩经济"中企业典型的竞争策略。谢伟(2001)以彩电业、轿车业为实证,从技术追赶和技术约束的角度探讨了价格战的技术约束原因。事实上,这些研究多是单一变量、单一角度的说明,我们认为价格竞争应该是产业(产业组织层次)特征的函数。而从企业微观个体价格竞争行为角度,很难观察到价格竞争发生的行业特征依赖性,只有从产业组织层次(所谓产业组织即同一商品或服务市场内部,各种生产者之间的相互关系结构)这一中介层次尺度才能把握价格竞争发生的内生性[①]。国外学者 Robert Porter(1983)、Rotemberg, Julio and Garth Saloner(1986)也只是从价格战发生的需求周期性方面做了模型化处理,同样是单变量、窄角度研究。因此,我们从产业组织层次的市场结构、市场行为等多变量方面全方位分析易发生价格竞争(价格战)的产业特点,并以彩电行业为实证,深刻认识价格竞争的产业特点依赖性,推导出可一般化的结论。Chaim Fershtman Ariel Pakes(1999)同样认为价格战因产业组织环境的变化而异。

---

① 陈平(2000)认为可行的商业周期只剩下唯一的第三种思路——在产业组织层次和金融市场的中介层次,非线性相互作用会产生内生性的持续的周期波动,他的思想隐含地支撑了我们的猜想。

二、模型与实证：易发生价格竞争行业的产业特征

价格竞争,必然是竞争对手双方行为互动的策略博弈过程,一般存在外部诱因、发起者动机与行动、竞争对手反击可能性等市场结构与市场行为互动因素。本章正是从这三个因素对价格竞争所起作用的分析逻辑,来讨论易发生价格竞争行业的一些产业共性,及这些产业共性是如何与价格竞争发生联系的。为此,我们遵循新产业组织(NIO)的行为主义分析框架(Shepherd, 1990、1997),使用演化经济学的企业决策规则,假定企业为追求利润的适应性行为主体,而竞争的刺激与压力是每一行业每家企业进行决策的环境的重要部分(Nelson and Winter, 1982)。为此,着重分析企业价格竞争的"策略行为"及其决定因素。

我们假设企业价格竞争行为(B)是产业组织层次市场结构及企业竞争对手互动的函数,而反映上述状况的指标主要有产品差别(D)、产业生命周期(L)、市场集中度(C)、厂商的生产规模(S)、企业的进入与退出壁垒(E)、企业间的相互市场势力(P)等六大因素,那么我们就将上述假设表征为：B＝B(D,L,C,S,E,P)。因此,我们就从决定价格竞争行为的六个因素来实证。

命题1: 从产品特征来看,价格竞争往往发生在那些产品差别化程度较小的行业

产品间的差异不仅指物理上的真实差异,还包括消费者心理感受上的主观差异。严格来说,即使同样的物品,在不同的时间和空间下,给消费者带来的满足或效用不一定一样,因而也可算作不同的商品。产品的差别化可从产品的层次模型来加以具体分析。市场营销学将产品分为五个层次(Philip Kotler, 1997)：首先,最基本的层次是核心利益,即顾客真正所购买的基本服务或利益。对于彩电,消费者真正购买的是"娱乐与信息"。第二个层次是基础产品,即产品的基本形式。一台彩色电视机由信号接收、处理、操作控制电路和彩色显像管等基本物理部分构成,共同完成图像信号接收和播放工作。第三个层次是期望产品,即购买者购买产品时通常希望和默认的一组属性和条件。例如多制式、可遥控等。第四个层次是附加产品,即增加的服务或利益,它能将厂商的提供物与其竞争者的提供物区别开来。例如超薄、高清晰度、色差分离输入等。第五个层次是潜在产品,即该产品最终可能会实现的全部附加部分和新转换部分,它指出了产品可能的演变,如未来的可接上Internet的全数字交互

式信息彩电。

　　产品的差别化主要体现在附加产品层次，而随着时间的推移，消费者会将之当作理所当然的提供品，这些产品属性会逐渐褪变为期望产品。那些提供独特附加产品越少的厂商，其产品间的差异越少，相互替代性越强，从而单个厂商面临的需求曲线价格弹性越大。如果有一家厂商降价，行业中其余厂商的市场份额迅速萎缩，因而不得不同样以降价回应，以夺回失去的市场份额。拿彩电业来说，由于各企业间相互模仿较快，其产品在附加产品层次差别不大。对时下流行的纯平、数字处理等技术，众企业蜂拥而上，但各自并未有何独树一帜之处。很快，以往的附加利益便沦为消费者心目中的期望利益，导致产品差异程度减小，价格成了购买决策最重要的影响因素，于是降价既成为各企业有力的竞争手段，同时也为之疲于应付。事实上，这就是典型的产业组织中的均质产品市场，市场中的寡头企业围绕产品价格高低而展开市场竞争，即典型的 Bertrand 竞争(1883)，证明如下(Shy, 1995)。

　　假设市场面对的需求函数为 $p(Q)=a-bQ$，市场中存在两家彩电生产厂商，设其生产成本函数为 $TC_i(q_i)=c_iq_i$，则 $Q=q_1+q_2$。厂商选择价格作为博弈的决策变量，使其利润 π_i 达到最大值，此处假定不存在退出壁垒，厂商以利润最大化为唯一目标，从而要求 $\pi_i\geqslant0$。(关于条件放宽后的讨论见命题 5)由于产品特性趋向同一，价格成为购买决策的主要影响因素，我们可以对消费者的行为作出以下两个假定：

　　(1) 消费者总是购买较便宜的商品；

　　(2) 如果两个厂商采用同样的价格，则一半的消费者购买厂商 1 的商品，另一半购买厂商 2 的商品。

　　在不存在产量调整困难的情况下，假设单个厂商的生产能力足以满足整个市场需求，则对厂商 i 的产品需求量为

$$q_i=\begin{cases}0 & if & p_i>a \\ 0 & if & p_i>p_j \\ \dfrac{a-p}{2b} & if & p_i=p_j\equiv p<a & i=1,2,i\neq j \\ \dfrac{a-p_i}{b} & if & p_i<\min\{a,p_j\}\end{cases}$$

为简便起见,假设降(提)价的货币单位 ε 可以无限小,且厂商有相同的成本结构 $(c_2=c_1\equiv c)$。则 Bertrand 竞争的唯一均衡解是 $p_1^b=p_2^b=c$,此时各厂商的产量为 $q_1^b=q_2^b=(a-c)/2b$。

首先,当双方的决策集合为 (c,c) 时,任何一方都不能通过单方面背离该策略集合来提高自己的利润:采取 $p_i>c$,则其市场份额为 0;采取 $p_i<c$,则利润为负。因此该决策满足均衡条件。其次,如任何一家厂商的价格 $p_i^b<c$,则厂商利润为负,与假定中的推论不符。同时可以证明其他的几种决策集合 (p_1^b,p_2^b) 均存在厂商单方面偏离的可能,不满足均衡条件:(1) 如果 $p_1^b>p_2^b>c$,此时厂商 1 可以通过降价使 $p_2^b>p_1'>c$,达到攫取整个市场份额、提高利润的目的。(2) 如果 $p_1^b>p_2^b=c$,此时厂商 2 可以稍微提高一点价格但仍保持 $p_1^b>p_2'$,从而提高自己的利润。(3) 如果 $p_1^b=p_2^b>c$,厂商 1 有动力将价格降至 $p_1'=p_1^b-\varepsilon$,当 ε 足够小时,厂商 1 可以攫取整个市场并提高利润。因此 (c,c) 是 Bertrand 竞争的唯一均衡解。

由对 Bertrand 模型的分析可以看出,在价格成为影响消费者购买行为的唯一变量时,彩电生产厂商间博弈的唯一稳定结果是选择将价格降至其可以维持的最低水平。

命题 2:*从产业生命周期来看,价格竞争一般发生在正处于成熟期或衰退期的产业*

在一个行业的萌芽或成长期,市场容量不断扩大。刚开始购买该产品的消费者往往抱着好奇或尝试的心理,没有以往的购买经验作为比较,对价格的敏感性不高。同时,进入该产业的厂商数目不多,各自厂商的销售量随市场容量同步增长,即使有其他厂商降低价格,在销售量快速增长的支撑下,该厂商仍旧有良好的业绩增长;此外其改用非价格竞争手段的可能性也较大,这时它采取报复措施回应降价的动力也较弱。

而对处于成熟或衰退阶段的行业来说,供求双方的处境就大为不同。首先,此时的购买行为往往是重复购买,消费者对产品的价格信息了解得更为透彻,相应地价格敏感性也较高。特别是当消费者用周围环境或以往购买时所出现的价格作为参考依据时,所谓的"公平效应"便显出其作用:消费者从心理上不能接受较高的价格,认为其中有价格歧视(差别)或暴利行为。虽然价格歧视普遍存在不足为奇,但其前提是产品有差异或信息不对称;当信息较充分,特别是产品差异不足以让消费者接受歧视性的价格时,消费者从心理上更易接受较低的价格。从供给的角度来看,此时厂商的市场占有率趋于稳定,市场结构也逐渐呈现寡头竞争态势,而由于总的市场容量增长缓慢或出现负增长,因而即使很小的市场占有率的降低,也会使厂商的销售量锐减,导致业绩滑坡。因而,一方面寡头厂商由于消费者价格敏感性的增强,其降价的动力也增强,另一方面受到降价威胁的寡头厂商对竞争对手的行为造成的结果更加敏感,于是价格战一旦爆发便不可收拾。

一个行业进入成熟期以后的另一大特征是主导技术趋向于成熟,技术创新一般表现为连续性创新,许多厂商往往采取技术跟随战略,即后进入的厂商可以很快模仿跟进,由于产品技术含量差异较小,价格自然成为影响购买的重要因素。

我国彩电行业自 1980 年起步以来,1990 年开始稳步增长,至今为止国内共有 87 家彩电生产企业,2000 年 1—10 月总产量为 2771 万台,估计全国彩电年生产能力在 4000 万台以上,整机生产在国际上也具有比较优势,且城镇彩电需求饱和,我国彩电业正处于成熟期,企业间优胜劣汰的竞争必然加强对价格向下的压力。近两年来的降价销售已使行业的平均利润率从 15% 降至 5% 左右。

对于彩电技术,国内企业掌握的多是整机装配技术,而对核心技术(显像管、芯片、数字处理技术)却只是望"洋"兴叹。国内彩管厂能生产的 21 英寸为主的彩管已显过时,而 29 英寸以上的彩管多是进口而来;对于彩电中不可缺少的大规模集成电路微电子技术,大多是从东芝、松下、飞利浦购入芯片,再通过外围电路和软件的开发以利用芯片的功能。过去各企业炒作的"数字电视"根本就不是国际公认的数字高清晰度电视(HDTV),而是向全数字化的一个过渡产品,即所谓的"数码电视""数字化电视"DPTV(Digital Processing television)。其核心技术是通过泰鼎(Trident)公司提供的芯片,对模拟信号进行了数字化处理,并使用倍频技术将扫描场频由 50 Hz 提高到 100 Hz,但并未达到国际公认的 HDTV 全数字化标准,因而只能算是数字化的初级产品。所谓的"健康彩电""胶片彩电"实际同属 DPTV,由于技术的"创新"只不过是加进了一块外购的芯片,各彩电制造企业可竞相模仿采用。目前因为各种概念的炒作可能暂时刺激需求的增长,但一旦关于技术差异的真实信息为消费者所知晓,价格敏感性将再度提高,引起价格战的又一次爆发。

命题3:从市场集中度来看,价格竞争多发生于行业集中度进一步提高的阶段,企业间价格合谋的稳定性较小

关于企业价格加成能力与行业集中度及合谋可能性之间的关系,可用以下寡头垄断模型来说明:

假设行业中有 n 家企业 $(i=1,2,\cdots\cdots n)$ 生产同一产品,第 i 个企业具有产量 x_i 和边际成本 MC_i,市场价格为行业需求量的函数 $p=p(x)$,其中 $x=\sum_{i=1}^{n}x_i$。

企业对产量变化的反应函数设为 $\dfrac{\mathrm{d}x_j}{\mathrm{d}x_i}=\alpha\cdot\dfrac{x_j}{x_i}$,$(i\neq j)$,$0<\alpha<1$,其表示 j 企业对 i 企业产量变化的反应是两者产量比例的一定倍数。α 越大,一个企业的产量变化引起其他企业预期产量变化越大,即其他企业进行报复的威胁越大,因而在无穷重复博弈中企业间合谋动力越大。

第 i 个企业的利润为 $\qquad \pi_i=p(x)\cdot x_i-C_i(x_i)$ $\qquad\qquad$ (1)

最大化一阶条件为 $\dfrac{\mathrm{d}\pi_i}{\mathrm{d}x_i}=p(x)+x_i\cdot p'(x)\dfrac{\mathrm{d}x}{\mathrm{d}x_i}-MC_i=0$ $\qquad\qquad$ (2)

其中 MC_i 为 i 企业的边际成本。而 $\dfrac{\mathrm{d}x}{\mathrm{d}x_i}=1+\sum_{j\neq i}\dfrac{\mathrm{d}x_j}{\mathrm{d}x_i}=1+\alpha\sum_{j\neq i}\dfrac{x_j}{x_i}=1+\alpha\left(\dfrac{x}{x_i}-1\right)$ $\qquad\qquad$ (3)

将(3)代入(2),并在(2)的两边同乘 x_i,得 $px_i-x_i^2\dfrac{p}{x\eta}\left[1+\alpha\left(\dfrac{x}{x_i}-1\right)\right]-MC_i\cdot x_i=0$ $\qquad\qquad$ (4)

其中 η 为行业需求价格弹性,$\eta=-\dfrac{\mathrm{d}x}{\mathrm{d}p}\cdot\dfrac{p}{x}$,再对 n 家企业进行加总得

$$px-\left[\sum\left(\dfrac{x_i}{x}\right)^2\dfrac{1}{\eta}px+\dfrac{\alpha}{\eta}px-\sum\left(\dfrac{x_i}{x}\right)^2\dfrac{\alpha}{\eta}px\right]-\sum MC_i\cdot x_i=0$$

而 $\sum\left(\dfrac{x_i}{x}\right)^2$ 即表示行业集中度的赫芬达尔指数 H,因而上式即

$$px - \left(\frac{H}{\eta}px + \frac{\alpha}{\eta}px - \frac{H\alpha}{\eta}px\right) - \sum MC_i \cdot x_i = 0, \text{经整理得}: \frac{p - \sum MC_i\left(\frac{x_i}{x}\right)}{p}$$

$$= \frac{H(1-\alpha)}{\eta} + \frac{\alpha}{\eta} = \frac{H}{\eta} + \frac{\alpha(1-H)}{\eta} \tag{5}$$

(5)式表示行业按市场占有率(x_i/x)加权的销售盈利率(或价格加成能力)同行业的集中度 H 和企业间的合谋程度 α 成正相关,与行业需求价格弹性 η 呈负相关。

表 17.1 是 2000 年 1～3 季度彩电主要规格前十个品牌的市场份额,从中可以看出,各规格中前四位厂商市场份额总和均不高于 65%,而 5～10 位厂商的市场份额相差并不是很大。处于第一集团的长虹、康佳、TCL 希望进一步扩大市场份额,排位稍后的企业也努力想将自己的市场份额推向 10%——一般公认的可获得一定影响力的市场份额。企业间价格合谋的稳定性因而变得较小,这可从最近彩电价格联盟的不攻自破中看出。

表 17.1　2000 年 1～3 季度百家商场彩电主要规格前十个品牌市场份额　　　%

排序	21″		25″		29″		34″	
	品牌	市场份额	品牌	市场份额	品牌	市场份额	品牌	市场份额
1	长虹	21.3	长虹	22.2	长虹	19.6	长虹	16.1
2	康佳	18.1	康佳	18.0	康佳	15	康佳	15.1
3	TCL	12.5	TCL	13.8	海信	12.7	索尼	11.0
4	海信	8.8	海信	10.7	TCL	12.0	TCL	10.0
1～4 加总	60.7		64.7		59.3		52.2	
5	创维	6.64	创维	5.3	海尔	6.9	厦华	9.3
6	海尔	6.61	海尔	5.1	索尼	4.3	飞利浦	7.8
7	熊猫	3.9	熊猫	3.7	创维	4.2	东芝	7.4
8	厦华	3.8	厦华	3.1	厦华	3.8	海尔	6.8
9	飞利浦	3.1	金星	2.8	熊猫	3.6	创维	5.5
10	金星	3.07	飞利浦	2.75	东芝	3.0	海信	4.9

资料来源:中国电子行业投资信息网。http://203.93.31.250

命题4：从厂商生产规模来看，价格竞争行业中厂商的生产往往具有规模经济效应

在生产过程中，厂商的平均成本随着产量的增加而下降，则该厂商的生产具有规模效应。如图17.1所示，在达到长期平均成本曲线的最低点M（最佳最小规模，MES）之前，当产量从Q_1增至Q_2时，平均成本也相应由AC_1降至AC_2。如果厂商在扩大生产规模的同时，内部的管理协调成本上升较慢，规模经济效应显现，此时该厂商通过降价扩大销售量，可以实现成本和价格降低相互促进的良性循环，因此其有降价的潜在动力。

我国彩电企业生产规模的扩大往往是在各销售区内分别建立生产基地，对生产线进行复制，而在管理协调等其他方面的投入相对较少，因此长期最佳最小生产规模Q^*往往很大，从而给彩电生产企业通过扩大产量降低成本以较大空间。例如长虹从1985年引进松下生产线开始，陆续复制（含改进）了十几条生产线，1986年其电视机生产能力为32万台，1996年彩电销量为482万台，在产销量扩大的同时获得低成本的优势，并发起价格战，淘汰了劣质的小企业，一跃成为行业中的龙头。

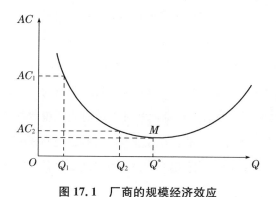

图17.1 厂商的规模经济效应

命题5：从产业的退出特征来看，在我国，易发生价格竞争行业往往具有较高的退出壁垒

在行业成长初期，因为行业平均利润率较高，必然吸引大批企业进入，特别是在我国因体制不完善而导致地方投资饥渴和预算软约束的情况下，地方重复建设现象

严重。而且新进入企业的技术往往靠成套设备的简单引进而获得，根据有关文献所载，1988—1995 年各年我国技术引进中成套设备引进的比例大多高于 65%（王永生，1999）。行业进入的技术壁垒很低，因而往往造成所谓的"过度进入"。在行业进入成熟期后，应有部分劣势企业被淘汰，然而较高的退出壁垒却使劣势企业仍然在行业中进行低效率的生产，而非价格竞争的手段因产品差异程度不够从而不足以实现优胜劣汰的目的，此时价格战的出现就有其必然性。

目前我国行业退出壁垒形成的主要原因之一是资产的专用性。首先是生产设备的专用性，由于转产的困难，企业往往难以退出。同时，大规模的专用性资产往往也会导致高沉没成本，强化了企业降低销售价格的动力。其次是人力资本的专用性：对于行业中的管理人员，他们的工作经验及技能大多带有行业特征，在其他行业中难以适用，因而可能导致机会主义的出现。在委托—代理关系中，非人格化的国有企业所有者难以让经理人员完全以所有者利益最大化为目标来行动，经理人员可能追求销售量最大化或其他目标。目标的偏差导致了行为的偏差，因而出现表面上看来不合理、导致企业亏损（恶性竞争）的降价行为（张维迎、马捷，1999）。彩电行业存在着固定资产的专用性，特别是在我国尚未掌握其核心技术的情况下，往往只靠引进外国的整机装配生产线进行生产，其改造转作其他用途的困难相对较大，从而形成较大比例的沉没成本。同时，我国企业法人治理结构尚不完善，委托—代理中的机会主义现象也较为普遍，从而不难理解彩电生产企业的不理性降价行为。

其二则是行政障碍。政府主管部门和地方政府由于税收和资源调配权力等关系，其与下属企业的利益是一致的。在企业面临亏损退出的威胁时，主管部门或地方政府出于自身利益考虑，会对其下属企业进行补贴或提供各种优惠，从而阻碍正常退出机制的运行。

我国彩电行业在其萌芽期（1980—1985）和成长期（1986—1989）曾发生过大量进入，这从当时 113 条生产线的进口和大约 30 个品牌便可见一斑。其原因除了以上提到的地方投资饥渴和技术壁垒低以外，也与政府控制销售价格，使该行业在供不应求的条件下保持高利润率有关。在生产能力过剩导致价格战爆发后，地方政府或主管部门在税收、投资、银行信贷等方面给予企业或明或暗的援助，使亏损企业继续留在该行业,加剧了价格竞争的激烈程度。如徐州电视机厂接受市政府给予的 1000 万新贷款便是其中一例(谢伟,1999)。

命题 6:从产业关联特征来看,在价格竞争频繁的行业中,处于产业链下游销售商的强市场势力与行业价格竞争存在较强关联

如果制造商面对的下游市场是完全竞争的,销售商毫无谈判筹码,则制造商对产品的价格可严格控制。但当销售商发展壮大后,在某些区域市场,其已建立的销售网络对制造商来说具有不可替代性,且由于销售商可为制造商迅速减少库存、回笼资金,从而增强了销售商的谈判能力。销售商依据市场势力可压低制造商的批发价格,因此更加剧了各制造商之间的价格竞争。由于大销售商通过大规模采购可节约谈判、签约、运输等一系列成本,进而降低零售价格,在追求自身利润最大化动力驱使下的各销售商之间的竞争,会促使制造商内部的价格合谋付诸东流。

近年来,我国家电零售企业较以往有了很大发展,其中主要以"苏宁"(年销售额40 亿)、"国美"(30 亿)、"三联"(30 亿)为代表。迄今为止,国美电器和苏宁电器在全国已分别建立了 60 多家和 170 多家连锁店。由于国美和苏宁这样的大销售商在需求调查和资金回笼上的优势,对急需加速资金流转的彩电生产企业来说正是求之不得,因而彩电生产商对销售商的压价行为显得无可奈何。2000 年彩电峰会后第一个打破行业限价进行销售的便是国美,虽然包括并未参加联盟的长虹也向国美发出了停止供货的警告,但实际惩罚并未落实,各彩电企业与国美明争暗合,行业限价一破再破,约定成为一纸空文。南京家电市场价格竞争激烈,就是由"苏宁""五星""南京交家电"三家销售巨头策略博弈而致,并形成了家电产品价格的"全国性价格盆地",2002 年 3 月,"苏宁"的长虹 29 英寸超平彩电只售 1669 元,而这种低价效应不断地在全国迅速传播。

以上六大命题的证明,可以表述为定理 1。

定理 1:价格竞争(价格战)的易发生性是产业(产业组织层次)特征的函数,企业降价行为往往为市场结构演变与竞争对手策略博弈互动的情势所迫。

三、对策分析：价格竞争中企业的战略行为

（一）价格联盟策略通常并不可行

价格战中的企业往往陷入所谓的"囚徒困境"，降价成为其"最优"选择，否则便会面临市场份额迅速萎缩的后果。因而企业可能寄希望于成立价格联盟，以联盟的内部惩罚使降价的期望行为减少，减弱企业降价的动力，从而使降价博弈的纳什均衡解停留在(不降价,不降价)的策略组合上。

2000 年 6 月 20 日，康佳、TCL、创维、海信、厦华、乐华、金星、熊猫、西湖等 9 家国内彩电生产企业成立了价格联盟，以制止低价倾销为由，协议制定行业最低限价。但就在 7 月 8 日，北京国美电器商城销售的厦华 29 寸彩电的价格便向下突破了2000 元的行业限价，熊猫、西湖等也通过销售商的配合将价格降到最低限价以下。名义上的彩电联盟也未能持续多久，在 8 月 3 日国家计委正式对外宣布彩电限价联盟违规后，8 月 10 日彩电联盟的主要发起者——康佳集团宣布在全国范围内实行最高幅度达 20%，最高额度为 1000 元的大降价。随后，乐华、熊猫、创维等陆续跟进，价格联盟全面解体。

对于价格联盟失败的原因，由于价格联盟实际是价格卡特尔，因而可以从卡特尔的可维持条件来分析。一般来说，卡特尔形成和维持的条件主要有三个：一是企业数目较少，卡特尔的组织及监督维护成本相对于其可获得的收益较小。二是有提高价格的能力，即其面对的剩余需求曲线价格弹性较小。三是被政府发现并惩罚的预期成本较小。

对于第一个条件，由于参与价格联盟的企业多达 9 家，且销售领域分布较广，各自使用的分销渠道不尽相同，很难进行监督，因而卡特尔的组织成本较高。就需求曲线的价格弹性条件来说，由于市场占有率在 20% 左右的长虹并未参加价格联盟，而且东芝、松下、飞利浦等国外企业也是虎视眈眈，可以推知卡特尔面临的剩余需求曲线是较为平坦的。而对第三个条件来说，更是不能满足。宣言似的价格联盟被媒体炒得沸沸扬扬，政府不可能对此坐视不理。尽管以往有过行政的行业自律价作为遮掩的借口，但联盟明显违反了我国《价格法》第十四条第一款中经营者不得"相互串通，操纵价格，损害其他经营者或消费者的权益"的规定。政府有关部门认定彩电价

格联盟组成巡查组对市场价格进行监督检查的做法，"是代替政府行使行政执法权，是一种违法行为"(国家计委经济政策协会、价格政策法规处,2000)。同样,联盟对违规企业罚款 50 万元的内部惩罚并未能切实执行,对违反联盟规定企业的威胁意义不大。此外,如前文所述,下游销售商凭借其市场势力倒逼生产商降价也是价格联盟破裂的原因之一。由此可见,彩电联盟作为价格卡特尔是相当脆弱的,并不能帮助企业从无休止的价格大战中解脱出来。

(二) 企业可行战略空间

面对激烈的价格竞争,企业如果在其中迷失方向,盲目跟进,后果往往是疲于应付,亏损连连。在价格联盟失败后,各大彩电厂商继续大幅全面降价,幅度最高达 35%,额度最高为 3000 元。看来虽然各厂商对价格战怨声载道,但仍是执迷不悟。根据信息产业部公布的信息,2000 年 1 至 10 月份我国彩电企业全行业亏损。2000 年前 10 个月国内 80 多家彩电企业生产彩电 2771 万台,销量为 2416 万台,销量与去年同期相比下降 5%,库存累计高达 566 万台。而与此同时洋品牌的国内市场份额却已飙升至 30%。从利润率来看,国内厂商更是相形见绌:索尼公司 2000 年在国内的销量只有 30 万台,利润却达 5 个亿。东芝销量 50 万台,利润却紧逼销量 750 万台的长虹。由表 17.2 中已上市的几家彩电生产企业的每股收益(摊薄)和主营业务收入的数据对比可以看出,在 2000 年又一轮新的价格战过后,各企业的经营业绩普遍低于去年,其已陷入"降价、亏损、再降价"的恶性循环中。

表 17.2　各彩电生产企业 2000 年与 1999 年经营业绩比较

		长虹	康佳	海信	厦华	熊猫	西湖 *
每股收益(元)	2000 年末	0.127	0.374	0.30	—0.79	0.206	0.018
	1999 年末	0.243	0.909	0.287	0.280	0.08	0.25
主营业务收入(万元)	2000 年末	1070721.38	901655.50	4300544.40	345216.88	122443.44	44532.03
	1999 年末	1009515.56	1012709.88	2981786.43	284306.56	142766.97	80257.44

* 根据由西湖改制上市的数源科技的数据。资料来源:各上市公司年报及中报

　　一般来说,外资企业的家电产品成本要比国内企业高出 30％,价格也高得多,但国内彩电价格一降再降,市场占有率却只降不升,究其原因,正是企业产品市场定位不清、产品同质化、盲目作战的结果。就拿当前最热的 DPTV 来说,根据相同的芯片技术,TCL 有"新概念彩电"、海信有"胶片电视"、创维有"健康电视"、厦华有"变频电视",实际的硬件、软件开发究竟有多少不同,无人能说清。而索尼的特丽珑显像管,只要对电视技术多少了解一点的,都是称赞不已。国内厂商不仅在技术上不能独树一帜,在降价商品的质量和功能标准上也令消费者颇感失望。根据国家技术监督局在去年 9 月公布的对北京市场上降价的 29 寸彩电抽查的结果,虽未发现严重的质量问题,但图像质量和附加功能却令人很难满意,比如有的彩电未加用于改善画质的数字梳状滤波器,有的甚至采用廉价彩管及落后的早期单片机芯。因此,注重提高收视质量和娱乐享受的城市消费者,自然对低价的国内彩电反应冷淡,而将注意力投向定位在高端市场的国外产品。

　　由此可见,国内彩电企业从恶性价格战中摆脱的可行战略应该是:在认清价格竞争易发生的产业特征基础上,以关键组件的关键技术开发为依据,以市场为导向,产品准确定位,产品差别化错位竞争。据此,企业应注意以下几种策略的使用:

　　根据关键组件的关键技术的不同,将企业的主流产品分为低端产品和高端产品,对应于较看重价格的低端市场和较看重功能与质量的高端市场。

　　(1) 低端产品战略

　　此处的低端产品指功能较为简单、技术成熟的传统模拟彩电,当然随着技术的进步,以往独特高档的产品也会成为普通的标准化产品,该定义的外延也会随之有变。如果企业在大规模生产标准化低端产品上的确有成本优势,不妨采用低价作为竞争手段,但同时应注意以下几个问题:

　　① 努力开拓新市场。由于城市居民的彩电普及率已相当高,根据统计年鉴,1999 年底,城镇平均每百户彩电拥有量达到 111.57 台,且其购买行为多为重复购买,低端标准化产品降价往往不能刺激购买量有足够增长来弥补因降价造成的损失。况且彩电是耐用消费品,更换周期一般在 5 年以上,一时价格下跌引起的购买,将使未来的需求减少。因此如果不开辟新市场,依靠成本优势降价反而是为深陷于价格

战的企业加上了一块使之加速下沉的砝码。

虽然城市需求趋向于饱和,但我国农村有8亿多人口,2.1亿多个家庭,是一个极具潜力的家电消费市场。1998年农村居民的收入水平与1992年城镇居民的收入水平大体相同,但农村家庭主要家电拥有量只相当于城镇居民家庭在1986年的水平。在城镇居民彩电普及率增长最快的3年(1988—1990)中,人均收入与彩电价格的比率平均为1∶18左右(靳明,2000)。而1999年农村居民人均收入为2210.34元,2000年1—9月中21寸彩电平均单价为1231.61元,相应比率为1∶0.56,大大高于城镇彩电普及期的比值。因而生产低端产品的厂商可将市场营销的重点移到农村市场的开拓和发展中去。据北京世纪蓝图市场调查公司于1998年8月对北京郊县农民的市场需求实施的抽样调查结果显示,农户对家电最为看重的因素是"质量可靠""价格合适""容易使用",其次是"节省电力""维修方便""性能先进"(靳明,2000)。由此可见,对于低成本厂商而言,农村市场较高的价格敏感性使其可以一展拳脚,放心地施展其价格优势。就产品而言,由于农村的基础设施和文化需求层次都与城市有一定差距,产品设计不必追求花哨无用的功能。

② 努力降低成本。在开拓新市场,扩大市场容量的同时,应注意利用规模经济效应,使企业的成本随之降低,从而进一步加强自身优势,继续利用价格竞争的手段扩大市场份额,实现良性循环。由于彩电整机组装是劳动密集型技术,因而还可考虑将生产基地改在接近销售市场、劳动力成本较低的地区。

③ 注意竞争对手过剩生产能力的处置。在利用价格优势夺取竞争对手的市场份额后,由于其固定资产的专用性,过剩的生产能力将在一段时间内继续存在,如果竞争对手仍旧按原生产能力进行生产,在供过于求的情况下,价格可能失去控制,甚至降至优势企业的平均成本以下。因而在市场份额的争夺战中胜利后,不能忘记监视竞争对手过剩生产能力的处置。即使竞争对手已退出行业,如果生产设备被转让给其他厂商继续进行生产,供过于求的威胁仍旧存在。因此,企业应采取一定的措施保证竞争对手资产的顺利退出,或通过并购企业的方法来控制其资产及其使用。

(2)高端产品战略

近期的高端彩电产品指屏幕大小在29英寸及以上、采用数码处理技术、有一定独特功能的产品。目前城镇居民购买的彩电主要集中在 25 英寸和 29 英寸两种规格,且逐渐向 29 英寸及以上的规格转移,据调查,城镇中有 77.21%的家庭购买彩电是为了追求更高档次,有 19.55%的家庭是为了提高收视质量。

在技术研发和产品营销上有优势的企业可采用差异化的战略,针对购买目的是提高收视质量和获得更多功能的消费者,推出独特的产品,将目标聚焦范围缩小,利用目标顾客对质量和功能比价格更看重的心理,减弱竞争对手降价对自己的影响,但实现差异化的过程中应注意联系顾客的特定需求进行技术创新。数字化、信息化、网络化、超薄化是彩电发展的新趋势,但并不是所有的消费者都需要全部最新的功能,不同的消费者可能更看重不同的产品特征。采用数码处理技术的新产品可以提高收视质量,因而是否有相应的高质量节目源很重要;在技术标准上可考虑与家庭影院系统中其他设备的生产商联合,更好地迎合对声像技术较偏好的"发烧者"。信息家电的网络连接需要城市有线电视网络改造、高速网络架设的支持,其消费群体主要是大城市中的高知识阶层,因而产品功能应实用、易操作,其分销的渠道也应集中于基础设施条件良好的大中城市。总之,质量和功能的设计要求随目标顾客而异,应有所取舍,既可降低成本,又防止精力的分散。在竞争中不是标榜"第一",而应凸现自己的"唯一",在研发上力求掌握上游核心技术,提升自己的技术能力,建立核心竞争力。

注意企业的生产成本信息发布,防止竞争对手发生误解

在降价过程中,由于生产成本信息的不对称,可能导致竞争对手因误解而采取错误的价格响应行动,进而威胁到企业自身战略的贯彻实施(罗伯特·加特、迈克尔·思曼,2000)。这可用以下存在产品差别的双头垄断价格博弈模型来说明(泰勒尔,1988):

假设存在两个产品有差异的企业,其中企业 2 的边际成本 C_2 是共同知识,而企业 2 只知道企业 1 的边际成本为 C_1^L 或 $C_1^H(C_1^L < C_1^H)$ 的相应概率分别为 $x, 1-x$。不存在固定成本,规模报酬不变。在适当的定义域上,假设需求函数是对称的,且为线性式

$$D_i(p_i, p_j) = a - bp_i + dp_j \quad (i=1,2; j=2,1)$$

其中 $0 < d < b$(若双方均提价,则销售总量下降,这就要求 $d < b$)。假定两种商品

是替代品,且是战略互补品(strategic complements),因而 p_i 与 p_j 是正相关关系,要求 d>0。

令企业利润 $\pi_i(p_i, p_j) = (p_i - C_i)(a - bp_i + dp_j)$。设两企业同时决定价格,给定企业 2 的最优选择为 $p_2 = p_2^*$,对企业 1,由利润最大化的一阶必要条件可得

$$a - 2bp_1 + dp_2^* + bC_1 = 0$$

即
$$p_1^* = \frac{a + dp_2^* + bC_1}{2b} \tag{1}$$

企业 1 的预期价格为:

$$p_1^e = xp_1^L + (1-x)p_1^H = x\left(\frac{a + dp_2^* + bC_1^L}{2b}\right) + (1-x)\left(\frac{a + dp_2^* + bC_1^H}{2b}\right) \tag{2}$$

对企业 2,假设其是风险中性的,其选择 p_2 使预期利润 π_2^e 最大化,而 $\pi_2^e = (p_2 - C_2)(a - bp_2 + dp_1^e)$ 由一阶必要条件得:

$$p_2^* = \frac{a + dp_1^e + bC_2}{2b} \tag{3}$$

由(2),(3)得

$$p_2^* = \frac{2ab + 2b^2C_2 + ad + bdC_1^e}{4b^2 - d^2} \tag{4}$$

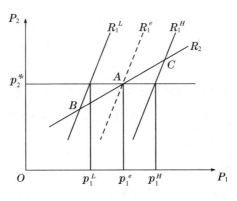

图 17.3

由(4)可知企业 2 决定的价格 p_2^* 是其预期企业 1 边际成本 C_1^e 的增函数。如图 17.2 所示，R_1^L, R_1^e, R_1^H 和 R_2 分别为企业 1 和企业 2 的反应函数曲线。在信息不对称的情况下，企业 1 好像是有一个平均反应曲线 R_1^e，价格由 R_1^e 和 R_2 的交点决定，即点 $A(p_1^e, p_2^*)$。

如果企业 1 是低成本的，则公开信息会使均衡解在 B 点，如果企业 1 是高成本的，则公开信息会使均衡解在 C 点。因而为了避免价格降低，企业 1 有强烈的激励公开其成本信息，假如其不公开成本信息，则这本身就构成了一种信息——企业 1 是低成本的。企业 2 于是将价格定在比 C 更低的位置 A。

由上可知，当对手已经公开其成本信息时，高成本的企业如果不想卷入价格战，则公开成本信息以防止对手盲目猜疑而引起不必要的攻击，是较好的应对策略。对具有差异产品的高成本企业，利用信息的发布来传递自己的战略意图是不可忽视的。

以核心技术开发为支撑，不断推出新产品或高档产品，以产品的更新换代来转移消费者对价格的注意力手段，企业可加大对核心关键技术的研发，在技术能力高度化(安同良，2002)的基础上，以水平差别化、垂直差别化等复合型差别化为手段，不断通过推出高档次的新产品，在消费者心中形成档次高低不同的产品序列，可刺激消费者对更高质量产品的追求。在产品更新换代的同时，还可把降为较低档次的产品作为"战斗商品"，以还击对手的降价行为。Intel 公司每季度都会推出更高性能的 CPU 芯片，并降低低性能 CPU 芯片的价格，以还击老对手 AMD 的降价竞争，同时使利润的主要来源点向高层次产品转移，从而保证不因降价而有损经营业绩。彩电生产企业通过自己的研发活动，提升自己的技术能力，避开同步引进技术的简单技术跟随战略，推出功能更新、性能更好的产品，可促进产品档次序列的形成，使企业对恶性价格战的"防火墙"更加坚固、厚实。

四、结论与启示

当我们从容易发生价格战的产业视角来分析时，我们发现：

1. 价格竞争总是发生在处于特定产业、特定市场环境的厂商之间，作为一种竞争行为，其激烈程度决定于进攻厂商的动力及其竞争对手还击的可能，而这两者又视产品特征、产业所处生命周期阶段、产业生产规模特征、市场集中度、行业退出壁垒、下游企业市场势力等因素的差异而有所不同,为此我们得出结论:价格竞争是行业产业(组织)特征的函数。

2. 价格卡特尔的成功组织和维持需要满足很强的条件,它不是避免价格战的成功策略,而且价格卡特尔也是政府反垄断政策的矛头指向。

3. 企业摆脱恶性价格战的可行战略应是:深刻认识自身行业的产业特征,以关键组件的关键技术为依据,以市场为导向,准确定位,产品差别化错位竞争,从而实现价格竞争与非价格竞争手段的最优组合。

价格竞争还会不断地在符合价格竞争容易发生的产业涌现,本章的结论为企业家对所处的产业特征与价格竞争的联系提供了较详细的说明,并为其价格行为的确定提供了忠告;同时,也为政府的价格管制寻找到了产业标的。

参考文献

[1] 安同良.《企业技术能力:超越技术创新研究的新范式》.《当代财经》,2002(1).

[2] 陈平.《文明分岔　经济混沌和演化经济学》,经济科学出版社,2000:622.

[3] 国家计委经济政策协会、价格政策法规处.《九家彩电企业实行价格联盟违反〈价格法〉》,《价格理论实践》,2000(7).

[4] 靳明.《浅谈开拓农村家电市场的营销问题》,《浙江社会科学》,2000(3).

[5] 刘志彪、安同良等.《现代产业经济分析》,南京大学出版社,2001.

[6] 谢伟、吴贵生、张晶.《彩电产业的发展及其启示》,《管理世界》,1999(3).

[7] 谢伟.《追赶和价格战》,中国经济管理出版社,2001.

[8] 宋学保.《价格战的游戏规则》,《中外管理》,2000(8).

[9] 王永生.《技术进步及其组织——日本的经验与中国的实践》,中国发展出版社,1999.

[10] 王伟光.《结构性过剩经济中的企业竞争行为》,《管理世界》,2001(1).

[11] 张东辉、徐启福.《过度竞争的市场结构及其价格行为》,《经济评论》,2001(1).

[12] 张维迎、马捷.《恶性竞争的产权基础》,《经济研究》,1999(6).

[13] [美]罗伯特·加特、迈克尔·思曼.《价格战批判》,《中外管理》,2000(9).

[14] [美]理查德·R.纳尔逊 悉尼·G.温特.1982,《经济变迁的演化理论》,胡世凯译,商

务印书馆,1997,37－39.

[15] 泰勒尔.《产业组织理论》,张维迎总校译,人民大学出版社,1997.

[16] Bertrand. "*Review of Walras's Theorie mathematique de la richesse sociale and Cournot's Racherches sur les principes mathematiques de la theorie des richesses*" in Jounal des Savants, 1883.

[17] Jeffrey Church Koger Ware. *Industrial Organization*：*A Strateglc Approcach*. 清华大学出版社影印版,2000:256.

[18] Chaim Fershtman Ariel Pakes. *A Dynamic Oligopoly with Collusion and Price Wars*. NBER Working Paper No. W6936. http://www. ssrn. com. , 1999.

[19] Philip Kotler. *Marketing Management*. Prentice-Hall International，Inc. 清华大学出版社,1997:431.

[20] Stephen Martin. *Advanced Industrial Economics*. Second Edition. Blackwell Publishers，2002.

[21] Robert Porter. "*Optimal Cartel Trigger Price Strategies*," Journal of EconomicTheory,1983(29)：313－38.

[22] Rotemberg，Julio and Garth Saloner. "*A Supergame-Theoretic Model of Price Wars During Booms*,"American Economic Review，1986(76)：390－407.

[23] Oz Shy. *Industrial Organization*. The MIT Press，1995.

[24] Shepherd，William G. *The Economics of Industrial Organization*. 3th ed、4th ed，Prentice Hall，1990，1997.

（原文载于：安同良、杨羽云,《易发生价格竞争的产业特征及其企业策略》,《经济研究》2002 年第 6 期）

第十八章 中国工业反哺农业的机制
与模式：微观行为主体的视角

内容提要：在区分强制性反哺与自然反哺两种方式的基础上，本章立足于中国农村，从独特的行为主体视角，构建了微观经济主体政府与工业投资企业之间互动的行为模型；并以农村剩余劳动力的转移为核心，对工业反哺农业、工农协调发展的机制与模式进行了考察，结合实证案例，给出了政策建议。

关键词：工业反哺农业；二元经济；产业发展；自然反哺；强制性反哺

一、导 言

世界经济发展的实践表明，一个国家工业化发展到一定水平后需要进行工业化的战略转型，实施工业反哺农业。目前中国已经进入工业化中后期，应当采取工业反哺农业的相应措施，以实现工业与农业、城市与农村的协调发展。

工业反哺农业在西方经济学文献中并未作为正式的概念而出现，但其中的思想却是许多经济学分支研究的重要内容，并为广大发展中国家工、农业的发展与经济社会的进步提供了有益的思想借鉴。发展中国家的经济结构一般具有二元特征（Lewis，1954），应该说这是西方经济学最早开始探讨经济发展中工农业互动关系的理论，其中包含了工业反哺农业、工农协调发展的思想。自经典的刘易斯二元经济模型提出后，沿着这一思路经济文献中又出现了若干模型（Fei and Ranis，1964；Harrist and Todaro，1970；Yasusada Murate，2002；杨小凯，2003 等）。Jacob L. Weisdorf（2006）指出工业产量的大幅增加对农民的行为以及实现从传统农业转移到工业部门具有重要作用。上述理论基本都认为工业部门是经济进步的主导力量，农业的发展必须依赖于工业部门,依赖于工业部门发展过程中对农业的辐射作用。舒尔茨(1964)则重视农业自身的发展,强调要把农业改造成高生产率的部门,其中,对农业进行人力资本投资是实现农业现代化最为关键的要素。乔根森模型(Jorgenson,1967)与之前的刘—费—拉模型中的前提不同,其前提是以农业剩余为前提,即劳动力转移以农业进步为前提。Francois Bourguignon 和 Christian Morrisson(1998)的计量研究表明在其他条件不变的情况下,农业部门的经济增长对缩小收入分配差距的作用更明显,这揭示了发展中国家的政策制定者应该重视对传统农业的改造。

国内对于二元经济结构的研究在九十年代后逐渐增多,为中国二元经济向一元经济的转变、工农业互动协调发展等出谋划策(李克强,1991;林毅夫等,1994;吴敬琏,1999;聂辉华,2002;蒋省三、刘守英,2003;马晓河等,2005;郑风田、程郁,2005;高帆,2005,2007;任保平,2005;简新华、何志扬,2006 等)。简新华、何志扬(2006)从政府、企业和社会组织三大主体角度探讨了中国工业反哺农业的实现机制与路径选择。

工业反哺农业的思想在国内外学者的相关文献中有所蕴含,但已有文献主要从经济增长与发展经济学的视角作出阐述,缺乏微观的行为主体基础。本章主要从工业反哺农业微观行为主体视角构建模型,对这一热点与难点做出分析。我们立足于中国农村,通过分析微观经济主体政府和工业投资企业之间互动行为,以农村剩余劳动力的转移为核心,对工业反哺农业、工农协调发展的机制与模式进行考察,并得出政策建议。

中国工业反哺农业的发展战略宏大而复杂,涉及经济活动的方方面面,而这一经济战略的实施必须借助一定的行为主体。我们在简新华、何志扬(2006)的基础上,将工业反哺农业理解为:在发展中国家二元经济存在的前提下,工业化进入中期后,以工业及工业企业的发展哺育、带动及外溢农业、农村的产业发展与升级,实现农民收入持续增加,同时在国家与地区层面获得工业与农业的协调互动发展。我们将反哺主体进一步概括为现代工业企业和政府两大主体:企业作为工业反哺农业的主体,是指企业通过市场途径在农村地区或农业进行投资吸收农村剩余劳动力生产经营实现利润,实现工农互动"双赢"的反哺;政府角色更多体现为政策的引导性以及资源利用的导向性。马晓河、蓝海涛、黄汉权(2005)探讨了工业反哺农业的国际经验及我国的政策调整思路,强调了各级政府在工业反哺农业中的相关职责:通过税收、财政调整国民收入分配,加强财政反哺;改革户籍管理制度、深化农村金融体制改革、完善土地征收制度及社会保障制度等。中国工业反哺农业的两大行为主体之间的互动的动态过程清晰勾画了工业反哺农业的机制、路径与模式,也拓展了任保平(2005)工业反哺农业三个阶段的综合统一:政府层面的制度反哺、政策反哺以及一定程度的收入支持;企业层面的技术反哺和产业反哺解决传统农业大量滞留的剩余劳动力。

二、基础模型[①]

前提假设:(1) 中国农业、农村的发展依赖于现代工业的产业发展,因为大量农业剩余劳动力需要现代工业部门的吸收,同时高效农业所需的现代生产要素也需要工业部门提供,农业需要工业部门发展的辐射效应,最终才能实现农业、农村生产效率的提高。从此意义上说,本章是刘易斯—费景汉—拉尼斯二元经济结构分析的延续(Lewis,1954;Fei and Ranis,1964);(2) 我国农业、农村的发展不能仅仅依靠城市工业部门对农业剩余劳动力的吸收,因为当前城市也存在大量失业人口,农村剩余劳动力的不断涌入势必会加剧城市劳动力市场的失衡,因此,我国农业、农村的发展更应立足于农村产业的升级发展,注重将工业对农业的反哺与农业、农村自身的产业发展相结合。从这个意义上说,本章又是哈里斯—托达罗模型思想的继承发展(Harrist and Todaro,1970)。

这两点也符合我国目前的经济发展状况,一方面我国农业在经历了巨大牺牲支持工业发展之后,家庭联产承包责任制的制度效应也已大大递减,农业的发展需要工业部门的协助推进,需要现代工业部门的"反哺";另一方面,我国已经存在的大量根植农村地区的乡镇企业和工业簇群(Industial Clusters)、正在普遍出现的大量城市资金流向农村以及渐显的部分进城民工回乡创业的"创业潮",带动周边劳动力转移、收入增加(王西玉、崔传义和赵阳,2003),无一例外地表明我国农业、农村的发展以及工业对农业的反哺需要建立在农村工业发展的基础之上。因此,空前规模的中国农村

---

① 模型中部分具体函数形式的建立受到了 L. Summers(1988)的启示,参见平新乔(2004)。

工业化构成了它区别于其他东亚国家农村工业化的独特之处(林毅夫,2004)。基于中国二元经济结构特征以及经济转轨时期特殊经济状况,国内学者的相关研究也指出工业反哺农业的必要性以及反哺需要立足于农村工业产业的升级发展(陈吉元、胡必亮,1994)。

本章基础模型分析的对象是存在着大量剩余劳动力的生产率落后的农业地区或国家,当地存在少量或不存在现代工业部门的生产,具体而言即不存在农村工业部门。这种剩余劳动力的存在可以表现为大量的失业人口,也可以表现为附身于生产率低下的传统农业生产的大量隐性失业人口;分析始于该地区或国家政府决定招商引资,通过一系列政策诱导(主要为税收政策)鼓励外来资本投资,以实现通过农村产业升级的现代工业企业投资带动农业、农村的发展。企业受政府政策的影响充分考虑税后利润最大化进行投资,实现对当地剩余劳动力的吸收。

1. 投资企业目标的构建

农业剩余劳动力向现代工业部门转移的过程不仅是一国的工业化过程,同时也是改造传统农业、提升农业效率的过程。以剩余劳动力转移为核心的农业、农村地区的发展,依赖于当地现代工业部门的产业投资,这些投资是落后农业地区产业升级发展的关键所在。吴敬琏(1999)指出中国是一个典型的具有二元经济特征的国家,我国目前正处于二元经济结构向现代经济转变阶段的初期,其枢纽在于农村潜在剩余劳动力大规模地向非农产业转化。

假设意欲投资于当地的企业是同质的,且只需要使用劳动力这一种生产要素以追求利润最大化,即只使用当地的农业剩余劳动力。企业利润公式

$$\pi^* = Y - wL \tag{1}$$

其中 Y 为投资企业的产量,w 是投资企业支付给被雇佣劳动力的实际工资,即以实物衡量;L 为投资企业所雇佣的劳动力数量,也就是从传统农业成功转移出的剩余劳动力数量。利润公式中的 Y 由下列生产函数决定:

$$Y = F(eL) \tag{2}$$

其中 $F'(*) > 0$ 和 $F''(*) < 0$,表明生产要素的边际报酬递减;e 代表作为现代工业部门投资企业的生产效率,e 与劳动力人数的乘积决定产量。假定生产效率 e 是

由下式给出：

如果 $\qquad\qquad\qquad\qquad w>x:e=\left(\dfrac{w-x}{x}\right)^{\beta}$ （3）

其中 $\qquad\qquad\qquad\qquad x=(1-bu)w_g$ （4）

其中 $0<\beta<1$，表示工业部门生产效率对于增加工资的弹性；u 是当地的失业率，主要指传统农业部门中的隐性失业率。w_g 为传统农业部门的工资，且假定 $w>w_g$，即现代工业部门的工资率在名义上高于传统农业工资，这一点在现实中较易感知。因此，$x=(1-bu)w_g$ 表示对当地劳动市场条件的测度，其含义是：如果 $b=1$，x 等于就业于传统农业所获得的工资乘上就业的概率，或者将 x 看成是传统农业工资的一个折扣，原因在于传统农业存在大量的隐性失业，而农业部门按照传统的家庭农业方式经营，农民收入按平均产品原则进行分配（袁志刚，1997），因此对于禁锢在传统农业部门的广大农民而言，x 是一种平均意义上的工资；如果 $b<1$，说明该地区农民安于现状，对长期隐性失业给自身利益造成的侵害置若罔闻，对倘若能够在工业企业部门工作而获得较高工资这一或有收益看得比较淡；如果 $b>1$，说明农民深深地体会到农业部门隐性失业的危害，不愿意继续待在农业部门，而希望转移到工资水平较高的现代工业部门工作，因而会对在农业部门工作获得的名义上的工资 w_g 打上较大的折扣。综上所述，b 表示这个地区或国家的农民对于摆脱农业低工资状态的诉求：b 越大，表示此种愿望越强烈，b 也可看成当地农民的进取心理。进一步而言，b 是当地农民谋生方式的类型测度（Frank Ellis，2006）。一般 $b>0$，即我们假设不存在对失业有偏好的状态。

为了分析需要，模型还需做出更进一步的假设，我们令 $x=(1-bu)w_g$ 中的 $u=u_0+\lambda t$，其中 t 为政府招商引资所设定的企业所得税率，当然这只是一种笼统的说法，t 中可以内含种种优惠措施或限制措施，只是最终简化为税率的高低：税率 t 越低，则通过常识可感知招商引资的效果越好，例如到当地投资的企业数量会增加，甚至会改变农民对隐性失业率的预期等，这对降低农业部门的隐性失业极有帮助。因此，当地的失业率 u（主要是指农业中的隐性失业率）与税率 t 成正向相关关系，我们简化地设为线性正向相关，定义 $\lambda>0$。通过设定，我们最终得到 $x=(1-bu_0-b\lambda t)w_g$。

为了简化模型的分析,我们将上述生产函数具体化为:

$$Y=F[e(w,t)L]=2[e(w,t)L]^{\frac{1}{2}} \tag{5}$$

因此,在综合考虑政府税率影响之后,投资企业最终的最大化目标函数就是税后利润函数,即为以下所列示函数形式:

$$\max_{L,w}\pi=(1-t)\{2[e(w,t)L]^{\frac{1}{2}}-wL\} \tag{6}$$

因为当地农业部门存在大量剩余劳动力,即企业面临着劳动无限供给,当地劳动力市场对于意欲投资的现代工业企业而言不是完全竞争的要素市场,企业完全可以通过公式(6)自主决定工资,求解(6)式的极大化问题就不存在约束条件,企业可以通过同时选择 w 和 L 实现税后利润的最大化。

2. 政府目标的构建

中国工业反哺农业战略的实施,既需要现代工业企业作为市场经济主体投资,实现农业、农村产业升级从而转移吸收剩余劳动力,也需要发挥各级政府的应有作用,因为微观行为主体政府和工业企业的反哺功能有着较强的互补性。我们假设政府完全代表当地居民的利益,居民是指传统农业部门中的农民以及转移到现代工业部门的那一部分劳动力,政府和所有劳动力之间不存在因委托代理关系所造成的效率损失。政府的目标一方面是希望通过招商引资进行产业调整,鼓励企业到当地投资并且雇佣当地剩余劳动力,从而使其在工业部门获得相对于传统农业部门较高的工资;另一方面政府通过税率政策调节再分配,并最终将这部分税收收入"反哺"于当地居民。无论是用于基础设施建设,还是用于建立完善的社会保障体系,抑或直接的现金补贴给滞留于传统农业的农民等何种形式,我们都认为政府实现了通过税收收入调节对农业、农村的反哺,同时,我们认为政府税收收入的转移,特别是基础设施建设、农村社会保障体系完善等功能是工业反哺农业过程中不可或缺的组成部分,因为这部分反哺形成农村、农业的公共产品供给,而企业存在公共产品供给的激励不足。

综合而言,政府最终目标是实现本国或本地区农业、农村的发展,但这种发展主要依赖于当地农村工业的产业投资和发展,实现农村地区自我"造血"型的产业发展结构。政府可控变量只有税率 t,招商引资的同时也获得了税收收入,也就形成了"工业反哺农业"两条途径:一是通过吸引来的投资企业雇用剩余劳动力,支付高于传统农业的工资,实现工资收入的反哺,即为 $B=(w-x)L*N(t)$,我们将此类形成农村、农民的较高工资性收入"反哺"称之为"自然反哺",因为剩余劳动力的转移以及工资收入的增加是一个基于企业与农民双重自主选择的市场机制调节的结果;二是政府将获得的税收收入反哺于当地农业、农村发展,可表达为 $T=t(Y-wL)*N(t)$,我们将这类借助收入分配政策调节的"反哺"定义为"强制性反哺",因为这一过程实现必须借助于政府的力量,凸显"强制性",政府主体的这种强制性反哺作用首先应当被承认,不能予以抹杀。"自然反哺"和"强制性反哺"两条反哺路径的功能发挥所依赖的主体分别是企业和政府,也就是工业反哺农业的微观行为主体。这种分类对工业反哺农业的路径进行了有效的精炼概括,其归结点是农村、农民收入的增加,也就是工业反哺农业、农村有效性的最终体现,因为城乡收入差距是中国工业化进程中的基本事实,而平抑这种收入差距是中国目前农村工作的关键所在。

B 和 T 表达式中同时出现的 $N(t)$ 代表政府通过招商引资所引致到当地投资的企业数量,该数量是政府所设定税率 t 的函数,且呈反向关系,即 t 越高则当地所能吸引到的投资企业越少,该假定完全依赖于现实经济中的基本特征。因为假设投资企业同质化,所以只需简单相乘。为简化分析,我们将两者之间的关系设定为简单的反比例关系,如下:

$$N(t)=\frac{m}{t},其中 m>0 \qquad (7)$$

$N(t)$ 在政府目标的两种反哺路径中出现,是政府行为有别于投资企业行为选择的重要之处:企业最大化目标函数时,只需立足于企业自身选择 L 和 w,而无须考虑其他企业的行为;但政府通过设定税率 t 面向的是整个地区所有投资企业,向所有企业征税,同时,每个企业都从当地雇用农业剩余劳动力,工资收入的转移支付发生在所有企业。

因此,政府的目标函数可设定为:

$$G=T^{\theta}B^{1-\theta}=[t(Y-wL)*N(t)]^{\theta}[(w-x)L*N(t)]^{1-\theta} \qquad (8)$$

其中 $0<\theta<1$,表示政府在两种反哺途径中对通过增加税收收入的"强制性反哺"方法的偏好程度,如果 $\frac{1}{2}<\theta<1$ 表明政府在两种途径中更加偏好于强制性反哺;

同理,$1-\theta$表示政府对市场机制作用下"自然反哺"的偏好程度。因此,税率t作为政府的唯一工具变量,承担着招商引资和执行强制性反哺的双重功能。将$N(t)=\dfrac{m}{t}$代入(8)式重新整理得到政府的最大化目标函数如下所示,政府只有税率t这一选择变量。

$$\max_t G=\left[m(Y-wL)\right]^\theta\left[\frac{m}{t}(w-x)L\right]^{1-\theta} \tag{9}$$

3. 政府和企业的两阶段互动决策

行为主体政府与投资企业分别追求各自的目标利益最大化:政府通过税率t的选择实现,企业通过L和w的选择实现,但是它们之间并非孤立分离,而是一种相互影响、相互制约的互动过程。另一方面,它们之间的策略互动并非同时发生,而是存在先后次序。我们的调研表明,绝大多数的地方政府都是先行动者,地方税收优惠政策会通过一种口碑式的流传方式为潜在投资者感知。因此决策次序为政府设定具有一定税收优惠的税率t以吸引投资;企业观察权衡政府的税率,尔后做出税后利润最大化的L和w选择。

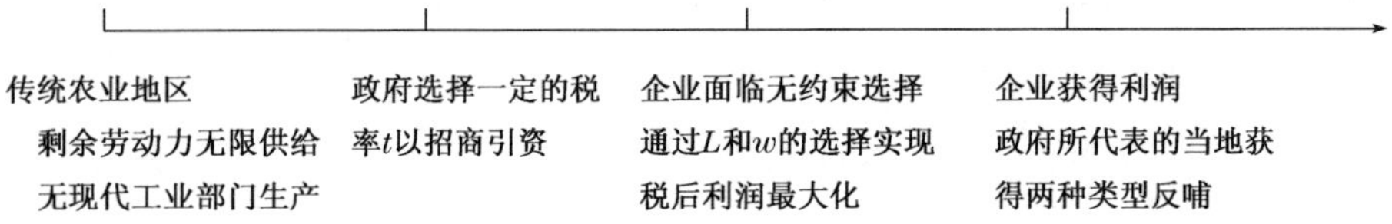

传统农业地区	政府选择一定的税	企业面临无约束选择	企业获得利润
剩余劳动力无限供给	率t以招商引资	通过L和w的选择实现	政府所代表的当地获
无现代工业部门生产		税后利润最大化	得两种类型反哺

图 18.1　政府和企业互动决策的时序

根据两阶段序贯博弈的基本理论,一般采用逆向求解,因为先行动者能够充分考虑后行动者的决策行为以及后行动者对自己策略所采取的反应策略,并将这些信息全部内化于自己最早的决策中,以实现自己利益的最大化,政府具有"先发优势"。因此,在政府和投资企业互动的两阶段互动中,首先考察求解投资企业在面临一定税率t的最优反应。现代工业投资企业最大化目标函数(6)式分别关于L和w的一阶条件:

$$(1-t)\{[e(w,t)L]^{-\frac{1}{2}}e(w,t)-w\}=0 \tag{10}$$

$$(1-t)\left\{[e(w,t)L]^{-\frac{1}{2}}e_1(w,t)L-L\right\}=0 \tag{11}$$

综合(10)(11)两式整理可得：
$$\frac{we_1(w,t)}{e(w,t)}=1 \tag{12}$$

(12)式表明，当企业在最优时，生产效率程度对工资的弹性等于 1。根据(12)式，求出现代工业部门投资企业生产效率对企业工资 w 的弹性，当弹性等于 1 时有：

$$\beta*\frac{w}{[(w-x)/x]^\beta}*\left(\frac{w-x}{x}\right)^{\beta-1}\frac{1}{x}=1 \tag{13}$$

进一步整理得到：
$$w=\frac{x}{1-\beta}=\frac{(1-bu_0-b\lambda t)}{1-\beta}w_g \tag{14}$$

因为 $0<\beta<1$，则 $w=\frac{x}{1-\beta}>x$，表明剩余劳动力从传统农业部门转移到现代工业部门会得到一个较高的工资水平，实现就业转移的农民从农村工业的产业发展中获得了"自然反哺"。此时，企业通过选择 $w=\frac{x}{1-\beta}$ 也使生产效率 e 达到了最优值：

$$e=\left(\frac{w-x}{x}\right)^\beta=\left(\frac{\beta}{1-\beta}\right)^\beta \tag{15}$$

观察可知，企业选择达到最优时，生产效率最优且固定，只与生产效率对工资的弹性 β 相关。同时，根据(10)式可以得到：

$$L=\frac{e}{w^2} \tag{16}$$

将上式代入企业税前利润公式 $\pi^*=Y-wL$ 得：$\pi^*=\frac{e}{w}$ \tag{17}

至此，我们得到了企业选择变量的最优表达式，L 和 w 都是关于 t 的函数，或者说 L 和 w 都需要对政府设定的税率 t 做出最优反应。当然，政府作为先行动者，完全预期到投资企业的这一系列反应。现在，我们考察税率 t 对企业最优选择行为的影响，即政府预期自己设定的税率对企业所造成的影响，其结论主要体现于以下命题。

命题 1：农村地区现代工业投资企业的最优选择变量 L 和 w 都是税率 t 的反应函数，且企业所雇佣的劳动力 L 和所支付的工资 w 对税率 t 的反应方向不同：工资与税率成反比例关系，而所雇佣劳动力却与税率成正向关系。

由公式(14)得：$\dfrac{\partial w}{\partial t}=-\dfrac{b\lambda}{1-\beta}<0$，同时由于 $L=\dfrac{e}{w^2}$，其中 e 均衡时为定值，显然随着税率 t 的增加，工资支付 w 会下降，企业所雇佣的剩余劳动力 L 增加。

在假设当地失业率与税率成正向关系的条件下，随着税率的提高，失业率也会随之提高，剩余劳动力滞留于低工资的传统农业部门的可能性增大，就平均意义而言，劳动力对在工作于现代工业部门的其他就业机会(这里指就业于传统农业部门)的工资会打上更大的折扣。总之，在税率较高时，由于预期投资企业的数量减少等原因，造成农业剩余劳动力转移的难度增大。此时，企业自然有动力在保持工业部门工资高于传统农业部门工资的基础上降低工资，而农民追求的是在高于现有工资的基础上获得就业转移。另一方面，企业的生产效率会由于降低工资率而有下降的压力，这是因为从效率工资的角度看，较低的工资既不利于提高工人工作的积极性，也不利于培养工人对企业的忠诚度。在企业产量由生产效率和雇佣劳动力数量乘积共同决定的情况下以及企业追求税后利润最大化的激励下，企业选择增加所雇佣劳动数量以追求税后利润的更大化。

在完成了逆向求解的第一步——企业 L 和 w 对 t 的反应之后，第二步就是考察政府的决策。政府决策和企业决策的不同之处在于政府具有先发优势。因此，政府决策就是在给定上述企业决策变量 L 和 w 对税率 t 的反应函数，最大化其目标函数。为求解方便，首先将公式(9)对数化，同时将(14)、(15)、(16)、(17)式代入整理得到：

$$\max_t \ln G=(\theta-1)\ln t+(1+\beta-\theta)\ln(w-x)+(\theta-2)\ln w-\beta\ln x+\ln m \quad (18)$$

根据前文分析 $w=\dfrac{x}{1-\beta}$，可得 $w-x=\beta w$ 和 $x=(1-\beta)w$，再次代入上式进一步化简整理得到政府具有先发优势的策略选择最大化目标函数为：

$$\max_t \ln G=(\theta-1)\ln t-\ln w+A \quad (19)$$

其中 $w=\dfrac{(1-bu_0-b\lambda t)}{1-\beta}w_g$，常数 $A=\ln m+(1+\beta-\theta)\ln\beta-\beta\ln(1-\beta)$

求解(19)式关于 t 的一阶条件为：

$$\dfrac{\partial \ln G}{\partial t}=\dfrac{\theta-1}{t}-\dfrac{w_t}{w}=0 \quad (20)$$

将 w 和 w_t 代入上式求解,最终得到政府的最优税率为:

$$t = \frac{(1-\theta)(1-bu_0)}{(2-\theta)b\lambda} \tag{21}$$

为了使模型的讨论更具有现实经济意义,我们假定税率 t 中的各个因子都为正,即其中的 $1-bu_0 > 0$。此时 $t > 0$,排除考虑政府补贴企业情况的可能。

命题2:政府通过选择税率 t 参与到与投资企业的两阶段行为互动中,最优的均衡税率与政府对强制性反哺的偏好程度成反向相关关系,与地区农民摆脱传统农业低工资的愿望程度成反比例关系。

由(21)式将 t 变换形式得: $t = \frac{1-bu_0}{b\lambda} * \frac{1}{1+\frac{1}{1-\theta}}$ 或者 $t = \frac{1-\theta}{(2-\theta)\lambda} * \left(\frac{1}{b}-u_0\right)$,显

然可见 $\frac{\partial t}{\partial \theta} < 0$ 和 $\frac{\partial t}{\partial b} < 0$,因此,最优税率随着政府对强制性反哺偏好程度的增加而降低,随着本地区农民转移到现代工业部门就业以获得较高工资愿望的增强而降低。

通过命题发现,随着政府对在工业反哺农业的过程中发挥自己作用的愿望增强,最优税率却降低。这一点,颇有玩味之处。税率 t 作为政府的唯一工具变量,承担着招商引资和执行强制性反哺的双重功能,而政府的最优目标为这双重目标的综合体现。政府自身参与反哺过程的愿望强烈并试图提高税率,但是在互动框架中,均衡税率由政府和投资企业的策略行为共同决定。如果企业预期到政府有这样的强烈欲望并可能顺其意图,企业会认为政府将提高税率,则个别企业的 L 和 w 会做出调整,同时由于可能的投资企业数量 $N(t) = \frac{m}{t}$ 随税率 t 的提高而将会减少,直至造成政府对整个地区投资企业可能征到的税收总量减少,带来"得不偿失"的局面,因此,政府最优的均衡税率反而随着 θ 的增加而有向下调整的压力,最终的结果是降低税率会使政府所偏好的强制性反哺的能力和功能有所增强。通过上述分析和 $\frac{\partial t}{\partial \theta} < 0$ 的结论可以得出农业与农村的发展、现代工业部门对农业的反哺应该是一个相对强调市场机制调节的过程,虽然政府有着良好的愿望——通过征税实现强制性反哺农民、反哺农村,但却不被微观经济主体的市场化互动策略行为接纳。因此,政府应该抛弃为民谋

利的传统思维和方法，提高市场意识，在保证一定税收收入的基建、社保等强制性反哺基础上，认识到自然反哺与强制性反哺的互补性，同时坚持工业反哺农业的市场导向型反哺路径，更多地让市场机制发挥作用而获得反哺效率的提高：市场观念强的政府——θ 的降低反而政府的征税能力提高。

$\frac{\partial t}{\partial b}<0$ 表达了该地区农民对于摆脱农业低工资状态的诉求程度或亦可看成当地农民的进取心理越强烈，政府的最优税率应该越低。本地区劳动力的这种心理越强烈，越需要借助非农产业的现代工业部门产业发展，需要工业部门对剩余劳动力的大量吸收并支付相对高于传统农业工资。通过模型可以看出，这种愿望的满足主要通过单个企业雇用劳动力的增加或者增加本地区工业投资企业的数量实现。政府随着 b 增加而降低税率的政策在一定程度上顺应了民意，同时通过增加投资企业数量更大规模地实现剩余劳动力转移。

命题 3：在通过农村产业升级实现工业反哺农业、农村的过程中，现代工业部门的投资企业在追求税后利润最大化的过程中对 L 和 w 的选择与本地区农业部门剩余劳动力渴望转移就业的诉求之间存在着完美的供需匹配。

将政府所确定的最优均衡税率 $t=\frac{(1-\theta)(1-bu_0)}{(2-\theta)b\lambda}$ 代入投资企业 L 和 w 的最优反应函数中可得到投资企业所雇佣劳动力和支付工资的最终表达式。即代入(14)和(15)得

$$w=\frac{(1-bu_0-b\lambda t)}{1-\beta}w_g=\frac{(1-bu_0)}{(1-\beta)(2-\theta)}w_g \tag{22}$$

$$L=\frac{e}{w^2}=\frac{(1-\beta)^2(2-\theta)^2 e}{(1-bu_0)^2 w_g^2} \tag{23}$$

通过对上两式的代数运算可以得出 $\frac{\partial w}{\partial b}<0$ 和 $\frac{\partial L}{\partial b}>0$，随着农业剩余劳动力就业转移诉求的渐愈强烈，肩负着吸收剩余劳动力的农村工业部门投资企业遵循税后利润最大化的准则做出调整最优雇佣劳动力数量和工资率。选择的结果是随着 b 的增加，企业雇用更多的劳动力同时降低工资率。由于 $x=(1-bu)w_g$，若其中 b 较大，意味着农民对就业于传统农业获得的工资打上的折扣也较大，对农业工资评价降低，投

资企业可以保持高于这一评价的基础上降低工资支付同时增加所雇佣劳动力以追求税后利润最大化。

此结论具有强烈的现实意义，正如命题中所指出的企业对 L 和 w 的选择与本地区农业部门剩余劳动力渴望转移就业的诉求之间存在着完美的供需匹配，也就是说通过发展农村工业能形成对农业、农村的有效反哺。目前，我国农业、农村存在着大量的剩余劳动力需要转移，同时在致富观念日益深入人心的情况下，农民摆脱传统农业禁锢、增加收入提高生活水平的诉求也越来越强烈。此时，发展农村工业正适时所需，而且工业部门也会相应扩大对剩余劳动力的吸收，尽管转移的劳动力承担了工资率一定程度降低的代价；另一方面，结合命题② $\frac{\partial t}{\partial b} < 0$，在 b 增加时，政府顺应民意降低税率以吸引更多数量的投资企业。因此，本地区农民转移就业的愿望可以同时通过个别企业扩大雇用劳动力数量和增加当地投资企业的数量两个途径得到满足，并且随着这种愿望的增强，两条途径都会做出调整以增加对剩余劳动力的吸收，所以，我们得出通过发展农村工业产业对实现劳动力转移供需的完美匹配。虽然，在这一匹配实现的过程中，工业部门的工资率降低了，但仍然高于传统农业部门的低工资，这一点可由 $w = \frac{x}{1-\beta} > x$ 看出。以 $w > x$ 为基础的相对低的工业部门工资而更大规模数量的农业剩余劳动力获得转移，对目前我国农村剩余劳动力无限供给、许多地区剩余劳动力转移还处于初期以及城乡差距逐渐拉大的状况极具指导意义。

同时，在这一匹配实现的过程中，更多体现的是市场机制的巨大作用，通过雇佣更大数量的剩余劳动力和支付高于传统农业工资的工资率而实现的"自然反哺"过程，强制性反哺随着税率 t 的降低而相对的弱化。因此，在解决工业反哺农业的过程中，市场机制作用的发挥应该是主导性的。

命题 4：农业、农村剩余劳动力的进取心理在农村工业反哺农业的过程中有着重要影响：随着这种心理的增强，通过政府和企业的策略互动调整，使得在工业部门获得较高工资率的"自然反哺"收入、"强制性反哺"的税收收入与单个投资企业的税后利润同时增加。

政府面对强制性反哺的税收收入为 $T = t(Y - wL) * N(t)$，较高工资收入的自然

反哺为 $B=(w-x)L*N(t)$，将 $\pi^*=Y-wL=\dfrac{e}{w}$、$w=\dfrac{x}{1-\beta}$ 以及 $N(t)=\dfrac{m}{t}$ 代入 T 和 B 中整理得到：

$$T=m\pi^*=\frac{me}{w}=\frac{(2-\theta)(1-\beta)me}{(1-bu_0)w_g} \tag{24}$$

$$B=\beta wL\frac{m}{t}=\beta\frac{e}{w}\frac{m}{t}=\frac{(2-\theta)^2(1-\beta)b\lambda\beta me}{(1-\theta)(1-bu_0)^2 w_g} \tag{25}$$

同时，单个企业税后利润 $\pi=\pi^*-t\pi^*$ 为：

$$\pi=\frac{(2-\theta)(1-\beta)e}{(1-bu_0)w_g}-\frac{(1-\theta)(1-\beta)e}{b\lambda w_g} \tag{26}$$

通过对式(24)、(25)和(26)的观察和运算，容易得到 $\dfrac{\partial T}{\partial b}>0$、$\dfrac{\partial B}{\partial b}>0$ 以及 $\dfrac{\partial \pi}{\partial b}>0$，即政府税收收入 T、高出传统农业的工资收入 B 以及企业利润 π 三者都与 b 成正向相关关系。在 $\dfrac{\partial t}{\partial b}<0$ 情况下，随着农民转移就业愿望的增强，政府顺应民意降低税率，虽然对单个企业所征税收相对减少，但却可以吸引更多的投资企业从而有更多的企业纳税，最终用于强制性反哺的税收收入不降反升。同时，在市场机制的作用下，随着 b 的增加，投资企业做出降低工资率增加雇用劳动力数量的调整，最终税后利润也增加。单个企业雇用数量增加的同时投资企业数量也在增加，满足了农民 b 增加的诉求，代表自然反哺的高出传统农业的工资收入 B 也最终增加。$\dfrac{\partial T}{\partial b}>0$、$\dfrac{\partial B}{\partial b}>0$ 以及 $\dfrac{\partial \pi}{\partial b}>0$ 进一步验证了通过发展农村工业吸收农村剩余劳动力，并借此形成的对农业、农村的反哺具有符合市场机制的可行性以及供需匹配的完美性。

中国农业、农村存在大量剩余劳动力，这是我国的基本国情，也是我国目前的比较优势所在(林毅夫，1994)，因此顺利实现剩余劳动力从传统农业部门转移到现代工业部门是工业反哺农业的核心机制，政府和企业是该核心机制运行的行为主体。中国工业反哺农业基本模型的构建立足于中国农村产业升级发展，通过对微观行为主体政府与工业投资企业之间互动行为分析，提出缩小城乡收入差距的"强制性反哺"和"自然反哺"两条反哺路径，相对强调了市场机制作用发挥下的自然反哺过程。

三、模型的扩展与实证

为提高模型对现实问题考察的深度、增强其对现实的指导意义，我们对基础模型进行扩展，以农村剩余劳动力转移为核心，进一步深入论述我国农村发展过程中工业反哺农业的机制与模式。

基础模型的分析对象是一个存在着大量剩余劳动力的生产率落后的农业地区。在图 18.2 中，假定当地的劳动力总数量为 L^*，并在此范围内"无限供给"，因而劳动供给曲线 S 呈水平状态；D_g 为传统农业的劳动需求曲线，斜率为负。D_g 和 S 交点形成初始状态下传统农业对劳动力的有效雇佣量 L_g 和工资水平 w_g。因当地劳动力总量为 L^*，同时 $L_g < L^*$，形成了 $L^* - L_g$ 数量的剩余劳动力。由于排除了流向城市就业的可能性，同时，当地不存在现代工业部门，所以此部分剩余劳动力只能滞留于农业部门，造成农村劳动力的浪费。另一方面，二元经济中的农业部门按照传统的家庭农业方式经营，农民收入按照平均产品原则进行分配，在一个劳动力无限供给的地区，按平均原则分配的农民工资收入会在原有基础上存在一个折扣，形成更低的工资水平评价 x，且 $x = (1 - bu)w_g$，即农业真实的工资水平表现为图 18.2 中的 x。

图 18.3 表示政府通过招商引资使当地具有现代工业部门的生产，即现代产业投资，D_m 为投资企业对劳动力的需求曲线。通过投资企业的最优选择形成了对剩余劳动力一定数量的吸收 L（从右向左）和较高的工资支付 $w = \dfrac{x}{1-\beta}$。由于农村工业部门的发展对劳动力转移的贡献，减少了剩余劳动力的存在，此时农村剩余劳动力还有 $L_g L$。同时，由于劳动力的转移 L 和工资 $w > x$，形成了现代工业部门对农业、农村的自然反哺，图 18.2 中矩形 $MxwE_m$ 面积即为此种类型的反哺。而政府通过税收收入的强制性反哺（图中未画出）是对企业利润的部分占有，可以直接补贴于未获转移的剩余劳动力。

通过吸引更多现代工业部门投资企业而在当地形成工业集群以实现现代工业部门在更大程度上对农业、农村的反哺，是对基础模型的第一个引申扩展。在第二部分，我们由 $\dfrac{\partial T}{\partial b} > 0$、$\dfrac{\partial B}{\partial b} > 0$ 以及 $\dfrac{\partial \pi}{\partial b} > 0$ 得到政府应该顺应剩余劳动力转移的强烈欲望降低税率，更多地发挥劳动力自由转移等自然反哺的市场机制作用，以获得工业反哺农业效率的提高。此种反哺效率提高的重要环节是税率的降低,引致投资企业种群数量增加,深刻地体现了工业集群在工业反哺农业、农村产业过程的巨大作用。

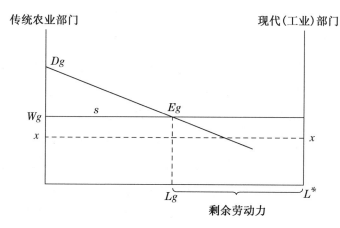

图 18.2　传统的农业生产状况

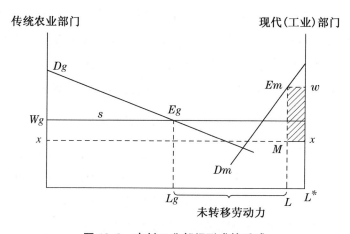

图 18.3　农村工业部门形成的反哺

　　命题 5:通过降低税率促进农村工业集群发展,以农村产业发展升级实现对农业、农村的自然反哺,有效地增加剩余劳动力的转移,并增加反哺的惠及面及反哺效率。

　　观察图 18.4,假设初始时刻投资企业的数量为 N,形成对劳动力的需求曲线为 D_m,且企业在同政府的互动中选择了最优的 L 和 w。现在,由于考虑到农民实现劳动力转移的愿望较为强烈,政府和企业都调整了最优决策,政府降低税率,单个企业在降低工资率的基础上扩大雇佣数量,此时现代工业部门新的均衡工资率为 w'。对于新的剩余劳动力的转移数量不仅仅是在原有投资企业数量的基础上依靠单个企业雇工数量的增加而增加,同时还随着税率的降低,农村工业部门的投资企业数量会增加到 N'。因为 $N'>N$,工业部门对劳动力的需求曲线左移至 D'_m,最终形成的均衡是工资率为 w' 和更大规模的剩余劳动力转移 L',伴随着的是更大规模的自然反哺:面积 $Nxw'E_m'>MxwE_m$、更多的税收收入以及上升的企业利润。

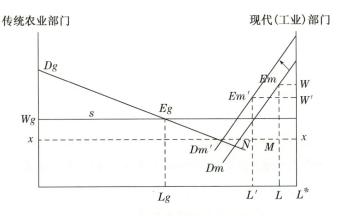

图 18.4　投资企业数量增加时的反哺

在工业反哺农业、农村的过程中,工业集群——特别是大量中小企业集群的出现是市场机制运行规律的结果,符合我国目前农村生产力发展水平。其以转移剩余劳动力为核心机制的反哺农业、农村的积极意义已被理论与实践证明。以浙江省桐庐县分水镇(2002 年,被国家命名为“中国制笔之乡”)制笔产业集群为例(邱学文,2002;李毅,2005),该镇人口不足 4 万,1998 年以后圆珠笔生产企业集聚发展,至 2005 年,分水镇制笔企业 630 家,以制笔为主导的企业 1290 家,另有各类工商户 3000 余家,销售的各类笔达 45 亿支。现代工业部门的发展实现了农业剩余劳动力的大规模转移,该镇直接从事圆珠笔生产的人数从 2000 年的近万人上升到 2001 年的 1.5 万人左右,现在每年吸纳从业人员 10000 余人。

农村工业集群在反哺农业、农村过程中的重要优势在于其拥有数量众多的小企业,而不是借助于单个大企业的发展,因为通过模型分析可以发现对农民而言,单个企业最优的雇佣数量和工资存在着此长彼消的互动性，而通过农村工业集群增加中小企业数量却能在工资略有降低的情况下大规模增加剩余劳动力转移，并实现自然反哺的增加。这一点在农村工业起步阶段以及剩余劳动力转移的初期有着重要意义，招商引资的重点应该是大量中小企业的出现、集聚，而不应该舍重就轻盲目追求大型企业的投资生产。仍以分水镇为例，2001 年 450 家企业中，产值上千万元的企业仅有 5 家，多数企业产值处于 500 万元到 1000 万元之间，还有 50 家企业在 500 万元以下。

在基础模型分析时，我们假设企业同质化，现在放松这一假设作为基础模型的第二个引申扩展。我们不细微考察各个企业的具体差别，只关注投资企业与农业产业关联程度强弱不同所带来的影响以及就此导致的农村工业反哺农业、农村的不同模式。我们将农村现代工业部门的发展分为两类：一类是投资企业的产业与农业生产的产业关联程度比较强，称为关联产业投资，即农业产业化，这类投资能够增强企业对农业生产的辐射效应；另一类是投资企业与农业的产业关联程度比较弱，称为非关联产业投资，如在农村地区投资设立塑料玩具的加工工厂，其影响更多地体现在企业自身对剩余劳动力的吸收。

命题 6：在通过发展农村工业产业实现反哺的过程中，产业发展最优路径是在充分考虑地区资源禀赋基础上恰当地选择升级产业与传统农业的产业关联度，以适当的产业模式增强优势产业吸收剩余劳动力的辐射效应及可持续性。

假定当地经济初始时刻处于图 18.2 中的传统农业生产状态，传统农业的有效就业劳动力数量为 L_g、工资为 w_g，即图 18.4 中的均衡点 E_g。政府招商引资后，当地具有了现代工业部门的生产，但图 18.5 与图 18.3 的区别在于前者表示投资企业与传统农业具有较强的产业关联程度，对农业具有较强的辐射效应，例如农产品加工类企业等。这类投资企业的出现使农业产业化具有了现实的可能性，逐步形成市场促产业、产业带企业、企业联农户的纵向一体化生产经营体系。农业产业化的推进实现了农业生产向产前和产后的延伸，把大量的农村剩余劳动力推向了农业产业化链条中的诸多环节；另外由于对农产品市场需求的扩大，在企业自身增加剩余劳动力吸收的同时使得农业在更广意义上也增加对劳动力的吸收，即所谓"现代化的大农业"对劳动力的吸收。因此，在图 18.5 现代工业部门出现的同时，由于其与农业较强的产业关联度而使得传统农业对劳动力的需求曲线由 D_g 向右移至 D'_g。最终在工业部门吸收剩余劳动力的同时,农业也增加了对劳动力的有效吸收,由 L_g 增加到 L'_g。

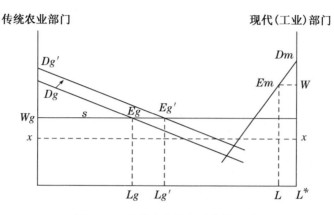

图 18.5　关联产业投资形成的反哺

由此可见,与传统农业产业关联程度强的投资企业能够扩大剩余劳动力的转移,为此,我们在工业反哺农业、招商引资的过程中,对于投资企业应该有所筛选,不能过于盲目,而要将招商引资、工业反哺农业与地区资源禀赋以及历史传统等联系起来,实现优势产业升级发展以及剩余劳动力转移的有效性和可持续性,最终形成中国农村、农民可持续的收入增长机制。中国目前以剩余劳动力转移为核心、充分结合地区资源禀赋选择适当农村工业产业类型,实现对农业的反哺正是比较优势战略(林毅夫,1994、2004)在工业反哺农业过程中的有效应用与实施。

地区间的资源禀赋存在较大差别,适合地区发展的产业及农业产业关联度强弱也呈现异质性。正是这种与农业关联度强弱的差别形成了工业反哺农业、农村的不同模式。以区域的比较优势和市场导向为基础,做好长远的区域产业规划,引导建立有竞争力的优势主导产业,并注意关联带动,引导关联产业企业的进入和发展,构建自我循环与自我发展的复合型产业区(郑凤田、程郁,2005)。如云南斗南花卉产业区、各地逐渐兴起的生态旅游等都是属于农业产业化类型的工业反哺农业、农村模式;而江苏苏州 IT 产业集群、浙江嵊州的领带产业等属于与传统农业非关联产业的反哺模式。

四、结论与政策建议

在区分强制性反哺和自然反哺两种方式的基础上，本章主要从独特的行为主体视角，构建微观经济主体政府与工业投资企业之间互动的行为模型，对中国农村工业反哺农业、工农协调发展的机制进行考察，并对中国工业反哺农业这一复杂问题的解决提出初步政策建议。

1. 农村工业产业的发展能够逐步吸收剩余劳动力，并使转移劳动力获得较高于传统农业部门的工资，由此形成自然反哺过程。因此，鼓励资金、技术等资源流向农村投资，发展农村工业吸收剩余劳动力，实现农民"离土不离乡"的农村内部转移，提高就业收入，同时实现农业自身生产效率提高。另一方面，中小企业是吸收农村剩余劳动力的主力军，鼓励对农村中小企业投资，并形成农村工业集群且技术能力逐步高度化（安同良，2003）。

2. 认识到强制性反哺和自然反哺的互补性，同时强调市场机制实现农村产业发展对农业、农村的反哺。模型区分了工业对农业、农村的自然反哺和强制性反哺两种方式，并指出自然反哺实现的可能性和有效性以及强制性反哺在政府干预愿望强烈时所出现的悖论。在利润最大化的驱动下，工业部门在农村广泛投资设厂正是市场机制作用的结果。遵循市场规律招商引资，相对弱化政府强制性反哺。当然，政府在工业反哺农业过程中仍负有重要职责，要逐步建立和完善农村劳动力就业服务与管理、改善投资环境、完善户籍制度、加快农村金融体制改革与基础设施建设、构建农村社会保障体系等。

3. 选择适合地区资源禀赋的优势产业发展反哺模式。要素禀赋是产业结构动态变化的主要决定因素（Trevor A. Reeve，2006），通过农村工业反哺农业、农村，其核心机制是剩余劳动力的吸收转移，但由于地区间的资源禀赋存在较大差别而形成了两种具体的有差别的反哺模式。劳动力转移应该以具体的产业为依托，各地区应该在充分调查研究的基础上，做好产业规划，使现代工业部门的投资与当地要素禀赋及经济发展更好地结合起来。

4. 提高农民的进取意识和劳动者素质水平。农民摆脱传统农业低工资的进取心越强烈，愈能提高强制性反哺与自然反哺的效率。为此，要树立以人为本的发展观,努力培育和促进农民参与发展的愿望,对农民进行激励教育、忧患教育。通过人力资本的改良为农村产业发展升级做准备。

参考文献

［1］安同良.《中国企业的技术选择》,《经济研究》,2003(7).

［2］陈吉元、胡必亮.《中国的三元结构与农业剩余劳动力转换》,《经济研究》,1994(4).

［3］艾利思.《农民经济学》,中译本,上海人民出版社,2006.

［4］简新华、何志扬.《中国工业反哺农业的实现机制与路径选择》,《南京大学学报》,2006(5).

［5］高帆.《论二元经济结构的转化趋向》,《经济研究》,2005(9).

［6］高帆.《交易效率、分工演进与二元经济结构转化》,上海三联书店,2007.

［7］蒋省三、刘守英.《土地资本化与农村工业化——广东省佛山市南海经济发展调查》,《管理世界》,2003(11).

［8］李克强.《论我国经济的三元结构》,《中国社会科学》,1991(3).

［9］李毅.《分水镇制笔产业集群》,《中国产业集群》第1辑,机械工业出版社,2005.

［10］林毅夫等.《中国的奇迹:发展战略与经济改革》,上海三联书店,上海人民出版社,1994.

［11］林毅夫.《自生能力、经济发展与转型——理论与实证》,北京大学出版社,2004.

［12］马晓河、蓝海涛、黄汉权.《工业反哺农业的国际经验及我国的政策调整思路》,《管理世界》,2005(7).

［13］聂辉华.《新兴古典分工理论与欠发达区域的分工选择》,《经济科学》,2002(3).

［14］平新乔.《微观经济学十八讲》,北京大学出版社,2004.

［15］邱学文.《中国农村集群型企业的特点、趋势与推广条件》,《中国农村经济》,2002(8).

［16］任保平.《工业反哺农业:我国工业化中期阶段的发展战略转型及其政策取向》,《西北大学学报》,2005(7).

［17］王西玉、崔传义、赵阳.《打工与回乡:就业转变和农村发展——关于部分进城民工回乡创业的研究》,《管理世界》,2003(7).

［18］吴敬琏.《当代中国经济改革:战略与实施》,上海远东出版社,1999.

[19] 西奥多·W.舒尔茨.《改造传统农业》,中译本,商务印书馆,1999.

[20] 杨小凯.《经济学——新兴古典与新古典框架》,社会科学文献出版社,2003.

[21] 袁志刚.《失业经济学》,上海三联书店,上海人民出版社,1997.

[22] 郑风田、程郁.《从农业产业化到农业产业区——竞争型农业产业化发展的可行性分析》,《管理世界》,2005(7).

[23] Francois Borrissoourguignon and Christian Mn. "Inequality and Development: the Role of Dualism", *Journal of Development Economics*, Vol. 1998(57): 233 - 257.

[24] Jhon C. H. Fei and Ranis. *Development of the Labor Surplus Economy: Theory and Policy.* Irwin, 1964.

[25] Harrist, J. R and Todaro, M. P.. "Migration, Unemployment and Development: a Two Analysis", *American Economic Review*, Vol. 1970(60): 126 - 142.

[26] Jacob L. Weisdorf. "From Domestic Manufacture to Industrial Revolution: Long-run Growth and Agricultural Development", *Oxford Economic Papers.* Vol. 2006(58), Iss. 2, 264 - 287.

[27] Jorgenson. "Surplus Agricultural Labor and the Development of a Dual Economy", *Oxford Economic Papers*, Vol. 1967(19). No. 3, 288 - 312.

[28] Lewis, W. A., "Economic Development with Unlimited Supply of Labor", *The Manchester School of Economic and Social Studies*, 1954(22): 139 - 191.

[29] Lawraence H. Summers. "Relative Wages, Efficiency Wages, and Keynesian Unemployment", *American Economics Review* Vol. 1988(78): 383 - 388.

[30] Trevor A. Reeve. "Factor Endowments and Industrial Structure", *Review of Internationarl Economics*, 2006, 14(1): 30 - 53.

[31] Yasusada Murate. "Rual-urban Interdependence and Industrialization", *Journal of Development Economics*, Vol. 2002(68): 1 - 34.

（原文载于:安同良、卞加振、陆国庆.《中国工业反哺农业的机制与模式:微观行为主体的视角》,《经济研究》,2007 年第 7 期）

第十九章　中国经济增长的动力来源与转换展望
——基于最终需求角度的分析

内容提要：基于最终需求视角分析中国经济增长的动力来源，可以为中国经济发展模式转变提供新的思路。本章利用国家统计局的投入产出数据，使用非竞争型投入产出模型，对 1987—2007 年间中国经济增长的动因进行了系统分析。结果表明：(1) 包括消费、投资及出口在内的最终需求对于我国经济的拉动效果呈现下降趋势，当前经济的生产诱发效果重心主要在工业部门，且迅速地从轻工业向重工业转移；(2) 1987—2007 年间中国经济的依存结构发生了本质变化，经历了从"内需依存型"向"出口导向型"转变；(3) 中国经济增长主要来源于最终需求的拉动，但动力来源结构在此期间发生了根本性的变化。最后，本章结合实证分析结果对中国经济发展方式转变提供了相关建议。此外，本章推广了刘遵义等人的结论。

关键词：最终需求；经济增长；投入产出；诱发依存结构

一、引　言

中国经济自改革开放以来取得了举世瞩目的成就，从 1979 至 2009 年，中国 GDP 年平均增长率接近 10％，人均 GDP 由改革开放前不到 300 美元增加到当前的 3500 美元左右，一跃成为当今仅次于美国的世界第二大经济体。作为 13 亿人口的大国，中国不但摆脱贫困，实现了经济腾飞，而且在持续 30 年的高速增长之后，中国经济仍然保持近百分之十的年均增长速率，这一巨大变化被国内外一些学者称为"中国奇迹"或"中国经济增长之谜"。

找出中国经济三十年来高速增长背后的驱动因素，了解动力来源在增长过程中的演变路径,对于中国未来的长期繁荣具有极其重要的意义。一般来说,目前国内外学者将中国经济高速增长归因于生产要素投入、技术进步和制度的创新。蔡昉(1999)发现在中国经济增长的贡献中,劳动要素的重新配置发挥了显著的作用。以吴敬链(2006)为代表的部分学者认为,中国经济增长主要依赖于生产要素特别是资本的投入,并通过资源的消费来维持经济的增长,因此是一种粗放式的经济增长方式。新增长理论认为,要素投入的增加只有在技术进步的条件下才能推动经济的持续增长,针对中国经济增长依赖高投入驱动型增长方式的观点,赵志耘等(2007)等认为,中国经济增长中存在着明显体现在设备资本中的技术进步,物质资本积累与技术进步的动态融合是我国经济增长的一个典型事实。与以上观点不同的是,制度经济学理论认为政治制度和产权制度先于经济发展并决定经济增长(Acemoglu et al.,2004),资本与劳动仅仅是经济增长的手段,是经济增长的结果。具体到中国而言,学者们普遍认为改革开放以来制度变迁是推动中国经济增长的主要因素,认为比较优势和发展战略(林毅夫,2004)、竞争和产权制度(刘小玄,2003)、市场化和经济体制改革(樊纲等,2003)、地方政府的经济分权与竞争(张军,2007)对我国经济增长具有决定性影响。

　　对相关文献的综述可以看出,包括劳动、资本在内的生产要素对中国经济高速增长发挥了积极的作用,而技术进步和制度变迁提高了生产要素的配置和使用效率。实际上,无论是生产要素的投入,还是技术进步和制度变迁,都是从供给的角度分析中国经济增长的动力来源。与以上研究不同,部分学者从需求视角对中国经济增长给出更为直接的解释。由于中国近年来采取出口导向战略并取得成功,许多学者纷纷从国际贸易的视角研究出口与中国经济增长之间的关系。早期的相关文献(朱文辉,1999;彭福伟,1999)利用支出法国民收入恒等式进行了研究,认为进出口贸易对于中国经济的影响并不明显。林毅夫等(2003)利用乘数分析对该核算方法进行了修正,认为出口的增长除了直接推动经济增长之外,还对消费、投资以及政府支出造成影响,因此间接刺激经济的增长。

　　实际上,消费、投资和出口之所以被认为是拉动经济增长的"三驾马车",是因为作为社会总需求的重要组成部分,它们通过各产业部门间技术经济联系和产业波及效应,对国民经济各产业部门产生直接或间接的生产诱发作用,进而直接影响了整个国民经济增长的速度和质量。因此,利用支出法来直接度量最终需求对于中国经济增长的贡献,一方面数据获得及处理的难度相当大,另一方面也难以客观认识到其对中国经济增长的全面影响。由于利用支出法面临以上的不足,近年来国内外学者利用投入产出技术,测算包括出口在内的需求对于本国经济增长的贡献率,并取得了丰硕的成果(Hummels, Ishii, and Yi , 2001;Yi, 2003)。刘遵义等(2007)构建一种反映中国加工贸易特点的非竞争型投入产出模型,提出了一种测算出口对于国内增加值和就业效应的计算方法,并由此计算中美两国贸易对于各自国内增加值与就业的影响。Koopman(2008)通过贸易数据对中国投入产出数据进行了修正,认为中国出口商品中约有一半增加值是在境外实现的,一些主要采取加工贸易的行业该比例高达80%。与以上文献侧重于研究出口贸易不同,沈利生(2009)同时测算了消费、投资和出口作为"三架马车"对于中国经济增长的拉动作用,认为2002年以来消费的拉动作用在下降,出口的拉动作用在上升,因此必须扩大消费的拉动作用,使经济发展方式向消费、投资、出口协调拉动转变。

　　最终需求和中国经济增长的相关研究虽已取得较为丰硕的成果,但遗憾的是,现有文献主要以中国经济的诱发依存结构为研究对象,并没有从最终需求角度对中国经济增长动力来源进行深入研究。实际上从最终需求的视角来看,包括消费、投资和出口的三驾马车对于经济增长驱动的效应是动态变化的。最终需求驱动效应的调整和变化,既给中国经济高速增长带来持久的动力源泉,但同时也导致了中国经济呈现粗放型增长和过于依赖出口拉动的特点。因此,要进一步寻找中国经济未来的增长动力来源,首先必须从最终需求的角度破解中国经济增长之谜,了解中国经济高速增长过程中的动力变化过程。本章利用结构分解方法,将经济增长分解成受三驾马车驱动和投入产出结构变动影响两部分,深入分析中国经济增长的动力来源。除此之外,本章的可能创新还包括以下几个方面:(1)我们定义了增加值诱发系数的概念,从而较为准确地测算了包括出口在内的三驾马车对于经济增长的驱动效果;(2)本章进一步推广了刘遵义等(2007)的结论,说明任意最终需求在数值上等于相关进口产品中间投入以及国内增加值的总和。

本章安排如下：第一部分，引言；第二部分介绍本章所应用的理论模型及数据来源；第三部分将利用诱发依存度来考察中国经济对于消费、投资以及出口的诱发依存程度，分析最终需求对于中国经济增长的拉动程度和结构；第四部分将针对中国的经济增长进行成因分解分析，分析中国经济增长动力来源及其演变过程；最后则根据本章的结论对中国经济未来增长的动力源泉进行展望。

二、理论模型与数据来源

1. 理论模型

由于中国统计局公布的投入产出数据为进口竞争型，在使用过程中并不区分国内产品和进口产品，不能直接测算最终需求对于中国经济增长的影响。因此，为得到包括消费、投资以及出口需求对于中国经济增长的驱动关系，我们首先需要将国内产品和进口产品区分开，得到非竞争型投入产出数据表，具体如下。

表 19.1　（进口）非竞争型投入产出表①

	中间使用	最终使用				国内总产出及进口
		消费	资本形成	出口	合计	
国内产品中间投入	$A^d X$	F_c^d	F_{in}^d	EX	F^d	X
进口产品中间投入	$A^m X$	F_c^m	F_{in}^m		F^m	M
增加值	V					
总投入	X					

在表 19.1 中，V 和 X 分别表示国内增加值和总产出向量，$A^d X$ 和 $A^m X$ 代表生产过程中国内产品和进口产品的直接消耗向量，其中 A^d 表示国内产品的直接消耗系数矩阵，A^m 表示进口产品的直接消耗系数矩阵。F^d 和 F^m 分别表示国内产品和进口品的最终使用向量，其中国内产品的最终使用由三部分组成，用消费向量 F_c^d、资本形成向量 F_{in}^d 和出口向量 EX 表示；与国内产品不同的是，进口产品一般不直接用于

---

①　字母右上标 d 代表国内产品，m 代表进口产品。

出口,因此其最终使用 F^m 由消费 F_c^m 和资本形成 F_{in}^m 两部分组成,M 代表进口产品列向量。

根据投入产出表的特性,以上非竞争型投入产出模型在水平上存在两组均衡方程式:

$$A^d X + F_c^d + F_{in}^d + EX = X \qquad (1)$$

$$A^m X + F^m = M \qquad (2)$$

其中,(1)式表明国内总产出等于国内产品的中间需求与最终需求之和,(2)式说明进口产品数量等于进口产品的中间需求加上最终需求。为了得到国内总产出与消费、投资以及出口"三架马车"之间的关系,可以将(1)式进一步转化为:

$$X = (I - A^d)^{-1} F^d = (I - A^d)^{-1} F_c^d + (I - A^d)^{-1} F_{in}^d + (I - A^d)^{-1} EX \qquad (3)$$

通过(3)式的分解,国内总产出由三个部分组成,其中 $(I-A^d)^{-1}F_c^d$ 为消费需求诱发产生的国内产出,$(I-A^d)^{-1}F_{in}^d$ 和 $(I-A^d)^{-1}EX$ 分别表示由资本形成以及出口需求诱发的国内产出。进一步的,假设 A_v 为增加值系数矩阵,用对角元素 a_{v_i} 代表 i 部门单位产出所得到的国内增加值的对角矩阵表示,根据投入产出理论,我们可以得到国内增加值的表达式:

$$V = A_v X = A_v (I - A^d)^{-1} F^d \qquad (4)$$

将 $A_v(I-A^d)^{-1}$ 记作 B_v,表示国内增加值的诱发系数矩阵,其元素 $b_{v_{ij}}$ 表示 j 部门单位最终需求诱发产生的 i 部门国内增加值。相应的,可以将国内增加值 V 表示为消费、资本形成与出口需求诱发产生的国内增加值之和:

$$V = V_c + V_{in} + V_{ex} = B_v F_c^d + B_v F_{in}^d + B_v EX \qquad (5)$$

上式中 $B_v F_c^d$ 表示由消费需求诱发产生的国内增加值,同样的,$B_v F_{in}^d$、$B_v EX$ 分别表示由投资及出口诱发产生的国内增加值。有关投入产出的研究中,一般使用生产诱发系数、生产对于最终需求的依存度系数两个指标来衡量最终需求与总产出之间的诱发依存关系(刘志彪和安同良,2009)。为得到三驾马车对于国内增加值的诱发依存关系,我们使用增加值诱发系数和增加值对于最终需求的依存度两个指标,具体定义为:将最终需求所诱发的国内增加值除以相应最终需求数量,则得到最终需求对于国内增加值的诱发强度,被称为增加值诱发系数,该指标表示每单位最终需求诱发产生的增加值数量。将最终需求对于国内增加值的诱发系数向量记作 R，则 R 可以表示为：

$$R_i = B_v F_i^d / \hat{F}_i^d, i=(1,2,3) \tag{6}$$

上式中 F_i^d 分别表示消费、资本形成以及出口需求向量，对应的 $\hat{F}_i^d$ 表示相关的最终需求总量。此外，为了表示国内增加值对于各项最终需求的依存结构，将不同最终需求对增加值的诱发额除以增加值总量，就得到了增加值诱发依存度向量 S：

$$S_i = \vec{V}^{-1} B_v F_i^d, i=(1,2,3) \tag{7}$$

这里 $\vec{V}$ 为各产业国内增加值为对角元素的对角矩阵。通过(6)和(7)式，我们得到国内增加值与不同最终需求之间的诱发依存关系。刘遵义等(2007)在研究加工贸易对于中国经济影响时发现，我国出口商品的价值中只有部分是在国内实现的，出口商品价值总量等于相应国内增加值和完全进口额之和。为了进一步将刘遵义等(2007)的结论推广到消费以及投资等最终需求，我们参照刘遵义等(2007)的表示方式，将最终需求 F^d 诱发的国内增加值总量记为 $uB_v F^d$，并将由于 F^d 所产生的进口中间品总量记为 $uB_m F^d$，其中 u 为全1的行向量，并有 $B_v = A_v (I-A^d)^{-1}$ 及 $B_m = A^m (I-A^d)^{-1}$，则可以得到，定理：

$$uB_m F^d + uB_v F^d = uF^d$$

以上定理说明，不仅仅限于出口贸易，包括消费和投资在内的最终需求价值，同样等于其诱发产生的国内增加值与相关的完全消耗进口中间产品数量之和[①]。为找到影响中国经济增长的原因，本章利用投入产出分析模型可做如下分解：

$$V_1 - V_0 = A_{v1} B_1 F_1^d - A_{v0} B_0 F_0^d \tag{8}$$

正如 Dietzenbacher&Los(1998)所指出的，使用结构分解往往存在"非唯一性问题"，从不同的因素排列顺序进行分解会得到不同的分解形式，在实际应用中，一般采用两极分解法来避免该问题。在该分解法中，以上分解有两种，其中之一为：

$$V_1 - V_0 = A_{v1} B_1 (F_1^d - F_0^d) + A_{v1}(B_1 - B_0) F_0^d + (A_{v1} - A_{v0}) B_0 F_0^d \tag{9}$$

---

①　限于篇幅，略去本定理的证明。读者若有需要，可向作者索取相关证明过程。

另一种分解形式为：

$$V_1 - V_0 = A_{v0}B_0(F_1^d - F_0^d) + A_{v0}(B_1 - B_0)F_1^d + (A_{v1} - A_{v0})B_1F_1^d \tag{10}$$

取两者平均后可得到：

$$V_1 - V_0 = 1/2(A_{v0}B_0 + A_{v1}B_1)(F_1^d - F_0^d) + 1/2[A_{v0}(B_1 - B_0)F_1^d + A_{v1}(B_1 - B_0)F_0^d]$$
$$+ 1/2(A_{v1} - A_{v0})(B_0F_0^d + B_1F_1^d) \tag{11}$$

其中 $(F_1^d - F_0^d) = (F_{c_1}^d - F_{c_0}^d) + (F_{in_1}^d - F_{in_0}^d) + (EX_1 - EX_0)$

又有 $1/2[A_{v0}(B_1 - B_0)F_1^d + A_{v1}(B_1 - B_0)F_0^d] = 1/2[A_{v0}B_0(A_1^d - A_0^d)B_1F_1^d + A_{v1}B_1(A_1^d - A_0^d)B_0F_0^d]$ $\tag{12}$

根据里昂惕夫矩阵的定义，可知：

$$B_0^{-1} - B_1^{-1} = (I - A_0^d) - (I - A_1^d) = A_1^d - A_0^d \tag{13}$$

将(13)代入(12)后可以得到：

$$1/2[A_{v0}(B_1 - B_0)F_1^d + A_{v1}(B_1 - B_0)F_0^d]$$
$$= 1/2[A_{v0}B_0(A_1^d - A_0^d)X_1 + A_{v1}B_1(A_1^d - A_0^d)X_0] \tag{14}$$

将 A_vB 记作增加值诱发系数矩阵 B_v，并将 BF^d 记作 X，因此中国国内增加值增长可以表示为：

$$V_1 - V_0 = \underbrace{1/2(B_{v_0} + B_{v_1})(F_{c1} - F_{c0})}_{\text{国内消费需求变动效应}} + \underbrace{1/2(B_{v_0} + B_{v_1})(F_{in1} - F_{in0})}_{\text{投资需求变动效应}}$$
$$+ \underbrace{1/2(B_{v_0} + B_{v_1})(EX_1 - EX_0)}_{\text{出口需求变动效应}} + \underbrace{1/2(A_{v_1} - A_{v_1})(X_0 + X_1)}_{\text{增加值率变动效应}}$$
$$+ \underbrace{1/2[B_{v_0}(A_1^d - A_0^d)X_1 + B_{v_1}(A_1^d - A_0^d)X_0]}_{\text{中间投入结构变动效应}} \tag{15}$$

通过以上的结构分解，我们将中国经济的增长分解成两大部分，其中一部分是由于消费、投资以及出口三驾马车所直接驱动的经济增长，而另一部分主要解释由于中间投入结构以及增加值率变化所间接导致的经济增长。

2. 数据来源与处理

本章所采用的原始数据主要来自中国统计局所颁布的 1987、1992、1997、2002以及 2007 年五张全国型投入产出表。由于五张表之间的统计口径有所调整，我们进行了部门的合并与调整,合计包括 30 个部门(30 个部门具体包括：农林牧渔业、煤炭开采和洗选业、石油和天然气开采业、金属矿采选业、非金属矿及其他矿采选业、食品制造及烟草加工业、纺织业、纺织服装鞋帽皮革羽绒及其制品业、木材加工及家具制造业、造纸印刷及文教体育用品制造业、石油加工、炼焦及核燃料加工业、化学工业、非金属矿物制品业、金属冶炼及压延加工业、金属制品业、通用、专用设备制造业、交通运输设备制造业、电气机械及器材制造业、通信设备、计算机及其他电子设备制造业、仪器仪表及文化办公用机械制造业、其他制造业、电力、煤气与自来水的生产与供应业、建筑业、交通运输及仓储业、批发和零售业、住宿和餐饮业、金融业、公用及居民服务业、研究与试验发展业、公共管理和社会组织)。有关农业部门、第三产业以及建筑业的价格指数主要是根据历年《中国统计年鉴》中,国内生产总值的当年价与不变价推算得到。由于现行统计中"按行业分的工业品出厂价格指数"分类较粗,不能满足编制可比价投入产出表的需要,因此我们利用相应年份的《中国工业经济统计年鉴》中分行业的当年价和不变价工业产值进行推算,并结合工业品出厂价格指数,得到中国工业部门的价格指数。此外,由于在中国国家统计局历年所公布的投入产出表中,中间使用和最终使用并没有对国内产品和进口产品进行有效区分,本章借鉴张友国(2010)的方法,以按比例的方法将竞争型投入产出表转化为(进口)非竞争型投入产出表。需要指出的是,国家统计局颁布的1987、1992 投入产出表没有区分进口和出口列,我们根据李强和薛天栋(1998)编制的可比价投入产出表估计了出口与进口之间的比例关系,并结合净出口值得到了相应年度的进口和出口数值。

三、中国经济对于最终需求的诱发依存结构

1. 最终需求对于中国经济的诱发结构

通过图 19.1 可以发现,单位最终需求对于我国国内增加值的诱发系数整体上呈现单边下降的趋势,1987 年每单位最终需求约诱发产生 0.93 单位的国内增加值,但在 2007 年该数字仅为 0.81,说明随着我国经济总量的迅速扩大,最终需求对于我国经济的拉动效应呈现出递减特征。进一步深入分析后可发现,消费、投资与出口作为拉动经济增长的三驾马车,对于中国经济增长的诱发效果有所区别,其中消费对于国

内增加值显示出最为显著的诱发效果,在 1987—2007 年间诱发系数始终是最高的,而投资对于经济增长的诱发程度位于消费和出口之间,在分析期间呈现出不断下降的趋势。与前两者相比,出口对于中国经济的驱动效果不但在三者之中是最低的,同时每单位出口需求对于我国经济的诱发效果变化也是最大的,从 1987 年的 0.90 下降到 2007 年的 0.76,在三者之中下降幅度最大。根据上文的分析,最终需求等于其诱发产生的国内增加值与相关的完全消耗进口中间品之和,因此,出口的增加值诱发系数之所以在三驾马车中最低且下降最为明显,说明出口产品中的进口中间品比例较高且持续增高,显然与改革开放以来我国主要通过加工贸易的方式参与国际分工有关。

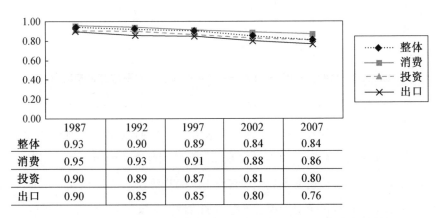

	1987	1992	1997	2002	2007
整体	0.93	0.90	0.89	0.84	0.84
消费	0.95	0.93	0.91	0.88	0.86
投资	0.90	0.89	0.87	0.81	0.80
出口	0.90	0.85	0.85	0.80	0.76

图 19.1　1987—2007 中国经济增加值最终需求诱发系数变化趋势图

为了分析包括消费、投资及出口在内的三驾马车对于中国经济的诱发依存结构,我们进一步分析了最终需求的生产诱发系数。与增加值诱发系数呈现持续下降趋势不同,从图 19.2 中可以发现,虽然在 1997 到 2002 年间稍有下降,但 1987—2007 分析期间整体上却呈现出上升的趋势。以上分析表明,最终需求对于国内增加值和生产值的诱发出现了背离,每单位最终需求在诱发更多产出的同时,却诱发更少的国内增加值。之所以出现这种背离现象,我们认为与中国当前所处的阶段有关。根据日本等发达国家的发展经验,当工业化进入到成熟阶段之后,中间投入规模应该是趋于缩小的(胡秋阳,2006),因此单位生产值中增加值部分的比例应更高一些。我国最终需求对于生产的诱发程度不断升高,而对于增加值的诱发程度不断下降,应该与我国中间投入规模趋于扩大有关,说明我国尚处于工业化的发展阶段,并没有进入到工业化成熟阶段。

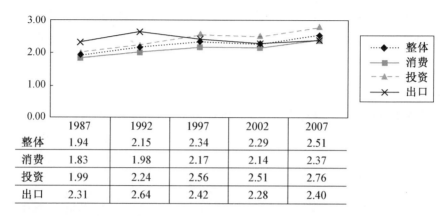

	1987	1992	1997	2002	2007
整体	1.94	2.15	2.34	2.29	2.51
消费	1.83	1.98	2.17	2.14	2.37
投资	1.99	2.24	2.56	2.51	2.76
出口	2.31	2.64	2.42	2.28	2.40

图 19.2　1987—2007 中国经济生产最终需求诱发系数变化趋势图

如果进一步观察,则会发现最终需求对于各部门国内增加值呈现出不同的诱发特征。图 19.3 表明,1987 年每单位最终需求诱发产生的农业部门增加值为 0.33,在三次产业部门中是最高的,说明当时农业部门在我国经济中的重要地位,但在 1987 年之后,农业部门增加值诱发系数呈现直线下降的趋势,到 2007 年仅为 0.06。与农业部门不同的是,最终需求对于第三产业增加值诱发系数在 1992 年之前呈现上升趋势,但在 1992 年之后出现整体下降的迹象,应与中国工业化进程中第二产业快速发展密切相关。在图 19.3 中,第二产业增加值诱发系数在 1987 年仅为 0.28,在三个部门中是最低的,但在 2007 年却增长为 0.54,说明当前我国最终需求主要拉动了以工业为主的第二产业增长。进一步深入工业内部分析,可发现 1997 年之前轻工业和重工业增加值诱发系数均保持快速增长,但在 1997 年之后,包括消费、投资以及出口在内的最终需求对于重工业的诱发程度,要远远超过对轻工业的诱发程度,相反,最终需求对于轻工业的诱发系数却呈现出停滞甚至下降的趋势。由此说明,我国当前的经济重心不但集中在工业部门,而且迅速地从轻工业向重工业转移,说明我国当前已经进入了工业发展阶段的重化工业时期。

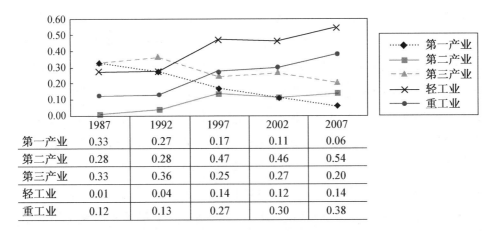

	1987	1992	1997	2002	2007
第一产业	0.33	0.27	0.17	0.11	0.06
第二产业	0.28	0.28	0.47	0.46	0.54
第三产业	0.33	0.36	0.25	0.27	0.20
轻工业	0.01	0.04	0.14	0.12	0.14
重工业	0.12	0.13	0.27	0.30	0.38

图 19.3　1987—2007 中国行业部门增加值最终需求诱发系数变化趋势图

2. 中国经济的最终需求依存结构

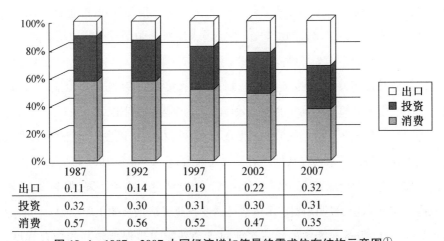

	1987	1992	1997	2002	2007
出口	0.11	0.14	0.19	0.22	0.32
投资	0.32	0.30	0.31	0.30	0.31
消费	0.57	0.56	0.52	0.47	0.35

图 19.4　1987—2007 中国经济增加值最终需求依存结构示意图①

　　图 19.4 表示了我国国内增加值对于最终需求的依存结构,从中可以发现在 1987 到 2007 年间,国民经济对于投资的依存度变化并不大,始终保持在 30% 左右,

---

　　① 由于历年颁布的中国投入产出表中存在着误差项(即表格中"其他"栏),因此部分年份中我国经济最终需求依存度之和并不完全等于1。

但对于消费需求的依存度大幅度减小,对于出口需求的依存度逐步升高。1987年,我国国内增加值对于消费需求的依存度为57%,表示每单位的GDP就有0.57单位是由消费诱发产生的,对于投资需求的依存度为32%,两者之和接近90%,说明我国有约九成左右的GDP是基于消费和投资的诱发,明显属于"内需依存型"。等到了2007年,我国国内增加值对于消费需求的依存度下降为35.5%,而对于出口需求的依存度已经高达32.2%,说明在1987到2007年间中国经济正迅速从"内需依存型"向"出口导向型"转变。在此期间,有一个现象需引起特别的重视,在1978年改革开放到2001年中国加入WTO之前,虽然中国经济的最终需求依存结构在持续改变,但变化的幅度并不显著,具体反映在1987到2002长达十五年期间,中国经济对于出口的依存度从11%上升到22%,但在2001年加入WTO之后,仅在5年的时间内就上升了10个百分点,说明入世对于中国经济产生了深远的影响。需要指出的是,如果直接使用最终需求占GDP的比例来评估三驾马车的拉动效应,可能会高估消费支出和资本形成对于经济增长的影响,而忽视了出口对于中国经济的拉动效应。事实上,消费、投资和出口作为最终需求部分,主要通过国民经济各部门之间技术经济联系和产业波及作用,对国民经济各产业部门产生直接或间接的影响。因此,必须使用投入产出模型来测算三驾马车的拉动效应才更为合理(沈利生,2009)。

进一步对我国各产业增加值的诱发依存结构分析后可以发现,我国三大产业有着截然不同的最终需求依存结构。对于农业而言,在1987到1997年间农业生产对于消费需求的依存度保持在80%左右,尽管在1997之后有所下降,但到2007年仍然保持在65%以上,说明消费需求依然是诱发农业经济增长的主要动力。与农业部门相似的是,以服务业为主的第三产业对于消费需求也保持较高的依存程度,在1987到2007期间始终保持在50%以上,但与农业部门不同的是,第三产业更为依赖于投资和出口需求的拉动,其中对于资本形成的依存度保持在20%左右,而对于出口的依存度则从1987年的10%增长到2007年的23%。与农业和服务业增加值主要依存于消费需求不同,第二产业增加值对于消费需求的依存度相对较低,并在1987年到2007年期间呈现倒"U"型,在1992及1997年期间达到最高点34%左右。投资对于我国第二产业的发展长期以来具有显著的影响,但在1987到2007年期间依存度不断下降,从 1987 年的 74％下降为 2007 年的 36.8％。与投资不同的是,以工业为主的第二产业增加值对于出口依存度持续升高,从 1987 年的 10％上升为 2007 年的 37.4％,出口取代投资成为推动我国工业经济增长的首要动力,说明 20 世纪 90 年代以来,随着中国加入 WTO 并成为全球的制造中心,出口需求对于中国工业经济的重要性与日俱增。

表 19.2　1987—2007 年中国三次产业增加值最终需求依存结构表

	第一产业			第二产业			第三产业		
	消费	投资	出口	消费	投资	出口	消费	投资	出口
1987	0.79	0.1	0.11	0.16	0.74	0.1	0.7	0.2	0.1
1992	0.79	0.09	0.12	0.24	0.62	0.14	0.64	0.21	0.15
1997	0.79	0.11	0.1	0.34	0.43	0.23	0.63	0.21	0.16
2002	0.7	0.19	0.11	0.34	0.39	0.28	0.61	0.2	0.19
2007	0.65	0.15	0.20	0.26	0.37	0.37	0.54	0.23	0.23

中国工业经济内部,轻工业和重工业对于最终需求的依存结构仍有较大的差别。对于轻工业而言,长期以来对于投资的依存度比较低,其增加值主要依存于消费和来自海外的出口需求,在 1997 年到 2007 年间约有 85％的增加值是依存于消费和对外出口的。与轻工业不同的是,重工业对于最终需求的依存结构在此期间发生了较大的变化,在 1997 年之前重工业增加值对于消费和投资的依存度合计超过 80％,说明在加入 WTO 之前我国的重工业主要依靠国内需求的驱动,但在 1997 年之后,重工业对于国内消费需求的依存度不断下降,而对于出口的依存度不断上升,从 1987 年的 19.8％上升到 2007 年的 38.7％。在重工业内部,不同的产业也有着较大的区别。采掘业的生产主要依赖于投资需求,2007 年对于投资需求的依存度达到 49.5％,其中金属矿采业和非金属矿采业该指标分别达到了 51％和 59％。机械工业在重工业中占据着举足轻重的位置,1997 年之前主要依靠消费和投资驱动,但在 1997 年之后出口对于机械工业部门的重要程度日益增加,2007 年有大约 45％的机械业增加值是依靠出口拉动的。其中较为突出的是通信设备、计算机及其他电子设备制造业和仪

器仪表行业,在 2007 年对于出口需求的依存度接近 80%,而对于国内消费需求的依存度仅仅为 10%左右,这就说明在国际垂直分工的背景下,中国已经成为世界制造业特别是电子工业的加工中心。

四、1987—2007 年中国经济增长的成因分解

通过上文的分析,我们了解了中国经济对于消费、投资和出口需求的诱发依存结构,但其实我们真正关注的问题在于:推动中国经济高速增长的动力之源到底是什么? 对该问题的正确答案将使得我们更好地把握中国经济未来发展趋势。本节首先将对 1987—2007 阶段中国经济增长动因进行整体分析,并深入了解在此期间推动中国经济增长的动力来源的演变过程,然后深入行业层面分析,进一步探索中国不同部门在工业化和改革开放进程中增长的动力来源。

表 19.3　1987—2007 年中国经济增长成因分解①

	消费	投资	出口	中间投入结构	增加值率	合计
1987—2007	2.43	2.31	2.56	0.21	−0.47	7.1
1987—1992	0.3	0.13	0.11	0.07	−0.09	0.53
1992—1997	0.51	0.37	0.28	−0.13	0.12	1.12
1997—2002	0.61	0.46	0.46	−0.11	−0.03	1.45
2002—2007	1.01	1.35	1.72	0.38	−0.47	4.01

从表 19.3 可以发现,在 1987 到 2007 年间中国经济增长了约 7.1 倍,其中主要是由最终需求驱动的。消费、投资和出口作为传统拉动经济增长的三驾马车,对于中国经济增长所起的作用基本相当但存在少许差别,其中出口在三驾马车中发挥着最为重要的作用,在 1987 到 2007 年期间由于出口需求的增加而导致中国经济增长256%,而消费和投资需求的增长也分别驱动中国经济增长了 243%和 231%。与最终需求相比,中间投入结构和增加值率变化对我国经济增长的影响并不显著,其中国内产品中间投入结构变动导致我国经济增长 21%,仅占到国内增加值增长总量的

---

①　为对 1987—2007 年期间中国经济增长动因进行统一分析,本表中所有数据都以 1987 年国内增加值为参照值,以下同。

3％,值得注意的是,增加值率的降低导致我国经济增长为－47％,说明随着经济规模的扩大,我国整体的经济效率有所降低。

如果将1987—2007年各个阶段进行深入分析,我们发现导致中国经济增长的动力来源结构在这期间发生了巨大的变化。在2002年之前,消费作为动力来源对于驱动我国经济增长起着至关重要的贡献,在1987到1992年期间甚至57％的中国经济增长是由于消费需求增长拉动的,而在同一阶段出口对于中国经济增长的贡献度仅为21％,三驾马车对于经济增长的重要性依次是消费、投资和出口。但在2002之后,驱动中国经济增长的动力来源发生了很大的变化,消费对于我国经济增长的贡献度仅为25％,在最终需求中从首位掉到最后一位,相反,出口对于中国经济增长贡献度从之前阶段的末位上升到首位,三驾马车对于经济增长的重要性改变为消费、资本形成与出口,说明全球化进程对中国经济增长的驱动因素产生了根本性的影响。除了最终需求之外,中间投入结构对于中国经济增长的影响也发生了较大的变化。在1992到2002期间,国内中间投入结构的变化对经济增长产生负面影响,应与中间投入中工业部门的份额增加有关,在2002年之后由于进口中间产品的增加,使得国内中间投入份额的下降,导致国内中间投入结构效应由负转变为正。最后,除了1992—1997之外,增加值率下降对中国经济增长产生了负面影响,进一步说明随着经济规模的扩大,我国的经济效率出现下降趋势。

表 19.4　1987—2007 中国行业部门增长成因分解

	阶段	消费	投资	出口	中间投入结构	增加值率	合计
第一产业	1987—2007	0.33	0.11	0.15	－0.19	－0.19	0.28
	1987—1992	0.10	0.01	0.02	－0.03	－0.02	0.09
	1992—1997	0.15	0.03	0.03	－0.05	－0.09	0.07
	1997—2002	0.04	0.02	0.03	－0.03	－0.03	0.05
	2002—2007	0.04	0.05	0.07	－0.07	－0.06	0.07

	阶段	消费	投资	出口	中间投入结构	增加值率	合计
第二产业	1987—2007	0.93	1.70	1.82	0.61	0.07	5.10
	1987—1992	0.04	0.07	0.03	0.02	0.02	0.18
	1992—1997	0.17	0.26	0.14	0.06	0.31	0.91
	1997—2002	0.21	0.33	0.30	−0.14	0.10	0.85
	2002—2007	0.52	1.04	1.34	0.66	−0.36	3.16
第三产业	1987—2007	1.17	0.49	0.59	−0.21	−0.35	1.72
	1987—1992	0.17	0.05	0.06	0.07	−0.09	0.26
	1992—1997	0.20	0.08	0.11	−0.14	−0.1	0.13
	1997—2002	0.36	0.11	0.13	0.06	−0.11	0.54
	2002—2007	0.44	0.25	0.30	−0.20	−0.05	0.78

深入行业层面分析后可发现，对于不同行业而言其增长的动力来源并不相同。对于农业部门来说，由于该部门的发展而导致中国经济增长 28%，在所分析的三大部门中是最低的，说明农业并不是推动中国经济增长的主要部门。在农业部门中三驾马车发挥的作用并不均衡，其中消费需求对于我国农业增长起着更为重要的影响，但中间投入结构和增加值率变化对农业增长产生了较严重的负面影响，其中中间投入结构变动导致我国农业增加值在 1987 到 2007 年间下降 19%，应与工业化进程中农业中间产品投入比例减少有关。与农业不同的是，第二产业在 1987—2007 间的快速发展导致中国经济增长了 5.1 倍，约占到分析期间中国经济增长总量的 71.8%，说明以工业为主的第二产业在推动我国经济增长方面发挥了重要作用。进一步研究后可以发现，与第一产业和第三产业增长动力来自消费需求不同的是，出口和投资是驱动中国第二产业增长的两大主要动力来源，分别导致中国经济增长了 1.7 倍和 1.82 倍，而包括中间产品投入结构和增加值率变动也驱动了第二产业的发展，说明当前中国整体的经济结构更有利于第二产业的发展，进一步验证了当前中国经济的工业化阶段特征。对于以服务业为主的第三产业而言，在 1987—2007 期间由于该部门发展导致中国经济增长 172%。与农业部门相似，消费需求是第三产业增长的主

要动力,有大约 68%的第三产业增加值增长是由于消费拉动的,在所有的产业部门
中是最高的。但需要指出的是,随着近年来我国在电信服务、交通以及银行部门投资
规模扩大以及经济外向度日益增加,三驾马车在驱动我国第三产业增长方面显得日
益均衡。与其他产业不同的是,中间投入结构变动对第三产业增长影响出现两次明
显的波动,究其原因,应与近年来我国工业,特别是重化工业在经济结构中所占比重
过大,导致第三产业中间投入不足有关。

由于工业部门在国民经济中的关键作用,因此深入分析我国工业经济增长的动
力来源具有重要的意义。数据表明,1987—2007 年间由于工业部门发展而导致中国
经济增长 5.06 倍,占到该阶段中国经济增长的 71.2%,说明工业部门的发展是导致
中国经济近二十年来增长的原因。在 2002 年之前,包括消费、投资和出口的三驾马
车对于中国工业经济增长影响差别并不大,但在 2002 之后出口和投资迅速成为驱动
其增长的动力来源。除了最终需求之外,国内产品中间投入结构和增加值率的变化
也是导致工业部门增长的主要因素,两者合计导致中国经济增长 97%。

表 19.5 1987—2007 中国工业部门增加值增长动因分解

	阶段	消费	投资	出口	中间投入结构	增加值	合计
工业	1987—2007	0.92	1.37	1.81	0.60	0.37	5.06
	1987—1992	0.03	0.03	0.03	0.01	0.03	0.14
	1992—1997	0.16	0.16	0.14	0.06	0.43	0.93
	1997—2002	0.20	0.25	0.30	−0.14	0.19	0.85
	2002—2007	0.52	0.94	1.34	0.67	−0.27	3.14
轻工业	1987—2007	0.38	0.16	0.44	0.18	0.25	1.44
	1987—1992	0.01	0.01	0.01	0.01	0.02	0.06
	1992—1997	0.07	0.02	0.05	0.02	0.20	0.36
	1997—2002	0.06	0.02	0.09	−0.06	0.05	0.16
	2002—2007	0.24	0.12	0.30	0.21	−0.02	0.87

（续表）

	阶段	消费	投资	出口	中间投入结构	增加值	合计
重工业	1987—2007	0.54	1.21	1.37	0.42	0.12	3.61
	1987—1992	0.03	0.03	0.02	−0.002	0.01	0.08
	1992—1997	0.09	0.14	0.09	0.05	0.23	0.57
	1997—2002	0.15	0.23	0.22	−0.08	0.14	0.70
	2002—2007	0.27	0.82	1.04	0.46	−0.26	2.27

　　分析表明,导致我国轻工业和重工业增长的驱动因素并不完全相同。首先,轻工业更加依赖于由增加值率和中间投入结构变化引起的间接驱动,而重工业则主要依赖于最终需求的直接驱动,在 1987 到 2007 年间大约有 85% 的重工业增长是由最终需求驱动的。其次,三驾马车对于轻工业和重工业所起到的作用也同中存异:相同之处在于,无论是轻工业部门还是重工业部门,出口需求都是驱动其增长的最主要因素,而且都在 2002—2007 期间其驱动效应得到加速增长,显然与中国加入 WTO 后成为"世界工厂"有关。不同之处在于,对于轻工业而言消费是推动其增长的主要动力,而在此同时,重工业的增长则主要受到资本形成的影响,说明两者在国民经济体系中所产生的作用不同,轻工业部门侧重于消费资料的生产,而重工业部门则侧重于生产资料的生产。作为我国从事加工贸易的主要行业,通信设备和计算机及其他电子设备制造业二十年来的增长有超过 80% 发生在 2002—2007 期间,同时在 2002—2007 期间大约有 65% 的行业增长是基于出口驱动的,仅有 9.3% 的行业增长来自国内消费和资本形成,除此之外,增加值率的大幅度升高也导致约 21% 的行业增长,说明我国企业在通过加工贸易参与国际分工过程中,生产效率有了一定程度的提高。

五、结论与中国未来经济增长动力转换展望

　　利用历年全国投入产出表,我们通过最终需求诱发依存结构等指标的选择,以及对中国经济增长动因的结构分解,从不同角度对中国经济增长奇迹给出了合理解释,并为中国经济未来动力来源的转换和可持续发展提供了新的思路。

　　1. 在考察最终需求对于中国经济的诱发结构后可以发现,随着我国经济总量的迅速扩大,最终需求对于我国经济的拉动效应呈现出递减的现象,在驱动经济增长的

"三驾马车"之中,出口的拉动效果最低且下降趋势最为明显。同时,最终需求对于国民经济各部门呈现出不同的诱发特征,从整体上看,我国经济的诱发效果重心从农业、服务业部门向工业部门转移,在工业部门内部又迅速地从轻工业向重工业转移。以上结论说明我国尚处于工业化的发展阶段,并没有进入到工业化成熟阶段。

2. 最终需求的依存结构研究表明,1987—2007 年间中国经济的依存结构发生了本质的变化,其中对于国内消费的依存度不断下降,从 1987 年的 57％下降到 2007 年的 35.5％,同时,对于出口的依存度从 1987 年的 11％上升到 2007 年的 32％。在不同的产业部门之间,最终需求依存结构存在较大的差异,农业和第三产业生产主要依赖于消费需求,而以工业为主的第二产业主要依存于投资和出口需求。部分的研究结果显示,1987—2007 年间中国经济正迅速从"内需依存型"向"出口导向型"转变,入世则加速了这一进程。

3. 在对中国经济增长成因进行结构分解后发现,1987—2007 年间中国经济增长主要来源于最终需求的直接拉动。进一步深入分析后发现,驱动中国经济增长的动力来源结构在此期间发生了巨大的变化,2002 年之前三驾马车对于经济增长的重要性依次是消费、投资和出口,但在 2002 年之后改变为出口、投资和消费,说明全球化进程对中国经济增长的动力来源结构产生了根本性的影响。

4. 工业化进程和对外开放既是中国经济奇迹的动力来源,也是当前经济增长呈现粗放式特征的主要原因。在当前的发展阶段,中国经济增长的动力来源决定了现有的增长方式,因此,转变中国经济的增长方式的关键就是寻找中国经济增长新的动力来源。

中国经济增长的动力源泉具有路径依赖特性,尽管寻找中国经济新的动力来源并非易事,但我们依然可以看到未来和希望。随着中国经济进入新的发展阶段,我们必须利用市场与政府双重之手,加大对中国经济增长动力来源的调整。

1. 就最终需求结构角度而言,政府要积极推进产业间及产业内分工,通过培育稳定的内需市场来避免需求结构的扭曲。中国目前和将要面临的困难主要来自内需不足和对出口的过于依赖(王小鲁等,2009),因此,通过改变现有的收入分配体系与国民发展预期,在分工的基础上自动延伸产业链(Young,1928),以此建立稳定的内需依存结构来抵御外部需求冲击所带来的影响。

2. 以技术能力升级为目标,调整"加工贸易"的制造业模式。一个国家或地区参与国际分工的方式主要由其资源禀赋和比较优势所决定,在人民币升值、生产要素价格上涨等因素共同作用下,中国加工制造的成本优势已不再巨大,应通过产业链攀升与技术能力升级避开低层次的价格竞争(安同良,2002、2003),把中国参与全球产业竞争的水平和层次提高到新的平台。

3. 以市场而不是行政的方式来配置资源,让价格机制在资源配置过程中发挥基础性作用,政府要减少对于能源、土地等生产要素的补贴,降低对资源和能源密集型产业的扶持。中国经济增长的动力源泉具有行政刚性的特点,长期以来,各级政府拥有极强的经济资源配置能力,在 GDP 增长速度成为"政绩"考核指标前提下,政府简单地使用行政而非市场的手段来实现经济的增长,这是中国最终需求结构扭曲的主要原因。此外,中国政府为了促进出口贸易的增长,采取了系列扭曲价格的政策,如保持较低的利率以及对能源、土地以及水电等生产要素采取价格管制等,导致价格在微观层面对于企业失去了信号传递功能,动力来源难以通过市场的方式实现转换。事实上,只有通过市场的方式实现经济增长动力的转换,才能提高中国经济增长的质量,推动中国经济长期、持续、稳定的增长。

参考文献

[1] 安同良、杨羽云.《易发生价格竞争的产业特征及其企业策略》,《经济研究》,2002(6).

[2] 安同良.《中国企业的技术选择》,《经济研究》,2003(7).

[3] 蔡昉、王德文.《中国经济增长可持续性与劳动贡献》,《经济研究》,1999(10).

[4] 樊纲、王晓鲁、张立文、朱恒鹏.《中国各地区市场化相对进程报告》,《经济研究》,2003(3).

[5] 胡秋阳.《中国的经济发展和产业结构——投入产出分析的视角》,经济科学出版社,2007.

[6] 彭福伟.《如何看待目前对外贸易对国民经济增长的作用》,《国际贸易问题》,1999(1).

[7] 沈利生.《三驾马车的拉动作用评估》,《数量经济技术经济研究》,2009(4).

［8］林毅夫、刘明兴.《经济发展战略与中国的工业化》,《经济研究》,2004(7).

［9］林毅夫、李勇军.《出口与中国经济增长:需求导向的分析》,《经济学(季刊)》,2003 (2):4.

［10］李强、薛天栋编.《中国经济发展部门分析》,中国统计出版社,1998.

［11］刘遵义等.《非竞争型投入产出模型及其应用—中美贸易顺差透视》,《中国社会科 学》,2007(5).

［12］刘小玄.《中国转轨经济中的产权结构和市场结构》,《经济研究》,2003(1).

［13］刘志彪、安同良编著.《现代产业经济分析》,南京大学出版社,2009.

［14］王小鲁、樊纲、刘鹏.《中国经济增长方式转换和增长可持续性》,《经济研究》,2009(1).

［15］吴敬琏.《中国经济增长模式抉择》,上海远东出版社,2006.

［16］张军.《分权与增长:中国的故事》,《经济学(季刊)》,2007(7):1.

［17］张友国.《经济发展方式变化对中国碳排放强度的影响》,《经济研究》,2010(4).

［18］赵志耘、吕冰洋、郭庆旺、贾俊雪.《资本积累与技术进步的动态融合》,《经济研究》, 2007(11).

［19］朱文辉.《中国出口战略导向的迷思:大国的经验与中国的选择》,《战略与管理》,1998 (5).

［20］中国国家统计局.《1987 年中国投入产出表》,《1992 年中国投入产出表》,《1997 年中 国投入产出表》,《2002 年中国投入产出表》,《2007 年中国投入产出表》,中国统计出 版社.

［21］中国国家统计局. 历年《中国统计年鉴》,中国统计出版社.

［22］中国国家统计局. 历年《中国工业经济统计年鉴》,中国统计出版社.

［23］Acemoglu, D. , Johnson S. and Robinson J.. "Institutions as the Fundamental Cause of Long-Run Growth", NBER Working Paper, No. 2004:104811.

［24］Dietzenbacher, E. & Los, B.. "Structural Decomposition Techniques: Sense and Sensitivity", *Economics Systems Research*, Vol. 1998(10):307 – 323.

［25］Hummels, D. , J. Ishii and K. Yi. "The Nature and Growth of Vertical Specialization in World Trade", *Journal of International Economics*, 2001(54):75 – 96.

［26］Robert Koopman. , Zhi Wang. , Shangjin Wei.. "How Much of Chinese Exports is

Really Made in China? Assessing Domestic Value-added When Process Trade is Pervasive?", Working Paper, 2008.

[27] Ronald E. Miller and Peter D. Blair. Input-Output Analysis, Cambridge University Press, 2009.

[28] Yi, Kei-Mu. "Can Vertical Specialization Explain the Growth of World Trade?", *Journal of Political Economy*, Vol. 2003(111), 1: 52 - 102.

[29] Young. A. A.. "Increasing Returns and Economic Progress", *The Economic Journal*, Vol. 1928(38): 527 - 542.

（原文载于：刘瑞翔、安同良.《中国经济增长的动力来源与转换展望》,《经济研究》,2011 年第 7 期）

第二十章　资源环境约束下中国经济
增长绩效变化趋势与因素分析

——基于一种新型生产率指数构建与分解方法的研究

内容提要：本章结合 SBM 方向距离函数和 Luenberger 指数特点，发展了一种新型生产率指数构建与分解方法，对资源环境约束下中国经济增长绩效在 1995—2010 年间变化趋势与因素进行了分析。结果表明：能源消耗和污染排放已成为中国环境无效率的主要来源，各区域环境效率由东到西呈现明显的阶梯分布；中国经济增长绩效近年来出现下降趋势，特别是东部地区下降趋势尤为明显；分析期间各因素对环境全要素生产率影响的顺序依次为产出、污染排放和投入，说明经济高速发展对生产率增长做出了较大贡献。从动态视角看，中国经济增长绩效下降主要与近年来要素投入和污染排放有关，效率改善趋缓而非技术进步是导致其下降的主要原因。最后，本章对提升中国经济增长绩效提出了相关建议。

关键词：资源环境约束；经济增长绩效；生产率指数构建与分解

一、引言

自改革开放伊始，中国以 30 多年的高速经济增长举世瞩目，但与此同时，近年来中国经济愈加呈现出粗放型增长的态势，污染排放和环境问题日益突出。最新颁布的《2009 年中国经济环境核算报告》显示，中国经济发展的环境污染代价持续上升，环境污染治理压力日益增大，2009 年环境退化成本和生态破坏损失成本合计13916.2 亿元，较上年增加 9.2%，约占当年 GDP 的 3.8%。2010 年中国环境污染治理投资总额已达 6654.2 亿元,比上年的 4525.3 亿元大幅增加 47.04％,占当年 GDP 的 1.66％(国家统计局、环境保护部,2011)。若计算治污成本,许多产业发展得不偿失,如江西全省稀土行业多年的利润,还不足以治理赣州一地的稀土开采污染,仅赣州治污就需 380 亿(曹开虎,2012)。环境资源约束正严重制约着经济可持续发展,因此,节约资源、保护环境,转变经济增长方式,已成为当前中国所面临的迫切问题。

可持续发展思想于 1987 年首次被联合国环境和发展委员会采纳,并被国际社会广泛接受(WCED, 1987;United Nations,1993)。经济学家一般认为,如果经济增长主要依靠要素投入推动,那么就是粗放式、不可持续的,而相对应的,如果全要素生产率在经济增长中发挥重要作用,则为集约式和可持续的(Krugman, 1994;Young, 1995,2003)。改革开放以来中国经济持续高速增长引起了学者们的广泛关注,众多文献利用全要素生产率分析方法,对中国经济增长绩效进行分析,但最终结论远非一致。一些研究表明,中国经济增长在很大程度上依靠了全要素生产率(TFP)的贡献(World Bank, 1997;Hu and Khan, 1997),但也有学者对此表达相反的观点,Zheng et al. (2009)发现由于资本深化的加速,TFP 增长在 1995—2005 年间下降到 0.79％,其对经济增长的贡献也随之下降。尽管以上研究得到了许多富有成效的结论,但由于忽略了污染排放与环境问题,在资源环境日益成为经济增长硬约束背景下,我们较难从以上研究中得到有关经济增长绩效的客观评价。

衡量污染排放对经济绩效的影响一般有两种思路:其一是将环境污染作为要素投入进行处理(Berg et al 1992),其二则是在方向性距离函数基础上,将环境污染作为非期望产出(Undesirable Output)处理,由于此种方法较为吻合实际生产过程,近年来得到了广泛的应用。国内早期的研究胡鞍钢等(2008)、涂正革(2008)只估算了资源环境约束下的技术效率,并没有涉及生产率的增长。王兵等(2010)、田银华等(2010)分别运用 L 指数和 ML 指数,对 20 世纪 90 年代末期以来中国环境全要素生产率进行了测算;虽然呈现出这些杰出的研究成果,但我们也不能长时期、全景式了解资源环境约束下中国经济增长绩效的动态演变规律。现有研究中,下列文献在此方面进行了尝试。陈诗一(2011)运用 1980 年以来行业数据,剖析了节能减排在发展方式转变中发挥作用的经济学机制,然而其研究主要集中在行业层面。庞瑞芝、李鹏

(2011)则对 1985 年—2009 年中国省际工业部门的新型工业化增长绩效进行了核算,没有将研究扩展到更能突现宏观协同行为(赫尔曼·哈肯,1986)的整体区域经济层面。与以上两篇文献基于 DEA 方法展开不同,匡远凤、彭代彦(2012)运用广义 Malmquist 指数与随机前沿函数相结合的方法,对我国 1995—2009 年间环境生产效率和环境全要素生产率进行了研究。上述文献虽然在研究对象或研究方法上有所差异,但在生产率分解时都沿用了 Fare(1994)的思路,将生产率增长分解成技术进步和效率变化等部分,其中技术进步表示技术边界向外扩张的程度,效率变化表示样本点到技术边界之间距离的变化。此种分解形象地描述了距离函数的特点,符合内生经济增长理论的思路,虽一经提出就得到广泛的应用,但其分解方法存在着不足:人们很难了解各投入产出因素对于环境全要素生产率的影响,同时也难以得到技术边界和技术效率在不同方向变化的信息。

与现有研究相比,我们的可能创新主要包括:(1)针对 SBM 测度方法和 Luenberger 函数特点,本章系统地提出了一种新型生产率指标构建与分解方法,不但有效地避免了生产率指数求解过程中可能存在的无可行解现象,而且可以得到多维空间中技术边界扩张(收缩)以及生产点与技术边界距离变化的详细信息;(2)利用 1995—2010 年中国省际数据,对资源环境约束下中国经济增长绩效的动态演变趋势进行了系统分析,我们发现了一则非常重要的现象:中国经济增长绩效近年来出现下降趋势,其中经济相对发达的东部地区下降趋势尤为明显;(3)利用新型生产率指数分解方法,详细分析各投入产出因素对于全要素生产率带来的影响。本章安排如下:第一部分为引言;第二部分介绍研究方法和数据来源;第三部分利用 SBM 方向距离函数,分析中国各省市、东部、中部、西部在 1995—2010 年间环境效率和全要素生产率变化规律;第四部分则采用新型指数分解方法,对资源环境约束下中国经济增长绩效近年来出现下降趋势现象进行分析;最后为结论。

二、研究方法与数据来源

利用全要素生产率指标,测度资源环境约束下中国经济增长绩效动态演变规律,我们首先需要构建科学客观的技术边界,然后将每一个省(市)视作生产决策单元,通过计算其与技术边界之间的距离来测算技术效率,并在此基础上进一步计算得到生产率指数。本章主要涉及三个重要概念：(1) 技术边界的构建，主要涉及环境技术概念；(2) 生产点到技术边界之间距离的测度，主要介绍非径向、非角度的 SBM 方法；(3) 环境全要素生产率指数的构建与分解。

1. 环境技术与技术边界的构建

构建有效且准确的技术边界，是进行技术效率和生产率分析的前提。在传统的投入产出分析框架中，并不考虑污染排放对于生产效率的影响，但在资源环境约束日趋严格的背景下，污染排放必然会对生产效率产生影响。Fare 等(2007)提出了环境技术的概念，将期望产出和非期望产出同时纳入生产可能性集合之中。具体来说，考虑每一个省份使用 N 种投入 $x = (x_1, \cdots, x_N) \in R_N^+$，生产出 M 种期望产出 $y = (y_1, \cdots, y_M) \in R_M^+$，同时排放 K 种非期望产出 $b = (b_1, \cdots, b_k) \in R_k^+$。在每一个时期 t $(t=1, \cdots, T)$，第 $i(i=1, \cdots, I)$ 个省份的投入产出值为 (x_i^t, y_i^t, z_i^t)。在生产可行集满足闭集和有界集、期望产出和投入为可自由处置、零结合公理以及联合弱可处置性等一系列假设下，可利用产出集将环境技术表示为：

$$P^t(x^t) = \{(y^t, b^t) : \vec{\lambda} Y \geqslant y_{im}^t, \forall m; \vec{\lambda} B = b_{ik}^t, \forall k; \vec{\lambda} X \leqslant x_{in}^t, \forall n; \vec{\lambda} \geqslant 0\} \qquad (1)$$

在(1)式中，$\vec{\lambda}$ 为权重向量，Y、B 以及 X 为构建生产边界所需要的期望产出、非期望产出以及投入数据。需要指出的是，若生产技术为可变规模报酬(VRS)，则需要增加 $\vec{\lambda} l = 1$ 的约束条件，其中 l 为元素全为 1 的向量，否则为不变规模报酬(CRS)。

2. SBM 测度方法

传统 DEA 方法在进行效率测度时是基于角度和径向的。基于角度意味着进行效率评估之前需要设定投入导向(Input-oriented)或产出导向(Output-oriented)，因此不能同时从多角度对技术效率做出客观准确的评价。基于径向则意味着如果投入或产出存在非零松弛(Slack)时，传统的 DEA 方法不能测试出其带来的影响。因此，Tone(2001, 2003)率先提出非径向、非角度的基于松弛的(Slack-based measure, SBM)测度方法，Fukuyama & Weber(2009)进一步将 SBM 测度方法与方向性距离函数相结合，为技术效率的测度给出了更为准确的结果。根据 Fukuyama & Weber (2009)，我们将 SBM 方向性距离函数定义为：

$$\vec{S}_v^t(x_i^t, y_i^t, b_i^t, g^x, g^y, g^b) = \frac{1}{3}\max\left(\frac{1}{N}\sum_{n=1}^N \frac{s_n^x}{g_n^x} + \frac{1}{M}\sum_{m=1}^M \frac{s_m^y}{g_m^y} + \frac{1}{K}\sum_{k=1}^K \frac{s_k^b}{g_k^b}\right)$$

$$s.t.\ \vec{\lambda}Y - s_m^y = y_{in}^t, \forall m; \vec{\lambda}B + s_k^b = b_{ik}^t, \forall k; \vec{\lambda}X + s_n^x = x_{in}^t, \forall n;$$

$$\vec{\lambda} \geqslant 0, \vec{\lambda}l = 1; s_n^x \geqslant 0, s_m^y \geqslant 0, s_k^b \geqslant 0 \tag{2}$$

上式中(x_i^t, y_i^t, b_i^t)为i省t时期投入产出数据，(g^x, g^y, g^b)为方向向量，(s_n^x, s_m^y, s_k^b)则表示投入和产出松弛的向量。求解以上的线性规划，则可以得到i省份在t时期基于环境考虑时的无效率值。为了得到无效率的具体来源，本章参照 Cooper et al.（2007）和王兵（2010）的思路将无效率值分解为：

$$IE = \vec{S}_v^t = IE_v^x + IE_v^y + IE_v^b \tag{3}$$

其中投入、期望产出和非期望产出无效率值可分别表示为：

$$IE^x = \frac{1}{3N}\sum_{n=1}^N \frac{s_n^x}{g_n^x}; \quad IE^y = \frac{1}{3M}\sum_{m=1}^M \frac{s_m^y}{g_m^y}; \quad IE^b = \frac{1}{3K}\sum_{k=1}^K \frac{s_k^b}{g_k^b} \tag{4}$$

由于投入存在人力、资本和能源等变量，非期望产出也包括废水、SO_2、烟尘和CO_2等多因素，因此可以将以上公式进一步分解，得到导致环境技术无效率性的详细信息，具体公式如下：

$$IE = IE_{capital} + IE_{labour} + IE_{energy} + IE_{output} + IE_{water} + IE_{so2} + IE_{dust} + IE_{co2} \tag{5}$$

3. 全要素生产率指数的构建与分解

在生产率研究中，Malmquist 指数长期以来被用于测算不同时期 TFP 的动态变化。在方向性距离函数得到广泛应用后，Chung, Fare and Grosskopf（1997）结合 M 指数和方向性距离函数的特点，进一步将其扩展为 ML 指数。需要指出的是，Malmquist 指数早期是在 Sheperd 距离函数基础上发展起来的，因此采用了乘法结构形式。与 Sheperd 距离函数不同，方向性距离函数是在 Luenberger 短缺函数基础上发展起来的，自身采用加法结构形式。考虑到方向性距离函数的特点，Chambers et al.（1996）发展了一种新的生产率测度方法，即 Luenberger 生产率指标[①]。

根据 Chambers et al.（1996），t 期和 $t+1$ 期之间的 Luenberger 生产率指标可以

---

① 根据 Diewert（2005）和王兵等（2010），本章将建立在差分基础上的测度称为指标（Indicator），并将建立在比率基础上的测度称为指数（Index）。

表示为：

$$LTFP_t^{t+1} = 1/2 * \{[IE_t(t) - IE_t(t+1)] + [IE_{t+1}(t) - IE_{t+1}(t+1)]\} \tag{6}$$

在公式(6)求解 $IE_t(t+1)$、$IE_{t+1}(t)$ 的过程中，由于样本点并不参与技术边界的构建，因此常常存在不可行解的现象，由此导致所得到的生产率结果可能存在偏差。针对这一问题，Dong(2009)提出了一种新的生产率指数构建思路，即利用分析期内全部数据构建技术边界，然后将所有的观察值在此统一边界下进行效率评价，生产率指数则可根据相邻时期观察值技术效率的差异而得到。这种生产率构建方法的优点在于待评估的样本点必然包含在技术边界之内，从而有效地避免了不可行解问题。本章借鉴 Dong(2009)的思想，提出了一种新型的 Luenberger 生产率指标构建方法。

首先，根据公式(2)求得两种技术边界下的环境无效率值 GIE、CIE，并将其进一步表示为：

$$GIE_c(t) = CIE_c(t) + TG_c(t) \tag{7}$$

上式中 GIE 表示统一边界(跨期 DEA)下得到的环境无效率值，CIE 表示当期技术边界(当期 DEA)下得到的环境无效率值，下标"c"表示 CRS。在这里我们定义了一个新变量技术落差 (Technology Gap, TG)，表示评价对象在两种不同技术边界测度下的效率差距。下文将发现，该变量将统一边界和当期边界连接起来，为有效测度技术进步提供了可能。

由于跨期 DEA 中所有的样本点在同一边界下进行效率评价，因此与公式(6)先取相邻时期无效率差值再加以平均不同，Luenberger 生产率指标可通过公式(8)直接得到：

$$LTFP_t^{t+1} = GIE_c(t) - GIE_c(t+1) \tag{8}$$

在公式(8)中，如果在统一边界下生产决策单元 $t+1$ 期效率高于 t 期效率，则相应的无效率值 $GIE_c(t+1)$ 要小于 $GIE_c(t)$，生产率结果为正，反之则为负。同理，可以进一步将全要素生产率分解为效率变化(LEC)和技术进步(LTP)两部分，具体为：

$$LEC_t^{t+1} = CIE_c(t) - CIE_c(t+1) \tag{9}$$

$$LTP_t^{t+1} = TG_c(t) - TG_c(t+1) \tag{10}$$

仔细观察可发现,公式(9)与传统的生产率指数分解相比并无任何差异,区别主要来自公式(10)。由于我们定义了技术落差变量 TG,则技术进步就可以用相邻时期技术落差的变化得到,若 $t+1$ 期技术落差与 t 期有所减少,则说明在此期间技术取得进步且 LTP_t^{t+1} 为正,反之则说明技术退步且 LTP_t^{t+1} 为负。考虑规模效率因素之后,可以将效率变化分解为纯效率变化($LPEC$)和规模效率变化($LSEC$),并进一步将技术进步分解为纯技术进步($LPTP$)和技术规模变化($LTPSC$)两部分[①]。

尽管已对生产率指数进行了详尽的分解,但如果分解仅仅停留在以上层面,那么 Luenberger 函数的特点和优势并没有得到充分体现。实际上,传统的生产率分解方法不足之处在于,我们通过 LTP_t^{t+1} 或 LEC_t^{t+1} 的取值仅仅对技术是否取得进步,或者生产效率是否提升来做出判断,但并没有回答这样的问题:在投入产出诸多因素中,哪些因素导致全要素生产率增加或减少、哪些因素导致生产技术取得进步或退步、或导致生产效率取得提升或下降? 如果在传统 DEA 方法中由于测度角度单一,以上问题尚不突出的话,那么在方向性距离函数中,得到技术边界和技术效率在不同方向上变化的详细信息,对于我们找到提高全要素生产效率的对策就显得十分重要。本章根据 SBM 方向性距离函数和 Luenberger 生产率指标的特点,在公式(8)基础上对其进一步深入分解:

$$LTFP_t^{t+1}=\underbrace{GIE_c^x(t)-GIE_c^x(t+1)}_{LTEP^x}+\underbrace{GIE_c^y(t)-GIE_c^y(t+1)}_{LTEP^y}+\underbrace{GIE_c^b(t)-GIE_c^b(t+1)}_{LTEP^b}$$

(11)

公式(11)将生产率 $LTFP$ 分解成 $LTFP^x$、$LTFP^y$ 和 $LTFP^b$ 三部分,分别表示投入、期望产出和非期望产出对于环境全要素生产率的影响。由于生产率增长可分解成技术进步和效率变化等部分,其中技术进步表示技术边界向外扩张的程度,效率变化表示样本点到技术边界之间距离的变化。为更形象地体现新型生产率指数分解方法的经济学意义,公式(9)和(10)可进一步分解为:

---

① 由于篇幅限制,此处略去具体的公式,读者若有需要请参照王兵等(2010)自行推导或与作者联系索取。

$$LEC_t^{t+1} = \underbrace{CIE_c^x(t) - CIE_{x^c}(t+1)}_{LEC^x} + \underbrace{CIE_c^y(t) - CIE_c^y(t+1)}_{LEC^y} + \underbrace{CIE_c^b(t) - CIE_c^b(t+1)}_{LEC^b}$$

$$LTP_t^{t+1} = \underbrace{TG_c^x(t) - TG_c^x(t+1)}_{LTP^x} + \underbrace{TG_c^y(t) - TG_c^y(t+1)}_{LTP^y} + \underbrace{TG_c^b(t) - TG_c^b(t+1)}_{LTP^b}$$

$$(12)$$

在上式中，LTP 指标被分解成 LTP^x、LTP^y 和 LTP^b，而相应的 LEC 指标同样被分解成 LEC^x、LEC^y 和 LEC^b，分别表示投入、产出和污染排放对于技术进步与效率改善的贡献。与传统分解方法相比，本章所提供的新型生产率指数分解方法，可以将全要素生产率、技术进步和效率改善与投入产出因素联系起来，从而对全要素生产率变化规律有更加深入直观的认识。

4. 数据来源

本章希望通过相对较长时期的投入产出数据分析，得到资源环境约束下中国全要素生产率变化的演变规律，本章的研究主要集中在 1995—2010 年共计 16 年期间。我们的数据集合中并没有包括高度自治的香港、澳门以及台湾地区，也没有包括数据不全的西藏地区，此外，由于重庆在 1997 年成为直辖市，为了保持数据前后的一致性，我们将 1997 年之后四川和重庆两省市的数据合并。期望产出、非期望产出和投入数据主要来源于历年的《中国统计年鉴》《中国环境年鉴》以及《中国能源统计年鉴》。投入包括三种生产要素：资本存量、劳动力、能源，期望产出选用各个省份以 2000 年为基期的实际地区生产总值，非期望产出选择了废水、SO_2、烟尘排放和 CO_2 四个指标。与二氧化硫、烟尘、废水等环境污染指标不同，中国统计机构并没有直接公布 CO_2 排放数据，在本章中 CO_2 主要来源于化石能源燃烧排放。由于煤炭、石油和天然气是中国广泛使用的一次能源，本章将重点考虑这三种化石能源所对应的碳排放，并主要参考 IPCC(2006)和国家发改委能源研究所(2003)的办法，通过相关计算公式计算得到各省区 CO_2 排放量[①]。此外，资本存量采用常见的"永续盘存法"来

---

① 根据李铠、齐绍洲(2011)，煤炭、石油和天然气的 CO_2 排放系数分别为 2.7412、2.1358 和 1.6262(万吨/万吨标准煤)。

估算得到,参照张军等(2004)给出的方法,本章首先从已有研究得到 1995—2000 年的各省份资本存量数据,并将其调整得到以 2000 年为基期的各省份资本存量数据;选择固定资本形成总额作为当年投资指标,并从历年的《中国统计年鉴》中得到固定资本投资价格指数,从而得到以 2000 年为不变价格的各省实际投资序列数据,然后按照同样的方法扩展得到 2001—2010 年数据。

三、计算结果与相关分析

1. 环境效率结果

我们采用上文介绍的方法,采取跨期 DEA 和当期 DEA 两种方法构建技术边界,计算中国各省市 1995—2010 年间环境无效率值。由于跨期 DEA 方法采取 1995—2010 年数据构建统一技术边界,因此与当期 DEA 相比计算得到的结果要大一些。表 20.1 中列出了两种方法下的环境无效率值,为了避免由于技术边界变动而导致不同时点技术效率无法准确比较的问题,本部分对于环境无效率的分析主要基于跨期 DEA 方法的结果[①]。

表 20.1 1995—2010 期间中国区域环境无效率平均值及相关来源分解

类别	区域	总量	投入	其中			产出	污染	其中			
				资本	人力	能源			废水	SO$_2$	烟尘	CO$_2$
GIE	全国	0.2371	0.073	0.0015	0.0388	0.0327	0.0183	0.1458	0.0168	0.0454	0.0486	0.035
	东部	0.1621	0.0482	0.0014	0.0252	0.0216	0.0049	0.109	0.0143	0.0343	0.0355	0.0248
	中部	0.3239	0.1087	0.0013	0.0584	0.049	0.0127	0.2025	0.0239	0.0592	0.068	0.0514
	西部	0.402	0.1133	0.0026	0.0607	0.0501	0.0897	0.199	0.0139	0.0681	0.0687	0.0484
CIE	全国	0.1643	0.0576	0.0054	0.0266	0.0256	0.0087	0.0987	0.0085	0.0306	0.0343	0.0253
	东部	0.0715	0.0247	0.0032	0.0093	0.0123	0.001	0.0458	0.0038	0.014	0.0157	0.0123
	中部	0.2804	0.1001	0.0066	0.0496	0.0439	0.0049	0.1753	0.0184	0.0513	0.0605	0.045
	西部	0.3516	0.1209	0.0129	0.0587	0.0493	0.046	0.1847	0.0101	0.0641	0.066	0.0445

[①] 本章计算了 CRS 和 VRS 两种假设下的环境无效率值,本处分析为基于 VRS 假设下的结果。

数据表明,1995—2010 年间中国环境无效率平均值为 0.2371。在投入、产出和污染排放三项因素中,与产出相关的无效率值最低,仅有 0.0183,说明在中国经济高速增长背景下,产出并不是无效率的主要原因。与产出相比,投入因素对中国环境效率的负面影响要更大些,与其相关的无效率值为 0.073。在与投入相关的三项子因素中,由资本使用不当导致的无效率值为 0.0015,在三者之中最低,而与劳动和能源投入相关的无效率值大体相当,分别为 0.0388 和 0.0327。与投入和产出相比,由于污染排放导致的环境无效率值要高得多,具体数值为 0.1458,约占到环境无效率值总量的 61.49%。在本章中,我们选择了废水、SO_2、烟尘排放和 CO_2 四个指标来代表污染排放,从结果上看,烟尘排放对于环境无效率造成的污染最大,其次是 SO_2 和 CO_2 排放,废水产生的负面影响最小。如果我们将能源从投入要素中单列出来,可发现由于能源效率低下和污染排放所产生的无效率值合计为 0.1784,约占到无效率总量的 75.27%,说明节能减排对中国经济可持续发展至关重要。

由于中国幅员辽阔,对于中国不同区域而言,其环境效率数值存在较大差异。从表 20.1 中可看出,对于较发达的东部地区而言,其在分析期间环境无效率平均值约为 0.1621,要远远低于全国的平均水平,其中若用当期 DEA 方法测度时上海、广东、福建、海南等省市无效率均值为 0,意味着这几个省市每年都位于当期技术边界上。与东部相比,在考虑资源环境约束下中西部区域的技术效率无疑要低得多,两者无效率值分别为 0.3239 和 0.402,由东到西三者呈现明显的阶梯式分布,其中贵州、陕西、云南和甘肃的环境效率在全国位于靠后的位置。值得重视的是,不同区域之间其环境无效率的来源有所差异。对于东部地区而言,无论在投入、产出效率方面,还是在环境保护方面,都要远远超过中部和西部的水平,但是在投入、产出和污染排放三者之间,污染排放仍是其无效率的主要来源。对于中部地区和西部地区而言,尽管双方无效率数值差异并不算大,但其来源却存在较大区别:对于中部区域而言,投入效率不足和环境污染是导致环境效率低下的主要原因。仔细分析中西部区域的差异可发现,两者在投入和环境污染两因素的差别上并不大,期望产出效率不足成为西部地区落后于中部地区的主要原因。以上分析说明,在分析期间中国东部沿海地区在投入、产出以及环境污染三方面都远远超过中西部水平,中部和西部的差距主要体现在经济发展层面。

2. 环境全要素生产率结果及相关分解

与环境效率指标不同,环境全要素生产率指数是一种动态测算方法,可以更为有效地分析各省份与生产边界的相对位置变化(效率变化)和生产边界的移动(技术进步)。与已有文献相比,本章采取了一种新型的生产率指数构建方法,可以有效地避免生产率求解过程中存在的不可行解问题,从而得到更为准确和客观的结果。首先按照(8)—(10)系列公式,得到 Luenberger 生产率指标数值并将其分解成纯效率变化(LPEC)、纯技术进步(LPTP)、规模效率变化(LSEC)和技术规模变化(LTPSC)四部分,具体结果可见表20.2。从表20.2可以看出,在1995—2010年间中国环境全要素生产率平均增长率约为0.71%,该数值要比王兵(2010)的结果要低一些,究其原因,除了与本章目标函数权重设定以及具体指标选取等因素有关之外,主要与研究所选择的时期有关①。从整体上看,与效率改善相关的环境全要素生产率(LEC)为—0.51,说明如果用当期数据构建技术边界进行效率评估的话,中国环境效率并没有得到有效改善。与此不同的是,与技术进步相关的环境全要素生产率增长率(LTP)为1.21%,说明技术进步是导致中国环境全要素生产率增长的主要原因,这与郑京海、胡鞍钢(2005)的结果一致,但与匡远凤、彭代彦(2012)的结论并不相同。考虑到规模效应之后,可发现由于规模扩大而导致生产率有所下降,其中 LSEC 为—0.48%,LTPSC 为0.1%,两者合计为—0.38%。

表20.2　中国地区环境全要素生产率指数及其成分的平均增长率(%)

区域	LTFP	LEC	其中		LTP	其中	
			LPEC	LSEC		LPTP	LTPSC
全国	0.71	—0.51	—0.03	—0.48	1.21	1.11	0.1
东部	0.7	—0.83	—0.22	—0.61	1.53	1.6	—0.08
中部	0.51	—0.19	0.2	—0.39	0.69	0.28	0.41
西部	1.12	0.31	0.38	—0.06	0.81	0.55	0.26

---

①　若选择1998—2007年的数据进行分析,所得的环境全要素生产率约为1.27%,与王兵等(2010)结果相差并不大。

虽然中国不同地区间环境效率有很大差异,但环境全要素生产率差别并不明显。西部地区环境效率水平虽然较低,但其全要素生产率平均值在此期间为1.12%,在全国范围内位于首位,说明在1995到2010年期间西部地区充分发挥了后发优势,环境效率有了较大幅度的提升,这是其环境全要素生产率超过东部和中部的主要原因。与西部地区不同,东部沿海地区环境效率虽然在全国处于领先,但其环境全要素生产率增长水平要比西部地区低,在分析期间平均值约为0.7%。深入分析可发现,东部地区内部环境全要素生产率出现了分化,尽管北京、天津等省市生产率排名在全国位于前列,海南、福建和广西生产率却出现负值,这是东部地区环境全要素生产率落后于西部的主要原因。在考虑资源环境约束后,中部地区的全要素生产率仅为0.51%,在三大区域内排在最后。西部技术进步对应的生产率仅为0.69,在三大地区中是最低的,说明中部地区的环境全要素生产率之所以较低,应与其在分析期间技术进步不明显有关。这可能是由于改革开放以来东部沿海地区率先发展,以及近年来西部大开发战略的实施,从而导致中部地区发展相对滞后和生产率居于末位的原因。

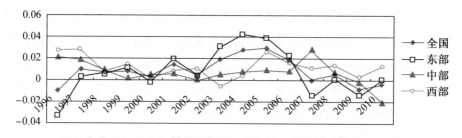

图 20.1　1995—2010 年中国及各地区环境全要素生产率变化趋势图

图20.1给出了中国环境全要素生产率在分析期间的变化趋势。从图中可看出,在分析之初中国环境全要素生产率短暂出现负值之后,呈现出缓慢增长的趋势,特别在2000年之后呈现明显的上升趋势,并于2005年上升到最高点2.55%,在此之后出现了明显的下降趋势,并在2009年和2010年连续两年出现了负值,这与匡远凤、彭代彦(2012)运用SFA方法研究得到的结论相似。由于中国地大物博,不同区域所处发展阶段以及经济结构存在较大差异,因此,分析不同区域在资源环境约束下全要素生产率的变动趋势可能会有新的发现。图20.1表明,以2004年左右为节点,中国

东部沿海地区生产率发展变化可以划分为两阶段,在 1996 到 2004 年期间呈现出稳定向上发展趋势,并于 2004 年达到最高点且数值为 4.15%,但此后出现明显下降趋势,2009 年甚至出现负值。仔细观察可发现,东部沿海地区和中国整体环境全要素生产率曲线几乎保持一致的变化趋势,说明其在中国经济发展中具有举足轻重的地位。与东部地区相比,中国中部地区的环境全要素生产率波动幅度要小一些,在分析期间保持相对平稳的发展趋势。与东部地区相似的是,中部地区环境全要素生产率近年来也出现下降趋势,特别是在 2009 年和 2010 年连续两年出现负值,出现了加速下降的趋势。尽管西部地区在经济发展水平上与东部、中部还有一定差距,但其环境全要素生产率增长水平在三者中位于前列,特别在近年来东部和中部环境全要素生产率有所下降的背景下,西部地区并没有受到影响,仍然保持了较为强劲的发展趋势,展示了较大的发展潜力。

通过上文分析,我们发现以东部地区为代表的中国环境全要素生产率近年来出现了下降现象。由于全要素生产率对经济增长的贡献程度是判断经济发展方式的主要依据,那么,该现象是否说明中国经济增长日趋粗放并难以持续,而且导致中国经济增长绩效下降背后的因素有哪些? 这就需要我们从新的视角对其变化机理进行探究。

四、资源环境约束下中国经济增长绩效变化的因素分析

本章鉴于 SBM 测度方法和 Luenberger 函数的特点,发展了一种全新的生产率指数分解方法,基于各投入产出因素对环境全要素生产率及各子项进行进一步分解,期望直接找到影响其变化的原因。首先,我们从静态视角将生产率分解成与各因素相关的部分,分析各因素对于生产率影响程度;其次,根据生产率指数(包括技术进步和效率变化)的定义,将环境效率的变化与生产率指数结合起来分析,从动态视角寻找影响生产率变化的内在动因。

根据上文公式(11),表 20.3 将 1995—2010 年间生产率均值直接分解成与各投入产出因素相关的部分。表中数据表明,分析期间投入产出因素对于中国经济增长绩效影响顺序依次为期望产出、污染排放和投入。其中由于经济增长而导致生产率有效增加了 0.26%,在所有因素中位于首位,说明分析期间中国经济的高速增长是

生产率提升的主要来源。与产出相比,污染排放对于生产率的影响要稍低一些,与其相关的生产率约为 0.23%,在废水、SO_2、烟尘排放和 CO_2 四个指标中,烟尘排放对于生产率提升的影响最为显著,废水次之,CO_2 和 SO_2 对生产率提升的影响并不显著。与产出和污染排放相比,与投入相关的生产率值稍低一些且为 0.21%,其中资本在分析期间对生产率影响为零,而与劳动相关的全要素生产率约为 0.19%,是除产出之外对于生产率影响最大的单一因素。能源对于生产率的影响并不明显,与其相关的生产率仅为 0.02%,但如果将能源投入和污染排放合在一起分析,可发现与节能减排相关的生产率值约为 0.25%,说明节能减排已经与高速增长的 GDP 一起共同成为提升中国经济增长绩效的主要途径。在上文中已经指出,环境污染是造成各省市环境技术无效率的主要原因,但在此处我们又发现节能减排对环境全要素生产率产生了显著的正面影响,两者之间似乎是相互矛盾的,如何对此给出合理的解释? 根据上文公式(8),全要素生产率指数可通过统一边界下相邻时期环境无效率值比较得到,与污染排放相关的无效率数值较高,说明环境污染的确是造成各省市环境技术无效率的主要原因,但由于在分析期内出现了明显的下降趋势,因此又对环境全要素生产率产生了显著的正面影响,两者非但并不矛盾,相反说明节能减排为提高中国经济增长绩效提供了较大的空间。

表 20.3　1995—2010 年基于不同投入产出要素的中国环境全要素生产率变化分解结果(%)

分析期间	数值	投入	其中			产出	污染排放	其中			
			资本	劳动	能源			废水	SO_2	烟尘	CO_2
全国	0.71	0.21	0	0.19	0.02	0.26	0.23	0.001	0.02	0.12	0
东部	0.7	0.22	0	0.19	0.03	0.14	0.34	0.1	0.07	0.16	0.01
中部	0.51	0.22	0	0.19	0.03	0.19	0.09	0.11	-0.06	0.05	0
西部	1.12	0.11	0	0.16	-0.04	0.98	0.03	0.06	-0.05	0.07	-0.05

从区域层面来看,资源环境约束下中国不同地区全要素生产率的影响因素具有很大差异。对于东部地区而言,与减排取得成效相关的生产率值为 0.34%,该数值

不但在内部与同类因素相比最高,即便与中部和西部进行横向比较也最高,说明在分析期间环境得到有效治理是其经济增长绩效的主要来源。令人惊讶的是,尽管东部发达地区在经济发展方面要比中西部领先很多,但与产出相关的生产率仅为 0.14%,该数值不但在投入产出三因素中最低,在中国各地区中也最低,与污染排放指标形成了鲜明的对比。究其原因,应与东部地区改革开放以来经济高速增长,其与 GDP 相关的无效率值处于较低的水平,已很难得到较大的提升空间有关。与东部地区恰好相反的是,西部地区与 GDP 增长相关的生产率为 0.98%,在全国范围内最高,而与减排相关的生产率仅为 0.03%,同样在全国范围内最低,说明对于经济欠发达的西部地区而言,近年来在经济方面虽得到大力发展,但在环境治理和投入效率方面并未取得显著成效。与东部和西部都不同,中部地区环境全要素生产率增长并没有明显的特征,无论在污染排放方面或期望产出方面,在分析期间都没有取得较大的进展,这也是导致其生产率落后于东部和西部地区的主要原因。

　　以上仅是从静态角度将生产率进行分解,分析各投入产出因素在 1995—2010 期间对于生产率的影响程度,但并没有对其动态演变趋势给出合理解释。我们利用第二部分定义的三个变量:基于统一边界测度的环境无效率 GIE、当期边界测度的环境无效率 CIE 和技术落差 TG,由于 LTFP、LEC、LTP 数值可分别由这三个变量相邻时期的差值得到,因此,只要找到这三个变量在分析期间的变化路径,就能够对中国经济增长绩效、技术进步和效率改善的演变趋势给出合理解释。

　　图 20.2 首先给出了 1995 到 2010 年间中国及各地区环境无效率 GIE 及相关成分变化趋势。根据公式(8),生产率实际上是各省市相邻时期在统一边界下效率评价 GIE 的差值,如果后一时期无效率值比前一时间低,则生产率数值为正,反之则为负。图中显示,对于中国整体而言,除了 1995—1996 年间环境无效率值短暂上升之外,其在分析期间呈现单调下降的趋势,到 2005 年之后该下降趋势有所趋缓并有所反弹,这也是直接导致生产率近年来下降的主要原因。将环境无效率进一步分解成与投入、产出和污染相关的部分后可发现,近年来资源环境约束下中国生产率下降的原因主要有两个:一是与污染相关的无效率值从 2006 年的 0.4084 上升到 2010 年的 0.4529, 二是与投入相关的无效率值从 2006 年的 0.2008 上升到 2010 年的 0.2174。

至此,我们已经初步找到了问题的答案:污染排放和投入效率下降是近年来中国环境全要素生产率下降的主要原因。

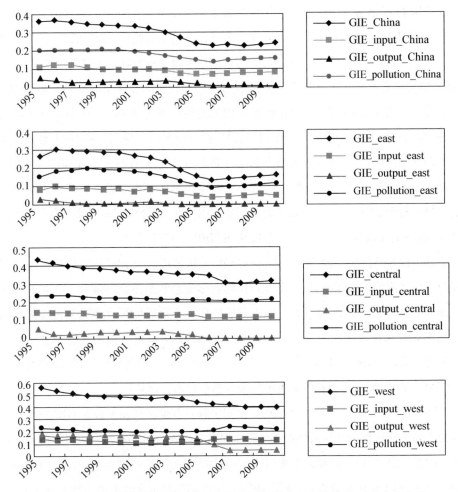

图 20.2　中国及各地区 1995—2010 年环境无效率 GIE 及相关成分变化趋势

对于不同地区而言,影响其经济增长绩效的原因也有所差异。从图中可以看出,东部地区无论是投入、产出或污染排放效率方面,在全国都居于领先地位。其中由于区域经济长期以来保持高速增长,因此与期望产出相关的无效率曲线在分析期间较为平坦,说明 GDP 并不是导致其经济增长绩效近期下降的主要因素。相反,在 2006

年之前东部地区投入和污染排放无效率值都是不断下降的,但在 2006 年之后出现了升高趋势,其中污染无效率值从 2006 年的 0.0887 上升到 2010 年的 0.1117,约占到同期环境无效率值变化总量的 72.14%,这是导致东部地区经济增长绩效下降最主要的因素。深入分析后发现,在资本、劳动力和能源三项投入因素中,能源无效率值从 2006 年的 0.0177 上升到 2010 年的 0.025,是导致投入效率不足的关键因素。为此我们的研究表明,尽管从静态角度看,节能减排对于东部地区环境全要素生产率做出了较大贡献,但从动态视角来看 2006 年之后节能减排效率趋缓已成为制约其进一步发展的瓶颈。

图 20.2 同样给出了中西部地区 1995—2010 年间与各投入产出因素相关的环境效率变化趋势。从图中可发现,对于中部地区而言,其投入和污染效率与西部之间差别并不是很大,但在产出方面相应的无效率值要比西部明显低得多,这也验证了上文的发现,即中西部的区别主要在于经济发展层面。中部地区环境全要素生产率近两年之所以出现负值,主要与近两年区域经济增长趋缓有关,相关的无效率值从 2008 年的 0.002 上升到 2010 年的 0.0148,这也直接导致了其生产率在 2009、2010 年出现负值。对于西部而言,分析初期其在期望产出效率方面与东部和中部存在较大差距,但在分析期间该差距已逐步缩小,2007 年之后与中部和东部已非常接近,产出效率的迅速提高是其生产率在三大地区排在首位的原因。但图 20.2 显示,西部地区近年来在产出效率方面与东部和中部逐渐收敛同时,其污染排放和投入效率并没有得到有效提升,说明西部地区在产出效率潜力消耗殆尽的情况下,如果不重视投入效率和环境治理,未来经济增长绩效未必乐观。

图 20.3 刻画了 1995 到 2010 年间中国及各地区在当期 DEA 方法下得到的环境无效率指标 CIE 变化趋势。根据公式(9),LEC 等于各省市相邻时期环境无效率 CIE 的差值,如果 CIE 后一时期数值比前一期低,说明效率有所改善且 LEC 为正,反之则说明效率恶化且 LEC 为负。对中国整体而言,相关 CIE 在分析期间除 1998—2004 年之间有所下降外,其余时间都呈现出上升趋势,2010 年 CIE 数值比 1995 年要高 0.0362,这是导致 LEC 为负的直接原因。与产出相关的 CIE 值从 1995 年的 0.0303 下降到 2010 年的 0.0131,说明效率下降与期望产出无关。除产出之外,与投

入和污染排放相关的 CIE 在分析期间都有所上升,其中与投入相关的 CIE 值在 1995—2010 年期间上升了 0.0089,而与污染排放相关的 CIE 上升了 0.0445,说明污染排放是导致效率下降的主要因素,投入是次要因素。若将各投入产出因素单独分析,在资本、劳动力、能源三项投入因素中,劳动力和能源是导致效率下降的主要原因,而在与污染排放相关的四项指标中,SO_2 和烟尘排放对于效率下降的影响要更大些。

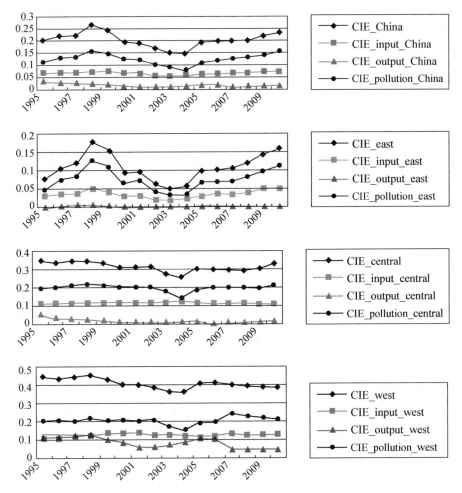

图 20.3　中国及各地区 1995—2010 年环境无效率 CIE 及相关成分变化趋势

　　图20.3表明，从2003年起东部地区环境无效率值就出现了陡峭的上升趋势，在短短7年时间内从0.0752上升到0.1608。在各投入产出因素中，对东部地区影响最为明显的为劳动力、能源和污染排放，其中与污染排放相关的CIE从2003年的0.0309上升到2010年的0.1114，与劳动力和能源相关的CIE值在此期间虽然也有所上升，但幅度并不明显。对于中部地区而言，其环境无效率CIE在分析期间的变化轨迹与东部非常相似，也是在2004年之后出现上升趋势，同样与环境污染和投入效率下降有关，但与东部地区相比幅度明显要低一些。与东部和中部不同，西部地区在分析期间LEC为正，说明若用当期DEA方法测算时，其在1991—2010年期间环境效率得到了有效提升。进一步分析表明，由于西部地方在经济发展方面与技术边界有巨大的差距，因此其充分发挥了后发优势，与期望产出相关的CIE值在分析期间从0.1176下降到0.0578，是导致其LEC为正的主要原因。

　　图20.4描绘了1995到2010年间中国及各地区技术落差TG及相关成分的变化趋势。根据公式(10)，LTP等于相邻时期TG的差值，我们可以根据TG在分析期间数值变化对技术进步的演变趋势给出解释。首先，对比图20.3和图20.4可发现，环境效率和技术落差两者基本呈现出反向的变化趋势，除了中间一段时期之外，TG都呈现出下降的趋势，这可说明主要是效率变化(LEC)而不是技术进步(LTP)导致中国经济增长绩效近年来出现下降趋势。从图形上看，尽管在中途出现过起伏，但技术落差TG最终都趋向于零值，说明随着时间的推移，当期数据构建的技术边界与全部数据构建的统一边界趋向一致。从投入产出各因素来看，与污染排放相关的TG下降最为明显，其次是与投入相关的TG，而与产出相关的TG在分析期间下降最为缓慢。仔细分析图20.4可发现，中国不同地区技术进步的来源有很大差异。对于东部地区而言，其与污染排放相关的TG下降的最为迅速，而产出对技术进步的影响最小；与东部地区不同，投入和污染排放对于中部地区技术进步所起的作用基本相当，而与东部相似的是，产出对技术进步的影响同样为最小；与前两者截然相反的是，产出因素是导致西部地区技术进步的主要原因，与其相关的TG值从1995年的0.0749下降到2010年的0.0017，而污染和投入对于技术进步的影响则很小。显然，不同地区技术进步来源之所以有所差异，与各地区所处的发展阶段是密不可分的。

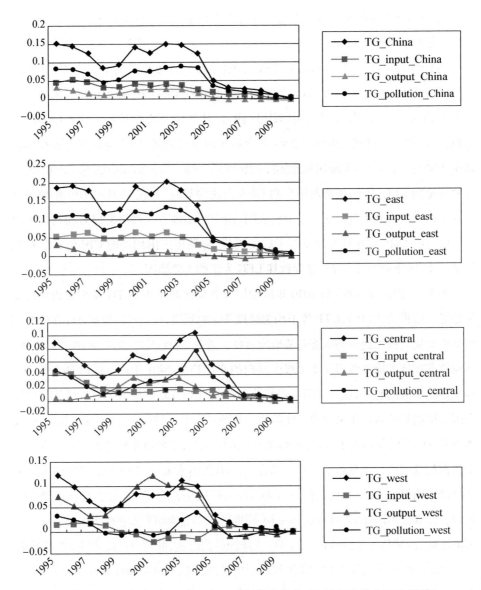

图 20.4　中国及各地区 1995—2010 年技术落差 TG 及相关成分变化趋势

五、结论与政策建议

本章结合 SBM 测度方法和 Luenberger 函数特点,提出了一种新型的生产率指数构建和分解方法,利用 1995—2010 年中国省际数据,测度了中国东部、中部、西部及各省市环境效率及环境全要素生产率,对资源环境约束下中国经济增长绩效变化趋势进行了因素分析。研究发现,在资源环境约束背景下,能源消耗和污染排放已经成为中国经济增长无效率的主要来源,但不同区域之间环境效率存在较大差异,由东到西呈现出明显的阶梯式分布,中部和西部地区之间的差异主要体现在经济发展层面。中国 1995—2010 年间的环境全要素生产率为 0.71%,其主要来源于技术进步而非效率改善。分阶段来看,资源环境约束下中国经济增长绩效近年来出现下降趋势,特别是经济发达的东部沿海区域下降趋势显得尤为明显。将 1995—2010 年环境全要素生产率均值分解后发现,分析期间各因素对于中国经济增长绩效影响的顺序依次为期望产出、污染排放和投入,说明分析期间中国经济的高速增长是生产率的主要来源,但由于与产出相关的无效率值已处于较低水平,因此未来发展空间有限。从动态的视角看,中国经济增长绩效近年来下降原因主要与 2005 年以来投入效率不足和污染排放有关,特别与东部沿海地区近年来节能减排效率改善趋缓有关。

针对资源环境约束下中国近年来经济增长绩效下降的现象,我们不仅可以通过新型指数分解方法,分析投入产出因素对于技术进步和效率改变的影响,直接找到导致中国整体环境生产率下降的原因,而且根据中国不同区域资源禀赋、产业结构和发展阶段存在较大差别的特点,可以进一步探究影响不同地区经济增长绩效变化的相关因素,从而得到更为具体和更有针对性的对策建议。为提升中国经济增长绩效,我们建议如下:

(1)摒弃 GDP 增长崇拜,将发展目标从经济数量扩张转向经济质量提高。本章研究表明,一方面与 GDP 相关的无效率指标处于较低水平,继续通过产出扩张提高生产率空间有限;另一方面,投入效率不足和污染排放已成为近年来中国经济增长绩效下降的主要原因。因此,我们必须通过 GDP 预期目标的调整,减少对资源环境的消耗,实现更长时期、更高水平、更好质量的可持续发展。可喜的是,温总理在政府工作报告中将 2012 年 GDP 增长目标设定为 7.5%,这是中国 GDP 预期增长目标八年来首次低于 8%,表明中国在提升经济增长质量方向上迈出了关键一步。(2)不但要通过技术进步，更要通过效率改善提高中国经济增长绩效。众多文献已表明，中国经济增长绩效是由技术进步而非效率改善推动的，本章研究更进一步发现，中国经济增长绩效近年来下降主要与效率变化有关，特别与东部沿海地区近年来节能减排效率改善趋缓有关。因此，我们在加强技术引进和自主创新的同时，尤其要注重与节能减排相关的技术吸收和应用推广。(3) 以区域的资源禀赋、发展阶段特征引领经济增长质量。中国幅员辽阔，不同区域在资源禀赋、产业结构和发展阶段存在较大差别，本章发现各区域不但环境无效率来源不同，决定其生产率的因素也有很大差异。因此，在具体制定提高经济增长绩效对策时，应注意到东部、中部、西部及省际的地区差异，找到影响各区域经济增长质量的具体投入与产出因素，并结合自身的特点制定切实、可行的发展政策方案。(4) 投资自然资本，实施可持续发展。就全球范围而言，人们喜欢把增长作为表现创造力的方式并沉溺其中，事实上地球的承载力已达极限。基于人造资本与自然资本(产出自然资源流的存量)的互补性、部分的替代性(赫尔曼·E·戴利，1996)，我们应将可再生资源与不可再生资源区别对待与投资，合理配置对自然资本维持性投资与净投资，在可能的范围内，把不可再生的自然资本尽量转变为可再生的替代物。地球是我们人类唯一的家园！

参考文献

[1] 曹开虎.《中国出口稀土得到了什么?》,《第一财经日报》,2012-4-9.

[2] 陈诗一.《节能减排、结构调整与工业发展方式转变研究》,北京大学出版社,2011.

[3] 程丹润、李静.《环境约束下的中国省区效率差异研究:1990—2006》,《财贸研究》,2009(1).

[4] 赫尔曼·E·戴利.1996.《超越增长:可持续发展的经济学》,中译版,上海译文出版社,2001.

[5] 赫尔曼·哈肯.1986.《协同学—大自然构成的秘密》,中译版,上海世纪出版集团,2005.

[6] 国家统计局、环境保护部.《中国环境统计年鉴—2011》,中国统计出版社,2011.

[7] 涂正革.《环境、资源与工业增长的协调性》,《经济研究》,2008(2).

[8] 胡鞍钢、郑京海等.《考虑环境因素的省级技术效率排名(1999—2005)》,《经济学季刊》,2008(7):3.

［9］匡远凤、彭代彦.《中国环境生产效率与环境全要素生产率分析》,《经济研究》,2012(7).

［10］庞瑞芝、李鹏.《中国新型工业化增长绩效的区域差异及动态演进》,《经济研究》,2011(11).

［11］田银华、贺胜兵、胡石其.《资源环境约束下地区全要素生产率增长的再估算:1998—2008》,《中国工业经济》,2011(1).

［12］王兵、吴延瑞、颜鹏飞.《中国区域环境效率与环境全要素生产率增长》,《经济研究》,2010(5).

［13］张军、吴桂英、张吉鹏.《中国省际物质资本存量估算:1952—2000》,《经济研究》,2004(10).

［14］郑京海、胡鞍钢.《中国改革时期省际生产率增长变化》,《经济学季刊》,2005(4):2.

［15］Berg, S. A. , F. R. Forsund, E. S. Jansen. "Malmquist indices of productivity growth during the deregulation of Norwegian banking 1980—89", *The Scandinavian Journal of Economics*, 1992(94): 211 - 228.

［16］Chambers, R. G. , R. Fare, and S. Grosskopf. "Productivity Growth in APEC Countries", *Pacific Economics Review*, 1996(1): 181 - 190.

［17］Cooper, W. W. , L. M. Seiford, and K. Tone. Data Envelopment Analysis, Boston: Kluwer Academic Publishers, Second Edition, 2007.

［18］Chung, Y. H. , R. Fare and S. Grosskopf. "Productivity and Undesirable Outputs: A Directional Distance Function Approach", *Journal of Environmental Management*, 1997(51): 229 - 240.

［19］Diewert, W. E. . "Index Number Theory Using Differences Rather than Ratios", *American Journal of Economics and Sociology*, 2005(64): 347 - 395.

［20］Dong Huyn oh. "A Global Malmquist-Luenberger Productivity Index—an application to OECD countries 1990—2004", Working paper, 2009.

［21］Fare, R. ,S. Grosskopf, and Carl A. , Pasurka. "Environmental Production Functions and Environmental Directional Distance Functions", *Energy*, 2007(32): 1055 - 1066.

［22］Fukuyama H, William L. Weber. 2009. "A Directional Slacks-based Measure of Technical Inefficiency", Socio-Economics Planning Sciences, doi: 10. 1016/j. seps. 2008. 12. 001.

［23］Grosskopf, S. . "Some Remarks on the Malmquist Productivity Index and its

Decomposition", *Journal of Productivity Analysis*, 2003(20)：459－474.

[24] Hu, Z. F. , M. S. Khan. "Why is China growing so fast?" *IMF Staff papers*, 1997 (44)：103－131.

[25] *Krugman, P.*. "The Myth of Asia's Miracle", *Foreign Affairs*, 1994.

[26] Tone, K.. "A Slacks-based Measure of Efficiency in Data Envelopment Analysis", *European Journal of Operational Research*, 2001(130)：498－509.

[27] Tone, K.. "Dealing with Undesirable Outputs in DEA：A Slacks Based Measure (SBM) Approach", GR IPS Research Report Series, 2003：I－2003－0005.

[28] United Nations(UN). Agenda 21, United Nations, New York, 1993.

[29] World Bank. China 2020：Development Challenge in the New Century. Washington D. C. ：The World Bank, 1997.

[30] World Commission on Environment and Development (WCED). Our Common Future, Oxford University Press, Oxford, UK, 1987.

[31] Young, Alwyn. "Gold into Base Metals：Productivity Growth in the People's Republic of China during the Reform Period", *Journal of Political Economy*, 2003, 111(6)：1220－1261.

[32] Young, Alwyn. "The Tyranny of Numbers：Confronting the Statistical Realities of the East Asian Growth Experience", *Quarterly Journal of Economics*, 1994, 60(3)：641－680. 22.

[33] Zheng, Jinghai & Bigsten, Arne & Hu, Angang. "Can China's Growth be Sustained? A Productivity Perspective," *World Development*, 2009, 37(4)：874－888.

[34] Zheng, Jinghai, Xiaoxuan Liu and Arne Bigsten. "Ownership Structure and Determinants of Technical Efficiency：an Application of Data Envelopment Analysis to Chinese Enterprises (1986—1990)," *Journal of Comparative Economics*, 1998, 26, 3：465－484.

（原文载于：刘瑞翔、安同良.《资源环境约束下中国经济增长绩效变化趋势与因素分析》,《经济研究》,2012 第 11 期）

第四篇

创新发展的案例

第二十一章　国外创新型国家案例

1. 美国：成熟和完备的国家创新体系

美国富有创新精神的文化传统，适应自由市场经济的政治体制，各种规范的法规、科技政策的保证，以总统为首的科技领导机构，研发和教育的高投入，以及能包容多元文化、鼓励自由思考、独自创新的社会环境系统，使美国成为一个创新型科技强国，形成了当今世界最为全面的国家创新体系。

（1）美国的传统优势。根据麦迪逊等人整理的数据可知，美国的人均收入水平从 19 世纪末赶超英国后就一直处于世界第一的位置。大部分学者认为美国的优势来源于资源的供给和有效的国内需求（Wright，1990）。美国在石油化工行业领先地位最初是来自国内丰富的石油资源，其在机器工具制造业的优势则是源于它最早采用了大规模生产技术。这也同时证明了美国本土劳动力的稀缺以及其强大的国内市场。反之，规模生产、长距离、便宜的土地以及城市密度低也解释了美国早在 20 世纪 20 年代就能在汽车制造业和使用方面取得领先地位。相应地，巨大的汽车市场也使得人们对汽油的需求大量增加，进而促进了石油和石化产业的发展。

（2）重视本国国民教育和研究型大学。美国在产业研发与大学研究的紧密结合方面的优势毋庸置疑。1910 年—1940 年的一系列中央和地方政策使美国成为第一个普及中学教育的国家，也使美国的大学入学率达到了战后最高水平。美国拥有世界上最发达的高等教育，在世界大学前 100 强排名当中，美国的大学要占到一半以上，即使是经济衰退时期，美国各所私立和公立大学仍然是最成功的出口行业，可以从美国相对于其他国家的领先优势以及对世界各地学生的吸引力上体现出来。大学研究所、政府资助的公共研究机构以及行业的私人科研机构之间有效紧密的结合，对美国取得信息技术方面的领先地位起到了至关重要的作用。硅谷坐落在斯坦福大学旁边,而另一个计算机软件、硬件公司以及生物技术公司的汇集地就位于波士顿地区麻省理工学院和哈佛大学旁边,这些现象并不是巧合。

美国教育优势的另一个很重要的方面是它很早就发展了商学院并且几乎在这方面的教育领域形成了垄断,在融资和整体战略管理的教育上有很大的优势,并在 20世纪七八十年代逐渐显露,促进了风险资本的应用以及新兴网络公司的发展;美国有着比其他地方要多的 MBA,他们具有良好的金融方面的知识,创新精神和风险承受能力。另外,美国的商学院使得美国的投资银行、会计师事务所和管理咨询公司在国际上处于领先地位。

(3) 政府资助军用和民用研究。研究表明,美国战后在制药和生物医药方面取得的领先地位和国家的公共卫生政策有很大关系。国防研究的需要和政府的扶持政策帮助美国在半导体、计算机软件硬件开发、生物技术和因特网等领域取得领先地位。而政府的反垄断政策则是美国的软件产业得以脱离硬件产业而独立发展的原因。

对于高等教育和基础研究的支持上,美国所采用的方法与欧洲各国如法国、德国和英国有很大不同。首先,美国的私立大学与公立大学的混合机制促进了大学之间的竞争,并且给予那些顶级的私立大学充足的财政预算自由,使它们能够提供高薪水、建造先进的实验室以及保证高质量的教学,这些又反过来吸引许多世界各地的高水平的教师和学生。其次,美国中央政府所支持的研究项目都要经过严格的审核、政府的支持倾向于那些拥有真正实力和精力充沛的年轻研究学者,并不倡导精英主义或者继续支持那些已经没有什么新创意的著名教授。而欧洲大部分学校和研究机构都倾向于公平分配的统一的预算办法,对学术的激励不足,也很少对研究项目进行严格的审核。

(4) 健全的科技立法体系。美国拥有健全的科技立法体系,尽可能地为企业和个人营造创新的政策环境,大力推动美国产业的技术创新和科研成果的产业化。美国是世界上实行知识产权制度最早的国家之一,已基本建立起一套完整的知识产权法律体系,美国通过对其知识产权在全球范围内实施保护,为企业和个人营造了创新的环境,并维护了本国的利益。美国半导体行业以及计算机软件行业的领先地位就归功于对知识产权和许可协议的重视和规范化(Bresnahanand Melerba,1999;Mowery,1999)同时,建立企业技术创新退税政策;实施一系列政府—企业伙伴关系计划和鼓励出口贸易,推动中小企业的技术创新;通过立法推动联邦技术转让,促进科研成果向产业界的转化。

(5) 完善的资本市场。在 20 世纪 80 年代,美国资本市场似乎是造成美国产业弱势的原因之一。因为人们只关注短期的利润最大化,而当时的日本由于能够从银行获得低息贷款从而在半导体行业暂时处于领先地位。但是美国的资本市场在日后逐渐显示出了其优势。证券法长期以来都要求公司信息公开以及允许股票分析师能够了解其公司内部消息,这些规定培育出了一个巨大并且充满活力的公共投资市场,这一市场和后来兴起的风险资本市场在 20 世纪 90 年代中期因特网发展初期为许多新兴网络公司提供了大量的资金支持。Lerner 指出了促进这一风险资本市场形成的政策上的重要变化,即允许社会保障基金对风险资本公司进行投资。

在美国创新型国家建设的过程中,军事 R&D 及其溢出机制极为重要,其大量私营企业的 R&D 经费由政府提供,而且主要用于军事技术的研发,并由几个大公司完成(苔莎·莫里斯-铃木,1994;理查德·R. 纳尔森,1996)。美国通过不断完善政府和国会的科技创新组织,形成了高效运行的科技创新宏观管理机制,具体内容可见表 21.1。除此之外,美国还有健全的国家科学院系统,由美国国家科学院、美国国家工程院、美国国家医学院及美国国家研究理事会组成。容易忽视但值得一提的是美国的非营利机构,它们是企业和高校等常规创新主体的重要补充力量,例如:为各类科研机构提供项目资助的洛克菲勒基金会、福特基金会、卡内基基金会、比尔与美琳达·盖茨基金会;为政界、军界和工商界提供咨询服务的兰德公司;承接政府和企业委托项目的巴特尔研究所,以及像"美国科学促进会"等众多的社团组织。这些非营利机构每年投入和使用的科研经费并不大,但它们在促进科技信息交流、搜集和传递科技情报、联络科技人员和普及科技知识等方面,是任何其他机构所无法取代的(章亮等,2010)。

表 21.1　美国科技创新组织

机构名称	组织内容及主要任务
国家科学技术委员会	1. 总统担任主席，主要成员包括副总统、总统科技事务助理、国务卿及各部长； 2. 确立国家科技发展目标；制定、协调科技政策。
总统科技顾问委员会	1. 主要成员为非政府机构的专家、学者； 2. 从民间角度对国家科技委的政策进行评述，并提供反馈意见，促使这些计划更加合理可行。
白宫科技政策办公室	1. 主要成员由总统任命，并由参议院批准； 2. 为总统及其他国家领导人提供科技政策咨询； 3. 负责协调政府各部门制定和实施科技政策； 4. 确定和落实科技预算，加强各级、各类科技创新主体的合作关系。
预算管理局	与白宫科技政策办公室一起制定每年的科技创新活动预算。
国家科学基金会	1. 美国政府机构中唯一专职从事科技管理的部门； 2. 促进科技进步，增强创新能力，资助基础科学研究； 3. 每年从大学和其他科研机构申报课题中，遴选出 2 万余个项目给予经费资助。
机构名称	组织内容及主要任务。
国会科技机构	1. 参议院下设航空、通信、消费者事务与涉外商务及旅游、海洋和渔业、科技与空间、陆运与海运等六个分委员会； 2. 众议院下设基础研究、航天航空、能源与环境、技术和标准四个分委员会。
政府设立的科研机构	1. 由各部门的研究院、实验室组成。例如，国防部的国防先进研究项目局，卫生部的国立卫生研究院，能源部的劳伦斯伯克利国家实验室、洛斯阿拉莫斯国家实验室、阿贡国家实验室和布鲁克海文国家实验室等； 2. 根据本部门主要职责，提出相关研发创新计划，争取国家科研项目经费。

注：资料由章亮等（2010）整理而成。

2. 日本：从模仿跟踪到创新立国

日本在短短 100 多年的时间里从一个落后的东亚小国发展成为世界第二的经济科技强国，究其原因，是能够根据本国国情，成功地选择了先模仿后独创、先低科技后高科技的发展战略。日本科技创新的主要特点如下：(1) 研发投入大。据文部省近年发表的白皮书，日本每年用于研究开发的总经费约 16.5 万亿日元，仅次于美国，超过英、法、德三国之和。(2) 企业研发能力强。私人部门对研发持续不断地进行高投资，企业成为大部分研究经费的提供者和使用者。(3) 政府发挥重要的指导作用。日本政府通过制定长期规划、积极的投资与教育政策等，在推动企业增强创新能力方面发挥了重要作用。尤其在完善国家创新体系、科研基础设施建设、组织产官学合作、促进国际科技交流与合作等方面，政府发挥了主导性作用。长期以来，日本一直坚持走以引进和消化欧美技术为主的模仿型"技术立国"之路，20 世纪 90 年代中期以后开始向注重基础研究和独创性自主技术开发的"科学技术创新立国"战略转变（斋藤优，1986）。从历史上看，二战结束前，日本已基本完成了机械化、电气化和燃料石油化的技术革命，并发展成为一个产业门类齐全、具有近代科技及教育水平的工业化强国。这段时期，日本实施了一系列科技政策：引进外国专门人才和技术；加强本国人才培养，建立从初等到高等的教育体系；成立负责科技发展的政府组织机构；颁布专利法，引进国际技术标准体系，制定科技奖励政策；成立了一大批具有现代化设备的专门从事科学研究的机构和学术协会。二战后，日本成功地实现了经济的高速增长和产业结构的高级化，跻身于发达国家行列。此间，日本的科技发展经历了四个阶段，即：20 世纪 50 年代前的经济恢复阶段，大力引进国外先进技术，而国内的科技资源大多被用于消化引进技术，并向民间大企业倾斜；20 世纪 60 年代的经济高增长期，各大企业兴起了设立"中央研究所"的热潮，政府同时制定了各种科技政策，支持企业的创新活动；20 世纪 70 年代的低增长转型期，科技政策取向多样化、体系化，并在科技体制方面发展了"研究组合"等产学官合作的组织形式；20 世纪 80 年代后创新型国家时期，基于人口的老龄化、产业的空洞化、赶超战略效力的衰退以及改善国家形象的需要等原因，日本的通产省和科学技术厅提出了"科学技术立国"的口号，高新技术进入世界最前列，创新型国家形成。

日本战后技术政策的实施一直是多机构混合起作用的，且不同时期政策重点不同。20 世纪 50 年代，通产省主要依赖传统产业政策工具(低息贷款、信用担保、适当免税等)协调与鼓励私营企业发展的积极性；60 年代通产省通过独立的产业规划，对研究与创新的支持更牢固地嵌入到更广泛的产业政策体系中。70年代后,通产省开始对社会创新网络的各个节点进行更为积极的干预,同时对一系列委员会提出的未来希望技术进行巨大资助,如超大规模集成电路项目便由通产省"国家研究和发展项目"1976年建立和资助。20世纪50年代后期日本国会批准成立"科学技术厅",该机构负责推进日本自身的大规模创新。1959年,政府继续努力于推进并协调技术政策,建立了小型智囊团"科学技术委员会",它负责协调有研究兴趣的独立部门之间的行为,并且为未来发展制定长期计划(苔莎·莫里斯-铃木,1994)。

表21.2　日本科技厅部门设置与主要工作

部门名称	长官官房	科技政策局	科技振兴局	研究开发局	原子力（核能）局	原子力安全局
主要职能	政策制定与部门协调	科技推广	推进基础研究、完善研发制度和环境	重大、先导性技术开发(如宇宙开发、脑科学研究)	核能开发与利用	确保核技术安全利用

注:资料由冯涛(2000)整理而成。

　　2001年,日本在科学技术组织结构中发生了重要变化,当年的行政改革中产生了科学技术政策委员会,作为内阁政府两个主要委员会中的一个,由首相直接领导,监管所有的科技政策。同时,以前的教育、文化部和科学技术振兴机构合并为一个部——文部科学省(MEXT),权力覆盖从小学到博士后的科学教育的全部领域,以及涵盖从基础科学到高校——工业合作的整个创新周期主要部分的行政责任。然而全面负责科学技术的实施和推广的是科技厅,其具体职能部门设置以及功能可见表21.2。可以看出,日本的文部科学省能使教育和文化为科技创新提供更好的动力源泉,科技厅能够在实践中推广、引领科技新发展,而科学技术政策委员会则能为科技系统的有效运转提供有力的监管,防止科技系统运转的失灵。

　　3. 德国

　　德国在科技创新体系中职能机构的特色主要体现在科技行政管理部门、科技行政关联机构与公共科研机构三个方面。德国的科技发展行政管理职能基本按照基础研究和应用研究的界限集中于少数几个部门,其他部门虽然也存在科研活动,但规模较小,大都只是为了满足本部门工作要求,在科技发展中的作用相对有限(陈强、鲍悦华,2011)。德国联邦教育与研究部(BMBF)是负责科研与教育活动的主要部门,BMBF下属的德国研究共同体(DFG)是联邦政府促进德国高校和基础研究活动的主要机构,对所有科学领域研究活动提供资助,并协调大型公共研究协会的研究。联邦经济与技术部(BMWi)的科技发展职责范围涵盖能源、航空、交通等领域,并通过德国联邦工业研究协会(AiF)促进中小企业的发展。德国围绕科技政策制定、实施、评价全过程,普遍建立起了较为完善的科技行政关联机构体系。

表 21.3　德国科技行政关联机构设置

政策制定机构		跨部委政策制定、实施部门		政策评价机构
劝告机构	支援机构(分析、调研)	协调机构	负责部门	基于评价的劝告机构
德国科学委员会(WR)	弗朗霍夫学会系统与创新研究院(Fraunhofer ISI)	科学联席会(GWK)德国科学委员会(WR)	联邦教育与研究部(BMBF)联邦经济与技术部(BMWi)	德国科学委员会(WR)

注:资料由平泽冷等(1998)整理而成。

其中,德国科学委员会(WR)同时承担着科技政策咨询建议、评价和协调等多重职能。它主要关注科研机构和国家创新体系这两大领域的发展,通过对科研机构的绩效评估和对一些专业领域、学科的评价,为联邦高校和国家科研活动的发展提供建议。作为协调机构,WR还同时协调着科技政策制定者——科技界和联邦——州政府这双重关系。另外,公共科研机构在德国创新体系中发挥着不可替代的作用。在德国存在着大量自治的公共研究机构,它们是受政府机构资助的不完全公共组织,通常以集团化的形式存在,集团中存在着位于政府与这些研究机构之间的中间组织,即"学会",代表了德国科学研究的核心力量。通常学会间也有良好的分工,分别从事不同使命与性质的研究任务,主要包括从事国际顶尖基础研究的马普学会(MPG)、从事能源、环境、健康、材料结构等领域重大问题研究的赫姆霍兹学会（HGF）、从事应用和战略研究的弗朗霍夫学会（FHG）和从事人文与社会科学、空间科学与生命科学、环境科学研究的莱布尼兹学会（WGL）。每年，德国政府除了资助高等教育部门外，有很大一部分研发经费都投入了这些公共科研机构（陈强、鲍悦华，2011）。

第二十二章　创新型城市案例

1. 美国硅谷

硅谷是高科技公司云集的美国加州圣塔克拉拉谷的别称,位于加利福尼亚州北部,旧金山湾区南部,一般包含圣塔克拉拉县和东旧金山湾区的费利蒙市。严格来说,硅谷并非城市,不属于创新型城市的研究范畴,但它出现在众多创新型城市研究文献中,受到学者的广泛关注,其形成模式也不断被东亚等新兴国家作为建设创新型城市的样本,模仿借鉴,印度班加罗尔以及下文提到的韩国大田都是仿照硅谷模式兴建起来的。此外,硅谷从工业园区逐渐推动临近城市,乃至整个区域的繁荣,也代表了现今新兴国家创新型城市的主流模式。

硅谷所在的旧金山湾区最初是美国海军的研发基地。二战后,随着美国回流学生的增多,为满足财务需求,同时给毕业生提供就业机会,斯坦福大学采纳特曼教授的建议开辟工业园,允许高技术公司租用其地作为办公用地,并鼓励学生在当地发展风险投资事业,从而拉开了硅谷兴起的序幕。

硅谷的发展始于斯坦福研究园的成立。1951 年,特曼教授成立斯坦福研究园区,这是第一个位于大学附近的高科技工业园区。园区里一些较小的工业建筑以低租金租给一些小的科技公司。最开始的几年里只有几家公司安家于此,随后,依靠斯坦福大学最新的技术以及出租的土地,越来越多的公司来到硅谷。土地租金以及与公司的合作成为斯坦福大学的经济来源,使得斯坦福大学不断的兴旺发达。逐渐形成了依托于斯坦福大学的公司聚集地,并吸引更多怀揣企业家梦想的高科技人才来此创业。

1956 年,晶体管的发明人威廉·肖克利在斯坦福大学南边的山景城创立肖克利半导体实验室。1957 年,肖克利决定停止对硅晶体管的研究。当时公司的八位工程师出走成立了仙童半导体公司,称为"八叛逆"。"八叛逆"里的诺伊斯和摩尔后来创办了英特尔公司。在仙童工作过的人中,斯波克后来成为国民半导体公司的 CEO,另一位桑德斯则创办了 AMD 公司。1972 年第一家风险资本在紧挨斯坦福的 Sand Hill 路落户,自此,风险资本极大促进了硅谷的成长。1980 年苹果公司的上市吸引了更多风险资本来到硅谷。经过几十年的实践、摸索和调整,硅谷形成了创办新型高科技企业有效和基本固定的创业模式,它的成长历程一般经历创建阶段、成长阶段、获利阶段三个阶段。风险资金来源于不同渠道,风险投资家只是资金的管理者。在硅谷,80%以上的风险基金来源于私人的独立基金,主要来源有富有的个人资本、机构投资者资金、私募证券基金和共同基金。其组织形式为小企业投资公司、合作制的风险投资公司、股份制的风险投资公司以及大集团内部的风险投资公司或大公司内部的风险投资部。在这种"技术＋企业家＋资金"的模式下,硅谷不断地扩大发展,成为全世界的高新技术发源地和中心。

　　成功因素分析:

　　(1)重视科技,发展高新技术产业集群。硅谷的成功得益于其成功的产业集群,由于集群具有地域化聚集、专业化分工、社会化协作的特点,增强了其产业竞争力。硅谷地区以高校及创新企业为主体,各创新要素的参与、协作,使得硅谷成为一个创新整体,克服单独个体智力与资金的限制,整合多种知识技术资源和技能,产业链和创新配套条件得到优化,降低技术和市场风险与不确定性,增大创新投入意愿,增大创新成功的努力和探索,使硅谷保持了创新的活力。

　　(2)创新主体相互作用,形成完善的创新网络。从创新个人来看,硅谷有大批劳动力、科技开发人员、经营管理人员和市场销售人员,活跃于企业之中,推动企业技术创新,并在地区整体优势中占有核心地位。从机构和技术能力来看,硅谷有大量的机械和原材料辅助生产部门和机构、强有力的金融机构、专门传播最新开发技术知识的机构以及分析最新市场动态的咨询机构等,这些构成了地区知识技术能力的强大支撑,是硅谷地区创新整体优势的坚实基础。从规范、模式和制度文化来看,硅谷有分权和积极介入,利用外部知识技术资源的组织模式,乐于助人的氛围,技术合作联合的传统,这些构成了地区创新整体优势的长久保证。从知识技术运行网络来看,硅谷有以地区网络为基础的工业体系,能促进各个专业制造商集体地学习和灵活地调整一系列相关的技术,这些构成了硅谷地区整体创新优势得以形成和维持的最重要依托。

(3) 充满活力的人力资本机制。硅谷是美国高科技人才的集中地,更是美国信息产业人才的集中地,在硅谷,集结着美国各地和世界各国的科技人员达 100 万以上,美国科学院院士在硅谷任职的就有近千人,获诺贝尔奖的科学家就达 30 多人。

硅谷人才流动分为正式的和非正式渠道,正式渠道是职业介绍所,硅谷不仅有为一般劳动者提供服务的临时职业机构,而且还有专门招聘高级专业技术人才和高级经理人员的猎头公司;非正式渠道是酒吧、咖啡馆、俱乐部、健身房、展示会等聚会场所,它们不仅是硅谷人们交流信息的场所,也是非正式的招聘中心。人力资本参与收入分配,员工持股和股票期权是硅谷的制度创新,是硅谷技术创新和经济增长的推动力。

(4) 闻名世界的风险投资机制。硅谷拥有世界上最完备的风险投资机制,有上千家风险投资公司和 2000 多家中介服务机构,风险资金来源于富有的个人资本、机构投资者资金、私募证券基金和共同基金等多种渠道,其组织形式为小企业投资公司、合作制的风险投资公司、股份制的风险投资公司以及大集团内部的风险投资公司或大公司内部的风险投资部。风险投资是硅谷科技创新和产业化的前提。经过几十年的实践、摸索和调整,硅谷形成了创办新型高科技企业有效和基本固定的创业模式,一般经历创建阶段、成长阶段、获利阶段三个成长历程。据美国风险投资协会的一项调查表明,受风险资本支持的企业在创造工作机会、开发新产品和取得技术突破上明显高于一般大公司,不仅如此,这些公司的成长推动着硅谷经济的发展,增强了其在世界上的竞争力。以斯坦福大学为首的科研院所与充裕的风险资本的结合,创造和刺激了硅谷高新技术产业的蓬勃发展。

(5) 高品质的生活环境。硅谷气候宜人,因属温带海洋性气候,夏天不热但干燥少雨,冬天不冷,潮湿多雨,全年平均温度 13 ℃—24 ℃,全年日照 300 多天。污染少,美丽绵长的海岸线、森林和 300 多平方公里的国家公园,这些都是吸引许多人留在硅谷创业发展的重要原因。从城市规划和建设的角度来看,硅谷地区社区设计注重特色,包括历史的、传统的和现代的三种类型,极富吸引力;硅谷地区的交通体系完善发达,各种交通形式俱全,包括公交、快速铁路、通勤铁路、轻轨、轮渡等,与整个湾区成为有机一体;硅谷地区的生活配套设施十分完善,教育、医疗、体育、文化都十分发达,优良的教育质量对于吸引和留住高素质人才起到了非常大的作用;生态环境优美,西邻太平洋,东靠众多国家级旅游胜地,不仅城市内部保证较高的绿化率,城市周边的开阔空间也得到很好的保护,这对保护生态多样性和优良的空间景观起到了重要作用。

(6) 政府在硅谷兴起中所起的作用。硅谷的成功是一个典型的由市场主导建立创新型城市的案例,硅谷的生存与发展历史与美国政府没有任何直接的关系,美国政府在硅谷的形成和发展中,只是起到一个间接扶持和引导的作用。同样,对于硅谷风险投资的形成与发展,美国政府也只是起到间接扶植和引导的作用。

美国本身是一个市场发育非常健全、市场机制相当完善、市场经济非常发达的国家。由于市场体系的完善,法律法规的健全,市场上资金充裕,专业化服务随手可得,硅谷的创新动力长盛不衰。美国政府通过健全服务与监管体系,来规范风险投资的规则,优化风险投资的环境,促使风险投资社会化和市场化,提高风险投资能力。同时,美国政府通过立法,制定政策和发展计划实施了间接扶持政策。美国政府实施的小企业投资法、小企业研究计划、知识产权保护等政策,给予了风险投资的发展极大支持;一系列鼓励对科技型小企业的长期风险投资的优惠政策,直接刺激了社会风险投资供给规模;设立纳斯达克股票市场为美国硅谷创业公司上市创造了上市融资的有利条件,为美国硅谷的风险投资提供了退出渠道;成立了国家风险投资协会,制定了有关法规,除了加强行业管理,规范风险投资行为外,还为交流投资信息、进行人员培训、组织联合投资、改善投资环境、拓宽资金来源和投资渠道等提供多方位的服务。

2. 英国伦敦

作为一个典型的创新型城市,伦敦发展的突出特点在于其发达的文化创意产业。在建设创新型城市之前,伦敦已经具有高度发达的工业制造能力及金融网络。伦敦城是英国的金融和商业中心,世界上最大的金融和贸易中心之一,同时是世界最大的国际外汇市场和欧洲美元市场。英国中央银行——英格兰银行以及 13 家清算银行和 60 多家商业银行也均设在这里。伦敦城还是世界上最大的国际保险中心,伦敦股票交易所为世界 4 大股票交易所之一。此外,伦敦城还有众多的商品交易所,从事黄金、白银、有色金属、羊毛、橡胶、咖啡、可可、棉花、油料、木材、食糖、茶叶和古玩等贵重或大宗的世界性商品买卖。伦敦对于创新型城市的建设体现了高度发达传统经济向创意产业的转型。

伦敦是世界著名的商业金融中心,欧洲 500 强企业中,有超过 100 家的企业总部在伦敦。伦敦的生命科学产业、医药产业、创意产业等在国际上具有较强的竞争力。伦敦也是全球高等教育中心。三分之一的英国高等教育机构在伦敦,40 所大学与学院,55 所继续教育学院,9 所研究与技术所。此外,还有数百个智囊团、研究和科学机构、教授团体。规模庞大的高等教育为伦敦经济的发展带来了巨大活力。高校学生每年为伦敦消费 80 亿英镑的产品和服务,来自海外的伦敦高校的留学生和游客每年为英国贡献 7.5 亿英镑,伦敦高校每年从英国国内和海外赢取的科研经费超过 6 亿英镑。伦敦的高等教育贡献了英国 GDP 的 1%、伦敦的 4%。但是,伦敦在研究与发展投入较少,企业研发投入占 GDP 的比重只有英国平均 1.2% 的一半左右,企业、政府和高校的总研发投入占 GDP 的 1.4%,低于英国 1.8% 的平均水平。专利申请量也低于英国平均水平。从 1998 年至 2000 年,只有 18% 的伦敦公司引入新产品。此外,伦敦的知识转移机制缺乏成效,只有少量的伦敦公司参与促进大学、毕业生与企业合作的教学公司计划。

英国政府自 1994 年就开始重视文化创意产业的发展,将其列为国策之一,并通过成立文化创意产业出口推广咨询小组和创意产业工作小组,促进英国创意产业的发展。伦敦对创新型城市的建设非常重视,在出台“伦敦创新知识转移战略”,“伦敦创新框架”的基础上,2003 年,伦敦市公布了《伦敦:文化资本——市长文化战略草案》。提出文化发展战略是维护和增强伦敦作为世界卓越的创意和文化中心的主要途径以及把伦敦建设成世界级的文化中心的目标。同时,通过设立专门评估创意产业的委员会以及实施“创意伦敦评估”项目,进一步促进伦敦创意产业的发展。

作为创意伦敦计划的一部分,2005 年 3 月,伦敦市发展局设立了“创意之都基金”,为伦敦创意产业中有才华的企业家或商人提供原始资本投入和商业支持以激发他们的创意潜力,基金原资产净值达 500 万英镑,加上私人投资相配套,其资产达到了 1 亿英镑。伦敦市还通过采取对创意产业从业人员进行技能培训,给予企业财政支持、知识产权保护、文化出口鼓励等措施来促进伦敦文化创意产业的发展。

目前,伦敦创意产业的艺术基础设施占全国的 40%,集中了全国 90% 的音乐商业活动、70% 的影视活动以及 85% 的时装设计师等。创意产业成为伦敦的主要的经济支柱之一,产出和就业量仅次于金融服务业,是增长最快的产业。在创新型城市构建过程中,伦敦尤为重视以音乐、电影、娱乐软件、广告和时尚设计等为代表的文艺创意产业的发展。

成功因素分析:

(1) 政府主导下制定完善的创新战略与举措,创新型城市建设有条不紊。伦敦为建设创新型城市,首先明确了城市发展目标,凭借城市拥有的丰富文化内涵与创造力,定位于文艺创意产业的发展。围绕这一目标,制定出台了全面详细的规划,并在 2003 年 3 月 20 日,出台了一项旨在把伦敦建设为世界知识经济领头羊的《伦敦创新战略与行动纲要 2003—2006》,确立了把伦敦建设成为世界领先的知识经济型城市的目标,为此还明确了三大战略和重点举措。通过政府主动引导,提升创新理念,培育创新人员,并针对主要地区和产业部门制定创新计划。在政府的推动下,鼓励帮助中小企业实现创新融资,在全社会打造浓厚的创新氛围。

(2) 积极发挥"第三部门"的作用,构造创新体系。文化创意产业之所以在伦敦市得到蓬勃发展,除了伦敦市政府对创意产业的高度重视外,相关机构提供的具体支持服务也起到了重要作用。这些机构被统称为称为"第三部门",主要由伦敦市发展局、英国当代艺术中心、SomethingElse 公司、国王学院等机构组成。它们建立起了学校—研究所—企业之间的有效创新平台和运行机制来加强区域创新体系建设,不仅促进文化创意稳定发展,还要复制成功经验,不断扩散其区域、本国及国际的影响力,对文化创意产业的发展与推广起到了积极的推动作用。

(3) 原有金融及工业基础为创新型城市提供了物质保障。伦敦作为世界经济、金融、贸易中心,经济高度繁荣,资本充分流动,为创意产业融资提供了便利条件。伦敦无论是在城市环境、交通、基础设施建设,还是公共服务方面,都十分完善,也为创新网络的形成提供了完美的社会资本。另外,伦敦凭借其历史光环,吸引了一大批新兴国家模仿学习,在借鉴经济发展经验的同时,也为伦敦引领文化潮流做了广告。

(4)集聚全民力量,培养市民的创新理念与灵感。伦敦市积极营造创新文化氛围,通过教育培训推介支持公民的创意生活,不仅给广大市民提供接触文化创新的机会,而且也为文化创意产业的发展提供良好的外部环境。同时,伦敦市积极开展各类民间的国际合作与交流,通过加强与其他国家在文化领域的交流与合作,促进相互间的进步,实现全民创新理念的普及与传播。

3. 中国深圳

2006年初,深圳市出台了1号文件,在全国率先提出建设创新型城市的目标,把自主创新作为深圳未来五年城市发展的主导战略。以"一个目标,四个战略,五大高地"为建设架构,从人才、资金、合作、文化等九大方面对创新型城市建设的具体做法进行了谋划。

2010年深圳实现高新技术产品产值1.29万亿元,研发投入占GDP比重达到3.81%,超过经济合作与发展组织国家的平均水平,每万人拥有发明专利超过了50万件,居全国第一,PCT国际专利申请量占全国的40.3%,连续9年位居国内大中城市首位。高新技术产业已成为深圳首屈一指的支柱型产业。

成功因素分析。(1)重视创新人才,弥补创新要素短板。深圳经过30年的发展,已经初步具备了自主创新能力,市场功能相对成熟,市场观念深入人心。从产业创新上看,经过20世纪90年代的产业结构调整,深圳形成了计算机产业链、通信设备制造产业链、数字电视产业链以及生物医药产业链四个明显的产业链,提出了"产业第一,企业为大"的理念,企业的自主能力更强,产学研合作模式也相对成熟。在制度创新与技术创新方面基本满足了创新型城市的要求。但由于特定的历史原因,深圳缺乏与创新型城市相适应的大学和科研机构的支撑,人才培养能力不足,成为制约其发展的短板。

在提出建设创新型城市的同时,深圳政府首要关注了人才问题,一方面设立产业发展和创新型人才奖,对在深圳市做出突出贡献的创新型人才给予奖励,鼓励高等院校、科研机构和公共研发平台面向海内外招聘具有跨学科知识的自主创新领军式人才,积极引进外来人才。另一方面,深圳建立自身培养创新型人才,通过带薪培训和学术休假制度,鼓励民办培训机构参与政府主导的技能人才培训,产业发展紧缺人才的培训费用,由政府、企业、个人共担。深圳还充分利用虚拟大学园的师资力量,例如清华研究院通过开展短期培训、继续教育、论坛讲座等多种形式的培训,为孵化企业培训了大量的人才。

与其他城市相比,深圳市科研机构主要集中在企业,具有发展产学研合作的先天优势;在政府的大力支持下,企业参与的积极性高、回报高,形成了一套成熟的、具有深圳特色的产学研合作模式。同时,深圳市科技中介体系能够充分发挥市场机制的优点和企业、民间行业协会的广泛参与,积极探索建立新的科技中介服务机构、同业协会,健全科技中介服务体系,走在了全国城市科技中介创新的行列。

在建设创新型城市过程中,深圳市充分发挥其市场优势及企业优势,形成了以企业为主体的自主创新体系:小企业是原始创新的主体和源泉;大企业是集成创新的主要力量,也是自主创新活动的组织者和引领者;企业家是创新活动的核心。截至2007年底,形成了以华为、中兴、创维等为龙头企业和两三万中小民营科技企业组成的大、中、小三个层次的创新企业梯队和良好的企业生态,造就了如今深圳"四个90%"的局面:90%以上的研发机构设在企业,90%以上的研究开发人员集中在企业,90%以上的研发资金来源于企业,90%以上的职务发明专利出自企业,这个比例在全国城市中最高。深圳在国内首次制定了企业技术秘密保护条例。为打造自主产权高地提出三大战略:积极实施专利战略、制定实施标准化战略以及大力实施名牌战略。2007年,深圳市政府率先全国推出深圳知识产权指标体系,从全社会、全方位、全过程的角度衡量深圳市知识产权事业的发展状况。2007年深圳有4件商标被认定为中国驰名商标,22个产品被新评为中国名牌产品,企业作为专利申请主体的地位更加突出。据统计,在2008年中国企业三种专利申请总量排名和发明专利申请单项排名中,深圳企业均占据半壁江山。在三种专利申请总量中,华为技术有限公司、中兴通讯、鸿富锦、比亚迪、深圳华为通信技术有限公司分列十强的前五名。前十强企业专利申请总量为18719件,其中深圳企业申请13511件,占十强总量的72.12%。在发明专利前十强排名中,深圳企业占据六席。前十强企业共申请发明专利14960件,其中深圳企业申请 12239 件,占发明专利前十强的 81.18%。

深圳毗邻香港这个国际重要经济中心城市,是中国与世界交往的主要门户之一。深圳注重国际技术经济交流合作,积极打造自主创新的国际交流平台,形成了两大国际化展会——高交会和文博会。这两大展会,已经成为深圳在科技创新领域加强国际合作与交流,提高城市竞争力的重要平台。另一方面,深圳大力吸引鼓励外资企业在深圳设立各种形式的研发机构,例如中国意大利商会、加拿大高新技术协会等 20 多家海外科技服务机构、技术转移机构。深圳还启动深港创新圈,通过汇聚两地城市的创新资源、产业链,引领深港地区及珠三角地区的自主创新能力。2007 年 4 月,国家科技部、广东省政府和深圳市政府签订《共建国家创新型城市的框架协议》。2007 年 6 月,成为国家知识产权示范城市创建市。2007 年 10 月,原信产部、广东省政府和深圳市政府签订《共建电子信息产业自主创新示范市的框架协议》。2008 年 2 月,国家发改委授予综合性国家高技术产业基地称号。2008 年 6 月,国家发改委正式批复深圳创建国家创新型城市的总体规划,成为国内首个开展国家创新型城市建设试点工作的城市。

建设创新型城市,政府要有建设重点,有所取舍。对于那些能够长期推动城市发展的支柱产业应该集中创新要素和创新资源大力发展,政府的鼓励和扶持政策应立足于提高支柱产业的含金量。深圳市政府在确定发展高新技术产业作为本市的支柱产业后,政策大幅倾斜,使得一些简单加工型企业主动向东莞、中山等地转移。通过这种政策性的倾斜与引导,深圳成功走出了一条基于高新技术支柱产业建设创新型城市的路子,城市科技创新能力和产业竞争力得以大幅提升。

第二十三章　创新型企业案例

1. 韩国三星

韩国企业三星电子(Samsung)创立于 1969 年,涉及半导体、移动电话、显示器、笔记本、电视机、电冰箱、空调、数码摄像机以及 IT 产品等多个领域。在 2005 年,"世界财富 500 强企业"评选中,三星电子以 719 亿美元的销售额位居全球排名第 39 位。到了 2012 年,三星电子销售额更是达到了 1869 亿美元,在全球企业中排名第 20 位。更加令人钦羡的是,在 2011 年,三星一举超越苹果,成为全球最大的手机生产商。不仅仅在销售额上,在技术上,三星也已成了世界顶尖级的技术创新公司,它在众多领域保持着领先地位。就连三星的竞争者苹果,也必须从三星购买电子元件。

作为电子行业中的后起之秀,三星在很大程度上得益于该公司成功的技术学习战略。技术学习实际上是一个连续性的累积过程,将其清晰地分成几个阶段并非易事。但是若以几个标志性事件为分界点,则可将这一过程大致地划分为模仿、吸收、改良、创新等 4 个阶段。可以发现每前进一个阶段,技术与组织都经历一次飞跃,这正是技术能力积累的真谛所在(安同良,2004)。

1. 技术模仿阶段(20 世纪 70 年代前半期)。20 世纪 60 年代末期,为了进军电子工业,三星制定了从日本企业引入技术的方针,整个 70 年代前半期,三星都致力于模仿合资企业的先进技术。它所采取的具体措施有:

(1) 直接派员工到日本工厂研修,掌握隐性知识。许多技术具有隐性特征,无法通过编码来传播。如果不充分理解技术的系统性和隐含性,就无法实施成功的技术转移。为了真正学到技术,三星数次派出技术研修团到合资方的日本企业进行实地参观学习。(2) 推行垂直系列化和零部件国产化。三星在刚刚涉足电子工业的时候,就制定了"构筑从原材料到产成品企业内部生产的垂直系列化生产体制"的基本方针,将资源集中配置于电视、冰箱等家电生产领域,最终得以实现赶超战略。(3) 在生产初期即实施出口战略,这使企业早一步认识到质量的重要性。为了达到出口国家的质量标准,三星很早就打造了世界级的质量控制和成本控制体系。

2. 技术吸收阶段(20 世纪 70 年代后期)。经过技术模仿阶段,三星的技术能力已经有了一定程度的提高,并已拥有一定数量的技术人才。在吸收阶段,企业重点发挥技术的应用能力。具体地说,三星重点做好以下两点。

(1) 选择性的技术导入与自主开发。三星电子在导入黑白电视技术时,采取整套技术导入的方式,几乎所有技术资源都依赖合资方。在引入彩色电视技术的时候,三星采用分离技术导入的方式,即只引入 RCA 技术,其余采用自主开发方式,这种自主开发能力的培养是在黑白电视生产阶段开始蓄积的。(2) 原材料核心部件的国产化。其标志性事件是阴极管的自主生产。电视制造中最重要的部件是电子枪,其核心部件是阴极管。由于阴极管是日本企业的核心技术,难以获取,所以三星电管采用"迂回战术"——先开发初级管再挑战高级管,4 年后终于取得了成功。

3. 技术改良阶段的技术学习(20 世纪 80 年代)。20 世纪 70 年代是三星的技术吸收阶段,除了部分零部件的国产化批量生产之外,三星的技术能力还未达到很高的水平,出口也以贴牌出口(OEM)为主流。为了构筑高超的技术能力,自主品牌的开发不可或缺。这一切都是在技术改良阶段实现的。

(1) 提高质量与生产率。从 1988 年 11 月起,三星在整个集团内开展经营合理化运动,进行 TPI(Total Productivity Innovation),致力于大幅度提升产品质量和劳动生产率。TPI 是提升设备生产率的重要武器。(2) 自主品牌培育。从贴牌出口到以自有品牌出口,三星花费许多时间和精力。其中三星电管在 1979 年就成功开发 12 英寸黑白电视,并贴牌出口,直至 1985 年才得以使用自主品牌进行出口。(3) 着手开始正规的、系统性的研究与开发工作(R&D)。三星电子与三星电管于 1980 年、1983 年分别设立了综合研究所(R&D 实验室),开始进行体系性的研发工作,并取得了丰硕的成果。例如,三星电管的综合研究所对彩色阴极射线管的质量稳定性进行重点攻关,并最终成功打入日本市场。可以说,在这一阶段,三星电子完成了两个任务——培育自主品牌和确立自主生产技术。这恰是改良阶段应该完成的任务。

4. 新阶段的技术学习(20 世纪 90 年代)。通过改良阶段的技术学习,三星的 4 家企业成功完成了电视大型化的研发工作,90 年代以后,几乎与世界其他先进企业同步投入了新概念电视的开发工作。在这一阶段,公司的具体举措有:

(1) 研发工作从产品中心向技术中心的转变,实行综合研究所与事业部研究所的职能分离。从而建成了广泛的企业内部实验室网络。(2) 新概念电视的开发。1993 年 3 月,三星集团的这 4 家企业签订合同组成"开发力量小组"(task force team)。四家企业共同参加从产品概念设计到原材料产品开发的全部过程,开发出画面更大的彩电,其规格在当时是独一无二的。之后,三星又向"纯平显像管"发起了冲击,力争打破索尼的垄断。(3) 数字化电视市场的早期投入。当时的日本企业拘泥于高清晰度电视,对数字化电视的开发并不热衷。韩国企业则抢占先机与美国企业共同采用数字化标准,在该领域的海外市场开拓方面取得了领先地位。积极地搜寻有关市场需求和技术动向的知识情报,并据此预见未来技术的变化方向,以调整战略资源的配置。事实证明,三星集团已经具备了这种路径导航能力(path－navigating capability),这也是革新阶段的特征。(4) 高端品牌形象的重塑。1993—1994 年,韩国彩色电视的生产量连续两年超过日本,位居世界第一。但在消费者心目中,三星的品牌认知度仍然较低。在这一阶段,三星将重点逐渐转至品牌形象塑造上来。经过不懈努力,终于在消费者心目中,把"三星"与高端产品的形象连接起来(2012 年,三星品牌价值达到 329 亿美元,居世界第 9)。

2. 中国华为

华为技术有限公司,在成立之初的 1988 年,是一个注册资金仅有两万元的高科技民营企业。经过二十多年的艰苦奋斗,目前已发展成一家具有高科技含量和国际竞争力的世界级企业,2013 年,世界 500 强企业排名 351 位,产品几乎覆盖了国内电信设备的主要领域,并占领了国际市场。美国《商业周刊》评论道:"位于深圳的华为已经成为世界最强大的通信设备商之一,它凭借专利与创新,成为中国新式企业的标志。"

在创业早期,华为不过是一家电信设备代理商,靠买卖价格差获取利润。1992 年,华为做出了一个大胆的决定,把全部资金投入数字交换机的自主研发上。从事代理业务风险相对较小,但利润微薄。只有通过自主创新,才能获得更高的收益率,才能在国际电信设备行业占有一席之地。华为通过销售代理业务熟悉了电信设备市场,并积累了进一步发展的资金,为从销售代理转入自主创新创造了必要的经济条件。同时,巨大的市场为自主创新创造了充分的市场条件。国民经济的快速发展和人民生活水平的迅速提高带来了电信行业的旺盛需求,电信市场蓬勃发展,电信设备有着很高的利润率。可以说华为选择了一个适当的时机进入了电信设备市场。在转型的当年,华为就成功地开发了第一台小型交换机,并于1994年彻底放弃了代理业务。随着自主研发战略的实施,华为取得了可观的经济效益。1994年,公司销售额首次突破亿元大关,利润也达到了千万元以上。

华为进入程控交换机市场之初,在国内市场上面对的是占有很大市场份额的国际电信巨头。为了扩大自己的市场份额,华为采取了"以农村包围城市"的战略,先攻占农村,以及东北、西北、西南经济相对落后的省市,采用低价位的营销方法,然后步步为营,占领城市。电信设备制造是对售后服务要求很高的行业。当时,国际电信企业巨头的分支机构最多只设立到省会城市以及沿海大城市,对于广大农村市场无暇顾及,为农村市场服务正是华为这样的本土企业的优势所在。另外,农村市场购买力有限,即使国外产品大幅降价,也与农村市场的要求有一定的距离,因此,国际电信巨头基本放弃了农村市场。"以农村包围城市的战略"使华为避免了被国际电信巨头扼杀,更让华为度过了死亡风险极高的创业期,进入快速发展的轨道,培养了一支精良的营销队伍和研发团队,积蓄了打城市战的资本。1999年,华为销售额首次突破百亿。已经在国内市场站稳脚跟的华为,先后在印度班加罗尔和美国达拉斯设立了研发中心,以跟踪世界先进技术走向。这一年,华为海外销售额仅0.53亿美元,但华为已经开始建立庞大的营销和服务网络。这意味着,华为为进军国际市场做好了准备。

20世纪90年代末期,华为确定了全球化战略。华为走出国门时,选择了市场规模相对较大的南斯拉夫、俄罗斯、巴西、南非、埃塞俄比亚等国家,实施了艰难的、国际版的"农村包围城市"战略。以华为进入俄罗斯市场为例,早在20世纪90年代中期,华为就开始在俄罗斯探索国际化战略。尽管华为做出了周密的计划,但直到1999年,华为在俄罗斯市场还是一无所获。特别是,1998年俄罗斯发生了金融危机,整个电信业几乎都陷于停滞，华为的市场机遇变得更为有限。经过一段时间以后，俄罗斯经济开始缓慢复苏，华为立即投入人力，组建当地的营销队伍和网络，与一批运营商建立相互信任的关系，形成了一批客户群。经过 8 年的努力，从第一张只有 12 美元的订单开始，到签订第一张上千万美元的订单，华为最终成为俄罗斯市场的主导电信品牌。这也是华为在国外从屡败屡战到零的突破的一个缩影。2000 年之后，华为开始在其他地区全面拓展，开辟了包括泰国、新加坡、马来西亚等在内的东南亚市场以及中东、非洲等区域市场。

此后，华为进入欧美市场，开始在期待已久的发达国家市场上有所动作。为了推进华为品牌的国际化，华为每年都要参加几十个国际顶级的展览会，在国际媒体上发出声音。为开拓海外市场，华为首先用价格来撬动市场。例如，华为在美国打出的广告就是"唯一不同的是价格"，给了竞争对手很大的压力。在全球电信业普遍低迷，电信投资缩减的大环境下，各国运营商都纷纷将眼光投向了价格更低、质量更好的产品，以降低巨大的投资成本和风险，因此华为的产品越来越受到青睐。而做国际市场仅仅依靠价廉还是不够的，因为国际竞争对手可能规模更大，在价格上也更有回旋余地。华为充分发挥了人力成本低，研发资金投入效率要高于发达国家的竞争对手的优势，在产品低价的同时还保持了较高的质量。以芯片设计为例，国际芯片需要 200 美元一片，而华为自己设计、到美国加工生产，只要十多美元一片。自行设计芯片一方面保持了技术领先，同时也大大降低了产品成本。

经过十多年的海外拓展，华为全球化进程效果显著，不仅在发展中国家巩固了市场地位，而且在发达国家取得了突破，改变了全球竞争的格局。华为的海外销售收入从 2002 年开始稳步提高，到 2005 年超过国内销售收入，实现了企业的国际化转变。2008 年海外销售收入达 139.8 亿美元，占公司总销售额的比例达到 75%。

为配合市场国际化的进展，华为不断推进研发的全球化。针对研发投入、研发理念、技术选择、研发组织等各个环节进行了制度创新，从而为华为实施研发全球化战略提供了保障。华为在选择了自主创新战略之后，持续加大科技资源的投入，长期坚持不少于销售收入 10.5% 的研发投入，这一强度远远超出我国大中型工业企业不足 1% 的平均研发投入水平。即使在 2006 年，华为的下一代网络（NGN）亏损超过 10

亿、第三代移动通信(3G)亏损超过 40 亿的情况下,华为还坚持将研发投入的 10％用于预研,对新技术、新领域进行持续不断的研究和跟踪,这在我国现阶段的企业研发投入中也是不多见的。

华为坚持市场需求决定研发导向,依靠"狼性",即敏锐的嗅觉来把握市场需求并迅速推出产品,强调以市场和客户需求作为产品开发的驱动力。例如,华为在进军荷兰市场时,与荷兰移动运营商 Telefort 公司合作成立了一个移动创新中心,从事研究在荷兰市场适合发展哪些移动服务项目。并在此基础上,提出了分布式基地的解决方案,使得 Telefort 公司拥有的 90％以上的站点都能得到充分利用。华为的这一方案节省了 1/3 的成本,彻底打消了 Telefort 公司的顾虑,并于 2004 年年底与对方签下了超过 2 亿欧元的合同。

在自主研发方面,华为采取了开放的合作创新战略:一方面通过战略合作,与西方同行或者供应商建立联合实验室(主要包括英特尔、微软、高通、摩托罗拉等西方企业巨头),使得华为能够同步应用世界最先进的研究成果,确保华为的产品能够与世界潮流同步。另一方面,华为根据世界各地的研究资源和研发优势在全球建立研发机构。例如,瑞典是通信企业巨头爱立信公司的故乡,聚集着大量通信人才,特别是移动通信的技术人才,华为看重这一点,在瑞典投资建立研究所,以保障华为在第三代移动通信技术领域与世界同步;美国硅谷是世界信息技术的发动机,华为在美国设立的研究所可以保证华为在信息技术领域与世界先进水平同步;印度是世界上软件外包业务的冠军,拥有大量高素质、低成本的信息技术与软件人才,华为的印度研究所可以充分利用国际分工,降低研发成本,提高研发的效率,更重要的是能够提高华为研发团队的国际化水平;俄罗斯的无线射频技术,是华为在俄罗斯设立研究所的原因。

2008 年年底,华为全体员工有 9 万多名,其中,43％从事研发工作,并且和世界诸多一流公司进行合作和建立联合实验室。华为国内外的研究所通过网络可以进行联合设计,有效地利用了研发资源并大大提高了产品开发的效率。全球知名行业研究机构 In-Stat 发布的市场研究报告《全球最新一代基站(LGBS)市场:引领多模网络融合》显示,2008 年,华为在宽带码多分址(WCDMA)、全球移动通信系统(GSM)、码分多址(CDMA)等领域的新增市场占有份额全面领先。华为宽带码多分址高速下行分组接入技术(WCDMA/HSPA)的新增合同数达到 42 个,以占业界总新增合同数的 40.4%,排名第一,这意味着华为持续保持了其在该领域的领先优势;GSM 新增出货量占业界 GSM 总出货量的 24.4%,排名第二;CDMA20001xEV-DO 商用客户累计达 110 个,排名第一。截至 2008 年年底,华为已在全球累计获得 128 个 WCDMA/HSPA 商用合同,建设全球近 50% 的 WCDMA/HSPA 商用网络。华为在移动宽带领域的领先技术优势将有助于其在未来的移动市场中继续保持优势地位。世界知识产权组织最新公布的数据显示,2008 年,华为凭借递交的 1737 件专利合作条约(PCT)申请首次占据 PCT 全球专利申请公司(人)第一位。华为的这一技术创新路径告诉我们,要在世界竞争中占据一席之地,必须依靠自主创新。而我国要真正地实现自主创新战略,也需要一批像华为这样具有较强创新能力的企业。

华为在成长过程中,充分整合了全球的创新资源,在国内广泛开展产学研合作,充分利用大学、院所的科研优势;在国外设立了多个研发中心,充分利用他国的科技和人力资源。通过利用创新资源,使华为能够快速地掌握世界领先的核心和关键技术,并始终保持在通信行业的技术领先地位。我国的企业在开展自主创新过程中,也必须具备这种创新的全球视野,将全球的创新资源为我所用。较强的自主研发能力是整合全球创新资源的基础。整合全球创新资源是华为能够快速发展的重要原因,但是,华为并不因为能够利用全球创新资源而放弃了自主研发的努力,相反,华为创新过程中形成的自身较强研发能力才是其能够有效整合全球创新资源的基础和关键。全球创新资源整合不只是技术上的合作,同时考验着企业在营销、管理、生产、创新等多方面的综合能力与实力。从某种意义上说,如果一个企业不具备自主研发的能力,整合就会成为一纸空谈。

(原文载于:洪银兴、安同良等.《产学研协同创新研究》,人民出版社,2015 年;作者:安同良)

后　记

　　本文集是我多年围绕创新与产业发展主题而汇编,该丛书的创意来自南京大学原党委书记、教育部社科委副主任、南京大学人文社会科学资深教授洪银兴的提议,洪银兴教授希望该丛书能够集中展示南京大学经济学院教授的学术风采,并系统传承好每位教授的学术思想。作为我院学科发展的领路人以及我人生道路的助推恩师,其关爱后学的拳拳之心尤令我们感恩万分。

　　自1997年以来,由我的博士生导师、教育部长江学者特聘教授刘志彪恩师引路,我逐步聚焦于创新经济学与产业发展领域,在《经济研究》、*Industry and Innovation*等杂志发表了系列论文。这些论文正像"中国制造"一样,也存在着从"模仿"到"创新"的过程,但在治学过程中,我尽量追求原始创新。以国际视野切入,以中国现实破题,"求真、求实、求新",努力破解中国经济发展奇迹的宏微观路径与策略,用严谨的经济学方法去深刻发现超越普通直觉的科学结论。

　　我深爱着我的伟大祖国,国命大于人命。没有中国1978年改革开放带来的制度转型与经济持续飞速发展的巨大社会及人生的红利效应,也不会有我今天的学术之路,学术报国、学术良心更是我的题中之义。

　　凭借系列论文的学术效应,我获得了教育部长江学者特聘教授(2014年)、国务院政府特殊津贴专家(2015年)、国家高层次人才特殊支持计划("万人计划")哲学社会科学领军人才(2018年)、文化名家暨"四个一批"人才工程(2018)、教育部"新世纪优秀人才支持计划"(2005)等荣誉称号。这些荣誉与称号时刻鞭策我在学术道路上要更加砥砺前行,以不负祖国的期望与培养。

　　本文集只将我的中文论文与成果按主题汇编,英文论文并未收入。合作创新是学术创作的基本路径,合作者的名字在每章末一一标出,非常感恩与我合作的同事、学生。尤其感恩《经济研究》杂志社及俞亚丽老师等各位编辑对我的学术厚爱与引领。为保持文章发表时的原貌，论文的文献没再统一调整。

学术之路与人生之路互为引领，我以"善言、善行、善心"为生活的行动指南，为经济学院的发展无私奉献。自2007年，在家乡首长的关爱下，与仲玉梅女士及众多中学母校校友共同创设"河北丰润车轴山中学栋梁奖教奖学金"，投身公益事业，感恩母校、回馈社会。

回首成长、学习的青葱岁月，忽然顿悟知识累积、智慧提升、齐家报国才是生命追求的本源动力。而父母、姐姐安玉梅、弟弟安同祥与妻子董成芳、儿子安俊、安勇等家人带给了我生命的本源快乐，一路助我前行的各位亲朋好友：已不在人世的宋殿友恩师、李琦先生、洪银兴教授、刘志彪教授、范从来教授、俞亚丽女士、张涤新教授、徐志坚教授、陶骏老师、任保平教授、姜宁教授、葛扬教授、皮建才教授、李克教授、沈珍教授、张景春先生、余骏先生、马丽红老师、陆国庆先生、田胜利老师、赵宁老师、赵庆国老师、张进霜女士、丁建国先生、庞占泉先生、王宇青女士、高守辉女士、马野青教授、张磊研究员、赵巍巍先生、李军先生、何宏炳先生、王世泉先生、经纶先生、裴硕秋先生、梁学忠先生、陈兴汉女士、沈长明先生、陆锡尧先生、陈刚先生、张程先生、孙贵申先生、朱亚明先生、陈顺仙女士、刘曾琪先生、柯义恭先生、顾徐丽女士等一直让我铭记于心。在生活的每处节点，我们都会得到无数人或多或少的帮助与合作，这才是社会与生活美好进化的底蕴，恕我无法一一列出其他帮助过我的无数亲朋。

未来之路，求索漫漫，以知识报效祖国、以德业报效社会、以感恩回报他人，愿做中华民族伟大复兴的砖石。

远在天国的女儿安福珊会永远陪伴我砥砺前行、不忘初心！

安同良

写于 2018 年 6 月 12 日南京大学安中楼 1402 室

图书在版编目(CIP)数据

安同良自选集:创新与产业发展 / 安同良著. — 南京 :
南京大学出版社,2019.1
(南京大学经济学院教授文选)
ISBN 978 - 7 - 305 - 21171 - 3

Ⅰ. ①安… Ⅱ. ①安… Ⅲ. ①经济学一文集 Ⅳ.
①F0-53

中国版本图书馆 CIP 数据核字(2018)第 252485 号

出版发行　南京大学出版社
社　　　址　南京市汉口路 22 号　　　　邮　编　210093
出 版 人　金鑫荣
丛 书 名　南京大学经济学院教授文选
书　　　名　**安同良自选集:创新与产业发展**
著　　　者　安同良
责任编辑　李　博

照　　　排　南京南琳图文制作有限公司
印　　　刷　南京爱德印刷有限公司
开　　　本　787×960　1/16　印张 29　字数 472 千
版　　　次　2019 年 1 月第 1 版　2019 年 1 月第 1 次印刷
ISBN 978 - 7 - 305 - 21171 - 3
定　　　价　118.00 元

网址:http://www.njupco.com
官方微博:http://weibo.com/njupco
官方微信号:njupress
销售咨询热线:(025)83594756